仏教的伝統と人間の生

――親鸞思想研究への視座

安冨信哉博士
古稀記念論集刊行会 [編]

法藏館

序　文 ——安冨信哉先生の対話の真宗学——

大谷大学名誉教授　寺川俊昭

われらの畏友・安冨信哉先生が、今年古稀を迎えられた。それを記念して、この度記念論文集が刊行せられたことである。先生個人にとっても、また真宗学にとっても、慶賀にたえない次第である。
巻を開いて論文執筆者に眼を走らせた時、読者の多くは一つの強い印象を受けられるであろう。それはいわゆる真宗学プロパーの研究者は少なく、ほとんどの論文執筆者は、真宗学の隣接諸学の研究者の中から選ばれ、委嘱されていることである。のみならず幾人もの海外の研究者も論文を寄せている。それは一つには編集者の協議の結果によるが、一つには安冨先生自身の要請によるのではないかと推測する。
早く金子大栄先生は、絶対真宗と相対真宗という見解を述べているが、これに教示を得て安冨先生は、自分の真宗学の立場を次のように述べている。

　私たち真宗を学ぶ者は、自らの信仰はこれ唯一と思いつつも、それをもう一つの目で見ていくということが必要です。その上で、他なる信仰に立っている人々をも尊重し、共に一つの宗教的真理をたずねていくことが必要です。真宗ということを一つの宗教的な立場として、思想的に、歴史的に、また社会的に、さまざまな立場

から分析する必要があるのです。「絶対真宗」をきちんと学びながら、同時に、それ自身を他の仏教学とか宗教学、歴史学、あるいは社会学とかに照らしながら、自らの立っている位置というものを確かめていく。あるいは歴史的伝承、あるいは思想的伝承として真宗をとらえていく「相対真宗」も必要だと思うのです。相対真宗と絶対真宗の両者は、呼応的な関係の中にあります。この両者の学びが、私たちに求められるわけです。

（『親鸞・信の教相』六—七頁）

ここにはっきりと述べられているように、安冨先生はこれからの真宗学について、真宗の諸問題を考察していく上で、それをいわゆる真宗学内部の発想にとどめず、隣接する諸学の研究を積極的に参照し、これと対話を交しながら、諸問題の主題についての了解を形成していく、このような方法を課題としていることを語り告げている。このような先生の意向を汲んで、論文執筆の依頼が多く隣接諸学の研究者になされたのであろう。この記念論文集の編集に託して表明された安冨先生の課題は、非常に意欲的である。それは対話を方法としながら、いわば学際的な立場に立って、真宗学を形成することである。この学際的というのは先生自身の言葉であるが、諸学の研究者と関心を共有しながら、真宗学を広い視野で形成しようとする先生の立場を、よく表していると思う。その際、伝統と方法を異にする諸学の研究者と「共に」了解を共有し、差異を明確にすることは、そこに忌憚のない対話が要請される。

一体、先生の研究には、先行の研究に対する関心と配慮が、極めて強い。注意すべき見解の表明はしばしば引文なさることが多いのであるが、そこには恰も先行研究と細心の対話を行っている風情がある。研究活動においても、公私にわたって対話を行われることはしばしばであって、対話は安冨先生の真宗学においては、重要な方法となっている。

その安冨先生の対話力を決定的としたもの、それは英語をもって真宗を語り表すという努力である。先生は知る人ぞ知る、英語をもって真宗を語り表す第一人者であるが、伝統と背景のまったく異なる二つの言語の間で、深い意味をもつ言葉、あるいは複雑な思想を表す文章について、共通の了解をもつためには、相当の対話の努力が要請せられることは、想像に難くない。この大きな努力を必要とする研究が、先生の対話力を飛躍的に高めたといっても誤りはないであろう。その意味で、もし安冨先生の真宗学を性格づけるならば、「対話の教学」といってよいのではないかと、考えるものである。

このような高度の対話の精神に促されて、先生のいわゆる学際的真宗学が精力的に展開することを、この論集の刊行を縁として心から期待してやまない。そのいくつかの成果は、すでに国内の分野をこえて、海外で出版されている。同様に国内においても、志を同じくする研究者と共に、実り多い業績をあげられますよう、期待してやまないことである。親鸞の仏教は決して真宗の独占物ではなく、広く国民の宝であるからである。先生の尽力によって、金子先生のいわゆる相対真宗が、心ある人びとによって広く共有されることを願ってやまない次第である。

なお、最後に一言しておきたいのは、対話を行う安冨先生の主体的立場についてである。いうまでもなくそれは、清沢満之先生の求道に始まる大谷派の近代真宗教学である。最近安冨先生が、清沢先生のオリジナルな文章を選んで編集された、岩波文庫の『清沢満之集』の刊行が、明確にそれを証している。

仏教的伝統と人間の生——親鸞思想研究への視座——＊目次

《日本語篇》

序　文 ……………………………………………………………… 寺川俊昭　1
　　──安冨信哉先生の対話の真宗学──

近代真宗学の方法論 …………………………………………… 安冨信哉　15
　　──その形成の歴史的背景と内実──

第一部　親鸞思想との対話

「みずから」とは、どういう営みか ………………………… 竹内整一　39
　　──「おのずから」との「あわい」で考える──

倫理と宗教 ……………………………………………………… 藤田正勝　54
　　──清沢満之の思索を手がかりに──

親鸞ルネサンスの構想 ………………………………………… 安冨　歩　70
　　──方便論的個人主義による学問──

イスラームの善悪理解 ………………………………………… 東長　靖　85

第二部 親鸞思想の背景

大乗経典の出現と浄土思想の誕生
　──エクリチュール論の視座から──　………………………………… 下田正弘　103

梵文無量寿経と梵文阿弥陀経
　──校訂覚え書──　………………………………………………………… 藤田宏達　119

末法思想と澆季観　………………………………………………………………… 平　雅行　141

法然と親鸞
　──三つの視座からの私考──　…………………………………………… 藤本淨彦　160

第三部 親鸞思想の現在

「真実証」考
　──浄土経典における「証」の二重性──　……………………………… 小川一乗　187

生ける言葉の仏身　…………………………………………………………… 本多弘之　201

親鸞の仏教史観としての浄土真宗
　——「釈尊が弥陀の本願を説いた」とはどういうことか——
　　　　　　　　　　　　　　　　　　　　　　　長谷正當　215

親鸞の「組織真宗学原論」序説 ………………………………… 武田龍精　239

第四部　近世における親鸞思想

小林一茶の信心
　——「あなた任せ」への道——
　　　　　　　　　　　　　　　　　　　　　　　大桑　斉　269

信仰史の中の教如
　——信心為本の伝灯——
　　　　　　　　　　　　　　　　　　　　　　　安冨信哉　290

編集後記　307

安冨信哉先生略歴　310

執筆者紹介　312

《英語篇》

序文 …………………………………… マーク・L・ブラム 3
 ──境界なき視聴(ヴィジョン)──

第一部　仏教と近代

清沢満之と仏教の再活性化 …………… アルフレッド・ブルーム 19

神と仏は何処へ ………………………… ウィリアム・S・ウォルドロン 25
 ──非神話化と『解深密経』──批評による仏教的近代へ──

浄土への接近 …………………………… ポール・B・ワット 56
 ──慈雲尊者と安田理深における阿弥陀とその浄土──

鈴木大拙と近代仏教の構築 …………… ジェームズ・C・ドビンズ 73

第二部　真宗と対話

阿弥陀仏とその浄土についての
ハンス・マルティン・バールトと鈴木大拙の議論 ………… マイケル・パイ　101

浄土真宗とキリスト教との対話 ……………………………… ドミンゴス・スザ　130
　——共通する地平の探求——

上座部と浄土真宗における我に対する態度 ………………… ジョン・ロス・カーター　154

親鸞とキルケゴールと比較主義の問題 ……………………… ゲイレン・アムスタッツ　175

第三部　親鸞思想研究再考

親鸞が哲学的に興味深い理由 ………………………………… トマス・P・カスーリス　211

親鸞の信心における覚智の側面 ……………………………… ケネス・K・タナカ　234
　——「信心」の英訳に関する考察——

「真宗学」とは何か……………………………デニス・ヒロタ　247
　　──問題提起の試み──

執筆者紹介　283
安冨信哉先生略歴　281
編集後記　277

仏教的伝統と人間の生
―― 親鸞思想研究への視座 ――

近代真宗学の方法論
――その形成の歴史的背景と内実――

安冨信哉

はじめに

本稿では「近代真宗学の方法論」について、その成立の歴史的背景と内実を中心に考察してみたい。したがって、「近代真宗学」と言う場合には、一般的な理解によれば、明治から昭和前期の間に形成され、そして展開したそれらと呼ぶことができる。ところが、「近代」という言葉で把握される歴史の状況は、それに先立つ歴史状況として「近世」、さらにそれに続く時代として「現代」を、それぞれ定立している。

近代真宗学の位置

本稿では「近代真宗学の方法論」について、その成立の歴史的背景と内実を中心に考察してみたい。日本で近代という時代はどこからどこまでかということになると、だいたいは明治から昭和、太平洋戦争の終結の時ぐらいまでということになるかと思われる。

いわゆる近代真宗学は、「近代」という歴史の状況と適合関係にあるが、それは、一方では、徳川封建社会において形成され、それと適合関係にあった近世真宗学、いわゆる江戸宗学に対して、これを批判的に継承し、また、その問題性を克服しようというのが近代の真宗学の特質であろうかと思われる。

また、他方では、「近代」を支えてきた様々な原理が、その確実性を喪失して、人間や社会の現実を包みきれなくなった現代の諸状況から、逆に近代真宗学は批判的に問い直されるという、そういう性格を持っている。[1]

祖型と反覆

現代の宗教研究は、人文学的な研究、あるいは科学的な研究、そしてまた規範的な研究というように多様なスタイルがある。人文学的な研究の中には比較思想、あるいは哲学的な研究などが行われる。また科学的な研究の中には、文献学的な研究等々がある。それに対して、規範的な研究は、宗教というものをいわば信仰の問題として内側から探究していくというか、そういう信仰主体に関わるような研究である。西洋でいえば神学などがそれにあたる。それらのアプローチの中で真宗学は規範的な研究、normative study という領域に位置する学問である。すなわち、宗祖親鸞が著わした立教開宗の書『教行信証』、これを規範として真宗を人間主体の問題と切り離さずに明らかにする。真宗とはその場合には真実の宗である。「マコト」「ムネ」と親鸞は字訓している（『教行信証』「行巻」、『五会法事讃』引文、『定本教行信証』五一頁参照。「マコト」は「真」の右訓、「ムネ」は「宗」の左訓）。真宗学は、人間の依るべき「マコト」の「ムネ」を明らかにするという研究である。その研究の内容は様々な側面を包摂している。これについては、これまで様々な立場から論議され、また実に多くの論文が執筆されてきた。そしてこれらの論議や諸先学の考察の中で、「真宗学は、いったい

どこから、また誰から始まったのか」という、その前提となる問題も併せて考えられたことである。これについては、私は多くの先学と同じように、真宗学は、宗祖親鸞と、その諸著作の上に始まったと考えたい。真宗学の方法論の規範となるもの、これは親鸞と『教行信証』をはじめとするその著述に始原を辿ることができると考えたい。そういう観点に立つと、親鸞における真宗の学びは、近世の宗学に継承され、近代の真宗学に再生されたと見ることができる。

近代の真宗学は、様々な面で近世の宗学からの脱皮を意味した。それは、一方では、近代の学問として宗学の閉鎖性を破って、学としての普遍性を目指すという方向に向かうが、他方では、『歎異抄』の再発見に見られるような親鸞回帰の方向性・傾向性を承け、親鸞の学の方法に還るという特質を持った。すなわち、信仰の場面における宗祖親鸞の再発見とともに、宗学の場面における学祖親鸞の再発見をもたらした。

もし宗教学者のエリアーデの〈祖型と反覆〉という概念を借用すれば、それぞれの時代状況の中で、継承・反覆し、再生しようとする学的な営み、これが真宗学である、ということもいえる。

こういう観点に立って、私はだいたい三つの事柄について尋ねてみたいと思う。第一は「真宗学の方法論的祖型としての学祖親鸞」、第二は「近世宗学における方法論的祖型の継承とその固定化」、第三は「近代真宗学における方法論的祖型の再生と展開」である。本稿では、それらの項目に沿って近代真宗学の方法論の意義を尋ねてみたい。

一 真宗学の方法論的祖型 ――学祖親鸞――

救済真理の学び

まず「救済真理の学び」ということを親鸞の上に尋ねてみたいと思う。近代における親鸞の再発見は、真宗学の場面においては、親鸞の学の方法に真宗学の祖型を見るということを意味する。親鸞自身が学をどのように捉えたかというのは、総合的な見地から判断する必要がある。学は、真理を対象とするが、親鸞における真理は、いわゆる一般的な真理ではなくして、救済真理、salvific truth と言われるものである。学は、これを対象として、これを通して、自らが救われることを目的とする。

仏道の学びについて、

一切有情、智慧をならひまなびて、無上菩提にいたらむ
 （『弥陀如来名号徳』『真宗聖教全書』二、七三五頁）

と、親鸞は言っている。あらゆる衆生は、智慧を習い、学んで、無上菩提、すなわち無上の悟りに至ろうとするのである、と。すなわち、親鸞は智慧を習い、学んで、生死の迷いを解脱し、無上の悟りに至るということを、学の目的としている。そういうような学びを、親鸞は幼き日に比叡山に登り、天台宗延暦寺の僧として出家して以来志した。しかしやがて生死の問題に直面し、而るに一息追がざれば千載に長く往く、何ぞ浮生の交衆を貪りて、徒に仮名の修学に疲れん。須らく勢利を抛ちて直ちに出離を稀うべし
 （存覚『歎徳文』『真宗聖教全書』三、六六一頁）

と決意するに至る。ここに自らの比叡山での学びを「仮名の修学」と位置づけ、真に出離の要道となる学びを求め

る。親鸞においては、学は、「仮名」であってはならず、救済へと導かれる実践的・実質的な内容を伴うものでなければならなかった。

かくして、親鸞は建仁元年（一二〇一）、二十九歳の時に本願に帰する。その本願の仏道こそ、一切衆生を「無上涅槃」、すなわち究極の涅槃に至らしめる救済真理として、解明され、開示されなければならないものとなったのである。そして、

まことに、このことはりにまよへらんひとは、いかにもく〈学問して本願のむねをしるべきなり。

（『歎異抄』第十二章『真宗聖教全書』二、七八〇頁）

という言葉が示すように、その道理がわからない人は学びなさい、ということが『歎異抄』を通して語られる。直接には親鸞の言葉ではないが、親鸞の意をよく汲んだ言葉だと思われる。

以上のように、親鸞において学は、普遍の救済へと導く「智慧」、非「仮名」、「本願」を内容としていると確認される。

教導的人格による学び

では、その救済真理が明らかになるためには何が必要なのか。その問いのもと、親鸞は多年修学した比叡山を降り、法然の教えに帰する。学解往生は否定され、念仏往生の立場に立つことを意味しなかった。親鸞は、一念仏者という側面と学道の人という両側面を持っている。しかし、それは学問否定の立場に立つという教導的人格、善知識を得たことは、親鸞において決定的な意味を持ったが、親鸞は、法然の師教に従って浄土三部経を学ぶ。親鸞の若き日の修学の記録として、『観無量寿経・阿弥陀経集註』が伝えられている。こ

の両経の書写年次は明確ではないが、親鸞の吉水時代における学習用の註記とされる。本書は、経典十二種、註疏九種を引用しているが、主に中国浄土教の祖師善導の釈義に基づいて、『観経』、『阿弥陀経』の本文に註を入れたものである。

善導は、信においては、「行に就いて信を立つ」という、「就行立信」を説いている。善導自身は、その会った年は判然としないが、恐らく三十歳前後に山西省の玄中寺に道綽禅師を尋ねて、その門に投じた。そして、法然は善導に思想的に出会い、親鸞は法然に出会った。そのことは、師、人との出会いが、信念の確立にとって、また学道の成就にとって大切なことを伝えている。親鸞は、

よきひとのおほせをかふりて信ずるほかに、別の子細なきなり。

と述懐する。この言葉は、親鸞の学が、師教を第一義とする「人の教学」であることを示している。それは、親鸞が教導的人格としての法然を徹底的に学んだことを意味する。晩年の康元元年（一二五六）に、法然の言行録を『西方指南抄』と題して集大成している。

（『歎異抄』第二章『真宗聖教全書』二、七七四頁）

先学は、「今日の真宗学研究の模範的指導人格を宗祖親鸞の上に求めなければならない」と指摘しているが、真宗学の方法論的な祖型として、やはり親鸞の宗教的な人格、また修学態度そのものが大切にされるべき第一義的なことかと思われる。

聞思による学び

親鸞は、この自ら帰入した本願の仏道を客観的に位置づけるべく、幾多の著述を撰している。その最初の「自解の義を述ぶるの記」(4)として、『愚禿鈔』を挙げることができる。本書は、『観無量寿経・阿弥陀経集註』と同じように、善導教学を根底にしつつ、法然の指教を確かめたものであるが、上下一貫して、二双四重の教判によって、聖浄二門を相対し、判釈している。

本書の冒頭で親鸞は、

　賢者の信を聞きて　愚禿が心を顕す

と述べている。ここで言う「賢者」とは、直接には、親鸞における善知識たる法然である。しかし、間接には、法然の思想を導き出した善導をはじめとする浄土門の祖師、さらに遡れば、浄土三部経の教説の主たる釈尊である。
　この「賢者の信」を聞き、そこに了解された真理内容を、自覚の明るみにまで顕開していくこと、それが「愚禿が心を顕す」と言われる「顕」である。親鸞の教学的営為は、この受動的な「聞」と能動的な「顕」において成立する。

　　　　　　　　　　　　　　　　（『愚禿鈔』上『真宗聖教全書』二、四五五頁）

『愚禿鈔』に示されたこの「聞」は、さらに『教行信証』においては、「聞思」という語で表現される。『教行信証』の序文の中で、親鸞は、

　誠なるかな、摂取不捨の真言、超世希有の正法、聞思して遅慮すること莫れ。

　　　　　　　　　　　　　　　　　（『教行信証』「総序」『定本教行信証』七頁）

と言っている。「誠なるかな」という言葉に、救済真理、すなわち「摂取不捨の真言」「超世希有の正法」に値遇した大いなる感動が窺われる。ここに、仏教の学徒としての親鸞の基本姿勢が鮮烈に示される。また、私たちが「聞

思」すべきと勧められる。親鸞は、浄土三部経、就中、真実教と仰いだ『大無量寿経』に対するに、「聞思」という方法をもってしたのであり、しかもそのことが、よく『大無量寿経』自身の求めるところに適ったのである。

この「聞思」の語は、仏教の伝統では、聞―思―修の三慧に淵源するが、親鸞の場合は、『涅槃経』『迦葉菩薩品』の「聞思」の指教によっている。(6)『教行信証』全体を見ると、転訓・字象釈・転声釈などの解釈法が、とりわけ「信巻」三一問答には字訓釈・仏意釈が、また「化身土巻」(信巻)本巻には隠顕釈が展開されている。これらの解釈学的な方法の底には、教説、すなわち「仏願の生起本末」の真意を聴聞し、思索するという「聞思」の姿勢が一貫している。『教行信証』に用いられる「竊以」「謹案」「思量」「思念」、これらの語はいずれも宗教的真理に真向かいになった親鸞の「聞思」の姿勢をよく示している。親鸞において、「聞」と「思」は不可分であり、円環的な構造をなしているが、「聞思」は真宗学の方法論的祖型の重要な一つであると言うことができる。

二　方法論的祖型の継承とその固定化――近世宗学――

救済真理としての「宗乗」と講学施設

「親鸞に還れ」という声は、真宗の歴史の中で度々掲げられた。その最初の声は『歎異抄』に、そしてその二百年後、蓮如の『御文』(御文章)に窺われる。しかし、教団成立の後にも学事施設が設立されることはなかった。真宗の救済真理が学的に研究されるようになったのは、近世に入ってからである。徳川幕府は、天下を統一すると、仏教の諸宗を優遇し、特に学事を奨励した。この徳川の文化政策、それに加えて、宗門内の異義の糺正などを主要な機縁として、東西本願寺は学林や学寮を創設し、学事を推進した。また、専修寺、仏光寺なども学匠を輩出

近世の各宗においては、自宗の教学は、他宗の余乗に対し宗乗と呼ばれた。すなわち、教法を悟りの彼岸への乗り物に喩えて「乗」とした。宗乗の学びは、まさに「自らの救いの船として自己のうえに受け止め、その実践したナマの体験を取り扱う」ことである。辞典では、宗乗と宗学はsynonym、同義語として定義づけられる場合もあるが、その宗乗の学びが宗学である。

本願寺派の宗乗学の学場は、寛永十六年（一六三九）、本願寺の境内に学舎が創設された時に始まる。光善寺准玄が初代の講主となり、西吟・知空・若霖と続いた。学頭は「能化」と名づけられた。その後、学舎は元禄八年（一六九五）、「学林」と称され、ここに宗学は活発化することになる。

大谷派は、本願寺派より二十七年遅れて、寛文五年（一六六五）、学舎が創設されたことに始まる。正徳五年（一七一五）、学寮に講師職が置かれ、慧空・慧然・慧琳と続いた。宝暦五年（一七五五）、学寮が高倉魚棚に移され、「高倉学寮」と称される。

「学林」「学寮」、いずれも宗乗、つまり救済真理探究の学事機関であったが、「寛政異学の禁」（一七九〇年）が象徴するように、徳川幕府の学問統制は厳しく、宗学の場面でも研究の自由が保障されることはなかった。

教導的人格の制度化とその問題

前に確認したように、親鸞の学びにおいて決定的な意味を持ったのは、教導的人物の存在である。宗学研究の場所においても、教導的人格の存在が重要である。

本願寺派の学頭である「能化」は、その語源は、教化をほどこす仏・菩薩の名に由来しているが、絶対的な権威

をもって、宗学研究における僧侶、いわゆる「所化」(受講生)といわれる、その育成に従事した。しかし、能化を宗学の最高権威者とすることには弊害も伴った。

月感が、能化の西吟の『安楽集』の講義を自性唯心説であるとして異を唱えたことに始まる法論「承応の閻牆」、「閻牆」とは内輪揉めのことであるが、その「承応の閻牆」は宗学草創期の事件として記憶される。この論争は内紛に発展して、幕府の介入を経て、学舎は一時取り壊されることになった。

それから一世紀を経て、明和元年(一七六四)に「明和の法論」(本尊義評論)が起こる。この法論では、学林の第七代統派とされた第四代能化・法霖の本尊論に対して播州真浄寺智遷が異を唱え、宗義論争に展開した。この事件は、学林の第七代のちに興った「三業惑乱」は、能化職の孕む問題性をさらに深刻に浮き彫りにした。智洞能化職にあった智洞が、先に職にあった功存の著『願生帰命弁』の三業帰命の説を擁護したことに起因する。智洞は、衆生が救われるためには、身口意の三業帰命の心をあらわして、仏に向かって助けたまえと願い求めなければならないと唱道し、学林では正当の説とされたが、これを誤りとする主張が安芸や備後を中心とした在野の学匠から出された。大瀛の『横超直道金剛錍』は、その主張の代表的なものである。この新義派と反学林派、古義派の対立は激化して、そして結局、事態はこれも幕府の介入によって決着して、本山は『願生帰命弁』を絶版にするに至った。

この事件以来、本願寺派では、安心の惑乱を恐れて能化一人の制を廃して、改めて勧学六人を設け、集団指導体制に入った。以来、空華派や石泉派をはじめ、様々な学派が分流し、宗学の研究は多彩に開花した。三業惑乱事件そのものは非常に悲劇的な事件であったが、「換言すれば『親鸞に還れ』の思想運動がここに果遂された」という評価も一方にはある。教導的な人格を、能化職ではなく親鸞自身に求めるという方向性がそれによって出てきたとす

れば、この事件には法縁として逆説的な意義が認められると思われる。

他方、大谷派は、本願寺派の三業惑乱事件を教訓とし、異義のために紛糾することを恐れ、一門一轍に立ち、異説を許さず、高倉学寮の伝統を護ることを方針とした。このことにより宗学研究が盛んになり、とりわけ第五代講師深励は、先輩の学説を大成し、大谷派の宗学は隆昌期を迎える。しかし、反面、講者は教学上絶対的な権威を持ち、正当教学者として教学・研究の統制権を持つに至った。異安心事件は、近世を通じて七十件あまりあったとされる。異安心事件において、「調理」と呼ばれる取り調べには学寮の学僧が当たった。ここに、教導的人格の最高権威である「講師」は、時として宗教的真理への発遣者と言うよりも、宗教的真理の裁定者として機能する場合が生じることになる。

聞思の方法化──会通、訓詁、会読──

現在、私たちは近世宗学の学問的な成果を、真宗各派の宗学者の重要な著作を収録した『真宗全書』[12]、あるいは、その『真宗全書』を補完して作られた『真宗叢書』[13]、また、大谷派の学匠の講義録を収録している『真宗大系』[14]、そして、これに続く『続真宗大系』[15]などを通して窺うことができる。これらの講録を一瞥するだけでも、宗学者の学問的業績の大きさに驚かされる。

従来、宗学の伝統においては、論題の名目を提示する出体、名目の意義を解釈する釈名、そして義相を弁ずる弁相の三門が方法として採られるが、聖教に示される相矛盾する内容を和会疏通するという、いわゆる「会通」が学問上のテーマの一つとなってくる。しかし、弁証的会通は、真理の探究というよりも、教説相互の食い違いを概念的[16]論題的研究が、本願寺派が論題的研究が多いのに対して、大谷派は随文解釈的傾向が強いと指摘される。

に整理・合理化するという傾向をも有した。

他方、随文解釈においては、経論釈などの聖典の科文、典拠、訓詁註釈が注がれ、それ自身非常に精緻な教学的営為と驚嘆するばかりであるが、教権主義的な宗門体制の中にあって、異解・異安心を恐れ、自由な解釈は制限された。また、一見すると矛盾したように思われる文章について、その本旨を考え和会通釈するという、いわゆる「会釈」という方法が採られることがあるが、会通と同様、牽強付会ともいわれかねない問題を時として抱えた。

中でも、『教行信証』は、一派の基軸となる宝典として、その講義は「会読(かいどく)」と称して、仲間内で攻究することに限られた。(17) 学寮の伝統では、『教行信証』を直接に講義することはなく、それに代わって『浄土文類聚鈔』や『教行信証大意』が講義され、(18)。『教行信証』は会読の形式で講究された。深励は、本書の講義に当たり、講釈ではなく会読であると冒頭に断っている。その意味において、『教行信証』は非公開の書であった。

近世の宗学の聖教研究法を特徴づける会通、訓詁、あるいは会読は、親鸞の「聞思」の方法を学的に継承したものといえるが、学的に展開したものといえるが、ややもすると、内面的な探求を欠いて形式化し、その方法論としての吟味は、近代の到来を待たなければならなかった。

三　方法論的祖型の再生と展開——近代真宗学

救済真理としての「宗義」の明確化

時代は明治に入る。維新後の廃仏毀釈に加えて、西欧諸国からの新文明の流入やキリスト教の浸透は、これまで

幕府の保護政策の中で安逸の夢を貪っていた真宗教団をかつてない危機に陥れた。そういう危機の中で、「ひとり宗学界のみは固陋の執見に膠着して、その洗礼を受くるなく、益々敗残の哀れをとどむる」という事態に至る。宗学者自身がそういう停滞の中に留まっていた。

とりわけ大谷派は、高倉一轍に縛られて、旧弊を脱しなかった。そんな中で、事態を破るきっかけとなったのは、占部観順の「異安心」事件である。占部は、先輩の学説に妄従するのではなく、自由な立場に立って研究し、『御文』の「タノム、タスケタマへ」の意味について専ら信順説を主張し、請求説を取る先輩と意見を異にし、結果、擯斥処分を受けた。当時の大谷派の宗学者は、この事件のあおりを受けて『御文』研究を主軸にして信願論を中心に講究したといわれる。

占部の学説に異安心の烙印を押した守旧派のグループは、貫練会を名乗る宗学者たちであった。南条文雄などを除いて、ほとんどの宗学者たちが、この貫練会に入ったといわれる。この宗学者たちに対して、厳しい批判を展開したのは、当時、宗門改革運動を進めていた清沢満之である。その社説に、清沢は、

　夫れ宗義と宗学とは截然其区別あり、決して混同すべきものに非ざるなり。宗義は宗祖の建立に係り宗学は末学の討究に成る、(中略) 我真宗の宗義は載せて立教開宗の聖典たる広本六軸の中に在り、其文炳として日星の如し

と述べている。宗祖に開顕された救済真理である「宗義」こそ解明しなければならない学の対象であり、宗学はこれに奉仕するものであるという。ここに先輩の学説を越えて「親鸞に還れ」という主張が行われるが、その具体的な骨子は、宗義と宗学との厳密な区分に基づく宗学の相対化と偏依「宗義」の立場の明確化の主張、および宗学の自由討究の主張、この二点において捉えることができる。

(「貫練会を論す」『清沢満之全集』七〈岩波書店〉、一二三頁)

浄土真宗の学場と学風の形成

真宗の学びは、「宗義」を第一義とするという清沢の立場は、みずから真宗大学の学監に就任し、建学の精神を披瀝したその「開校の辞」にも端的に窺うことができる。すなわち、清沢は、

本学は他の学校とは異りまして宗教学校なること殊に仏教の中に於て浄土真宗の学場であります 即ち我々が信奉する本願他力の宗義に基きまして我々に於て最大事件なる自己の信念の確立の上に其信仰を他に伝へる即ち自信教人信の誠を尽すべき人物を養成するのが本学の特質であります

（「真宗大学開校の辞」『清沢満之全集』七〈岩波書店〉、三六四頁、傍点引用者）

と述べている。本山の主張を翻して学舎の東京移転を清沢が必須としたのも、新しい思想や学問の息吹に触れると いうこととともに、守旧的雰囲気の強い京都を離れて、自由な討究の場所を若い学徒に提供するという願いからで あった。

以来、この確認は、第二代学長南条文雄、第三代学長佐々木月樵へと引き継がれた。これについて、第十七代学長の曽我量深は、

大谷大学は、清沢満之を父とし、南条文雄を母として生まれた。

（「大学の父母──学長就任のことば──」『大谷大学百年史〈資料編〉』大谷大学、二〇〇一年、五九二─五九七頁取意）

と述べている。大谷大学の近代真宗学は、清沢満之─曽我量深─金子大栄を主要な流れとして形成されてきたが、その一方、仏教学は、南条文雄─佐々木月樵─山口益をもう一つの主要な流れとして形成されてきた。清沢は哲学を専攻し、南条は梵語学を専攻したが、この philosophy と philology を特色とする二つの流れが合流し、あるいはせめぎ合いながら、大谷大学の学風が形成されてきたといえる。また教育の面で、カリキュラムの中に釈尊と親鸞

の教導的人格に学ぶことを必修とした。第三代学長の佐々木の人間学（anthropology）的な方針が別の基礎をつくったことも看過できない。

方法論の検討──実験と実証──

先学は、「わが国における近代の仏教学は、一方では宗学からの脱皮をめざしてきた」(22)という。その脱皮への先駆者として、英国にいち早く留学し、西洋の近代仏教学の文献学の方法論を修得した南条文雄や笠原研寿などの先人たちの大きな苦労が偲ばれるが、同じように、近世宗学が近代真宗学へと脱皮するにも諸先学の並々ならぬ苦労があった。

繰り返すことになるが、私は『教界時言』における清沢の論説「貫練会を論ず」は、近世宗学が近代真宗学へと脱皮する最初の大きな一撃となったと考える。

それでは、真宗学の方法論において、近世宗学を越えて、近代真宗学が形成される端緒は、どこに開かれたのであろうか。

近代的な学問が成立する条件として、「実験」と「実証」という二つの用件を抜かすことはできない。その意味で、近代真宗学の方法論が成立する上で、先駆的な役割を果たした人として、私は二人の人物に注意してみたいと思う。

一人は、これまで関説した清沢満之であり、もう一人は、宗学の近代化を主張した本願寺派の前田慧雲である。

清沢は、哲学を専攻した人であるが、観念的な思弁を嫌い、現実への肉薄を絶えず志した。若き日の「ミニマム・ポシブルの実験」は、その端的な例である。しかし過度な禁欲生活によって、みずから結核を病み、死生の問

題に煩悶した。そんな中で、古代ローマの哲人エピクテートスの語録に出会う。エピクテートスは、奴隷の身分であり、足に障がいをもった人であるが、それゆえに人生を深く洞察し、その解決を求めた。清沢は、彼の哲学について、「空論空議にあらずして、激切なる実学である」として敬服している。このような自己の上での実験を通した「激切なる実学」こそ、清沢の学問のスタイルであり、門下に説いたことである。その意味で、清沢の方法は、親鸞の聞思の方法を主体の上に受け継いだ、「実験の教学」である。この主体的・実存的な方法こそ、近代真宗学への方向を切り開いたといえよう。

一方、歴史学者の前田慧雲は、その「宗学研究法に就いて」という論文において、「二百年も百五十年も以前の研究法に安じて、のんきに構えて居ては、とても時勢に応じ、世間の学術と対抗してゆくことはできぬ」と述べ、本山権力の新研究法への不当な圧力を厳しく批判し、いわば宗門内における学問の自治権の独立を強調し、歴史的研究と哲学組織的研究の必要性を主張している。それは、一方では、親鸞の批判精神を学の上に継承しようとするものであるが、他方、この実証的な研究方法に、宗学研究上の近代性をみることができる。特に歴史的研究の提案は、西洋の学問ならびに近代仏教学に刺激された新しい歴史的真宗理解をめざすものである。この研究法は、特に後代の本願寺派・龍谷大学真宗学における研究の主流を占めることになった。

このように、近代真宗学の方法論が成立する先駆的な意義を、私は、この二人の先人の上にみることができると思う。

おわりに

「真宗学」の名称の成立と課題

以上、真宗学の江戸期・近世から明治期・近代への展開を簡単にスケッチしてみた。これまでの宗学が「真宗学」という名で新しく出発するようになったのは、大正期に入り、東西の本願寺の大学が、それぞれ、龍谷大学、大谷大学が、真宗大学寮→真宗大谷大学→大谷大学の名で、単科大学に昇格してからである。[27]

龍谷大学・大谷大学は、これまでは大学を名乗っていても、制度的には、私教育の機関としてしか認められてなかったが、文部省に認可された大学として正式に発足することになった。そして、このような状況の中で、従来の「宗学」に対して、「真宗学」という名称が生まれる。これについて、大谷大学第三代学長佐々木月樵は、

今その真宗学と人文科の名は、大正七年初めて本学々科及びその課程に使用した所の新名目である。予は殊に此真宗学の名が、何日とはなしに数年ならずして早く世間一般に通用さる、こと、なりしを悦ぶものである。

（「大谷大学樹立の精神」『佐々木月樵全集』六、八二八頁）

と、その「大谷大学樹立の精神」の講演の中で述べている。しかし同時に、その真宗学は、いかなる意味で、大学で研究されるにふさわしい公開された学問といえるのか、ということも問われることになった。ある文教関係の人は、端的に、

一、真宗という趣旨は、念仏を称えてお浄土へ参る、ただそれだけである。それだけの宗旨に果して学問など する必要があるのか

二、一体、真宗学というようなことが果して成立するであろうか

というような疑問を呈したといわれる。(28)このような問いかけは、色々な形で表明されたことであろう。そしてその問いかけに応えることは、龍谷・大谷両校の大学当局者にとって、大きな課題となったと想像される。

『真宗学序説』の拓いた地平

この問いかけに対する重要な意味を持った応答として、私は、金子大栄の『真宗学序説』(文献書院、一九二三年)を挙げることができると思う。

金子によれば、親鸞その人も真宗を学んだ人であって、真宗学を公開するには、親鸞の学問を私たち自身が受け継ぐという発想へと転換する必要があるとし、したがってこれからの真宗学は、親鸞の著述を研究することではなく、「親鸞の学び方を学ぶ」のでなければならないという。このように、金子は、真宗学を新しい光のもとで見出し、これを「純粋真宗学」と呼んでいる。

「親鸞に還る」ということは、宗学の場面でも度々課題化されたが、親鸞のどこに還るのか、ということは不透明のままであった。勘案すれば、ここに金子は、

親鸞の学の方法に還る

べきことを提起したといえる。金子は、真宗学は親鸞の主著『教行信証』を直接の研究対象とするのではなく、『教行信証』がその顕開すべき対象として「真実教」と呼んで掲げたもの、すなわち『大無量寿経』を研究対象と

するのであると明言する。そしてこれについて、さらに、まず対象を大聖の真言、即ち、真実の言葉と定める。具体的に言えば、真実の教、『大無量寿経』である。七高僧の解釈は真宗学問の方法であると集約する。「大聖の真言」とは、親鸞が、人間救済の真理を開示した聖典『大無量寿経』の救済真理であるとして、『大無量寿経』に名づけた言葉である。また、「七高僧の解釈」とは、その救済真理に帰依し、その教相を判釈した印度・中国・日本の三国七高僧、龍樹・天親・曇鸞・道綽・善導・源信・源空の解釈を指し示している。

（『真宗学序説』二九頁）

この金子の指摘は、近代真宗学の規範となるものを、最も原則的な形で呈示した、と改めて思われる。しかし、この発想に立った金子の学問論は、当初は必ずしも学界に認知されたわけではなかったようである。昭和十一年（一九三六）に発刊され、現在も広く用いられている『真宗大辞典』の「真宗〜」の項目には、当時の重要な新刊と思われる『真宗安心の根本義』（石川舜台著）、『真宗教相学』（岡村周薩著）、『真宗綱要』（鈴木法琛著）などの諸著作が一九二〇年代の成果として挙げられているが、『真宗学序説』の項目はない。

のみならず金子の著書『浄土の観念』（一九二五年）、『如来及び浄土の観念』（一九二六年）は、大谷派の守旧的な宗学者の忌諱に触れ、そのため金子は、「異安心」の烙印を押され、僧籍剥奪の後、大谷大学を解職される。この「異安心」事件は、近世宗学から近代真宗学への枠組みの転換が容易でなかったことを、象徴的に示していると思われる。

註
（1）寺川俊昭「近代真宗学の歩み」（『真宗教学研究』第二号、真宗同学会、一九七七年）
（2）拙稿「『人』の教学」（『大法輪』六・七月号、大法輪閣、二〇〇九年）

(3) 大河内了悟『真宗学原論』(教育新潮社、一九七三年) 六〇頁
(4) 存覚『歎徳文』(『真宗聖教全書』第三巻、大八木興文堂、一九四一年) 六六二頁
(5) 寺川俊昭「親鸞における学の特質」『親鸞教学』三三号、大谷大学真宗学会、一九七八年) 二〇―二三頁
(6) 『教行信証』「化身土巻」(『定本教行信証』法藏館、一九八九年) 一二三・一三〇三頁
(7) 『教行信証』「信巻」(『定本教行信証』法藏館、一九八九年) 一二三・一三〇三頁
(8) 高橋弘次「浄土宗学の諸問題――改訂増補――」(『法然浄土教の諸問題』山喜房仏書林、一九九四年) 四〇五頁
(9) 平田厚志編『彦根藩井伊家文書浄土真宗異義相論』(法藏館、二〇〇八年)
(10) 足利瑞義編『龍谷大学三百年史』(龍谷大学出版部、一九三九年) 三一〇頁
(11) 島津恵正「三業惑乱研究序説」(『朝枝善照博士還暦記念論文集 仏教と人間社会の研究』永田文昌堂、二〇〇四年)
館・龍谷教学会議編、二〇〇四年) 一四頁
「浄土真宗本願寺派の学寮(学林)概観」(『江戸時代の本願寺教育制度』龍谷大学学術情報センター大宮図書
(12) 全七十五巻 (藏経書院、一九一三―一五年)
(13) 全十三巻 (真宗叢書編輯所、一九二七―三一年)
(14) 全三十七巻 (真宗典籍刊行会、一九一六―二五年)
(15) 全二十四巻 (真宗典籍刊行会、一九三六―四四年)
(16) 大河内『註(3)前掲書』一二頁
(17) 住田智見「『教行信証』の拝読及び研究の沿革」(『真宗大系』第三七巻)
(18) 『広文類会読記』巻一(『真宗大系』第一三巻) 一頁
(19) 廣瀬南雄『真宗学史稿』(法藏館、一九八〇年) 二一二頁
(20) 真宗典籍刊行会編『安井広度「大谷派学事史」『続真宗大系』第二〇巻) 一三六頁
(21) 寺川俊昭「近代真宗学の歩み」(『註(5)前掲書』)
(22) 下田正弘『涅槃経の研究――大乗経典の研究方法試論――』(春秋社、一九九七年) 三二一―三三頁
(23) 「エピクテタス氏」(『清沢満之全集』第六巻、岩波書店、二〇〇三年) 三一六頁

(24) 幡谷明「実験の教学――近代真宗教学についての覚書――」(『親鸞教学』三一号、大谷大学真宗学会、一九七七年)

(25) 『六条学報』六号、一九〇一年 (前田慧雲全集刊行會編『前田慧雲全集』第四巻、春秋社、一九三一年)

(26) 龍溪章雄「真宗学方法論研究学説史――その一――」(『龍谷大学大学院紀要 文学研究科』五集、一九八四年) 一五頁

(27) 「大学名変遷表」(中村元・武田清子監修『近代日本哲学思想家辞典』附録、東京書籍、一九八二年)

(28) 金子大栄『真宗学序説』(文栄堂書店、一九六六年) 一一頁

(29) 『教行信証』「行巻」〈真宗の綱要〉(『定本教行信証』法藏館、一九八九年) 八五頁

※本稿は、二〇〇九年九月七日から九日まで大谷大学を会場に開催された日本印度学仏教学会の学術大会の折、その記念講演として、「近代における浄土教研究――近代真宗学の方法論――」と題して行った講演を改題の上、若干補筆して再録したものである。

第一部

親鸞思想との対話

「みずから」とは、どういう営みか
―― 「おのずから」との「あわい」で考える ――

竹内整一

はじめに

本論文では、親鸞・清沢満之の思想を念頭におきながら、日本思想における「おのずから」と「みずから」の「あわい」という問題を考えてみたい。

日本語では、「おのずから」と「みずから」は、ともに「自（ずか）ら」で表しうる（逆に言えば、「自」は「おのずから」とも「みずから」とも訓じうる）ものとして特にあやしまずに使われてきている。たとえば、「自発」という言葉・事柄がある。ふつうは「自発的」「自発性」と、「みずから」の意志で進んでという意味で用いられることが多いが、文法用語「自発の助動詞」というときは、「思われる」「感じられる」のように、（〈みずから〉の意志に関わりなく）「おのずから」起きてきてしまうという意味で用いられている。

あらためて考えてみれば、おかしな言葉遣いであるが、こうした言葉遣いの背景には、「みずから」為すことと「おのずから」成ることとはまったくの別事ではないという発想が潜んでいる。

われわれはしばしば、「今度、結婚することになりました」とか「就職することになりました」という言い方をするが、そうした表現には、いかに当人「みずから」の意志や努力で決断・実行したことであっても、それはある「おのずから」の働きでそうなったのだと受けとめるような受けとめ方があることを示している(三木清『哲学入門』)。われわれの行為は、「我々の為すものでありながら我々にとって成るものの意味をもっている」のである。「できる」という言葉にも同様の事情をうかがうことができる。「出来る」とは、もともと「出て来る」という意味であり、ものごとが実現するのは、「みずから」の主体的な努力や作為のみならず、「おのずから」の働きにおいて、ある結果や成果が成立・出現することによって実現するのだという受けとめ方があったがゆえに、「出で来る」という言葉が「出来る」という可能の意味を持つようになったものである。

こうしたあり方については、三木の指摘もそうであるが、同じように、西田幾多郎が、「みずから」と「おのずから」が「相即」する「無心とか自然法爾とか云ふことが、我々日本人の強い憧憬の境地である」(『日本文化の問題』)とか、あるいは九鬼周造が、「自由の「自」は自然の「自」と同じ「自」である。「みづから」の「身」も「おのづから」の「己」も共に自己としての自然である。自由と自然とが峻別されないで、道徳の領野が生の領野と理念的に同一視されるのが日本の道徳の特色である」(「日本的性格について」)と、意識的に指摘していた事柄でもある。

かといって、こうした言葉遣いにおいて、「おのずから」と「みずから」とは、必ずしも未分だというわけではないし、「相即」とは、必ずしも「同一」という意味ではない。両者は重なりつつ異なり、異なりつつ重なってい

そこに、「あわい」という言葉をはさんで考えてみたいゆえんがあるのであるが、いずれにしても、以上のような言葉遣いや発想があるがゆえに、日本の思想・文化は、繊細で、柔軟・多彩でゆたかな包容力をもっていると評価されもしてきたのであるし、逆に、きわめて曖昧・無責任な、雑然とした成り行き主義であると批判されてもきたのである。

後者で言えばそれは、丸山真男が「無責任の体系」と言い、山本七平が「空気」と言って批判したことでもある。また、このたびの福島第一原発の国会事故調査委員会が、事故の根本原因は日本に染みついた悪しき慣習や文化にあったと批判したところの根にある問題でもある。

「結婚することになりました」という言い方を、まさに「成り行き」でそうなったという意味で使ったとすれば、もし離婚するときにもまた、「離婚することになりました」という言い方が使われてしまう。どこにもその責任を担う主体はいない。「戦争をすることにした」のではなく、いつの間にか「戦争することになった」というように言っているかぎり、その事柄を担う主体はどこにも見いだせないということである。

ならば、そのような言葉遣いのすべてがそうした無責任な成り行き主義で語られているのかというと、必ずしもそうではない。たとえば、どんなに「みずから」努力しても、結婚する相手に出会うということは、その努力を超えている。自分の力のおよばない不思議な働き、──縁とか偶然とか、まわりの手助けとか、そういうものの中で、人は人に出会うのであるし、また出会った後にも、さまざまな幸・不幸の出来事のさきで、やっと結婚という事態にいたるのである。「結婚することになりました」とは、そうした、自分の力を超えた働きへの感受性の表現でもある（「おかげさまで」という言い方など）。

つまり、この世の出来事は、すべからく「おのずから」と「みずから」の「あわい」において受けとめるべきことであって、要は、その「あわい」をどうきちんと受けとめることができるか、ということである。

「あわい（あはひ）」という言葉は、「アヒ（合）アヒ（合）」の約。相向う物と物との間の空間、間隔や、相互の関係（配色、釣合い、衣装の色合い、また、人と人との関係、仲）などを表す言葉である（『岩波古語辞典』）。また、『日本国語大辞典』では、「あはひ」は、「動詞「あふ（合）」に接尾語「ふ」の付いた「あはふ」の名詞化か」という説をとっている。

つまり、「あわい」とは、「向いあった二つのもの」を前提に、ということは、むろん相異なった二つのものということであるが、その「向いあった二つのもの」が両方から出合い、重なり交わる、あるいは背き逆らうた相乗・相克のダイナミックな状態や関係を表す言葉だということである。

柳田国男は、『毎日の言葉』で、「アンバイ」は「アワイ」の音変化であるとして、こう述べている。

こういうよい言葉（「アンバイ＝アワイ」）、将来使い方によってはどんなにも精確にうる一語を、あやふやな状態に捨てておくのは惜しいものです。

ここしばらく考え続けている「おのずから」と「みずから」との関係のあり方に、あえて「あわい」という用語を使っているのは、柳田も言うように、そこでこの言葉を「精確に、学問上の用語にもなりうる一語」として考えてみたいと思っているからである。

それは、「自然」と「自己」、「自然」と「作為」といったような、あるきまった概念としての名詞と名詞の二項対立として考えることではない。そもそも、「おのずから」と「みずから」とは、もともと実体を指す言葉ではない。形容語としての副詞であり、その両者を「あわい」（「合ひ合ひ」、「合はふ」もの）として相関させたときに見え

一 「みずから」を押しだす「おのずから」の働き

木村敏氏は、精神医学の立場から、統合失調症などを研究し、また西田幾多郎などをも参照しながら、独自の「おのずから」と「みずから」の「あわい」論（氏は「あいだ」という用語を使っている）を展開している。「から・より」とも読まれる「自」としての「おのずから」は、「単に何かありのままのありかたで存在している状態を言っているのではなく、何らかの始まりが、ある起源からの発出の運動が、行為者の意図によって曲げられることなく、ひとりでに、動きのままに、そのつど始まっていること」（木村敏『あいだ』）を示していると指摘している。また「みずから」も、その「おのずから」の「根源的な自発性」をそのつど一瞬ごとに受けとめ、新たに「始まり」続けることにおいて、自己として生きているのだと言う。

最初に述べた「自発」という言葉の微妙なニュアンスの理解に資する説明であるが、さらに木村氏は、こうした「おのずから」と「みずから」の関係を、次のような卓抜な比喩で説明している。

生命的自発性の水圧が一杯にかかった水源から、個別的に分離した〈身〉と呼ばれる身体的存在の出口を通って迸り出る噴水のようなものを思い浮かべてみよう。一つひとつの噴出口の特徴にしたがってそれぞれに異なった弧を描く水の曲線が、個々の自己だということになるだろう。……水源で水が噴出口から出るまでの動きを見れば「おのずから」ということになり、噴出口を通ってからの水の動きは「みずから」ということになるだろう。

（『あいだ』）

「みずから」は、噴出口から出た水の弧の曲線のありようで示されるが、それは、「おのずから」の圧力の働きによってである。その意味で、「みずから」は「おのずから」がなければ「みずから」はない。

弧の曲線のありようは、それぞれの噴出口の位置や大きさとか長さなどによって違う。それは、それぞれの「みずから」の、いわば一回性としての所与の場所性や身体性においてそうなるということである。それはむろん、人間にかぎらず、すべての生き物の「おのずから」のあり方に当てはまるが、しかし、とりわけ人間の場合には、この噴出口を「みずから」の意志や努力でそれなりに変えることもできる。大きくしたり、小さくしたり、あるいは、閉じたりしてみることができる。そうすれば、むろんその弧の曲線のありようは変わって来ざるをえない。

つまり、「みずから」の営みは「おのずから」であリつつ、かつ、ないということができる。それゆえに、その「あわい」が問題になるのである。こうした、「みずから」が「おのずから」でありつつ、かつ、ないという、すぐれて普遍的な事柄であり、ここではその特殊日本的な思想表現が問われているということである。

清沢満之は、「無限」と「有限」との関係として、以下のように論じているが、その議論は、このことの理解に参考になる。

——われわれ人間は有限として生きている。そうしたわれわれに無限なるものがあるとしたら、その有限と無限の二つは同体・一つのものだろうか、それとも別体・別々のものだろうか、と。もしこれが別体であると言えばこれは無限というものの外に有限というものがあるということになってしまい、これは無限という考え方に反する。

だから無限の体の外に有限があってはならない、と。すなわち無限・有限は同体たらざるをえないと言う。

しかし一方では、以上は、無限ということをもとにして論を立てた考え方だと、逆に有限の側から見たら、有限はまさに限りがある、限りのない無限と一緒であるはずがない、だからもし無限というものがあるとすればその無限の体は有限の外になければならない、と。すなわち、有限・無限は別体たらざるをえないと言う。

清沢はそれを「根本撞着」としているが、彼の、この「有限」・「無限」の二項同体・別体論は、そのまま「みずから」と「おのずから」の議論に置き換えて考えることができる。「おのずから」の側から見たときには、われわれの「みずから」の働きはその中にある。しかし、「みずから」の側から見たときには、「おのずから」の働きはあくまでも外である、われわれにはどうにもならない外・他の働きとしてあるということである。

以上のような考え方は、西田哲学のいわゆる「絶対矛盾的自己同一」の先蹤でもあり、西田のよく引く大燈国師の表現を使えば、「億劫相別れて須臾も離れず、尽日相対して刹那も対せず（永遠に別れていないながら暫時も離れず、終日向かいあいながら一時も対面しない）」ということである。「みずから」にとって「おのずから」とは、もともとその内にありながら、しかもとてつもなく遠い向こう側として働いているということである。われわれは、そうした「おのずから」と「みずから」の「あわい」に生き死んでいっているのである。

二　「みずから」とは、どういう営みか

すこし具体的な問題で考えてみよう。

以前、東京大学大学院人文社会系研究科・文学部の「死生学」プロジェクトで、「新しい死のかたち・変わらない死のかたち」というシンポジウムを行った。その中で、「私の死」という、その「私」とは何かということが問題となって、鷲田清一氏らとすこし議論になった《シンポジウム報告論集「新しい死のかたち・変わらない死のかたち」[11]》。

鷲田氏が「私」という語る者はその語りの中にさまざまな他者を含んでおり、そういう語りのなかで「私」が絶えず生成していく」のだと言われたのに答えて、「しかしその生成は、バラバラにつくりだされ語りだされているわけではなく、フィクショナルかもしれませんが、あるまとまりをもってつくられていく。そこに語る主体としての「私」があるでしょう」と申し上げたところから、以下、こういう議論が展開された。

鷲田 「私」がつくるという言い方、それからまた取り込むという言い方にも抵抗があります。「私」がいまでかかわってきたひとつひとつの出会いのなかで、「いまの私」があるということですから。

竹内 要するに、出会いのなかで自分を壊しながら、変えながら、更新しながら生きていくということでしょう。ですから、そのときどきにある「私」というものの、あるまとまったフィクションがなければ更新もできないんじゃないですか。

鷲田 そうは思わないですね。他とのかかわり、いろんな人と出会って、いろいろもつれた関係とか、いろんな関係をやってきたことというのは、けっして「私」自身が自分を語るというかたちで、その意味を全部回収することはできないものだと思っています。

竹内 いや、できないから変わるんでしょう。だからフィクションとも言ったわけです。にもかかわらず、そ

このあとももうすこしあるがまとめていかなければ更新すらもできないように僕は思います。

西垣 ……情報学では人間はオートポイエーシスな存在であるというふうにくくられますね。オートポイエーシスというのは自分で自分をつくるということですから、自律的にサイクリックなシステムになっているわけです。そういう意味で閉じているわけですよ。ところが、閉じていることがまた逆に開くことになるんです。……「私」は「私」のなかに閉じ込められているんですよ。でも、そのことがまた、逆に外に対して開かれている。そういう二重構造のなかに生きているという感じですね。

それを受けて、私は、こう述べた。

竹内 ……いまの西垣さんのお話をひきとって言うと、言いたかったのは、「私」というのはむろん閉じきることはできないし、それこそ最大の無明なんでしょうが、しかし、かといって逆に開きっぱなしというのも非現実的ではないか。生きることには否応なく閉じることがあるのであって、それを前提に開くことを考える必要があるのではないかということです。

以上の議論は、死を前にした「私」という存在や働きのありようを問うものであったが、言うまでもなくそれは、すぐれて「おのずから」との「あわい」のうちにある「みずから」のありようへの問いである（まさにむきだしの「おのずから」の働きとしての死は「みずから」を無にしようとするが、それゆえにこそ、そこでの「みずから」は、いわば凝固してこざるをえない）。さらには、同じように生き死んでいく、他のそれぞれの「みずから」との「あわい」のうちにある「みずから」のありよう（倫理）への問いでもある。

その問いは、最後の発言の言葉で言えば、「無明」と言われるような問題であり、欲望、煩悩、あるいは「悪」

という問題でもある。

『おのずから』と「みずから」のあわい——公共する世界を日本思想にさぐる』という本を「公共哲学」京都フォーラムの金泰昌氏と共編で出したが、出版までの約五年にわたる議論の中には、「悪」というテーマで主題的に論じられたことがあった。

そこで金氏は、これまで日本では「公共」ということを考えるときに、どこか「滅私奉公」というような、私を滅して公に奉ずるという傾向が強かったが、そうではなく、「活私開公」、私を活かして公に開くという方向で考えるべきだと述べていた。つまり、「公共」ということを考える前提として、「私が私として自由に生きている」という、そういう「私」の内面性を確保しながら、なおかつ他者や「公共」へと開いていく「私」が考えられるとすれば、それはどう考えうるのか、という問いが問われなければならない、と。

「私が私として自由に生きる」というありようには、どうしても欲望の問題が、さらには「悪」の問題が出てこざるをえない。そして、そういうものを見すえることなしに、つまり、私の先ほどの言い方で言えば、「閉じる」傾向を持つ「私」のありようを見すえることなしに、「おのずから」や、他の「みずから」との「あわい」（公共・倫理）を論ずることは「非現実的」ではないかということである。

三　「私」、欲望・「悪」の問題

よく言われるように、そもそも「私」という漢字は、その成り立ちからいえば、禾偏はイネで、囲むという意のムとから成って、「かこって自分のものにした稲の意」である（『漢字源』）。また、「我」という漢字は、「刃先がぎ

ざざぎと突き出ている戈の一種の形にかたどる」という意味である（同）。囲い武装して「みずから」のものにしたというところに「私」というものが生ずるとされているということである。

仏教ではそうしたあり方を「煩悩」として、そこから「私」の否定のあり方の問題である。仏教そのものにおいてもそこで問うべき問題は多々あるし、あとでもすこしふれるが、その否定たとえば、親鸞においては、煩悩は簡単には否定されようもないものとして受けとめられている。

親鸞は、「私」を「身」と「心」とに分けて考え、たとえ信じ念仏することによって往生を確約された存在となり、その「心は如来に等し」と言っても、その「身」は依然として「煩悩」にまみれており、悪いことをしでかしてしまうと言う。

それは、清沢満之の言い方で言えば、「身」は外部だということである。清沢は「外物」と名づけるが、「身」は「我」の内部にあるように見えながら、「我」にもどうにもならない「外物」の「おのずから」として働いているのだ、と。

同じようなことは、日本の自然主義文学者たち、たとえば、田山花袋らにおいても訴えられている。「矛盾でも何でも仕方がない。その矛盾、その無節操、これが事実だから仕方がない。事実、事実！」（『蒲団』）と嘆ぜられているのは、性の本能など、「みずから」したことでありつつ、自分にはどうにもならない「おのずから」のものとして感じられていたからである。

親鸞においては、そうした「私」――煩悩の問題は、また「業」という問題になってきている。「私」というものは、「業」如何において何をしでかすかわからない存在として受けとめられている。「人を千人殺してんや、しからば往生は一定すべし」と言われても、「業縁」がなければ一人も殺せないし、殺そうなどと思わなくとも百人千

人と殺してしまうことがある。それが「無明」ということでもある。
しかし、それが「無明」ということでもある。たとえば、例のオウム真理教の自爆テロでは、ジハード（聖戦）として「みずから」をふくめてできるだけ多くの人を殺すことに躊躇ない。あるいは、イスラム原理主義の自爆テロでは、ジハード（聖戦）として「みずから」をふくめてできるだけ多くの人を殺すことに躊躇ない。

そこには、「私」の不透明さというものがない。つまり、彼らの行為は、明確に見通される、透明な「無私」の営み（とすくなくとも主観的には思われている）なのであり、むろんそれらは、積まれるべき功績、善行為としてなされている。

親鸞の「私」はそうではない。「罪悪深重、煩悩熾盛の凡夫」としてのわれわれは、どうにも見通しのきかない「私」というものを抱え込んでいる存在なのである。そして、そうした存在であるからこそ、弥陀の救済の正機になると考えたのである。

ここでの親鸞の論理はこうである。念仏をしても飛び上がって喜びたい心も起きない、急いで浄土に住きたいとも思わない。それはまさにわれわれの持っている煩悩のせいなのだ。しかるに、弥陀はかねてそれを知った上でそうした存在をこそ救おうと願を誓ったのであるから、かえってその煩悩のあることにおいてこそ、いよいよ「往生は一定」と受けとるべきであろう、と。

踊躍歓喜のこころもあり、いそぎ浄土へもまひりたくさふらはんには、煩悩のなきやらんと、あやしくさふらひなまし
『歎異抄』[15]

「煩悩のなきやらんと、あやしくさふらひなまし（煩悩がないのであろうかとかえって疑わしく思われることであろ

う）——。ここには、われわれは、生きていくにおいては、否応なくこの「私」なるものに抱え込まざるをえない「無明」な存在なのだという、人間存在の現実への深い眼差し、諦視といってもいいようなものがある。「煩悩のなきやらんと」とは、言うなれば、「閉じる」ことなくありうるとする「私」認識への、ある種の異議申立てのように思う。

親鸞に即してみても、じつはこのへんが非常にむずかしいし、もうすこし一般的に言えば、「悪」の問題には、たとえば「悪」をこう定義したとき出てこざるをえない問題がある。

仏教においても、キリスト教においても、基本的には、自然的な生命力の露骨なあらわれや自己中心的な欲望の肯定が悪の根源であるとされている。

「仏教においても、キリスト教においても」ということは、より一般的に、ということであるが、「悪の根源」というものが、「自然的な生命力の露骨なあらわれ」と「自己中心的な欲望の肯定」という、二つのところから語られている。ここでの言い方でいえば、まさに「おのずから」と「みずから」の問題であり、その違うことをどう繋げて考えたらいいか、という「あわい」の問題である。

つまり、おのれを超えて働いてくる「おのずから」の生命力に、「みずから」という「私」が関わることで、そこで何らかの意味で「露骨さ」なり「過剰さ」といったものが生じてくるのであるが、それが「心」や「身」、「業」というあり方としてどう考えたらいいか、という問題である。

（中村雄二郎『日本文化における悪と罪』）[16]

おわりに

親鸞の場合には、「罪悪深重、煩悩熾盛」の、この「私」をどうにもならないと思ったとき、そこに弥陀が手を差しのべてくることによって、救われる「私」が見えてきている。

弥陀の五劫思惟の願をよくよく案ずれば、ひとへに親鸞一人がためなりけり。されば、それほどの業をもちける身にてありけるをたすけんとおぼしめしたちける本願のかたじけなさよ

（『歎異抄』17）

ここでの「一人」とは、「それほどの業をもちける身」をまるごと弥陀に預けるという「信」という営みにおいて感じられてくる、ほかならぬ、この「私」、その「一人」ということである。

先に述べたように、その「私」の「心は如来に等し」であるが、「身」はまだそのままで、けっして「同じ」ではない。が、そうしたことが定まった身分ていない。「等し」はあくまで「等し」であって、けっして「同じ」ではない。が、そうしたことが定まった身分ということで、その意味では、すでに弥陀に摂め取られているのである。現生正定聚という画期的な考え方の意味がそこにある。

つまり、「みずから」（「私」）は「おのずから」（弥陀）のうちに摂まりながら、なおけっしてイコールではないということである。そこでの「あわい」は、ごくわずかのようでありつつ、かつ無限のようでもある。そのことは、親鸞において、厳密に、しかもくりかえし注意されている。

註

(1) 三木清『哲学入門』(岩波書店、一九七六年) 一六九頁
(2) 西田幾多郎『日本文化の問題』(『西田幾多郎全集』第一二巻、岩波書店、一九六五年) 三四六頁
(3) 九鬼周造「日本的性格について」(『九鬼周造全集』第三巻、岩波書店、一九八一年) 三八二頁
(4) 丸山真男『日本の思想』(岩波書店、一九六一年) 三七頁
(5) 山本七平『「空気」の研究』(文藝春秋、一九七七年)
(6) 『岩波古語辞典』(岩波書店、一九七四年)
(7) 『日本国語大辞典』(小学館、二〇〇一年)
(8) 柳田国男『毎日の言葉』(角川書店、一九六四年) 六四頁
(9) 木村敏『あいだ』(弘文堂、一九八八年) 二〇五―二〇六頁
(10) 清沢満之「他力門哲学骸骨試稿」(『清沢満之全集』第二巻、岩波書店、二〇〇二年)
(11) 『シンポジウム報告論集「新しい死のかたち・変わらない死のかたち」』(東京大学大学院人文社会系研究科、二〇〇四年) 七六―七八頁
(12) 竹内整一・金泰昌編『「おのずから」と「みずから」のあわい――公共する世界を日本思想にさぐる』(東京大学出版会、二〇一〇年)
(13) 『漢字源』(学習研究社、二〇〇一年)
(14) 田山花袋『蒲団』(『田山花袋全集』第一巻、文泉堂書店、一九七四年) 五四八頁
(15) 『歎異抄』(『親鸞集』筑摩書房、一九六八年) 三三一頁
(16) 中村雄二郎『日本文化における悪と罪』(新潮社、一九九八年) 一九二頁
(17) 『歎異抄』(前掲書) 三八七頁

倫理と宗教
―― 清沢満之の思索を手がかりに ――

藤田正勝

はじめに

清沢満之は明治三十四年（一九〇一）に浩々洞の同人であった暁烏敏や佐々木月樵らとともに雑誌『精神界』を創刊したが、亡くなるまでの二年半、主にこの雑誌を通してみずからの思想を発表した。そこで清沢はみずからが歩んだ信仰の道筋と、最後に立った宗教上の境地とを印象深い言葉で記している。それらを読んで気がつくことの一つは、彼がこの時期、道徳と宗教の問題に深い関心を寄せていたことである。本稿では、主に清沢の思索を手がかりに、道徳と宗教、倫理と宗教の問題について考えてみたい。

一　時代のなかで問われた「道徳と宗教」の問題

いま、清沢は雑誌『精神界』に発表した諸論考を通して、みずからが最後に立った宗教上の境地を印象深い言葉で記したと述べたが、たとえば絶筆となった「我信念」のなかの「一切の事を挙げて、悉く之を如来に信頼する」(1)という言葉や、晩年の日記『臘扇記』に記された「絶対の信任（たのむ）」という言葉のなかでみずからの信仰の立場を言い表すとともに、清沢はこのように絶対無限者へのまったき依存（信任）ということを強調して言うことができるであろう。清沢はこのように絶対無限者に頼る者にはいっさいの責任がないということを強調して受けとられるかもしれない。また、「無責任」という言葉でその立場の特徴を言い表している。それは道徳や倫理を無視したものと受け取られるかもしれない。しかし無視したのではなく、むしろ道徳と宗教の問題に正面から向きあった結果語られた言葉と言えるのではないだろうか。

清沢が開いた信仰共同体である浩々洞の同人でもあった曽我量深がのちに、清沢の思想的な営みをふり返って、「清沢満之先生の一代の努力といふものは、畢竟ずるに道徳といふものと宗教といふものの違ひを明らかにするといふことに尽きてをつたやうであります」(2)と述べているが、晩年の清沢の関心の所在を的確に指摘した言葉であるように思われる。

道徳と宗教の問題は、清沢にとって、もちろん純粋に信仰に関わる問題でもあったが、同時に、当時の政治的な状況にも深く関わるものであった。その点をまず見ておきたい。

維新後、明治政府は天皇を神格化し、統治の軸とするとともに、明治三年（一八七〇）に出された大教宣布の詔

の「宜明治教、以宣揚惟神之道也」という言葉が示すように、「惟神之道」、つまり神道を政治と国民教化の基盤にした国家建設を行おうとした。その背後に西欧列強の圧倒的な力を前にして、それに対抗しうる国家を早急に作り上げたいという意識があったことは言うまでもない。いわゆる「国家神道」は、そのようなナショナリズムを背景として創出された「独自の宗教的形態であった」と言うことができる。

それを踏まえ、さらに国民の国家への統合をいっそう強化するために出されたのが「教育ニ関スル勅語」（一八九〇年）、いわゆる教育勅語であった。それは国民の訓育を目ざすものでもあったが、基本的には天皇制国家を思想面から支える役割を担うものであった。勅語の「常ニ国憲ヲ重シ国法ニ遵ヒ一旦緩急アレハ義勇公ニ奉シ以テ天壌無窮ノ皇運ヲ扶翼スヘシ」という言葉にそのことが明瞭に現れている。

そしてアカデミズムの側からその普及、浸透に積極的に関わったのが、日本人としてはじめて帝国大学文科大学の哲学教授に就任した井上哲次郎であった。勅語発布の年にドイツ留学から帰国し、帰国の翌年に井上は文部大臣芳川顕正の委嘱を受けて『勅語衍義』（一八九一年）を著し、勅語が意味する内容の解説を試みた。そのなかで井上は、西欧列強に対抗しうる力を持つためには民心の結合こそが必要であること、そしてそのためには「孝悌忠信ノ徳行ヲ修メテ、国家ノ基礎ヲ固クシ、共同愛国ノ義心ヲ培養」することが何より重要であることを強調している。

このような立場から井上は、同時に、宗教（キリスト教）を厳しく批判した。内村鑑三のいわゆる不敬事件をきっかけに書かれた『教育ト宗教ノ衝突』（一八九三年）のなかで井上は、キリスト教の非国家的性格に対して徹底した批判を加えた。井上の理解では、教育勅語は日本の伝統的な実践倫理を文章化したものであり、それを貫くものは、先に引用した「一旦緩急アレハ義勇公ニ奉シ以テ天壌無窮ノ皇運ヲ扶翼スヘシ」という言葉に端的に現れ

ている国家主義であった。それに対してキリスト教は万国共通の教えに立脚したものであり、また地上の国家ではなく天の国を立てようとするものであった。そのような意味で国家主義とは根本において相容れないということを井上はここで強調している。またその倫理は、「出世間的」な倫理であり、忠孝を軸にした「世間的」倫理とは根本的に異なるものであると主張し、キリスト教の倫理に厳しい批判を加えた。

この批判は内村鑑三のいわゆる不敬事件をきっかけに書かれたものであり、批判の矛先はキリスト教に向けられていたが、しかしその批判の内容は仏教にもあてはまるものであった。神道の国教化が進められ、国家道徳の立場から宗教に対して厳しい批判がなされるなかで、仏教はどのような立場を取ったのであろうか。

以上のような批判が仏教にも向けられうることは、十分に意識されていたと考えられる。それを免れるために浄土真宗でもちだされたのが真俗二諦論であった。つまり出世間的な究極の真理と世俗の真理とを区別する伝統的な考え方を踏まえ、現世においては世俗の規範や道徳を守ることが積極的に主張されたのである。

井上の『教育ト宗教ノ衝突』の翌年になるが、真宗大谷派の法主現如が出した垂示には次のような言葉が見える。

「天皇陛下ヲ始メ奉リ……仁義忠孝ノ道ヲ相守リ他力金剛ノ信心ヲ速ニ決定シ、イヨイヨ二諦相依ノ宗義ヲ誤ラヌ様……」（一八九四年五月八日「本山事務報告号外」）。

またその三か月後、日清戦争が始まった直後の垂示では、「専心一途報国ノ忠誠ヲ抽シ、応分ノ金品ヲ献納シテ軍資ノ一端ニ供シ相当ノ物品ヲ寄贈シテ……軍気ノ振興ヲ助ケンコトヲ希図シ……」（一八九四年八月六日「本山事務報告」）と言われ、戦争への積極的な協力が門徒に対して呼びかけられている。

これらの言葉からわれわれは、明治期に打ち出された「二諦相依」論の背後に、明治維新以後の天皇制国家の確立とそれを支える教育勅語体制によりかかって真宗の維持を図っていこうとする意図があったことをはっきりと見

てとることができるであろう。それは一方で仁義忠孝を中心とする伝統的な倫理規範をそのまま受け入れるものであったし、また他方、国家が推し進める対外膨張政策をそのままの形で追認するものであった。

二 清沢満之の宗教理解

それに対して清沢満之が『精神界』の諸論考のなかで示した立場は、このような形でもちだされた真俗二諦論、二諦相依論とは根本的に異なるものであった。清沢は真俗二諦論を前面に押し出す宗派の議論を前にして、改めて「宗教とは何か」ということを問い、自らの立場を明確にしていったと考えられる。

この「宗教とは何か」という問いに対して、清沢は、自己の精神の安住、精神の自在の活動、精神内の満足を求めることこそが宗教の、そしてまた精神主義の目ざすものであることを強調している。自己の外に精神を充足させるものを追い求めるものではないという立場を明確に示したのである。それは言いかえれば、「内観」つまり自己の内に目を向けることを重視する立場に立つことを意味する。そのことを清沢は、「先づ須らく内観すべし」と題した論考のなかで、「外観主義を後にして、内観主義を先にすべしと云ふ、外観は畢竟内観に依るものなればなり」と根拠づけている。

このような「内観」を重視する清沢の宗教理解に対しては、当時、さまざまな批判が加えられた。『精神界』が刊行されたのとほぼ同じ頃に、境野黄洋や加藤玄智、田中治六などによって仏教清徒同志会（のちに新仏教同志会に改称）という団体が作られ、雑誌『新仏教』が刊行された。仏教に依拠しながら積極的に社会の改革に取り組もうとした点にその特徴があるが、その同人たちからも清沢に対して、またその精神主義の立場に対して厳しい批判

倫理と宗教（藤田正勝）

が加えられた。

たとえば加藤玄智は、『新仏教』第二巻第三号（一九〇一年三月）に掲載された「常識主義と精神主義」と題した論考のなかで精神主義について、一方で「吾人精神修養の方策としては、その云ふ所頗る急所に的中せるもの多々ある」ことを認めながら、しかし他方、外的事物や他人との関わりのなかで生まれる苦悩を「妄念により生ずる幻影」にすぎないとする清沢の立場（『精神主義』『精神界』第一巻第一号）を「迷妄的唯心論」として非難している。

「外観客観の存在を独り主観精神の中にのみ没入し去らんとする」清沢の主張する精神主義が、人間の精神の活発な活動から身を引き、ただ内面の満足のみを追い求める羸弱思想にほかならず、宗教の老衰した形態であるという批判がなされている。

また、『新仏教』第三巻第二号に発表された境野黄洋の「羸弱思想の流行（ニィッチェ主義と精神主義）」では、清沢の主張する精神主義が、人間の精神の活発な活動から身を引き、ただ内面の満足のみを追い求める羸弱思想にほかならず、宗教の老衰した形態であるという批判がなされている。

他方、道徳の軽視ないし否定という点も精神主義批判の重要な論点の一つであった。浩々洞の同人のなかには、真の信仰を有する者にはどんな罪悪も障りなしということを公然と主張する者がいた。たとえば『精神界』第一巻第一二号（一九〇一年）に掲載された暁烏敏の「精神主義と性情」と題された文章には、「吾人の精神主義は……偸盗を好む者に偸盗を為すべからずと命ずるにあらず、……殺生を好む者に殺生を嫌ふ者に偸盗せよと迫るにあらず、偸盗を嫌ふ者に偸盗せよと迫るにあらず」という表現が見える。

このような主張に対して『新仏教』の同人たちは厳しい批判の矢を放った。たとえば花田衆甫は「排精神主義──『精神主義』を難し浩々洞諸氏の答を望む」と題した論考のなかで、「所謂精神主義なる者は、放恣悖徳破倫の行為に向て深き同情を有する者なりや」という疑問を呈し、「天下の危険、平和の妨礙、何者か是に加かんや」と、その反道徳性、反社会性を厳しく批判している。

清沢満之は『新仏教』の側から直接このような批判に答えることを求められたことがあった。『新仏教』の編集者の問いかけに清沢は次のように答えている。「新仏教の方では、宗教と倫理の関係をどうゆう風に説くのですか。……倫理と宗教は一つだといふのですな。実在は善悪の上に超絶して居る。それだから宗教上の信仰は、善悪に拘はらず之を得られる。悪人だから信仰が得られない、信仰を得たから悪人でないとは言はんのです」。Morality is Religion, Religion is Morality. といふわけなのですな。私共の方の内観主義は、超倫理説であつて、実在は善悪の上に超絶して居る。それだから宗教上の信仰は、善悪に拘はらず之を得られる。

ここから明瞭に見てとれるように、宗教的な信仰は善悪を同じレヴェルで論じることができないというのが清沢の基本の考えであった。清沢がそのような信念を抱いていたことを、弟子の安藤州一がまた次のように報告している。「一夜、先生、余に謂て言く、今の学者、口を開けば則ち言く、宗教は倫理的ならざる可らずと。されど、余に思はざるなり。宗教と倫理とは、全く其方面を異にするのみならず、時有てか、宗教は倫理の教条を打破し、自己の信仰のために人を殺さざる可らず、徒に方面を異にするにあらず、かゝる事は、実際上、容易に有り得べき事柄なりと信ず」。

「今の学者」と言ったとき、清沢の念頭にあったのはおそらく井上哲次郎であったと考えられる。井上は『教育ト宗教ノ衝突』を発表して以後も、宗教の問題に深い関心を寄せ、数多くの論考を発表した。たとえば『哲学雑誌』第一五四号（一八九九年）に発表した「宗教の将来に関する意見」において井上は、諸宗教がおしなべて神話や迷信などの特殊性を免れない点にあることを評価するとともに、他方、歴史的な宗教の期するところの小我を捨て、大我に従おうとする点にあることを批判している。その目ざすところを実際に実現するためには、宗教の形態を離れ、倫理を基礎に据えるべきことを主張したのである。また『太陽』第七巻第七号（一九〇一年）に発表した「宗教変動の徴」のなかでは、「二十世紀に於ける人類一般の一大事変は、宗教上の偏見を打破して、倫理的宗教の必要を顕

揚するにあること、又何ぞ疑を容るべけん」と宗教の倫理化を主張している。

このような井上の宗教理解に対して、清沢は、宗教と倫理とがまったくつまり同じレヴェルでの事象ではないことを主張したのである。信仰の世界では、「方面」を異にしたものであること、があり得るというのが、清沢の理解であった。「自己の信仰のために人を殺さゞる可らず」という言葉がそのことをよく示している。

清沢の、自らの内観主義は「超倫理説」であるという主張は、先に述べたように、『新仏教』の同人たちに対する反論でもあったが、同時に、国家主義の立場から宗教を倫理へと解消すべきことを主張した井上哲次郎に対する反論でもあったと言うことができる。

三　「真俗二諦論」と道徳と宗教の問題

いま見たように、清沢は宗教が成立する場所を善悪を超越した次元として捉えている。親鸞の言葉で言い表せば——それを清沢は「倫理以上の安慰」(『精神界』第二巻第九号)のなかで引用している——、「善悪のふたつ、総じてもつて存知せざるなり」と言われうる場所であった。このことを清沢は明治三十四年(一九〇一)に行った講演「精神主義」のなかでは、宗教は「一種の別天地」を有するというように言い表している。

また『精神界』第一巻第一一号に発表された「宗教的信念の必須条件」のなかでは、宗教的信念の天地に入らうとするためには、次のように記している。「宗教的天地に入らうと思ふ人は、形而下の孝行心も、愛国心も捨てねばならぬ。其他仁義も、道徳も、科学も、哲学も一切眼にかけぬやうそれ以外の何ものにも頼ることができないことを述べたあと、

になり、茲に始めて、宗教的信念の広大なる天地が開かる、のである」。このように、宗教以外の人間の営みを離れたところに宗教的信念の「広大なる天地」が開かれることが強調されている。

この清沢の主張は、宗教の本質をよく捉えたものと言うことができるであろう。しかし、宗教が人間のそれ以外の営みから離れたところに成立するとしても、それは、宗教が現実の世界における生、そして倫理の問題からまったく切り離されるということを意味しない。むしろ両者は切り離しがたく結びついていると言えるのではないだろうか。善悪が問われる地盤があって、はじめてそれを「存知せず」と言いうる境地が開かれると考えられる。その故にこそ、古来、くり返し宗教と倫理との関わりが問題とされてきたし、清沢もまた、世俗を離れた「宗教的信念の広大なる天地」について語りつつ、同時に両者の関わりに深い関心を寄せつづけたと考えられるのである。亡くなる直前にも清沢は、「宗教的道徳（俗諦）と普通道徳との交渉」という論考を『精神界』第三巻第五号（一九〇三年）に発表し、改めて真俗二諦の問題について論じている。そこで何を語ろうとしたのかを以下で見てみたい。

清沢がここで真俗二諦の問題を取りあげたのは、先に触れたように、神道の国教化が押し進められ、国家道徳の立場から宗教に対して厳しい批判がなされるなかで、宗派の公の見解として「二諦相依」論がもちだされたことを踏まえてのことであった。そしてこの真俗二諦の問題について清沢は宗派のそれとははっきりと異なった解釈を示したのである。

それは特に「俗諦」についての理解に見られる。清沢はそれを、世俗世界の法律や道徳とは異なった意味で理解しようとした。もちろんその実質は重なるが、そこにどのような意味を見いだすかという点で、清沢は独自の解釈を示したのである。

清沢によれば、道徳の場合には、その完全な実践が目ざされる。つまり、道徳的な規範にはつねに実践されるべきものという意味づけがなされる。たとえすぐには実践できなくても、完全な実践に向かって一歩でも前進することが目ざされる。それに対して「俗諦」については、清沢はその存在の意義を、規範を実践することが困難である、あるいは不可能であるということが自覚させられるという点に見いだしている。その不可能性のゆえに、有限な存在者は絶対無限な存在に目を向けざるをえない。そこにこそ、「俗諦」の意義があると清沢は考えるのである。

別の言い方をすれば、道徳に躓くことによって、そこに宗教の道が開かれるというのが清沢の理解であった。しかも、その躓きが宗教のなかに見ていたと言える。そしてそれは清沢自身がたどった道でもあった。このような逆説的な関係を清沢は道徳と宗教のなかに見ていたと言える。

そこで清沢は、かつて人生の意義についてさまざまに思索を重ねたと、つまり、何が善であり何が悪であるか、何が真理であり何が非真理であるか、あるいは倫理や道徳を可能なかぎり実行しようと努めたことを告白している。そこで清沢が経験したのは、人生の意義の不可解ということであり、倫理や道徳の完全な実行の不可能ということであった。もう頭を上げようがないとなったところで、「一切の事を挙げて、悉く之を如来に信頼する」に至ったこと、そのことを清沢はこの最後の論考のなかで、自分の信仰の核心であり、要点であると言い表している。

このように救済という出来事が、道徳や社会規範の実行にはまったく関わりがないということを自らの信仰の歩みのなかで確信することによって、清沢は政治との安易な妥協とは違った道を選択したと言うことができる。それは「宗教的道徳（俗諦）と普通道徳との交渉」のなかの「俗諦の教を以て積極的に人道を守らしむるものであると

か、国家社会を益するものであるとか云ふ様に思ふは大なる見当違ひである」[18]という言葉に端的に表れている。

四 責任と無責任

さて先にも触れたように、清沢は自らの信仰のあり方との関わりで「無責任」ということを強調した。この「無責任」についての議論も、このような文脈のなかで理解される必要があるであろう。

どのような意味で清沢が「無責任」について語ったのかを知る上で手がかりになるのは、清沢が亡くなる前年、明治三十五年（一九〇二）に行った講演「精神主義」である。そこで次のように言われているのは、「誠の義務責任と云ふものは、無限なもので、なくてはならぬので、到底私共の為すことの出来ぬものである。私共の為し得る所の義務責任は、唯其一部分である、即ち義務責任に関して、私共は絶対の力無き故、之を全然尽すと云ふことは出来ないので、又強てなさずともよいのである」[19]。

一方では義務や責任が無限なものであることが言われている。真摯に向きあえば、すべての事柄が自己の責任となるのである。しかし、有限な存在者はそれをとうてい果たすことができない。ここでも人間の無力さが強調されているのである。そのゆえに「強てなさずともよい」と言われるのである。この「なさずともよい」という言葉は、義務や責任の単純な放棄を意味するものではない。自己の無力さに対する深い反省や苦しみ、罪の意識を踏まえてのものである。その上に立って語られた「なさずともよい」[20]である。

この「強てなさずともよい」は、すべてを絶対的存在者に委ねるという「絶対の信任」と一体になっている。その点について清沢は遺稿となった「我信念」のなかで次のように言い表している。「所謂人倫道徳の教より出づる

所の義務のみにても、之を実行することは決して容易のことでない。若し真面目に之を遂行せんとせば、終に「不可能」の嘆に帰するより外なきことである。私は此の「不可能」に衝き当りて、非常なる苦みを致しました。若し此の如き「不可能」のことの為に、どこ迄も苦まねばならぬなれば、私はとつくに自殺も遂げたでありませう。然るに、私は宗教によりて、此苦みを脱し、今に自殺の必要を感じませぬ。即ち、私は無限大悲の如来は、如何にして、私に此平安を得せしめたまふか、外ではない、一切の責任を引受けてくださる、ことによりて、私に此平安を信ずることによりて、今日の安楽と平穏とを得て居ることであります。無限大悲の如来は、如何にして、私に此平安を得せしめたまふか、外ではない、一切の責任を引受けてくださる、ことによりて、私に此平安を信ずることによりて、今日の安楽と平穏とを得て居ることであります。

この「絶対の信任」という境涯の上に立って、清沢は善悪という規範からの脱却を、あるいは「無責任」ということを主張したのである。

おわりに

清沢はまた、この「絶対の信任」の上に成立する境涯が「自由主義」であることを語っている。『精神界』第一巻第一号に発表された「精神主義」のなかでも、精神主義が「完全な自由主義」であることが言われているし、また、明治三十五年（一九〇二）の講演「精神主義」のなかでも次のように言われている。「無限の大悲に乗托して、安心したものは、自由である。此自由とは、完全なる無限の自由で、仏心を我に得て居る以上は、仏心が無限であるから、私共も亦完全なる無限の自由で、決して何等の束縛も感ぜぬのであります」[22]。

しかしこの何ものによっても縛られないあり方は、倫理規範を否定しようとするものではない。上の引用に続いて清沢は次のように述べている。「斯く云ひますと、然らば国家の法律にも服従せず、人の約束をも守らぬかと云

非難があるでせうが、さう無暗に自分勝手なことをするのでない、「従ふ可き所には、非常に従ふのであります」。(23)その点を考えるためには、『精神界』発刊以前に雑誌『仏教』に発表されていた「他力信仰の発得」（一八九九年）という論文の次の文章が手がかりになるであらう。「自己省察は吾人をして吾人の有限不完全なる事を自覚せしむべし、此の如くして有限無限の関係は終に吾人が無限に対する信仰を発得せしめ、他力信仰の結果は吾人の同朋に対する同情となり、同情の開展する所は道徳を策進して真正の平和的文明を発達せしむるに至るべきなり」。(24)

ここでは、絶対無限者への信仰が他者への同情に、そして道徳に、さらには平和な社会の実現に結びついていくことが述べられている。しかし、『精神界』の諸論考では、これらの点について詳しく論及されることはなかった。むしろ先に見たように、宗教の超倫理性の側面が強調された。それは、精神主義が主張された歴史的な背景を考えれば、十分に根拠を有するものであったし、宗教の本質を的確に捉えたものであったと言うこともできるのではないだろうか。

しかしそのような主張は課題を残すものであった。もちろん、たとえば先に引用した「善悪のふたつ、総じてもつて存知せざるなり」という言葉も、また「自己の信仰のために人を殺さざる可らず」という言葉も、通常の社会倫理の枠のなかで語られた言葉ではない。倫理を超越した「信念」の頂から語られた言葉としてわれわれはそれを理解しなければならない。そこは、倫理の教条としての意味を持たない次元であると言うことができる。

しかしそのような次元、言いかえれば宗教的な生は、世俗の生とまったく切り離されたところに成立するのではない。信仰者もまた宗教的な生のなかだけではなく、同時に倫理性が問われる世俗の生のなかに身を置く存在であ

りつづけるからである。何に断固従うべきであるかを考えることは、信仰者にとっても放擲できない課題でありつづけるのである。宗教的な真理が善悪の次元を超越したものであることを強調することが大きな意義を持つとしても、そのことによって、世俗の生のなかで何を目ざすべきかという課題から解放されるわけではないのである。

その点が十分に問われず、課題のままで残されたために、たとえば、清沢が没した翌年、明治三十七年（一九〇四）に日露戦争が始まるやいなや、弟子たちは現実の国家の政策を全面的に肯定するような言説を発表するようになったのである。たとえば『精神界』第四巻第二号に発表された「犠牲的精神」と題した文章には、「我等一度如来の犠牲的精神の火に燃されて後は時に国家の上に如来の御姿を拝して国家の犠牲となるべく……」と記されている。現実の国家の政策がちゅうちょなく肯定されているのである。ここでは清沢の内面主義が内包していた批判精神は完全に姿を消している。このことからもわれわれは、清沢の内面主義が課題を残すものであったと言わざるをえない。

註

（1）「我信念」は『精神界』第三巻第六号（一九〇三年）に掲載。『清沢満之全集』第六巻（岩波書店、二〇〇三年）一六二頁参照。
（2）曽我量深「指方立相の問題」（『曽我量深講義集』第四巻、弥生書房、一九七九年）一四四頁
（3）安冨信哉『近代日本と親鸞』（シリーズ親鸞第九巻、筑摩書房、二〇一〇年）四二頁
（4）井上哲次郎著、中村正直閲『勅語衍義』（敬業社・哲眼社、一八九一年）「叙」三頁
（5）本願寺派の明治十九年一月に制定された「旧宗制」にも、「一宗ノ教旨ハ仏号ヲ聞信シ大悲ヲ念報スルヲ真諦トス人道ヲ履行シ王法ヲ遵守スルヲ俗諦トス是即チ他力ノ安心ニ住シ報恩ノ経営ヲナスモノナレハ之ヲ二諦相資ノ妙旨トス」とある。『真宗本願寺派宗制寺法』（一九二六年）一頁。

（6）以上については、安冨信哉「明治中期の真俗二諦論と清沢満之」（『親鸞教学』第六二号、一九九三年）四—六頁を参照。

（7）安冨信哉「清沢満之と個の思想」（法藏館、一九九九年）七六頁以下参照。

（8）たとえば『精神界』第一巻第一号に発表された「精神主義」のなかで、「精神主義は、吾人の世に処するの実行主義にして、其第一義は、充分なる満足の精神内に求め得べきことを信ずるにあり」と言われている（『清沢満之全集』第六巻、岩波書店、二〇〇三年、五頁）。また『精神界』第二巻第二号に発表された「精神主義と三世」では、「精神主義は、自己の精神を第一義とし、其精神が現在の境遇に満足して、自由自在に活動する処に、吾人は安住の地位を得べきことを唱導するなり」と言われている（同、九二頁）。

（9）『清沢満之全集』第六巻、六〇頁。

（10）加藤玄智「常識主義と精神主義」（『新仏教』第二巻第三号）一一五頁

（11）暁烏敏「精神主義と性情」（『精神界』第一巻第一二号）二一—二三頁

（12）花田衆甫「排精神主義——「精神主義」を難して浩々洞諸氏の答を望む——」（『新仏教』第三巻第二号）七六—七七頁。

（13）『新仏教』第三巻第四号、一八九頁、『新仏教』編集者の筆録による。

（14）安藤州一「清沢先生信仰坐談」第五版（無我山房、一九一一年）八五頁

（15）『巽軒博士倫理的宗教論批評集』第一輯（金港堂書籍、一九〇二年）五七—五八頁

（16）末木文美士はこのような清沢の主張を、「井上的な国家道徳主義に対する正面からの挑戦」であったとみなしている。末木文美士「内への沈潜は他者へ向いうるか」（『思想』第九四三号）一六頁。なお「宗教的信念の必須条件」は『精神界』第一巻第一一号の「講話」欄に清沢の名前で発表された論考であるが、暁烏敏の思想が反映している可能性について山本伸裕が論じている。山本伸裕『「精神主義」は誰の思想か』（法藏館、二〇一一年）九四頁以下参照。

（17）『清沢満之全集』第六巻、七七頁。

（18）『清沢満之全集』第六巻、一五六頁

（19）『清沢満之全集』第六巻、一六七頁

(20) 一九〇一年に行われた講演「精神主義」のなかで次のように言われている。「宇宙万有が皆我物であり一切動物が皆我子である以上は、我は天地万物に関して全責任を有するものであります、天下に一の無辜を誅し一の無罪を罰することあれば、一として我は其に対する責任を免がる、訳はない筈であります」（『清沢満之全集』第六巻、三〇〇頁）。

(21) 『清沢満之全集』第六巻、一六四頁

(22) 『清沢満之全集』第六巻、一六八頁

(23) 『清沢満之全集』第六巻、一六八—一六九頁

(24) 『清沢満之全集』第六巻、二一五頁

(25) 「犠牲的精神」（『精神界』第四巻第二号）三頁

親鸞ルネサンスの構想
――方便論的個人主義による学問――

安冨 歩

はじめに

私は何年か前に『歎異抄』を繙いて次の言葉に出あった。

弥陀の五劫思惟の願をよくよく案ずれば、ひとえに親鸞一人がためなりけり。

（『聖典』六四〇頁[1]）

私はこの言葉に、深い衝撃を受けた。阿弥陀如来の本願に始まり、仏陀の教えにより、龍樹をはじめとするインド・中国の高僧を経て、法然を通じていまここに届いたこの教えは、ひとえに親鸞一人がためだった、というのである。なんという決然とした言葉であろうか。これほどの強い力で教えを受け止める、というその姿勢に私は感銘を受けた。

弥陀の本願は私一人のためにある、というこの言葉は、一見したところ、傲慢な考えのようにも見える。しかし、

親鸞は続けて次のように言う。

されば、そくばくの業をもちける身にてありけるを、たすけんとおぼしめしたちける本願のかたじけなさよ、数々の業を帯びるどうしようもないこの身を、たすけようと思し召して立てられた弥陀の本願のありがたさよ、というこの述懐は、「親鸞一人がため」という言葉が、傲慢とはかけ離れたものであることを示す。

ここでは、親鸞のこの傲慢にして謙虚な世界観を「方便論的個人主義」と名づけ、その射程を考察する。「方法論的個人主義」を基礎とする、現代諸学の閉塞状況を打破し、より科学的な学問のあり方を指し示す上で、「方便論的個人主義」は、決定的な役割を果たすのではないか、というのが、ここでの結論である。

（『聖典』六四〇頁）

一　方便

一見したところ、ひたすら親鸞一人がために、阿弥陀如来の本願が立てられた、というような考えほど、自己中心的な考えはない。つまるところそれは、この世界はそもそも、親鸞一人を救うためにある、ということを意味するからである。

しかしこのような世界の受け止め方は、この上なく謙虚でもある。なぜなら、このように考えるなら、この世に生じる出来事のすべては、阿弥陀如来の廻向として、この親鸞一人にもたらされた導きだ、ということになるからである。この姿勢を突き詰めるなら、この世のすべてが、親鸞一人が仏法に出あうために、阿弥陀によって与えられた、ということになる。

私はこれが親鸞の言う「方便」の意味ではないかと思う。

『教行信証』の序は次のように言う。

竊以難思弘誓度難度海大船、無碍光明破無明闇恵日。

竊かに以みれば、難思の弘誓は難度海を度する大船、無碍の光明は無明の闇を破する恵日なり。

（『聖典』一四九頁）

「ひそかにおもんみれば（竊以）」という言葉でこの書物が始まっているのは、彼が読み解こうとしている教えが、「親鸞一人がため」のものであるがゆえに、親鸞一人の内証として読み解く以外はありえないからであろう。親鸞の直面する世界は、あまりにも荒々しく、複雑で、変転極まりない。もしもこの世界が弥陀によって親鸞一人に方便として与えられたものでないとすれば、人間という愚かな弱い生き物にとって、そこを生き抜くことは、まさに難度海を渡るがごとき難事に見えよう。そのような難事に直面すれば、目の前が真っ暗になってしまうだろう。それゆえ親鸞は「難度海を度する大船」あるいは、「無明の闇を破する恵日」と言う。そうしてはじめて親鸞は、難度海に乗り出し、この世界を進んで行ける。

然則浄邦縁熟調達闍世興逆害。
浄業機彰釈迦韋提選安養。
しかればすなわち、浄邦縁熟して、調達、闍世をして逆害を興ぜしむ。浄業機彰れて、釈迦、韋提をして安養を選ばしめたまえり。

続く文が「然レバ則チ」で始まる理由は、それが「親鸞一人がため」の方便に関する話だからである。第一文は弘誓の意味を明らかにし、第二・三文はそれが親鸞に伝えられるために、仏陀によって語られた経緯を示す。

「浄邦」というのは、弥陀の邦土であるが、廻向として親鸞一人に与えられたこの世界は、すでに「浄邦」と見るべきかもしれない。その浄邦の縁が熟したことにより、提婆が阿闍世をそそのかして父王を殺し母を幽閉するという逆害が起きた。こうして幽閉された韋提希のもとに、釈尊が現れて教えを説くことになる。これもすべて、「親鸞一人がため」に起きた方便である。

なお、この漢文を素直に読めば、「調達、闍世、逆害を興こす」「釈迦、韋提、安養を選ぶ」であるはずだが、親鸞は敢えてこれを「調達、闍世をして逆害を興ぜしむ」「釈迦、韋提をして安養を選ばしめたまえり」と読んでいる。石田瑞麿はこれを、

阿弥陀仏の判断において浄土をあらわす縁が熟した——その縁は仏自身が熟させたものである——と認められた結果、仏は「調達・闍世」の二人をして逆害という罪を犯させ、また、浄土に生まれるためには信心（念仏）がその条件になるとして、その信心（念仏）の人を世に表わし示した、と説いたのである。

と解釈している。石田は親鸞のこの読みを、「絶対の『真実』とは何かという問いかけと無関係ではない」として解釈しているが、これには賛成できない。なぜなら、普遍性の問題ではなく、親鸞一人のための教えが、ここに生じた、という事実の問題だからである。また、「浄業」を「浄土に生まれるためには信心（念仏）がその条件になるとして、その信心（念仏）の人を世に表わし示す」ことだ、と解釈するのも腑に落ちない。ここは、弥陀の方便たる私の世界（＝浄邦）に生じる縁起そのものが「浄業」なのではないだろうか。

（石田『教行信証入門』講談社、一九八九年、五九頁）

親鸞が『教行信証』で、阿闍世の物語を執拗に引用している理由は、このように考えれば明らかであろう。親鸞に与えられたこの方便世界において、この事件こそは、親鸞一人を救うための、最大の出来事だからである。も

この逆害が起きなければ、釈迦の浄土の教えが説かれることはなく、そうなると親鸞に届くこともなかったことになる。そう考えると親鸞は、すでに、奇跡的に教えを手にした悦びを、次のように表明する。

爰愚禿釈親鸞、慶哉、西蕃月支聖典、東夏日域師釈、難遇今得遇、難聞已得聞。敬信真宗教行証、特知如来恩徳深。斯以慶所聞、嘆所獲矣。

ここに愚禿釈の親鸞、慶ばしいかな、西蕃・月支の聖典、東夏・日域の師釈、遇いがたくして今遇うことを得たり。聞きがたくしてすでに聞くことを得たり。真宗の教行証を敬信して、特に如来の恩徳の深きことを知ぬ。ここをもって、聞くところを慶び、獲るところを嘆ずるなりと。

（『聖典』一五〇頁）

この文章から私は、親鸞の限りない安堵を感じる。

「この世界が私に方便として与えられている」ということに気づいた瞬間に、ありのままのこの世界が、阿弥陀の廻向そのものだということになり、この上なくかたじけないものとなる。これを「仏恩」というのであろう。この仏恩に対して思わず出る感謝の言葉が「南無阿弥陀仏」である。これを「報謝」というのであろう。

さすれば「他力」とは、この本願、つまりは親鸞一人に与えられた方便からなる宇宙を、ありがたく受け止め、そこに生ずる一つひとつの導きの意味を受け止めつつ生き抜く、という姿勢だ、ということになる。

この傲慢にして謙虚な世界の受け止め方は、「個人か全体か」「私か公か」というような極度に個人主義的な受け止め方こそが、この世界を、ありがたく受け止めて、この上なく大切にする姿勢を生み出すのであるから。

近代というものが個人主義に依拠する時代であることを考えると、親鸞のこの思想は、近代そのものの持つ閉塞

を打破するものだと言える。かるがゆえにこれを「方便論的個人主義」と名づく。これは人類最高の智慧と言ってもよいかと思う。

二　方便論的個人主義の衝撃

このような親鸞の思想は、いわゆる西欧的な前提の上に構成された諸学を研究してきた私にとって、その前提を覆し、まったく新しい地平を切り開くものであった。

『歎異抄』の第二条で親鸞は、「往生極楽のみちをといきかんがため」に「十余か国のさかいをこえて、身命をかえりみず」にはるばる京都に訪ねてきた弟子に向かって、

このうえは、念仏をとりて信じたてまつらんとも、またすてんとも、面々の御（おん）はからいなり

（『聖典』六二七頁）

と言い放つ。このような態度は、突き放しているようにも見えるが、そうではない。「親鸞一人がため」という世界観からすれば、当然のことなのである。一人ひとりに一つの方便世界が与えられているなら、その世界に生じる方便を、どのように読み解くかは、その世界のたった一人の住人たる本人以外に、誰にもできないからである。まさに「面々の御はからい」に依る以外にありえない。

第六条では、

親鸞は弟子一人ももたずそうろう。……ひとえに弥陀の御もよおしにあずかって、念仏もうしそうろうひとを、わが弟子ともうすこと、きわめたる荒涼のことなり。

（『聖典』六二八頁）

と言う。この言葉もまた、単に謙虚で奢らない態度、というようなことではない。念仏を称える人がいるならばそれは、弥陀の御もよおし、つまりは、その人に与えられた世界に生じた方便によるものであり、別の世界の住人である親鸞が他人に念仏させる、というようなことは原理的にありえない。親鸞が念仏を称えるのも、法然が親鸞にさせたことではなく、親鸞の世界に立ち現れた「法然」という形をした方便のもよおしによるに過ぎない。

このような徹底した独我論は、個々人を切り離すものではない。なぜなら、方便論的個人主義の世界に立ち現れる他者は、親であれ子であれ、配偶者であれ友人であれ、敵であれ味方であれ、さらにはこの私を包む天地草木も、すべてはありがたい、阿弥陀如来の方便法身だからである。親鸞が、『浄土和讃』で提婆に「尊者」を付けているゆえこと、よく問題にされるが、これも、提婆の逆謗が、親鸞に念仏をもよおす方便であったと受け取られたがゆえることになる。このような姿勢に立つ人を「正定聚」というのであろう。こういう人は、すでに阿弥陀の国土に居ると言ってもよかろう。

私たちの暮らすこの世に起きることは、往々にしてロクでも無いことである。極端な言い方をすれば「一切皆苦」と言ってもよいかもしれない。しかし、出来事の一つひとつに一喜一憂するのではなく、そのすべてを「方便」と受け取って、その意味を読み解く姿勢を失わぬ人は、一歩一歩、退くことなく、仏に出あうために進んでいることになる。

『唯信鈔文意』の、

「即得往生」は、信心をうればすなわち往生すという。すなわち往生すというは、不退転に住するをいう。不退転に住すというは、すなわち正定聚のくらいにさだまる

（『聖典』五四九—五五〇頁）

という有名な言葉は、「方便論的個人主義」の観点からすれば、実にわかりやすい。この世が「親鸞」一人がため の方便世界だと気づくことが「信心をうる」ことであり、そうなれば、この世に起きる方便を糧として、一歩一歩 進むのであるから「不退転」となる。それはすなわち「正定聚のくらいにさだまる」ことであり、その人の住まう 世界は、すでに「浄邦」であるから、すでに往生しているということになる。

三 即得往生

なお、ここに親鸞の言う「即得往生」が、「現生往生」を意味するのか、「死後往生」を意味するのか、という有名な問題がある。これは真宗大谷派と浄土真宗本願寺派との対立軸を構成するほどの問題とされることがあるので、多少横道に逸れるが、触れておきたい。

結論から言えば、私は、親鸞にとって、この区別はあまり意味がないのではないか、と考えている。というのも、「一念多念文意」において親鸞が次のように述べているからである。

『浄土論』（論註）に曰わく、「経言「若人但聞彼国土清浄安楽　剋念願生　亦得往生　即入正定聚」此是国土名字為仏事　安可思議」とのたまえり。この文のこころは、もし、ひと、ひとえにかのくにの清浄安楽なるをききて、剋念してうまれんとねがうひとも、すなわち正定聚にいるなり。

（『聖典』五三六—五三七頁）

すでに広く知られるところであるが、この「剋念願生　亦得往生　即入正定聚」に対して親鸞は、「顕浄土真実証文類」や「浄土三経往生文類」において、普通とは異なった訓点を下している。通常の読みであれば、

剋念して生ぜんと願ずれば、亦往生を得て即ち正定聚に入る。

となるところを親鸞はわざわざ、

剋念して生れんと願ぜんものとは、すなわち正定聚に入る。

と訓じている。この後者の訓から、

剋念して生まれんとねがうひとも、またすでに往生をえたるひとも、すなわち正定聚にいるなり。

(『聖典』二八一頁)

という文が出てくるわけである。

塚本一真は、このことに依拠して、通常の読み方の方が現生往生にふさわしいはずであって、わざわざ読み替えていることは、死後往生を前提にしているからだ、と指摘する(塚本一真「親鸞の往生観について——その著作に基づいた考察——」)。

(『聖典』五三七頁)

しかしこの議論はおかしい。なぜなら、通常の読み方も「（生前に）願ずれば、（死後に）往生を得て即ち正定聚に入る」と解釈すれば、死後往生になるので、どちらがより現生往生にふさわしいかどうかはわからない。後者にしても、往生が生前だ、と思えば、それはそれで意味が通じる。

普通の読み方と親鸞の読み方の違いは、往生が生前か死後かという点にはない。どこにあるのかというと、普通の読み方では、

「願」→「往生」→「正定聚」

あるいは、

「願」→「往生」＝「正定聚」

ということになるのに、対して、親鸞の読み方では、(「願」または「往生」）＝「正定聚」となっている、という点である。つまり、「願」と「往生」と「正定聚」とが、前者では系列化されているのに対して、親鸞の読みはその順序関係を解体しているのである。

なぜ解体したのかというと、前者の解釈では「往生＝死後」とすると、「正定聚＝生前」になってしまい、それが親鸞には受け入れられなかったからではないだろうか。「正定聚＝死後」とすると、今度は「往生＝生前」になってしまうが、親鸞はこれも気に入らなかったのだと思う。なぜなら当時の日常の用法では、往生はまぎれもなく死ぬことであって、それは親鸞の手紙にも多く見られるからである。

かくして親鸞は、この順序関係を解体し、生死と「往生」「正定聚」とを無関係にしてしまったのだと私は解釈する。つまり、「願」と「往生」と「正定聚」とは、生死を超越した概念となったのである。さらに、「浄土」も「浄邦」も「浄業」も、また生死を超越した。

その結果、すべては、親鸞の生死を超越した親鸞一人がための方便世界に立ちあらわれる概念となった。これは、極めてラディカルな宗教思想であり、恐るべき独我論だと私は思う。

四　独我論

さて、この世界を親鸞一人に与えられた方便として捉えるような極端な独我論は、一見すると特異なものに見えるが、現代哲学においては、必ずしもそうではない。

たとえば「現象学」という学派を立ち上げたエトムント・フッサール（一八五九―一九三八）というオーストリアの哲学者は、意識が「なにかについての意識」であるという性質（志向性）を帯びる、と考え、そこを基盤として自我と世界とについての、厳密な知識の体系を創設しようとした。

そのためにすべての臆断を排して現象そのものへと立ち返り、純粋な意識を確立せんとした。フッサールはそのような意識から構成される世界において、一次的には他者は存在しないと考える方法論的な意味での「独我論」を徹底させた。彼は、このような方法論的独我論の果てに、「超越論的相互主観性」すなわち他者との相互浸透の必然性が露呈する、とした。(福光瑞江「フッサールにおける相互主観性概念と独我論の関係」『フッサール研究』第三号、二〇〇五年、一九九―二〇八頁)

フッサールは、各人の生きる独我的世界を「生活世界」(Lebenswelt) と名づけ、そこに基底を置く知識が真の学問である、とする。ところが、近代では「数学および数学的自然科学という理念の衣」が、豊かな生活世界を隠蔽してしまった。これが「ヨーロッパ諸学の危機」の原因である、として現代の学問を根底的に批判した。彼の「現象学的還元」は、そのような生活世界を回復させるためのものである。(木田元『現象学』岩波書店、一九七〇年)

あるいはルートヴィヒ・ヴィットゲンシュタイン（一八八九―一九五一）というこれまたオーストリアの哲学者は、「言語哲学」という観点からの「独我論」を唱えた。ヴィットゲンシュタインは、言語によって記述可能な境界を定め、これによって思考の限界を明らかにしようとした。それは、私自身の経験に基づいた「基底」に対する論理的「操作」の全体としてあらわれる「論理空間」にほかならない、と考えた。

ここに言う「基底」とは、思考の素材のようなものである。その素材は、単純な「バラは赤い」というような命

題（要素命題）で表現されている。これは、この私が、生きることで経験したものごとから得られる。「操作」とは経験とは独立に、すべての基底に当てはめることのできる規則である。「論理」のことだと考えてもよい。基底に操作を繰り返すことで、さまざまの命題をつくることができる。「バラは赤い」という要素命題に「否定」という操作を加えれば、「バラは赤くない」が得られる、という具合である。こうやって得られるすべての可能な命題の総体がその人の「論理空間」である。

ヴィットゲンシュタインはここで次のように言う。

五・六　私の言語の限界が私の世界の限界を意味する。

五・六一　論理は世界を満たす。世界の限界は論理の限界でもある。……それゆえ、思考しえぬことをわれわれは思考することはできない。それゆえ、思考しえぬことをわれわれは語ることもできない。

五・六二　この見解が、独我論はどの程度正しいのかという問に答える鍵となる。すなわち、独我論の言わんとするところはまったく正しい。ただ、それは語られえず、示されているのである。

五・六二一　世界が私の世界であることは、この言語（私が理解する唯一の言語）の限界が私の世界の限界を意味することに示されている。

五・六二二　世界と生とはひとつである。

このようにして構成された論理空間において、他者という「異なる論理空間」を位置づけることは不可能であり、それゆえヴィットゲンシュタインは、私の世界から他者の姿を消去した。

この独我的世界のなかでヴィットゲンシュタインは、「この世界の苦難を避けることができないというのに、そもそもいかにしてひとは幸福でありうるのか、そしてそれが可能となる、と考えた。彼は、「神秘とは、世界がいかにあるかではなく、世界があるというそのことである」と指摘し、「語りえぬものについては、沈黙せねばならない」と結論した。（以上、引用を含め、野矢茂樹『ウィトゲンシュタイン『論理哲学論考』を読む』〈ちくま学芸文庫、二〇〇六年〉、およびヴィットゲンシュタイン『論理哲学論考』〈野矢茂樹訳、岩波書店、二〇〇三年〉による）

しかし、この二人は二十世紀に最も影響力のあった大哲学者である。彼らを始祖とする「現象学」と「言語哲学」とは、現代哲学の二大潮流だと言っても過言ではない。

フッサールやヴィットゲンシュタインの独我論は、日常的な感覚からすれば「素っ頓狂」に見えるかもしれない。

五　方便論的個人主義の射程

このような現代哲学における独我論の観点からすると、親鸞思想は新たな意味を帯びる。それはたとえば、親鸞の思想を近代において再構成した清沢満之の「如来」の概念にあらわれている。清沢は言う。

私の信ずることの出来る如来と云うのは、私の自力は何等の能力もないもの、自ら独立する能力のないもの、其無能の私をして私たらしむる能力の根本本体、即ち如来である。……此私をして虚心平気に此世界に生死することを得せしむる能力の根本本体が、即ち私の信ずる如来である。私は此如来を信ぜずしては、生きて

このように親鸞の方便論では、独我的世界を成り立たせているのが弥陀の本願であり、そのことに気づくことそのものが、救いである。これが親鸞が「信」を問題にし続けた理由だと私は考えている。

すでに述べたように、ヴィットゲンシュタインは論理空間の限界を確定することにより、「神秘」を指し示した。清沢のこの議論は、親鸞の方便の枠組みで考えるなら、言語の限界を確定して神秘を指し示すことが、そのまま、論理空間を満たすべき「生きる意志」を与えたことになっていることを、明らかにしている。

私は、このような親鸞の思想を基礎として、「神秘」を前提としつつ、その力の発揮を阻害するものを合理的に理解して解除するための学問の体系を創出すべきだ、と考えている。そしてこの戦略を「合理的な神秘主義」と名づけた。(安冨歩『合理的な神秘主義』青灯社、二〇一三年)

そしてこのような活動を「親鸞ルネサンス」と呼んでいるが、それは、現代哲学の発展を継承し、全学問へと展開するものである。現代社会が直面する諸問題は、近代の失敗によってではなく、その成功によって生み出された。ゆえに、この問題を乗り越えるためには、認識の枠組みそのものから抜けださねばならない。親鸞の思想はそのための大切な導きの糸である。

居られず、死んで往くことも出来ぬ。

(安冨信哉編・山本伸裕校註『清沢満之集』岩波書店、二〇一二年、一七―一八頁)

　　おわりに

「親鸞ルネサンス」とは、「親鸞〈の〉ルネサンス」ではない。それは、「親鸞〈による〉ルネサンス」である。

すでに述べたように、フッサールは客観性を志向する記述のあり方が、生活世界と学問とを切り離しており、それが全般的危機をもたらしている、と警告した。同じような指摘は、逆に、ハイデガーが「存在」をめぐって行っており、また、マイケル・ポラニーが「暗黙知」という概念を用いて行っている。ほかにも数限りない思想家が、過去一世紀にわたって、展開してきたところである。

問題はしかし、その回復を、どのようにすればよいのか、という方法論であった。フッサールの現象学はまさにその方法を探求するものであったが、それゆえ彼の研究は、方法を探求するだけで終わってしまった。その後の現象学も、その方法の探求を繰り返すだけで、知識の海に漕ぎ出しえていないように見える。ヴィットゲンシュタインの後継者は、「言語」をこねくり回す奇妙な「分析哲学」「言語哲学」を産み出して、論文を大量生産するようになり、自閉してしまった。

親鸞の方便論的個人主義の強みは、そこからの学的探求の方途を与えている点にある。この視点から始めるべきことは、「私一人の世界」の具体的で厳密な研究なのである。親鸞の『教行信証』は、そのような研究の先駆的成果として捉えるべきではなかろうか。

註

(1) 『真宗聖典』(東本願寺出版部、一九七八年)。以下『聖典』と略。
(2) http://www.iasbs.net/pdf/2011_IASBS_conference/Tsukamoto_Jpn_2011_IASBS.pdf

※本稿執筆に当たっては、本多雅人蓮光寺住職、山本伸裕博士、よりたかつひこ氏から貴重なコメントをいただいた。

イスラームの善悪理解

東長　靖

はじめに

　イスラームがアッラーという人格的唯一神を信仰することはよく知られているだろう。神は意志を持ち、力を持っている。神はその意志をもって、人間に命令を下す。命令の内容について、基本的に人間は口をさしはさむことは許されず、命令は神から人間に一方的に下される。神と人間との間の契約が片務契約と呼ばれるゆえんである。この命令に従う者を神はよしとし、楽園に入れるし、逆に従わない者は罰し、火獄に入れる。人間を嘉するのも、救うのも、罰するのも神である。こういう一神教の性格が排他性につながり、今日の世界の状況（特に西洋・キリスト教世界とイスラーム世界の対立）をうんでいるという解説も、一時期なされたことがある。こういう解釈を聞くと、イスラームは私たちにはとうてい理解不能な教えを説いていると思いがちである。

本稿は、善と悪（罪）とを主題とし、イスラームの説くところを多面的に検討して、仏教の考え方（特に浄土思想）に触れている私たちにとって、どのように理解することが可能なのかを試みようとするものである。筆者は浄土思想の専門家ではないため、浄土思想そのものを論じることは他章に委ね、浄土思想研究者に他宗教の事例を話題として提供することを主眼としたい。

そもそもイスラームは、上述のごとく、善と悪を峻別する勧善懲悪を基本とする。クルアーン九十九章七―八節には、「ただ一粒の重みでも善をした者はそれを見る。ただ一粒の重みでも悪をした者はそれを見る」とある。この神の意志に従うことで、人間は救われる。

人間は神から、善をなすことを命じられ、悪をなすことを禁じられている。この神の意志に従うことで、人間は救われる。

もっとも、罪を犯しても悔い改めることが推奨されており、それが大きな罪でない限りは、一度の罪で火獄に落ちるというようなことはない。生前になした善行と悪行の差し引きが善行のプラスになっていれば救われると考える。しかし、悪やそれを犯す人そのものはあくまで、救いの理由・対象たりえない存在であり、人間は善行をなすことによって救われる。

このように見てくると、浄土思想と接点を持たない信仰のように見えるかもしれない。しかし、イスラームはまったく一枚岩的な恐ろしい教団組織などではなく、多様な側面を持ち合わせている。通常の善と悪の判断を乗り越えようとする思想が、イスラームにも存在していたのである。そのことを以下、次のような順序で説き明かしていきたい。

まず、イスラーム法学・イスラーム神学における善悪理解を第一節で説明する。次に第二節で、スーフィズムの一部に存在してきた、悪をむしろ

信仰上重要な存在と考える思想を紹介したい。第四節で、この流れのその後がどのようになったのかに触れたうえで、「おわりに」で全体を総括した若干の考察を試みたい。

一　イスラームにおける善と悪

イスラームもしくはイスラーム思想を論じる際に、外面（ザーヒル）と内面（バーティン）という言葉が用いられることがしばしばある。イスラームは、本来の教義でも、現在の理想においても、イスラームに基づく社会がこの世に実際に営まれるべきだと考えているので、法律・政治・経済といったことが必然的にイスラームのなかに入ってくる。これらを扱う部分が外面的なイスラーム（思想）であるが、内面的なイスラーム（思想）である。

学問区分に即して言えば、法学が前者の代表であり、これと表裏一体をなす形で内面を代表するのが神学である。さらに内面を深めた形態として、通常イスラーム神秘主義と訳されるスーフィズムが存在する。本稿は、スーフィズムの善悪理解に主たる焦点を合わせるものであるが、その大前提として本節では、法学や神学の善悪理解をふまえておくことにしたい。

イスラームにおける善悪は、上述したように神の命令に従うか否かにかかっているが、神は宇宙に存在するあらゆることに関与するので、善悪（特に罪）にも大小があると考えられている。罪には罰がつきものであるが、この最大の罪に対しては、火獄での永遠の苦しみが待っていると神学では考える。他方法学においては、そのことを公衆の面前で公言でもするならともかく、心のなかでひそか

に思っているのであれば、現世の法規定においてそれを罰することはしないという考え方をとる。法学が罰の対象とするのは、言ってみれば目に見える形での罪であり、心のなかの罪は、あえて人間が裁くのでなく、外に表れる罪のみを対象とするという点は、近代法治国家における法律の考え方と軌を一にする。

もっともイスラームの初期には、罪を犯した者は正しい信仰を失ったのだと判断する一派があった。不信仰者であれば、最大の罪を犯したことになるから、当然死をもってその罪は贖われなければならないと彼らは考えた。この考えは、宗教的に純粋ではあるだろうが、小罪を犯した人をいちいち死刑に処していたのでは、社会が成り立たないことは一目瞭然である。したがって彼らはカルト化していき、やがてその過激な思想は滅んでいった。

神学においても、善悪の問題はしばしば論じられた。ここで何よりも問題になったのは、悪・罪の問題であった。ユダヤ教・キリスト教・イスラームとつながる一神教の系譜では、神は義であると同時に全能だと考えられる。神が義であり、義に満ちた社会を望んでいるとすれば、なぜこの世には悪が存在するのだろう。ひとつの回答は、神は義であり、善のみを作り出すが、神に背いた人間が悪を作り出したのだというものである。実際にイスラーム神学でも、このような主張がなされた。しかしこの考えに対しては、神の全能性を奉じるグループから批判が寄せられることになる。神が全能であるならば、なぜ望みもしない悪が作られるのを手をこまねいて待っているのか。

このロジックにおいて、我々日本人が見落としがちなのが、悪の「創造」という概念である。創造は、一神教の伝統においては、神のみがなしうるものだと考えられるからである。そこで、もし人間が悪を創造するというのなら、創造者＝神を複数認めることになり、一神教の信仰に反するという痛烈な非難を受けることになる。イスラーム神学からすれば、この世に存在する悪・罪と神の義の問題は、神義論という形で一神教一般に存在するものである。

学の場合（特に多数を占めるスンナ派神学の場合）は、結果的に神の全能性の主張が主流を占め、悪は人間によって創造されることはないと考えられるに至った。これは複雑な議論なので、ここで詳述することはできないが、概略だけを述べておく。すなわち、人間自身が行っているとみえる行為はすべて、神が創造した能力によって、神の創造するその行為を獲得している、とするものである。このように考えることによって、人間は創造行為に関与しなくなるので、神が唯一の創造者であるという信仰は保たれる。もしこの行為が罪悪である場合は、人間は悪の創造によってではなく、それを獲得したという行為によって罰されることになる。このようにして、人間を創造させることなく、同時に悪を無条件に肯定せず、罪には罰をもって報いるという考え方が可能になった。議論が煩瑣になったが、ここでは、神の正義と神の全能性のあいだの関係をめぐって、この世の善悪の問題が論じられたということを押さえておくことにしよう。これは、第一義的に人間自身の問題として善悪をとらえる、というのとは対蹠的な考えといえる。

さらにここで注目しておくべきは、善悪を論じる場合に、社会（共同体）にとってのそれを考えるのと、個人にとってのそれを考えるのとのいずれに力点を置くかである。イスラーム法学は圧倒的に前者を考えている。したがって、そこで問題にされているのは行為（悪行・罪）である。神学は神に対する人間の信仰を問うものであるから、後者に特化すると思うかもしれないが、イスラーム神学は、個人の内面的信仰だけを取り出して論じるのでなく、多くの場合、共同体との関係においてそれを問題にしてきた。仏教的伝統にいる私たちはつい、善悪の問題を心のなかの問題に特化しがちであるが、イスラームを考える場合には、共同体的思考を基本に据える必要がある。

またこのことは、善・悪といった場合に、善行・悪行（罪）そのものを考えるのか、それとも実際には行っていなくても善もしくは悪を指向する心のことを考えるのか、という問題とも密接に結びついてくる。どの宗教

にもその両側面があるのはたしかだろうが、ここでイスラームはすぐれて前者に力点があると考えることができる。以上のイスラームにおける善悪理解を(浄土思想を念頭に置きながら)整理すると、次の三点に集約することができる。まず第一に、善悪は個人の問題というよりは、共同体の問題である。それをほぼ言いかえる形で第二に、善悪は、それを思ったかどうかという意識ではなく、行為そのものをしたかどうかによって評価されるのが基本である。さらに第三に、善悪を考える際には、人間の視点からでなく、神の視点から理解するべきである。

二　スーフィズムにおける善と悪

スーフィズムをイスラームの一分派と理解する向きがたまにあるが、それはまったくの誤りである。イスラームの分派は信徒人口の約九割を占めるスンナ派、約一割を占めるシーア派と、その他のごく少数の派を数えるのみであり、スーフィズムをそのなかに数えることはない。スーフィズムを信奉する人びとは、スンナ派のなかにもシーア派のなかにも多く存在する。

スーフィズムは第一義的には、イスラームの学問分野だといってよいであろう。歴史的にも、法学やイスラーム神学と並んで理解されるべき存在である。実際に、法学や神学を修めた宗教知識人(ウラマー)の多くは、法学や神学と同様に、同時にスーフィズムも学んでいたのである。現在は、同じ教育機関のなかで法学や神学と同時にスーフィズムを教える機会は、かつてに比べて減ってきている。それでも、倫理学の別名の下に教えられていたり、法学や神学を教える学校とは別の学校で教えていたり、同じ学校が時間帯によって法学・神学中心になったりスーフィズム中心になったりすることが

少なからずある。

十一世紀頃までに確立したスーフィズムの古典理論によれば、イスラーム学を学ぼうとするムスリムは、まず人がいかにふるまうべきかを教える法学を、次いで人がいかに信じるべきかを教える神学を学んだ後、これら諸学のさらに内奥にある神秘的真理をつかむべく、スーフィズムを学ぶべきだということになる。なお、キリスト教神学においては、神秘主義はしばしば危険視され、学問的にも信仰としても傍流に置かれることが少なくなかったが、イスラームにおいては、ごく一部の時空間を除いては、主流の立場にあることに注意を喚起しておきたい。

スーフィズムは上述のごとく、元来は知識人が学ぶべき高尚な宗教的学問であったが、十二世紀以降（おおざっぱにいえばイスラーム中世）には、民衆のあいだに広まる宗教潮流となっていった。法律の実際には、訴訟や取り締まりなどの形で民衆にも及んだろうし、神学的な説法を民衆が聞くことはあったであろうが、民衆自身が法学や神学の担い手となることはなかった。これに対してスーフィズムは、その真理を象徴的な形で伝える詩の形をとったり、音楽や舞踏の形をとったり、聖者の奇蹟を求める人びとの集まりの形をとったりしながら、民衆のあいだに広まっていったのである。

さて、話をイスラーム初期に戻せば、イスラーム世界が相次ぐ征服によって領土を増やし、栄華を誇り始めた八世紀頃に、物質的繁栄の陰にひそむ精神的堕落を嘆く人びとが現れた。これら禁欲主義者は、来世での罰を忘れて現世的快楽におぼれる風潮に背を向け、ひたすら来世を思って生きようとした。彼らが、スーフィーの源流であったと通常考えられている。

スーフィズムは、第一節冒頭に述べた区分に基づけば、内面中の内面を求める流れであり、表面的行為を中心とする善悪理解とは一線を画す思弁を発展させてきた。スーフィズム古典理論では、修行論や霊魂論が展開されたが、

ここでは霊魂論を例に、彼らの善悪理解の一端を紹介してみたい。

霊魂論は、我々が通常持っている表層意識から、真理をあるいは神秘を求めて、より深層の意識へと至ろうとする過程をたどったものである。よく用いられるのは、霊魂を三種類に分ける説明である。

第一の意識のレベルは、「〔悪を〕命じる霊魂」と呼ばれる。これは、快楽におぼれ、欲望のままに生きることをよしとするレベルであり、禁欲主義者たちが嘆いた当時の人びとの精神状態であった。一歩しりぞいて考えれば、私たち現代人の日常意識も、大半はこのレベルにとどまっているだろう。

第二のレベルは、「非難する霊魂」である。これは、エゴにまみれて生きる自分をみずから非難して、人間としてより正しいこと、善なることを目指そうとする精神の働きを指す。私たちも、時にみずからを省みて、もっとまじめに生きようと考えるが、そういう精神状態を思い浮かべれば理解しやすいだろう。

しかし、このように善を目指す状態にまで自分の意識が至り、生活もそれに従って送れるようになっても、まだ十分ではないという。スーフィズムにおいて理想とされる第三のレベルが必要とされるのだろうか。

九—十世紀に活躍した代表的スーフィー、ジュナイド（九一〇年没）が新しく入門した弟子をどのように指導したかという逸話が参考になるだろう。元役人だったこの新弟子に、彼はまず、物売りの生活をするように命じた。さらに一年後さらに、乞食をするように命じた。四年後に男が戻ってきた時、ジュナイドは彼に、お前はまだ名声に未練がある、もう一年乞食をせよと命じた。その後初めて、役人だった時に不正を行った人びとを個別に訪問し、許しを得ることを命じた。さらに一年修行した後、この弟子は、自分を神の被造物のなかで最も賤しい子のひとりとして受け入れたという。

ものだと認識するに至り、初めて師ジュナイドは、「今や汝の信仰はゆるぎないものとなった」としてこれを認めたのである。この間、八年の歳月を要している。

上記の三つの霊魂にあてはめて説明すれば、第一のレベルは、現世的なしがらみにとらわれる弟子の意識に相当する。第二のレベルは、エゴを捨て、神の救いを目指して乞食行（善行）に励もうとする意識である。しかし、この善行に励もうとする意識すら捨て、自分を最も賤しい者だと感得したところに、本当の平安があるとするのである。

第一節で述べた一般的なイスラームの善悪理解を参考にしたうえで、スーフィズムのそれがどのような特徴を持つかを整理してみよう。第一に、善悪の参照軸は、共同体よりも個人の内面が中心となっている（言いかえれば、罪を実際に犯さなければよいというのではなく、その背後にある善を求める心が重視されている）。第三に、善を求めようとする心それ自体の持つ偽善性に注意が向けられていることも読み取れるだろう。しかしここに至ってもなお、悪や悪人が正面切って取り上げられてはいない。それを論じるのが次節である。

三　善悪の彼岸へ

スーフィーたちの一部に、上述の偽善性にきわめて敏感な人びとが存在した。彼らはクルアーンのなかの「また、非難する霊魂にかけて誓う」（七五章二節）を好んで引用したが、この「非難する霊魂」は、前節の三種の霊魂論の第二レベルで用いたのと同じ言葉である。しかし、この言葉の通常の理解が、エゴにひきずられる快楽的な自分を

非難することにあるのだとすれば、彼らの理解はもっと複雑で深いものであった。それは、善を求めているつもりの偽善的な自分を非難する、というものだったからである。

このように、善行や外面的な敬虔さに疑念を持ち、善行に対する神からの報いを求める気持ちそのものが傲慢だと考える人びとの流れを、マラーマティーヤと呼ぶ。マラーマは「非難」という意味なので、「（自分自身を）非難する人びと」という意味になる。歴史的には、九世紀にイラン東北部で誕生したと言われており、十一世紀後半以降、何人かの思想家が、このマラーマティーヤについて記述を残している。たとえば古典マニュアルの著者として有名なフジュウィーリー（一〇七二年頃没）は、スーフィズムの前に来る者たちの一部が、このマラーマティーヤの列に連なったとする。ここでは、マラーマティーヤは評価はされているものの、スーフィズムの完成形にはまだ達しないものとして理解されている。

こういったマラーマティーヤ理解を大きく覆したのが、最大のイスラーム神秘主義思想家イブン・アラビー（一二四〇年没）である[5]。彼は、修行者を三つの段階に分けて説明する。第一は下僕（アービド）と呼ばれ、禁欲を旨とし、ひたすら神を畏れる。その意味で、非難されるべき属性から内面を清めてはいるが、神に向かう修行の道も、それによって切り開かれる境位も、神から与えられる知も知らない。

第二はスーフィーと呼ばれるが、これは通常私たちが用いている用法とは異なっている。私たちがふつうスーフィーと呼んでいる人びとを、彼はここでは修行者と総称し、そのなかの一カテゴリーとしてスーフィーというジャンルを設けて説明しているのである。このスーフィーは、すべての行為が神に帰することを知ってはいるが、あいかわらず禁欲や畏れに依拠しており、その点で第一の段階の人びととさして違わない。

究極の修行者こそがマラーマティーヤであり、彼らはいつも神と共にいると説明される。神と共にいるということ

とは、神と合一しているということであるが、同時に、私たちの世界に存在する悪とは無縁の存在でもある。しかしそのことは、悪・罪を乗り越え、純粋善の状態に到達したという意味ではない。この世で私たちが理解している善悪の二項対立を仮象的なものと考え、それこそを乗り越えようというのである。

イブン・アラビーが好む逸話に、クルアーンのなかに登場する悪魔の頭目イブリース(ギリシア語のディアボロスと同源)に関するものがある。彼は元々天使であったが、人類の祖アダムの創造の後、彼に跪拝するよう、神に命じられた。しかし天使のなかで彼だけがその命令に背き、そのために火獄行きの運命とされたというものである。通常このイブリースは、最大の不信仰者として理解される。なぜならば、たとえ神自身の命令であっても、唯一神であるはずの神(アッラー)以外の誰をも拝むことは許されないと考えるからである。こうして、通常は悪の権化として非難の対象であるはずのイブリースは、一転姿を変え、最も賞賛に値するものとされる(6)。このようにして、イブン・アラビーの評価はこれと正反対で、彼こそが真の信仰者だというのである。現世的な善悪の境界線の無意味性を喝破してみせるのである。

ここに至って、通常悪とされる存在が救いの対象となるという論理に至りつくように見えるが、ことはそれほど簡単ではないだろう。なぜなら、ここのイブリースは、悪を犯してしまうから(あるいは弱い存在だから)という理由で絶対者によって救われるのではなく、真の信仰者だという理由によって救われているからである。

四　悪を誇る者たち

前節で解説したマラーマティーヤは、いわゆる善を偽善ではないかと疑い、あるいは善そのものの存在自体が虚

構だと考える人びとであったが、本節で紹介するのは、悪を標榜し、見せびらかす人びとである。浄土真宗における「本願ぼこり」の人びとを彷彿とさせるこの集団は、マラーマティーヤと呼ばれることもあるし、カランダルと呼ばれることもある。意味するところは、異形托鉢僧といったところである。彼らは、眉やひげや髪を剃ったり（仏教と異なり、在家主義のイスラームでは髪を剃ることは禁じられている）、奇妙な服装を身にまとったり、極端な苦行にふけったりすることで知られる。

彼らに共通するのは、露悪趣味であり、反社会性である。前者については、元来は偽善への極端なまでの恐れからきていると考えられるが、あえてひとの嫌がることをしてみせるのである。後者の反社会性については、善悪が共同体をベースに考えられているイスラームの状況とも密接に結びついているだろう。

この潮流は一定の支持者を得たが、善悪の区別を基本とするイスラーム社会においては、ついに主流になることはなかった。

おわりに

これまでの議論を振り返って、総括してみることにしたい。まず私たちは第一節で、イスラームでは善悪の区別と善行の要求が基本であることを確認した。次に第二節で、そのイスラームのなかで主流の一部に位置してきたスーフィズムでは、それを出発点としつつも、善悪の区別の基本がより個人の内面に置かれるようになったこと、善行だけでなく善を求める心が重視されたこと、さらにその善を求める心自体が偽善ではないかという疑いにまで思索が深まったことをたどってきた。第三節では、スーフィズムの一部に、善悪そのものを相対化するような思想

が誕生したことを述べた。さらに第四節では、むしろ悪を強調する流れが、そのなかから鬼っ子のように生まれた歴史に触れた。こうして、私たちが紹介したいくつもの潮流を紹介し、徐々に範囲をせばめて、しかしそのいずれもイスラームの伝統のなかに存在してきたことを述べた。こうして、ほかの一神教同様、イスラームおよびスーフィズムにおける善悪理解の検討をしてきた。

こういった記述を元に、ほかの一神教同様、イスラームおよびスーフィズムでは善悪の問題が神義論とからむということ、次に善も悪も、行いのレベルと意識のレベルに分けて考察することが可能なことを指摘することができよう。

なお、私たちが悪・罪と結びつけて考えることの多い欲望は、イスラームでは神から与えられたものとして感謝して受け取り、活用すべきものと考えられる。たとえば、独身主義は嫌悪される風習であり、それを実践するのは第四節で述べた露悪趣味のえせ修行者たちである。この点は、性欲を忌避する傾向の強い仏教やキリスト教の発想とは大きく異なるので、注意が必要である。性欲をはじめ、さまざまな欲望は、野放図にすることを避けるべきだとは考えられるものの、抑え込んだり、それからの解放を求める対象ではないのである。

最後に、善悪と密接な関係について、近現代の例を挙げて本稿を閉じることとしたい。スーフィズムの目指す神秘体験が、人類の潮流との関係について、近現代の例を挙げて本稿を閉じることとしたい。スーフィズムの目指す神秘体験が、人類の普遍のものだとする考えは、古くから一部に存在していたが、それは非常に局所的な動きであった。しかし近代になると、この考えを推し進める人びとが多数現れてくるようになった。たとえばヨガや禅を通して得られる神秘体験と、スーフィズムの神秘体験は、共通のものだという主張である。私たち日本人からすれば、こういう主張は当然に思えるかもしれないが、イスラームの絶対的優位性を強調することの多いイスラーム世界では、珍しい主張と

言ってよい。

普遍的神秘体験を求める彼らはしかし、大きく二つのグループに分けられる。ひとつは、どの宗教を通してであっても、ひとつの真理にたどりつくのだから、外面的な形に拘泥する必要はないとするものである。ここでは、イスラーム法の遵守が善行として求められることはなく、イスラームへの入信すらも必要とされない。しかし、このグループに負けず劣らず力のあるもうひとつのグループは、究極的真理はひとつでも、そこに至る道こそが重要なのだと考え、入信はもちろん、イスラーム法の遵守を強く求めるのである。

人類に普遍の善を指向しつつも、その善を唯一神の啓示とそれに基づくイスラーム法に求める後者の動きには、イスラームの強靭さを読み取ることができるだろう。他方、前者の動きからは、既成宗教の枠内にとどまることなく、人類全体の理想のために働こうとするイスラームの柔軟さを読み取ることが可能なのである。

註

(1) スーフィズムをイスラーム神秘主義と訳すことの問題性については、拙著『イスラームとスーフィズム——神秘主義・聖者信仰・道徳——』「第二章 スーフィズムの分析枠組——三極構造論」（名古屋大学出版会、二〇一三年）一七—四七頁参照。

(2) この派はハワーリジュ派と呼ばれる。過激なこの主張が、現在のイスラーム過激派のそれと類似しているとして、彼らを「新ハワーリジュ派」と呼ぶ人びとも存在する。元来のハワーリジュ派は現在もオマーンなどに残存しているが、穏健化しており、本文中のような主張は行わない。

(3) ここでは議論を散漫にさせないために、マドラサと呼ばれることの多いこういった研究教育機関では通常、法学・神学に特化して論じているが、クルアーン学、ハディース（預言者ムハンマドの言行録）学、アラビア語学などと合わせて教えられる。

（4）R・A・ニコルソン（中村廣治郎訳）『イスラムの神秘主義——スーフィズム入門』新版（平凡社、一九九六年）参照。
（5）実際に彼が著作中でしばしば用いる表現はマラーミーヤであるが、意味は同じである。
（6）このイブリース理解は、古くはハッラージュという九—十世紀の陶酔型スーフィーに遡るもので、数は多くないものの、何人かの神秘家がこの考えをとっている。
（7）カランダルは、マラーマティーヤの延長線上に誕生したと考えられることが多いが、異論もある。

第二部 親鸞思想の背景

大乗経典の出現と浄土思想の誕生
―― エクリチュール論の視座から ――

下田正弘

はじめに

筆者は近年のいくつかの論攷において書記経典としての大乗経典の出現が大乗仏教興起の重要な要因となっていることを論じた。仏教の知識伝承の媒体が声の言語から文字の言語へと移行する過程で、テクスト外部の制度的世界から高い程度に自立したテクスト内部の言説空間が一部の経典伝承者たちのあいだに誕生する。それ以前の過去の口伝の知識全体はこの言説空間のなかで陶冶され、そこから斬新な言説を有する仏教経典が現れた。浄土思想の誕生はその重要なものひとつである。本稿ではテクスト研究としての仏教研究という方法的自覚に立ってこの経緯を辿り、ことにエクリチュールの意義に注目して西洋形而上学の脱構築を試みたジャック・デリダの考察に示唆を求めつつ、浄土経典に現れた浄土思想の意義を考えなおしてみる。

一　大乗仏教起源の問いとテクストの読み

古代インドにおいて大乗仏教はいかにして興起したか――。大乗仏教の起源をめぐる問いに対してこれまで学界で提示されたさまざまな仮説は、究極的には大乗仏教の諸テクストをどのように読み取るかという方法に依拠して成り立っている。初期大乗仏教が興起する時期、すなわち紀元前後の古代インドにおいては、大乗関係のテクスト以外に大乗の存在を示す歴史資料は存在しない。近年パキスタン、アフガニスタン周辺でさまざまな写本や遺構の存在が確認され、今後この状況は変わる可能性がある。だが現在の資料状況下にあって大乗の歴史をめぐる問いに応えようとするとき、その回答は、用いられる方法の相違ではなく、大乗のテクストの内容と、むしろその読みかたの相違に大きく依存する。

たとえば前田慧雲によって唱えられ、内外の支持者を集めて今日までも仮説としての有効性を失っていない大衆部起源説は、結集伝説の諸文献に記された教義と大乗のテクストの読み取りに立論の根拠を有する。一九七〇年代より大衆部起源説に代わって日本で定説の位置を占めた平川彰による在家・仏塔起源説は、考察対象のテクストをより広汎な大乗経典群に定め、その背後に独自教団を想定してテクストを読む。そのさい出家と在家という類型にしたがって社会経済史的立場から分析する点に読みの新しさがあった。平川の仮説に「原始大乗」という理念が出現しない経典の読みに立脚して文献史的詳細化を試みた静谷正雄は、阿含、ニカーヤ以外の経典のうち、大乗、仏塔信仰の否定、書写など特定の理念が出現しない経典の読みに立脚して「初期大乗仏教の成立過程」を考えた。在家・仏塔教団の存在という仮説を考古学的立場から徹底批判して斥けたグレゴリー・ショペンは、大乗仏教の

テクストの編者たちをインド仏教の周辺やマイノリティー共同体の一員とみる。考古学的な資料が存在しないなかにあって〈仏教考古学者〉ショペンにこの判断をなさしめたもの、それは龍樹の *Ratnāvalī* をはじめとする大乗テクストに現れる自己防衛的、他者批判的記述の解釈である。[3]

ショペンによる在家・仏塔起源説批判を踏まえて出現するその後のほとんどの研究は、経典の内容分析にもとづいている。ジャン・ナティエは *Ugraparipṛcchā* という経典の内容解明から大乗興起の情況を論じ、ことに自利と実践的厳格主義を体現する菩薩理解をこの経典に説かれた大乗の特性とみた。辛嶋静志は村落（僧院）住と阿蘭若住という異なった形態の仏教の類型論を取り入れつつ〈法華経〉を読み、前者にその起源を見出す。他方、まったく同じ資料によりながらダニエル・ブーシェは阿蘭若住の側に起源を認める。一九七〇年代に文化人類学で登場した類型論による仏教理解の再来を思わせるこれらの〈法華経〉理解は、同一の資料と方法によりながら正反対の結論を導きだしている。

大乗仏教の起源をめぐる研究はほかにも、悪業払拭の儀式の構造分析を基礎として考える袴谷憲昭の研究などいくつか存在するが、いささかでも大乗仏教の内実を踏まえて起源を論じようとするものは、いずれも大乗仏教の——あるいは関連する部派の——テクストの読みに依存している。[4] それは考古学的立場から大乗の教団問題を追究するショペンであっても例外ではない。

古代インドにおいて大乗仏教固有の具体相はテクストに現れてくるがゆえに、以上の傾向は避けがたい。であるとすれば、これら研究の結論の妥当性を判断するためには、テクスト読解のいとなみに胚胎された問題を検討しなければならない。けれどもこれが学界においてはほとんどなされたことのない試みなのである。灯台下暗しともいうべきこの事態は、仏教学にとどまらず人文学の泣きどころでもあり、書記経典としての大乗仏教の出現という課

二　書記経典におさめられた世界

近年、ポール・ハリソンは〈無量寿経〉の一節が読み手の意識に鮮やかな視覚的イメージを喚起し、あたかも瞑想の世界に入ったと見まがう事態を生じさせることに注目した。テクストの精緻な読みにもとづいて指摘された、経典のこの重要な特徴は、書かれた経典を読むという行為を解明することによってその内実が明らかになる。ハリソンは、だがこの点に関心を示さず、視覚イメージ生起の意義を瞑想修行の実践というテクスト外部の行為の存在に帰している。

研究者がテクスト内部の言説の分析結果をテクスト外部に想定した教団や儀礼などに同定しようとする態度は、大乗仏教の研究全体に深く根を下ろしている。阿蘭若処における仏の現前を説く経典は仏現前三昧を実践する現実の行法の反映ととらえられ、悪業払拭の儀礼はテクスト外部に存在する儀礼の写しとみなされる。だが古代インドのテクストの外にこうした事実はいまだに発見されていない。大乗経典の研究者たちがテクストの特性に依拠しながら、当然のごとくテクスト外部の実在を志向してしまう点に、じつは大乗経典における書記テクストとしての特性が逆説的に、鮮明に反映している。

書記行為の意義が十全に発揮された書記テクスト、すなわちエクリチュールにおいては、テクストの言説が喚起するもの、〈表象〉representation はその背後になんらかの〈現実〉をかかえ、表象はその〈現実〉の代わりに現れているもの、〈代現前〉représentation であるとみなされている。さらにそれは、その〈現実〉に〈遅れて〉二次的に

構築される代理＝補完、〈代補〉supplémentであると想定されている。

こうした想定の前提には、あらかじめ過去にテクストを書き記し、それをのちに遅れて読みだすという行為のあいだの〈差異〉différanceと時間的ずれすなわち〈差延〉différanceが存在していることを理解しなければならない。こうした書記テクストは、いついかなるときでもそれらの内容をだすことのできる〈保蔵〉として機能する。

注目すべきことは、この〈書＝読〉行為に内在する〈差延〉は、かつて脳裏に刻まれた過去の記憶を把持しつつ、遅れて時どきの現在においてそれを引きだし、照合して構成される〈意識の現在〉の様態にそのまま重なっている点である。さらに重要なことに、それは遥かなる過去、だれとも知れぬ存在——神、あるいは神聖なる存在——によってすでに創出されていた言語を用いて人間の意識と世界の全体を遅れてかたちづくる〈文明〉の根源的ありように照応している。(5)

浄土経典をふくむ一群の初期大乗経典は、このエクリチュールの意義を有するがゆえに〈現実の仏教〉の代現前、代補として機能する。この次元にまで言説が高められた経典を読むものたちの意識は、経典内部の言説にとどまることができず、経典がその言説をとおして〈代理しているはずの〉存在に向かおうとする。経典の言説が喚起する表象はたんなる表象ではなく、表象が代現前し代補していると目されている第三のものとの関係において了解されるのである。近現代の学者が経典の外に教団の存在を意識し、念仏の実践行を想定しつづけてきた背景には、こうした重要な契機が存在している。

ここで書記経典が〈現実の仏教〉の代現前であり代補であるというとき、それはこの書記テクストに代置されない〈現実の仏教〉が存在し、経典の内容にその跡をとどめていることを意味しているのではない。この〈現実の仏

教）は、経典というテクスト内部のさまざまな表現や記号の体系から生みだされた結果であって、それら記号の原因ではない。

表象と〈現実〉の関係と順序を誤らないようにしなければならない。言語によって表象が発生し、それが読み手の意識における〈現実〉の構成作業の中心に立つ。大乗経典の読解の場合には、経典の言語が読み手の意識に作用して表象が生まれ、それが〈現実の仏教〉を形成する。インド内部であれ伝播先の中国であれ、大乗経典の成立に遅れて形成された歴史的な大乗教団は、大乗経典が有する代補作用によって生みだされた産物であり、いわば二重の代補なのである。

テクスト内部の言説がついにはテクスト外部に教団までも創出するに至る。これは仏教にかぎらず思想一般の特質を理解するうえで不可欠となる言語、意識、存在という三者の不可分な関係を示唆する重要な事例である。ここには存在が意識を変容させて言語を生みだすという関係のみならず、言語が意識をかたちづくって存在を創出するという逆方向の関係も示されている。言語の領野がいかに創出されるか、それが意識と存在のありようを決定する。この事実をことのほか自覚しているのが大乗仏教であり大乗経典である。浄土思想誕生の起源も浄土をめぐる言語世界の樹立にある。この点をつぎに確認しよう。

三　浄土経典の出現と諸概念の集約

大乗経典の言説を構成する諸要素が大乗経典の出現以前から存在しているように、浄土思想を構成する諸要素、すなわち他方仏国土観、多仏思想、菩薩観、誓願思想、称名、聞名、念仏などは、浄土経典に先行して存在してい

重要なのは、藤田宏達がその労作全体をとおして詳細に跡づけたように、出自と来歴とを異にするこれらの概念がひとつに集約され、相互に有機的関係をもつひとつの体系に組み上げられてはじめて、現在理解されるところの浄土思想が成立する点である。

ここで注目したいのは、こうした諸概念がひとつになるには、さまざまな言説を集約するひとつのできごとが存在していなければならない。浄土思想が誕生するためには、これらが同時に成立するひとつのできごとが存在していなければならない。それが〈無量寿経〉あるいは〈阿弥陀経〉という経巻の出現である。ここで、力と場の二つは別箇のものではなく、同一事象の異なる側面である。場の出現によって力が生まれ、場は力によって構成される。

書記経典を生みだす〈力〉、〈原因〉が〈書＝読〉行為であれば、その行為を成り立たせる〈場〉となり、〈結果〉として現れてくるもの、それが経巻である。〈書く〉行為と〈読む〉行為は相互に補完的な関係をなし、大乗経典は書かれては読まれ、読まれては書かれるという呼応関係のもとに継承されてゆく。そのために大乗経典は増広、発展、変容を特徴とし、伝統経典に比肩しえない多様性を示すものとなる。

ここで重要なのは、書記経典となった大乗経典が、経典の成立に先行して存在した諸概念を、経典という物象内部に文字言語としておさめとると同時に、さらに経典の言説内部でそれら諸概念全体をひとつの磁場に収斂する方向へと傾いてゆく点である。〈無量寿経〉であれば釈迦仏の善巧方便に、〈法華経〉であれば仏性、如来蔵に——〈般若経〉であれば般若波羅蜜に、〈涅槃経〉であれば仏性、如来蔵に——集約する方向へと傾いてゆく点である。〈無量寿経〉は四十八願を説いたのち、その教説の第一のクライマックスにおいてつぎのように説く。

じつにまたアーナンダよ、十方のそれぞれの方角にあるガンガー河の砂の数に等しい諸仏国土において、ガン

第二部　親鸞思想の背景　110

ガー河の砂の数に等しい諸仏・世尊は、かの世尊アミターバ如来の名を称揚し、讃嘆し、徳を宣揚する。それはなぜかといえば、およそいかなる衆生にもせよ、かのアミターバ如来の名を聞き、聞きおわって、たとえ一度でも深いよろこびと浄らかな信をともなった心を起こすならば、かれらはすべて無上正等覚から退転しない境地に立つ。…〔中略〕…また、およそ衆生たちがかの如来の名を聞きくりかえし如来を思い起こし、かの仏国土に対する熱望を起こし、深遠なる法が説かれるときは満足を得、…〔中略〕…ただ一度だけでもこころを起こしてかの如来に思いをそそぎ、かの仏国土に対する熱望を起こすのみであろうとも…〔中略〕…〔かれらは〕極楽世界に生まれ、無上正等覚より退転しないものとなるだろう。

燃灯仏と釈迦仏のあいだの——あるいは燃灯仏を遥かに遡る——遙遠なる時における菩薩行へと転じられつづけた法蔵菩薩の誓いは、阿弥陀仏とその浄土の実現となって成就した。いまその内容のすべてを、阿弥陀仏の〈名〉を〈聞〉き、浄〈信〉が生ずることに集約させる。いったいこの企てはいかなる意味をもっているのだろうか。解明の鍵はエクリチュールの特性と〈無量寿経〉はそれらの因と果の様相と意義の開顕に教説の全体を傾けてきた。阿弥陀仏とその浄土の実現となって成就した。(6)
現在の意識との重なりにある。

四　痕跡としてのエクリチュール

第二節でふれたとおり、エクリチュールが有する特性は、脳裏に刻みこまれた過去の記憶を把持しつつ、時どきの現在においてそれを引きだして構成される意識の現在の様態に重なっている。さらにそれは、遥かなる過去に創出された言語を用いて人間の意識と世界の全体をかたちづくる文明のありように響きあっている。つまり書記行為

と書記テクストが示唆するものは、人間の有する記憶と表象の全体が関わる根源的な事態なのである。筆者はこの点に関連してこう述べたことがある。

古今東西を問わず、ひとは過去と対話をすることによって現在を知り、未来を問い、世界を描き、自己を尋ねてきた。過ぎ去ったかにみえる過去は、じつは対話の相手として存在し、現在においてはたらき、あらたな未来の道を開く。過去が対話の相手となるためには、たとえわずかであってもその存在の〈痕跡〉が、五感に訴えるなんらかのかたちで残されていなければならない。手紙、はしり書き、スケッチ、録音の声、記録動画、かたみの品など、なにかしらの痕跡をよすがとして、ひとはかつて自分が経験した世界を想起させる。あるいは他者が経験したであろう世界を想像し、自己の現在の意識にそのイメージを出現させる。…〈中略〉…過去との対話においては、痕跡の存在とともに〈反復〉という要素が重要な意味をもつ。かつてみずからが経験したことでなければ想起することはできない。他者が残した痕跡をとおして、その経験に想像のうえでふれることも、主体の相違を超えて経験を反復することにほかならない。その客観的正確さはここでは問題ではない。それが自身の内部において、他者の経験を反復しつつある自己の経験として、明瞭に自覚されている点が重要なのである。過去との対話がなされるとき、自己と世界の様相は一変する。判然と自立していたはずの自己と他者との境界は消え去り、他者が自己のなかにあり、自己が他者のなかに住む。区区に分離されていたはずの同一性の観念は、意識のより深い層においては無効である。

これは先に引用した〈無量寿経〉の一節に説かれた〈名〉と〈聞〉と〈信〉との相互関係を理解し、そこに関わる仏教者たちの意識に起きる変化を解明するうえでの手だてとなるだろう。結論から言えば、先に引用した〈無量

寿経〉の一節で提起されているのは、ひとりの人格におけるアイデンティティ形成をめぐる問いであり、そのよりどころとなる〈痕跡〉についての課題である。

ここでは〈無量寿経〉の説くところにしたがって〈名〉に注目してみよう。人格を保たなければひとりの人生が成り立たない以上、多様な経験が多様なままに放置されることはありえない。いかに統一しがたくとも、それらは唯一なる磁場に向けて集約される。そこで諸経験を集約するもの、それは個人に帰せられる破格の力を有することば、〈名〉である。『サンユッタニカーヤ』においてブッダはつぎのように説く。

名がすべてを支配した。この世において名より大きなものは存在しない。名というただひとつのものにすべてが従属した。(Saṃyuttanikāya, I.7.1)

名誉と称讃にあずかる輝かしい名、嫌悪され忌避されるべき悍ましい名、圧倒的な力をもつ名が「汝は……な り」と与えられると、それまでの人生経験のすべて、そしてこれからの未来の経験すべてさえ、その名に閉じ込められてしまう。それは過去の経験を集約するにとどまらず、あらたな経験までも同一の色に染め上げる痕跡である。

ジークムント・フロイトは晩年、〈マジック・メモ〉の機構の解明によって、不変のままにとどまりつづける記憶とつねに刷新されつづける知覚の共存という、人間の意識の根源的事態の解明に踏み込んだ。過去はいわば痕跡の深淵に保蔵されており、現在のあらたな知覚がその痕跡にふれるとき、保蔵されていた過去の全体が〈記憶＝表象〉としてその深淵より立ち現れてくる。ほんのわずかな痕跡が壮大な記憶＝表象をよみがえらせる。[8] 大乗経典の言説において示されているのは、まさにこの事態である。経典のなかに展開されたさまざまな言説は、ただひとつのことばの痕跡が与えられることによって、ひとつの存在へと集約される。

五 〈無量寿経〉における名・聞・信

この課題を〈無量寿経〉についてみよう。法蔵菩薩として世自在王仏に邂逅して以来、誓願が成就して浄土が建立されるまでの悠遠なる過去に起きたできごとの総体が保蔵されている痕跡、それが〈阿弥陀〉という仏の〈名〉にほかならない。誓願を行に転じつづけた法蔵菩薩の過去の全体が因となり、阿弥陀仏とその浄土が果として実現する。一存在の表裏をなすこの因果は、全体が仏の〈名〉という痕跡の深淵におさめとられている。この痕跡が現在の衆生の〈聞〉という知覚にふれることによって——さらには〈聞〉と表裏をなす〈称〉に喚起されることによって——想起されて出現する。それはまさに人びとが時どきの知覚をとおして自己の記憶の痕跡にふれ、過去を想起するありさまに響きあっている。

ここで現れる記憶＝表象は、衆生自身の過去に属するものではなく、法蔵菩薩＝阿弥陀仏という、隔絶した他者に属するものである。したがって経典を読むものには、〈聞＝名〉をとおしていわば他者の記憶を自己のものとして想起し表象するという事態が生まれている。だがこれがけっして特異なものではないことは、先に引用した一節によって理解しうるだろう。

他者が残した痕跡をとおして、主体の相違を超えて経験を反復することにほかならない。その客観的正確さはここでは問題ではない。それが自身の内部において、他者の経験を反復しつつある自己の経験として、明瞭に自覚されている点が重要なのである。過去との対話がなされるとき、自己と世界の様相は一変する。判然と自立していたはずの現在には過去が深く浸透し、未来が重なりあってい

る。区々に分離されていたはずの自己と他者との境界は消え去り、他者が自己のなかにあり、自己が他者のなかに住む。日常においてなりたっていた同一性の観念は、意識のより深い層においては無効である。これが仏をはじめとする三宝を対象として実現された事態が〈信〉と表現されている。śrad-Dhā, pra-Sad, adhi-Muc, ava-Kḷp とその派生語が原語として対応する信は、阿弥陀仏と衆生という隔たり、および遙遠なる過去と現在との隔たりという、二種の差延として、経典の読み手である衆生のなかに出現する。

したがって〈信〉には認識論的側面のみならず、大乗仏教のテクストを解明した高崎直道やパーリ仏典におけるその対応語について明かしたルパート・ゲティンが示すように、情緒的側面が深く関わる。それが chanda や abhilāṣa という、希望や意欲を意味する特性と融合していることは、〈信〉がたんなる認識や思念ではなく、〈実有〉〈可能〉〈有功徳〉なる特性を有する、人格内部に生ずる〈力〉とみなしうることを示す。現代語では知的情緒的〈感動〉と言い換えてもよいだろう。

書記経典としての〈無量寿経〉は、阿弥陀仏の名という痕跡において、浄土、菩薩、誓願、経巻などの諸概念の全体を集約的に代現前し、代補しつつ、保蔵する。それが衆生の〈聞〉あるいは〈称〉によって開放され、衆生の内部に〈信〉として実現する。こうして生まれる信は、衆生の内部に所在地を転じた、経典における名であり保蔵である。

これら一連の過程は、名、ことばという痕跡のなかに保蔵されていた過去が、現在の知覚によって蘇生せしめられ、未来へ奔出するという、ひとりの人格内部における記憶、想起のプロセスに重なっている。だからこそ経典の精深な読みをする浄土仏教者たちが浄土経典に邂逅したとき、かれらは自己の実存と世界の構造とがともにその経典の内部で照らし出される経験をしたのである。

六 〈原＝エクリチュール〉と仏教思想史の再考

声としての言語と文字としての言語を課題としてきた以上の考察において、ひとつ重要な点を付言しなければならない。たしかに歴史的な発生順序としては声としての言語が先に出現するから、前者が一次的なもので、後者は身体存在に依存する一方、後者はそれを払拭しているように見えるから、なおいっそうそうだろう。じっさい西洋においてはソクラテスの言を記したプラトン『パイドロス』以降、二十世紀の後半までのきわめて長きにわたって、声となったことばこそがたましいをもつ真正なることばであり、文字となったことばは二次的な虚構と理解されてきた。

けれども文字言語の存在こそは、身体を離れてことばが存在する事実を示す。文字言語化されたテクストは、現に身体を有するもの以上の力をもって語りかけてくる。この事実は、身体の存在、非存在が問題とされないことがあること、むしろ身体性を払拭しているゆえにこそ力を発揮する、より純粋なことばの様態があることを示唆する。ことばは身体的知覚次元に発するものではなく、想像力が喚起される痕跡次元に起源しているのである。

身体の内部的知覚である聴覚に訴える声の言語に対し、事物の表層の痕跡を知覚する視覚に訴える文字言語は記号性を強く帯びているため、文字とそれが指し示しているはずのものとの差異、差延が明瞭に現れてくる。発せられたことばを聞くときには看過される過去の痕跡と現在の知覚との隔たりが、書かれた文字を解読する過程においてはあらがいがたく顕在化する。これは言語が有する差延作用の顕在化にほかならない。先に論じたように、大乗経典が読者に経典外部に教団や儀礼の存在とそれによって記された書記テクストの特徴がある。

予想させるゆえんである。

だがなにより重要なことは、この文字としてのことばの特徴は、声としてのことばとの本質的相違を示すのではないことである。両者の相違はあくまで程度の差でしかない。把持された過去と現在の知覚とのあいだに存在する差異において表象が生ずる点で両者にはなんの区別もなく、その意味で両者ともにエクリチュールにほかならない。この事態をデリダは〈原＝エクリチュール〉archi-écriture と呼ぶ。書記言語としてのエクリチュールは、このように顕在化した形態である。

この点に留意するなら、書記経典の出現による大乗の誕生は、たしかに仏教〈史〉における発展した段階には位置するけれども、すでに潜在的に存在していた要素が顕在化され、より鮮明になった結果である。つまり浄土経典の出現による浄土思想の誕生は、それに先んずる仏教の歴史に潜在していた差異と差延とが、あらたに書記経典において明示的かつ集約的に書き込まれたまでであって、かつてまったく存在しなかったものが出現したわけではない。大乗経典の編者たちが、教説の未曾有性と根源的正統性という、一見相互に矛盾する主張を同時になすゆえんはここにある。

おわりに

ジャック・デリダが壮大かつ精深に遂行した西洋形而上学批判の核となる代現前、代補、差延、保蔵という概念は、相互に切り離しえない一連のものとして、慎重にその意義が理解されなければならない。これらが一致して告発しているものは、意識に立ち現れる真理の現前性という虚構であり、その基底に存在する差異、差延が消去され

てしまっている事態である。この批判はことに声が意識にもたらす現前性という根深い思いなしに向けられる。別稿を期さねばならないが、これはじつは渇愛、無明という仏教思想の根本的課題に直結している。

声を聞いて生ずる聴覚イメージは、発信と受信のあいだになんらの間隙もなく生じ、あたかも声がことばとして意識に直接に現前するかのように思える。だがじっさいには声とイメージとのあいだにはいかに微小であれ、隔たりが存在し、その差延のぶんが聴覚表象となっている。声によって生ずる「真理」の意識への現前なる理解も、遅れが記憶という保蔵と現在の知覚との差異、差延が生みだす効果であり、代現前であり代補である。これを看過してきた西洋形而上学の歴史には大きな問題がある。

記された文字を読むとき、文字がいったん声となり、声のことばが復活されることによって、いのちのない痕跡たる文字が、生きたことばに再生するように思える。これは、だが声のことばと文字のことばの本来的同質性を示すものであり、声のことばの優越性を示すものではない。ここまで至れば、声に出す称名と、痕跡として文字で記された名号との本質的差異は消失している。称名を勧める祖師たちが、なにゆえに名号を書きおいたのか、そのいわれがあらためて理解しうるだろう。

註

(1) 下田正弘「経典を創出する——大乗世界の誕生——」(『大乗仏教の誕生』シリーズ大乗仏教第二巻、春秋社、二〇一一年) 三七-七一頁、「大乗仏教起源論再考」(『印度學佛教學研究』六一巻二号、二〇一三年) 八四三-八三五頁 (横)、「初期大乗経典のあらたな理解に向けて——大乗仏教起源再考」(『智慧/世界/ことば 大乗仏典I』シリーズ大乗仏教第四巻、春秋社、二〇一三年) 三一-一〇〇頁、「浄土思想の理解に向けて」(『仏と浄土 大乗仏典II』シリーズ大乗仏教第五巻、春秋社、二〇一三年) 三一-七八頁、「如来蔵・仏性思想のあらたな理解に向けて」(『如来蔵と仏性』シリーズ大乗仏教第八巻、春秋社、二〇一四年) 三一-九五頁。

(2) 以上の説は、前田慧雲『大乗仏教史論』(文明堂、一九〇三年)、平川彰『初期大乗仏教の研究』(春秋社、一九六八年)、静谷正雄『初期大乗仏教の成立過程』(百華苑、一九七四年)。

(3) G. Schopen, *Figments and Fragments of Mahāyāna Buddhism in India: More Collected Papers*, Honolulu: University of Hawai'i Press, 2005.

(4) J. Nattier, *A Few Good Men: The Bodhisattva Path according to the Inquiry of Ugra (Ugraparipṛcchā)*, Honolulu: University of Hawai'i Press, 2003, 辛嶋静志「初期大乗仏教は誰が作ったか——阿蘭若住比丘と村住比丘の対立——」『仏教大学総合研究所紀要別冊・仏教と自然』四五—七〇頁、D. Boucher, *Bodhisattvas of the Forest and the Formation of the Mahāyāna: A Study and Translation of the Rāṣṭrapālaparipṛcchā-sūtra*, Honolulu: University of Hawai'i Press, 2007, 袴谷憲昭『大乗仏教教団史論』(大蔵出版、二〇〇二年)。

(5) 以上の議論については、ジャック・デリダ『根源の彼方に グラマトロジーについて』上・下(現代思潮新社、一九七二年、足立和浩訳)、同『エクリチュールと差異』上・下(法政大学出版会、一九七七年、若桑毅・野村英夫・坂上脩・川久保輝興・梶谷温子・三好郁朗訳)、同『声と現象』(ちくま学芸文庫、二〇〇五年、林好雄訳) 参照。

(6) 藤田宏達校訂『梵文無量寿経・梵文阿弥陀経』(法蔵館、二〇一一年)四七—四九頁。

(7) 下田正弘「思考の痕跡としてのテクスト」『死者との対話』人文知のフロンティア2、東京大学出版会)、近刊。

(8) 下田正弘「思考の痕跡としてのテクスト」参照。

(9) 高崎直道「如来蔵説における信の構造」(『如来蔵思想・仏性論Ⅰ』高崎直道著作集第六巻、春秋社、二〇一〇年)、R.M.L. Gethin, *The Buddhist Path to Awakening: A Study of the Bodhi-Pakkhiyā Dhammā* (Brill's Indological Library), 1993, pp. 106-116.

梵文無量寿経と梵文阿弥陀経
―― 校訂覚え書 ――

藤田宏達

はじめに

　親鸞思想研究の基礎的文献である浄土三部経の中で、『無量寿経』と『阿弥陀経』について、それぞれサンスクリット原典が存在することは周知の通りである。ただ親鸞の時代には〈無量寿経〉(1)のサンスクリット本（＝梵文無量寿経）は日本に伝来していなかったから、親鸞がこれを披見しえなかったことは当然である。他方、〈阿弥陀経〉のサンスクリット本（＝梵文阿弥陀経）のサンスクリット本（＝梵文阿弥陀経）は、悉曇本として九世紀の平安時代初期、おそらく最初は天台宗の円仁、次には真言宗の宗叡によって中国より請来されており、その後、台東二密の両系でこの悉曇本が学習されていたことを裏づける文献も残っている。また、鎌倉時代以降になると、悉曇本がこのほかの地方に広く流布していたことも知られるので、親鸞はこれを披見することが可能であったと思われるが、残念ながらその機会はついになかった

ようである。

しかし、この事実は親鸞がサンスクリット原典に無関心であったということにはならない。親鸞は正依の康僧鎧〈伝〉訳『無量寿経』の助顕として、現存の五種の漢訳異本のうち特に引用回数が多いのは、新訳の菩提流志訳『大阿弥陀経』『無量清浄平等覚経』『無量寿如来会』の三本を参照・引用しているが、そのうち特に引用回数が多いのは、新訳の菩提流志訳が漢訳諸異本の中では現行のサンスクリット本に最も近い訳本であることを物語るものと言ってよい。注目すべきは、この菩提流志訳が漢訳諸異本の中では現行のサンスクリット本に最も近い訳本であることで、これは、親鸞が〈無量寿経〉の原典的形態をこの新訳の中に読みとろうとしたことを物語るものと言ってよい。

一方、鳩摩羅什訳『阿弥陀経』についても、親鸞はやはりもう一つの現存漢訳の玄奘訳『称讃浄土仏摂受経』を重用している。サンスクリット本と対比してみると、羅什訳がほぼ一致しているのに対して、この玄奘訳はかなり相違している。それゆえ、親鸞は、玄奘訳の原典が羅什訳のそれとは異なったヴァージョンと見たのかもしれないが、しかしおそらくは、原典に忠実とされる新訳の代表としての玄奘訳に信頼を置いて、これを尊重したのではないかと思われる。親鸞が新訳を尊重したことは、たとえば旧訳語の「天親」は訛りで、新訳語の「世親」が正しいと述べている点からも窺われる。してみると、『阿弥陀経』についても、親鸞は新訳を通してその原典的形態に関心を寄せていたと見ることができよう。

ところで、親鸞の著作の中には、直接サンスクリット語に言及した例は認められないが、晩年に、法然の言行録を輯録した真筆本『西方指南抄』(「法然聖人御説法事」) には「阿弥陀といふはこれ天竺の梵語なり。こゝには翻譯して無量壽佛といふ、また無量光といへり」とあり、サンスクリット語の「阿弥陀」が Amitāyus と Amitābha の二つに対同する仏名であることを記している。これと同趣旨のことは、親鸞が関東の門弟慶信に返信した書簡につ

いて、その取次ぎをした門弟蓮位の添状の中にも記されている。蓮位は京都で晩年の親鸞に側近として仕えた門弟であるから、おそらく「阿弥陀」の音写語が梵語の二つの仏名を意味することについて、親鸞から直接聞いたものであろう。もしそうだとすると、親鸞は阿弥陀仏の原語的意味を的確に把握していたと言ってよい。

このように見ると、親鸞が正依の経典の読解に当たって、当時披見しえた限りの漢訳の異本を重視し対照していたこと、そして、原典的形態についても関心を持っていたこと、つまり今日いうところの文献学的な手法を用いていたことが知られる。仮に今親鸞が出世されたとすると、勝手ながら諸異本としては、漢訳だけではなく、サンスクリット本やチベット訳なども使われたに違いないと、参照すべき文献として推測する。その意味で、改めて梵文無量寿経と梵文阿弥陀経の研究を促進したいと考えるが、本稿では、すでに公表した両経の校訂に関わる覚え書を述べることにしたい。[6]

ひろく知られているように、梵文無量寿経 (Larger Sukhāvatīvyūha = L. Sukh) と梵文阿弥陀経 (Smaller Sukhā-vatīvyūha = S. Sukh) が、近代になってまとめて世界に初めて紹介されたのは、一八八三年マックス・ミュラー、南条文雄両氏が共編の形でオックスフォードで公刊した校訂本である。[7] これは L. Sukh について、当時ロンドン、オックスフォード、ケンブリッジ、パリにもたらされていた五部のネパール写本（実質的にはこのうち四写本）にもとづいて校訂したものであり、あわせて S. Sukh も附録として収めたもので、これについてはその三年前の一八八〇年ミュラー氏が日本伝来の四部の悉曇本にもとづいて公表した校訂本を修正して再録したものである。

その後、この両経のサンスクリット刊本は、それぞれ新出の写本や悉曇本にもとづいたり、あるいは種々な改訂を加えたりして数多く出版されてきたが、いずれも十分な原典批判に立つ校訂本というまでには至っていない。そこで、筆者はかねて批判的校訂本の作成を計画し、最近漸く次のような形で出版することができた。

第二部　親鸞思想の背景　122

一　梵文無量寿経の校訂

(1) ネパール写本の概要

この書は、『梵文無量寿経・梵文阿弥陀経』という和文の書題も用いているが、全体を英文でまとめているので、細部にわたる出典等はこの校訂本（以下「本校訂」と呼ぶ）を参照していただきたい。以下その要点を撮要して幾つかの問題を取り上げることにする。

現在までに知られている L. Sukh. の写本としては、完本・端本をあわせて三十九部を数えることができる。このうち、三十八部の写本はすべてネパールで発見されたもので、他の一部は近年アフガニスタンで発見された写本断簡である。ネパール写本については、筆者はかねてその蒐集につとめ、上記のミュラー・南条刊本の際に知られていた五部の写本にくらべて、はるかに多く三十八部の写本を参看しえたので、先年これらの写本のすべてをローマ字に転写して『梵文無量寿経写本ローマ字本集成』（以下『写本集成』と略）という和文書題で、次のように三冊に分けて出版した。

The Larger Sukhāvatīvyūha: Romanized Text of the Sanskrit Manuscripts from Nepal, Parts I—III, by Kotatsu FUJITA (Tokyo: The Sankibo Press, 1992, 93, 96).

ここで取り上げた三十八部の写本については、二部が貝葉本で、三十六部が紙本であるが、このうち最も良い写

本は龍谷大学図書館所蔵の貝葉本（略号R）であり、コロフォンの記載から判断して十二世紀中葉であったと推定される。もう一つの貝葉本は、カトマンドゥのネパール国立古文書館所蔵本（略号N1）で、コロフォンに一一五二年または一一五三年に当たる書写年代を明記しており、Rの年代を傍証する点でも貴重である。ただRがほぼ完本であるのに対して、不完全本であり、しかも残存の各葉の左側に欠損があって、資料的価値がRより劣ることは否めない。

この二部のほかに紙本で書写年代を記しているのは、十七世紀末の二本以外は、すべて十八世紀中葉から二十世紀前半にかけての新しいものばかりである。書写年代を記していない紙本も、書体から判断して比較的新しいものと思われる。したがって、貝葉本の二部は、現存ネパール写本の中では、きわだって古いものと言うことができる。

(2) 底本と他の諸写本

そこで、本校訂に際しては、まずこの二つの貝葉本を底本としたが、ただN1は不完全本であるので、紙本のなかから京都大学文学部所蔵本（略号Ky）を加えることにした。このKyはコロフォンを欠き、書写年代が不明であるが、本文は数ある紙本のなかでもRおよびN1に最も近い系統のものと考えられる。それゆえ、本校訂では、R、N1二本を補完するものとしてKyを加えて三本を底本とし、これら三本の葉番号を本文中に記入した。

本文の読みに当たっては、三本の中でRの読みを主とするが、N1またはKyの読みを採用した場合もある。その場合、三本のなかで採用しなかった読みは煩を避けて、一々あげてはいない。ただし、偈頌（ガーター）および本願文の部分では、三本の読みの異同をすべてあげることにした。

このほか、本校訂では、底本の三本の読みを採用せず、他の諸写本の読みを採用した場合も少なくない。三本以

外の写本にもとづく際には、一々の写本名をあげることは煩雑となるので、それらの概数を示し、これらに相当する三本の読みをあげた。一般に写本の異読を示す場合には、それぞれの写本名をあげるべきであるが、本校訂の場合、底本の三本以外に三十五部のネパール写本すべての読みを参照したため、それらの出処については、前記『写本集成』にもとづいて、代表的な一々の写本名をあげ、それに類する一々の写本名は割愛してその総数をあげることにしたのである。

この『写本集成』は、Rにもとづく足利惇氏刊本に対して筆者が修正したサンスクリット本文をAf ("Ashikaga's edition as emended by Fujita"の略号) と表記し、これを最上列に掲げ、その下にR以下全三十八部の写本をローマナイズして対照し配列したものである。写本の配列に際しては、可能な限り同じ読みの写本をグループに分けてまとめた。これによって各写本の系統がほぼ知られると考えるが、それぞれの出処については別表で足利刊本の頁数・行数に対応して全写本の葉番号・行数の対照表を掲げたので容易に検索することができる。本校訂においても、これに準じて新しく校訂したサンスクリット本文 (略号F) に対応した各写本の葉番号の対照表を掲げ、各写本の出処を検索しうるようにした。

なお、本校訂では、底本三本を含めすべての写本に見出されない読みを採用した場合もある。その際には、チベット訳・漢訳あるいは近代の諸刊本を参照し、修正の根拠を示した。また、底本に認められる仏教混淆サンスクリット (Buddhist Hybrid Sanskrit＝BHS) の用例は可能な限り残したが、他方古典サンスクリット (Classical Sanskrit＝Cl. Skt) にもとづいて修正した箇所も多々あり、その一々については指摘していない。各写本には不正確な読みや誤写などがしばしば見受けられるが、それらについても一々断わっていない。『写本集成』におけるAf本は、本校訂を想定して作成した暫定的なものであるが、この Af本をさらに修正した箇所もあり、それらについてはすべて脚

註に示した。

(3) 新出アフガニスタン写本

およそ以上のような要領で、本校訂を進めてきたが、一九九六年ころアフガニスタンのバーミヤーン渓谷で発見された新出写本断簡については、本校訂では異読を参照するにとどめた。この写本は現在、オスロ郊外スピックスタッドにあるスコイエン・コレクション所蔵本（略号Sc）であるが、樺皮に書写された断簡で、その書体（Gilgit／Bamiyan Type I）から見て六─七世紀に遡る写本と推定されており、ネパール写本よりはるかに古く、極めて注目される。すでにハリソン（Paul Harrison）、ハルトマン（Jens-Uwe Hartmann）、松田和信の三氏による信頼すべき詳細な研究成果が発表されているが、この断簡はサンスクリット本の最後の四偈に相当し、さらにそのあとに『仏名経』に説かれる十方諸仏への帰依を説く十四偈と、それに加えて出典不明の四偈の計十八偈（ただし最後の偈は一語のみ）を連写している。サンスクリット本文とネパール写本のいずれとも相違する点があり、また異訳諸本とも異なった伝承を示している。ただ、本文の異読には注目すべき箇所があり、本校訂では右の研究成果の解読にもとづいて、それらを脚註で指摘することにした。

(4) 近代の刊本

ネパール写本にもとづく刊本としては、ミュラー・南条本（略号Mn、一八八三年）以降、大谷光瑞本（一九二九年）、荻原雲来改訂本（略号W、一九三一年）、ヴァイディヤ本（略号V、一九六一年）、足利惇氏本（略号A、一九六五年）の四種が出ているが、このなかで多く利用されてきたのは、足利刊本である。これは、底本に最も良いRを

(5) チベット訳と漢訳

このほか、言うまでもないことであるが、本校訂に際しては、チベット訳と漢訳を参照した。
るチベット訳は、『チベット大蔵経』カンギュルに『大宝積経』第五会として収められ、「聖なる、アミターバの荘
厳と名づけられる大乗経」('Phags pa 'od dpag med kyi bkod pa zes bya ba theg pa chen po'i mdo: Skt. Ārya-
amitābhavyūha nāma mahāyānasūtra)と呼ばれているが、これは L. Sukh の経題とは異なっている。訳者について
は、チョネ版、デルゲ版、ナルタン版、ウルガ版、ラサ版やトクパレス写本の奥書によると、九世紀前半のジナミ
トラ(Jinamitra)、ダーナシーラ(Dānaśīla)およびイェシェデ(Ye śes sde)とあり、北京版の奥書によると、ほぼ
同じころのルイギェンツェン(Kluḥi rgyal mtshan)の単訳と見なし相違しているが、訳語などの上から見ても、前
説のほうが、信頼に足ると考えられる。カンギュルには多くの版本・写本があり、L. Sukh のチベット訳について
は、河口慧海氏の校合本や、小野田俊蔵氏を中心とする仏教大学「浄土教の総合的研究」研究班による校合本が出
ているが、本校訂では十七―十八世紀に開版されたいわゆる四大チベット大蔵経の中の北京版(大谷大学の康熙版)
を底本として、必要に応じて他のチョネ版、デルゲ版、ナルタン版を参照し、さらに二十世紀開版のラサ版を加え

用いたことによるが、しかし本文の読みに種々な問題点があり、批判的校訂本と見なすことは困難である。そこ
で、前記のように、筆者はとりあえず、これを修正して Af 本を提示してきたが、本校訂において、その再検討も含めて、
現段階で依憑に足ると考える F 本を新たに提示することにした。校訂に当たっては、これまでの刊本を常に参照し
たが、ただ大谷本については、そのもとになった二写本(O₁・O₂)をすでに『写本集成』で取り上げており、特に
参照する必要が認められなかった。

て校合・参照した。

漢訳については、いわゆる五存七闕の五存、すなわち①『阿弥陀三耶三仏薩楼仏檀過度人道経』『大阿弥陀経』（支謙訳）、②『無量清浄平等覚経』（支婁迦讖訳、実際は帛延または白延訳）、③『無量寿経』（康僧鎧訳、実際は仏陀跋陀羅・宝雲共訳）、④『無量寿如来会』『大宝積経』第五会）（菩提流志訳）、⑤『大乗無量寿荘厳経』（法賢訳）があり、さらに六存を示唆する⑥新出漢訳断片一葉がイスタンブール大学図書館に所蔵されている。その訳者は不明であるが、五存中の①—③についても、訳者問題に種々な異説がある。本校訂では、これらの問題に深入りしないで、私見による訳者名を右のように記しておいた。そして、漢訳に関しては、本文校訂に必要な範囲での参照にとどめた。

(6) 偈　頌

L. Sukh の校訂に当たって、面倒なのは偈文名の読みである。この経典には、七種の偈頌があるが、一般に通用している偈文名を用いて、それぞれの韻律を示すと、次のごとくである。

① 帰敬偈（二偈）　Jagatī (Vaṃśasthā) /Atijagatī (Rucirā)
② 嘆仏偈（一〇偈）　Aupacchandasaka (Proto-Puṣpitāgrā 的傾向あり)
③ 重誓偈（一一偈）　Proto-Puṣpitāgrā
④ 聞信偈（五偈）　Triṣṭubh / Jagatī
⑤ 東方偈（二一偈）　Triṣṭubh / Jagatī; Vaitālīya (第二、第四偈のみ)
⑥ 流通偈（一〇偈）　Triṣṭubh / Jagatī; Śloka (第一、第二偈のみ)

⑦縁起法頌（一偈）　Āryā

このうち、①と⑦はサンスクリット写本のみにあり、①は新しいタイプの古典サンスクリット韻律の点から見ても、のちに附加されたものと見られる。⑦は原始・部派仏教以来よく知られた詩節の引用であり、L. Sukh 以外の大乗経典末尾にも認められる偈頌である。したがって、L. Sukh 固有の偈頌は⑦を除く六種ということになるが、このうち②と③は中期インド語（Pāli, Ardhamāgadhī, BHS）特有の韻律とその発展形と見なされ、④⑤⑥は伝統的な韻律を中心として、中期インド西北方言（Gāndhārī）的現象も②③にくらべてあまり多くは認められない。本校訂では、こうした韻律について、その要件を満たす読みが三種の底本（R, N1, Ky）に見出される場合、あるいは三底本以外の写本に見出される場合に、語形・文体・文意についての整合性を考慮して修正を行った。また、韻律の要件を満たす異読・誤写と認めうるものが写本に見出される場合、あるいは見出されない場合にも、語形・文体・文意についての整合性をえるための修正を行った箇所もある。いずれの場合についても、必要に応じてチベット訳・漢訳諸本において、そうした修正を支持するかどうかも参照したが、BHS の偈頌の解読には多くの問題点があり、本校訂ですべてが解決したというわけではない。

六種の偈頌について、チベット訳はよく対応しているが（ただし、聞信偈は二偈多く七偈）、漢訳諸本には異同が多く、それぞれの偈文の対応関係も一様ではない。最も注意されるのは、漢訳の中で最古の『大阿弥陀経』には、〈無量寿経〉の原初形態において偈頌が存在しなかったという疑念を抱かせるが、しかし必ずしもそうとは言えない。『大阿弥陀経』は、たしかに「初期無量寿経」の形態を示しているが、『平等覚経』には②の嘆仏偈によく対応する偈頌があるからである。しかも、この②は言語と韻律の上から見て、大乗仏典として非常に古い段階に位置してい

(7) 本願文

先に触れたように、L. Sukh の校訂に際しては偈頌の部分と同様に本願文の部分についても、三種の底本の読みをすべてあげることにしたが、これは本願文がこの経典の根幹をなす重要な経説と見なされていることによる。すでに『写本集成』において、サンスクリット全写本における本願文の比較対照表を掲げたが、本校訂においても同じように対照表を掲げ、その内容について註記を加えておいた。詳しくはそれに譲ることにして、ここでは要点のみを記すことにする。

まず、本願文の数については、Mn 本の当初の五部の写本以降、ほとんどの写本が四十六願であったのが、底本の R において、その第二十願としていわゆる三十二相願が出現したことによって、四十七願を数えるに至った。この三十二相願は、R 以外では底本の Ky にも同じように認められるが、しかし R の第三十八願（有情受楽）に相当する願文を脱落しているので、全体としては四十六願を数えるにとどまる。もう一つの底本 N1 については、冒頭より本願文の第四十願までのすべてが欠落しているので、三十二相願があったかどうかは不明である。しかし N1 の残存している本願文の最後には "pta ja"（おそらく 46 を表す）[14] の語があるから、本来は四十六願であったのではないかと推定される。それが、従は "pta ja"（47 を表す）[13] の語があることによっても確かめられる。R において、R の本願文の最後に同じように "pta ja" としていわゆる三十二相願が出現したことによって、四十七願を数えるに至った。

来のように三十二相願を欠く四十六願であったのか、それともKyと同じく三十二相願はあるものの、Rの四十七願のほかに四十六願に相当する願文を脱落した四十六願であったのかは明らかではない。しかし、これによって、Rの四十七願のほかに四十六願（常修梵行）と第三十六願（常修梵行）に相当し、同じく『無量寿如来会』の第三十願に相当する願文は、『無量寿経』第三十願（無辺弁才）と第三十六願（修勝梵行）に相当しているから、本来はあったものであろう。つまり、現行のサンスクリット写本では四十七願まで知られているが、もとはチベット訳のように四十九願の系統もあったのではないかと想定される。そこで、本校訂では、チベット訳の第三十願と第三十七願の二願についてサンスクリット文を復元する試みを行った。これによって L. Sukh における本願文の全体を原文で確認することができると考える。

ちなみに、L. Sukh には、『無量寿経』で最も重視される第十八願にそのまま相当する願文はない。しかし現行のサンスクリット第十八願と第十九願の句をつなぎ合わせると、『無量寿経』第十八願の原文をほぼ回収することができる。ただし、これによって、第十八願のサンスクリット文が直ちに認められないことは、すでにほかで論じたので(15)、ここでは委細は省略する。

なお、本校訂に掲げた本願文の比較対照表では、全写本を大まかに七つのグループに分けたが（Scを除く）、これは本願文を含めて各写本全体の系統を知るのに役立つと考える。各グループの顕著な問題点については、比較対照表の註記に触れておいたので参照されたい。また、〈無量寿経〉の本願説は、諸異本によって異同が著しい。完本の七異本は、本願文の数からいえば、二十四願（『大阿弥陀経』『無量清浄平等覚経』）、三十六願（『大乗無量寿荘厳

経』)、四十七願(サンスクリット本)、四十八願(『無量寿経』『無量寿如来会』)、四十九願(チベット訳)に分けられるが、これらの諸異本の本願比較対照と、それらをめぐる諸問題については、やはりほかで詳しく取り上げたので[16]、ここでは割愛する。

二　梵文阿弥陀経の校訂

(1) 悉曇本の概要

S. Sukh. のサンスクリット原本は、上述の L. Sukh. の場合とは異って、ネパールやアフガニスタン方面においてまだ発見されていない。最近、中央アジア出土のサンスクリット断片が発見されたが、完本としては日本に伝来した悉曇本が現存するのみである。はじめに触れたように、悉曇本は、平安時代初期、円仁(七九四―八六四、入唐八三八―八四七)や宗叡(八〇九―八八四、入唐八六二―八六五)が中国より伝えたもので、その後、広く流布するようになったことが知られる。慈雲(一七一八―一八〇四)の『梵漢阿弥陀経』(後掲の(ii))の奥書によると、鎌倉時代から室町時代にかけて存在した次の三本を参看したと記している。

(a) 建久六年本(一一九五年)[和州・法宣律師の手より得たもの]
(b) 承久三年本(一二二一年)[信州・佐久郡で得たもの]
(c) 文亀年本(一五〇一―一五〇三年)[江州・石山寺所蔵のもの]

そして、江戸時代中期以降になると、右の三本の書写が行われるとともに、その開板が世に出るようになった。まず書写本としては寂厳(一七〇二―一七七一)と慈雲による写本が現存している。

(a') 建久六年本……寂厳 (写) 『梵唐対訳阿弥陀経』(一七四〇年)〔和州・内山本＝安堵極楽寺蔵本を書写したもの〕(略号 Ag)

(b') 承久三年本……慈雲 (写) 『弥陀経梵本』(一七四一年)〔信州・佐久郡で光覚阿闍梨所持本を書写したもの〕(略号 Ko)

(c') 文亀年本……寂厳 (写) 『梵漢両字阿弥陀経』(一七三八年)〔江州・石山寺蔵本を書写したもの〕(略号 Iy)

このような三本の写本にもとづいて、京都と大阪で開板が行われるようになったが、それには常明 (一七〇二—一七八四)、慈雲、勝道 (生没年不詳)、法護 (一七三六—一八〇一)、諦濡 (一七五一—一八三〇)、典寿 (?—一八一五) による次の版本 (註釈書も含む) がある。

(i) 常明 (刊) 『梵漢両字阿弥陀経』(一七七三年) (略号 Jo)

(ii) 慈雲 (刊) 『梵漢阿弥陀経』『梵篋三本』一帖 (一七八三年) (略号 Ji)

(iii) 勝道 (刊) 『梵文阿弥陀経』 〔折本〕 (一七九二年)

(iv) 法護 (纂)、諦濡 (校) 『梵文阿弥陀経諸訳互証』『梵学津梁』巻三一九 (一七九五年) (略号 Ht)

(v) 法護 (述)、典寿 (校) 『梵文阿弥陀経義釈』三巻『梵学津梁』巻三四二 (一七九五年)

(vi) 明治以降になると、悉曇本は、国内外において、新たな形で刊行されるようになった。

"O-mi-to-king ou Soukhavati-vyouha-soutra, d'après la version chinoise de Koumarajiva, traduit du chinois par MM. Ymaïzoumi et Yamata," *Annales du Musée Guimet*, II (1881), pp. 39-64 ("Text sanscrit du Soukhavati-vyouha-soutra," pp. 45-64.

(vii) 阿満得寿『悉曇阿弥陀経』(丙午出版社、一九〇八年)

(ⅷ)『梵漢阿弥陀経』(石浜純太郎編『慈雲尊者梵本註疏英華』所収)(大阪、一九五三年)(前記 Ko の影印版)

(ⅸ)『弥陀経梵本』(*Sanskrit Manuscripts from Japan* (*Facsimile Edition*), Part 2, reproduced by Lokesh Chandra, *Śata-piṭaka Series*, Vol. 94, New Delhi, 1972, pp. 413-435) (前記 Ji の影印版)

以上が現在までに知られる悉曇本であるが、前述のように、マックス・ミュラー氏が一八八〇年に初めて世界に紹介し、三年後に L. Sukh に合わせて出版したのは、前掲 (i) Jo、(ii) Ji、(ⅳ) Ht、(ⅴ) の四部の悉曇本を南条文雄・笠原研寿両氏の協力により日本から取り寄せて、校訂したものである。これによって、仏典の批判的校訂本の標準的テキストとして、L. Sukh とともに S. Sukh が用いられるようになったのである。

(2) 底本と悉曇本

本校訂においては、すでにマックス・ミュラー氏が当時のヨーロッパの古典サンスクリット学の立場から、四部の悉曇本を校訂しているので、一八八三年に L. Sukh の附録として出版されたミュラー校訂本（略号 M）を底本として、その頁数を本文中に記入した。ただし、この M 本は、必ずしも古典サンスクリット文法に忠実にしたがっていない点、あるいは悉曇本の読みを変えている点などが認められるので、先年筆者は『阿弥陀経講究』（東本願寺出版部、二〇〇一年）の中で S. Sukh の暫定的テキストとともに、M 本の補正（五四箇所）を公表したが、本校訂においては、これを Mf ("Müller's edition as emended by Fujita" の略号) と表記して底本に加え、本文中にその頁数を記入した。しかし、この Mf 本では補正の一々の根拠を示していなかったので、本校訂では M 本で用いた三部の悉曇本（Jo、Ji、Ht）とそののち新たに入手した (a) Ag、(b) Ko、(c) Iy の三部の悉曇本を校合して、改めて修正の根拠を示すことにした。つまり、悉曇本としては、M 本で用いた三部に加えて、これらよりもより古い三部を新たに加えて

計六部を取り上げ、M本ならびにMf本の読みを再検討することにしたのである。M本では三部の悉曇本のほかに、前掲の(v)『梵文阿弥陀経義釈』も参照しているが、これはHtの解説であり、悉曇本の読みは原則としてHtに準じているので、ここではこれら六部の悉曇本にもとづいて、M本のみならず、Mf本についてもさらに修正した箇所もあり、それらについてはすべて脚註に示した。総じて悉曇本には不正確な読みや誤字・脱落などが多く認められるが、すでに底本のM本・Mf本において修正された読みについては一々指摘していない。底本ではCl. Skt.に準じた特殊な修正やBHSの用例にもとづいて修正した箇所も多くあるが、それらについても一々断わっていない。ただ、Cl. Skt.にもとづいて修正した箇所と、六部の悉曇本・Mf本との異同を明らかにして修正の根拠を脚註に示した。

(3) 新出中央アジア出土断片

最近、中央アジア出土のS. Sukhの断片が、ロンドンの大英図書館所蔵のヘルンレ・コレクション (Or. 15009 / 41) の中で発見された。校訂者Ye Shaoyong (葉少勇) 氏によると、S. Sukhのいわゆる六方段に続く諸仏護念・発願不退の段に相当する部分で、前記Mf本の八五頁一〇―二四行の文中に対応する断片と比定している。書体 (Early South Turkestan Brāhmī) から七―八世紀以前のものと見てよいようであるが、いずれにしても、上来の悉曇本より古いものであることは間違いない。S. Sukhの原本は、これまで日本に伝来した悉曇本のみで知られていただけに、それ以前にすでに中央アジア方面で流伝していた断片が出現したことは驚きであり、その意義は極めて大きい。ただ、この断片はごく少量であり、本校訂に直接資するわけではないが、本文の異読には注目すべき箇所があり、それらについては本文の脚註で指摘しておいた。

(4) 近代の刊本

悉曇本にもとづく刊本としては、前記のミュラー校訂本（M）ののちに、荻原雲来改訂本（略号W、一九三一年）、泉芳璟本（一九三三年）、阿満得寿本（一九三四年）、木村秀雄本（略号K、一九四三年）、足利惇氏本（略号A、一九五五年）、月輪賢隆本（一九五五年）、ヴァイディヤ本（略号V、一九六一年）、藤田本（Mf）などを数えることができる。[18]

これらの刊本の中で、これまでに広く用いられてきたのは、Mのほかには W本またはV本である。しかし、W本とV本は、もともとMにもとづいたものであるから、実質的な意味での定本は、Mであると言わなければならない。このほか泉本も月輪本もMを底本としているが、一般にはあまり用いられていない。阿満本は、前掲[vii]の『悉曇阿弥陀経』にもとづいて、Mと校合したものであるが、批判的に校訂したものではなく、ほとんど用いられていない。これに対して、Kは、経典の前半部分だけの未完本であるが、Mを中心として諸種の悉曇本（Ko、Jo、Ji、HtおよびV）との異同を記しており、手書きのデーヴァナーガリー文字による本文に、チベット訳と漢訳を対照している。A本は足利氏所伝の石山寺所蔵本を底本として、M本および悉曇本（Ji）を参照し、ローマナイズして校訂したもので、これによって石山寺所蔵本の内容が初めて公開されたが、しかし種々の問題点を残している。

これらの諸刊本の中で、本校訂に際しては、MとMfとを底本として、六種の悉曇本との校合を行ったが、刊本としては、ほかに四種（W、K、A、V）を取り上げて常に参照し、その他の諸本については、煩を避けて割愛することにした。

(5) チベット訳と漢訳

S. Sukh に対応するチベット訳は、『チベット大蔵経』カンギュルの「諸経部」に収められ、「聖なる、極楽の荘厳と名づけられる大乗経」('Phags pa bde ba can gyi bkod pa zes bya ba theg pa chen po'i mdo. Skt. Ārya-sukhāvatīvyūha-nāma mahāyānasūtra) と呼ばれている。この経題は、S. Sukh と同じであり、本文の内容もサンスクリット本にほぼ合致している。訳者については、デルゲ版、ラサ版やトクパレス写本などによると、ダーナシーラとイェシェデとあり、L. Sukh のチベット訳者と共通しており、九世紀前半の翻訳者と見なされるから、S. Sukh のチベット訳もこのころ行われたものと見ていることになる。おそらく信頼してよい説であろう。

近代のチベット訳の刊本としては、L. Sukh の場合と同じく、河口氏と小野田氏による校合本が出ているが、本校訂では前と同じく北京版を底本として、必要に応じてチョネ版、デルゲ版、ナルタン版およびラサ版を参照した。

漢訳については、いわゆる二存一闕の二存、すなわち①『阿弥陀経』（鳩摩羅什訳）と②『称讃浄土仏摂受経』（玄奘訳）があり、やはり必要に応じて参照した。特に、漢訳が有用である一例をあげると、漢訳経典の冒頭に当たって、「衆所知識」（羅什訳）、「衆望所識」（玄奘訳）という訳語が使われているが、これはサンスクリット本文の校訂に当たって、abhijñātābhijñāta（非常に有名な）という読みを支持している。そしてこの読みは、L. Sukh にも適用されるものであり、これらの委細については本校訂の脚註に記しておいた。

(6) 仏教混淆サンスクリット語の用例

S. Sukh は L. Sukh にくらべて分量がはるかに少ないばかりでなく、偈頌もなく、本願文もないので、校訂に当たってそれほど大きな問題はない。もちろん、本文で用いられる語彙について問題とすべきものがあるが、なかで

① paṭṭīyati（信受する）

いわゆる六方段の各段は一様に "paṭṭīyatha yūyam idam acintyaguṇaparikīrtanaṃ sarvabuddhaparigrahaṃ nāma dharmaparyāyam"（そなたたちは、この〈不可思議な功徳の称讃、一切の仏たちの摂受〉と名づける法門を信受せよ）という句で結ばれるが、ここで用いられる BHS の paṭṭīyatha (2. pl. imperative) は M 本では pratīyatha とあり、W 本・V 本もこれにしたがっている。しかし、悉曇本を見ると、このような語形はなく、すべて paṭṭīyatha の読みを支持する。したがって、本校訂ではすべてこの読みに修正した。六方段が終わった後の一段（諸仏護念）にも同じく pratīyatha が用いられているが、これもすべての悉曇本によって paṭṭīyatha に修正した。[21]

② yaśa（名声）

六方段中の南方段には yaśaprabha（名声ある光明をもつ者）という仏名が出る。チベット訳の Grags pa'i 'od、羅什訳の「名聞光」、玄奘訳の「名称光」に相当する。M 本ではこれを yaśaḥprabha と記し、これまでの刊本もすべてこの読みを継承しているが、本校訂では yaśaprabha に修正した。これは、M 本が参照した悉曇本の一つ (Jo) に yaśo とあり、さらに下方段の悉曇本にはすべて "yaśo nāma tathāgato yaśaprabhāso nāma tathagato"（〈名声ある者〉と名づける如来、〈名声ある光輝をもつ者〉と名づける如来）とあることにもとづく。ここで現われる yaśo (nom. sg. m.) は BHS 形であり、yaśaprabhāso もこれに準じた用法である。つまり、S. Sukh は yaśas (Cl. Skt.) については、明らかに yaśa (BHS) のほうを好んで用いていたことが知られるのである。偈頌（帰敬偈）において阿弥陀仏を「名声あまねく」と形容する prathitayaśasya (gen. sg. m.) という語は散文には認められるだけである。

おわりに

以上、本校訂の要点とこれに関わる幾つかの問題について述べた。ローマ字校訂本文に関しては、読みの修正や異読を可能な限り脚註で示したが、そのあとに附録としてこの二経のサンスクリット語索引を附した。*L. Sukh* に ついては、すでに『写本集成』下巻に Af 本の索引 (Reverse Index を含む) を附したが、本校訂では、逆引索引は割愛し、サンスクリット語索引を補足修正して本校訂の本文 (F 本) の頁数・行数を示した。索引の見出し語としては、前例の Af 本と同様に、F 本に出る単語・複合語を網羅的に収録した。名詞・形容詞・代名詞・数詞、準動詞については、単語・複合語いずれの場合も、見出し語に語幹をあげ、その項下に実際に用いられている格変化形をすべて示した。また動詞に関しては、単独の場合と動詞前綴を伴う複合語の場合も含めて、見出し語として語根をあげ、実際に出てくる活用形をすべて示した。偈頌の部分も、原則として古典サンスクリットの語幹、語根をあげた場合の語形を示したが、なかには中期インド語形が必ずしも明瞭でない語もあり、見出し語として暫定的な語形をあげた場合もある。偈頌の頁数・行数は散文の場合と区別してイタリックで表した。

S. Sukh の索引については、今回新たに作成したものであるが、その要領はすべて *L. Sukh* の場合に準じている。偈頌はないけれども、見出し語に中期インド語の語形を含む点も同じである。

なお、筆者はかつて『梵文和訳無量寿経・阿弥陀経』(法藏館、一九七五年) を刊行したが、目下、本校訂にもとづく新訂版を出す準備をしている。梵文和訳に合わせて、康僧鎧 (伝) 訳『無量寿経』と羅什訳『阿弥陀経』を対照し、訳註を附した。近い将来に公刊できると思うので、参看していただければ幸いである。

註

(1) 〈無量寿経〉〈阿弥陀経〉という表示法は、この二つの経典の諸異本のもとになった種々な原本(サンスクリット語もしくはプラークリット語で書かれたもの)の全体を総称する経名として用いる。拙著『浄土三部経の研究』(岩波書店、二〇〇七年、第三版=オンデマンド版、二〇一二年)四頁。

(2) 悉曇本の詳細は、拙著、同右、一〇七―一一〇頁。

(3) 『入出二門偈頌』(『定本親鸞聖人全集』第二巻、漢文篇、法藏館)一一〇頁、『尊号真像銘文』(同上、第三巻、和文篇)四七・八六頁。

(4) 『西方指南抄』上本(『定本親鸞聖人全集』第五巻、輯録篇(1))三三一―三四頁。国宝本影印『西方指南抄』上本・上末(真宗高田派本山専修寺、同朋舎、二〇一二年)七四―七五頁。

(5) 『真蹟書簡』四(『定本親鸞聖人全集』第三巻、書簡篇)二〇頁。

(6) 以下は、拙稿「梵文無量寿経と梵文阿弥陀経」(『印度哲学仏教学』第二五号、北海道印度哲学仏教学会、二〇一〇年、一―二〇頁)の再録であるが、部分的に削減・追補を加えている。

(7) Sukhāvatī-vyūha, Description of Sukhāvatī, the Land of Bliss; ed. by F. Max Müller and B. Nanjio, Anecdota Oxoniensia, Aryan Series, Vol. I, Part II (Oxford, 1883; repr. Amsterdam, 1972; New York, 1976), pp. 1–78. Appendix II. Sanskrit Text of the Smaller Sukhāvatī-vyūha, pp. 92-100.

(8) "Larger Sukhāvatīvyūhasutra," by Paul Harrison, Jens-Uwe Hartmann and Kazunobu Matsuda, in: Jens Braarvig (ed.), Manuscripts in the Schøyen Collection III: Buddhist Manuscripts, Vol II (Oslo, 2002), pp. 179-214.

(9) 拙著、前掲書、二八―二九頁。

(10) チベット訳の詳細は、同右、五七―六〇頁。

(11) 漢訳の詳細は、同右、三五―五六頁。

(12) 阪本(後藤)純子「Sukhāvatīvyūha の韻律と言語――歎仏偈・重誓偈――」(『印度学仏教学研究』第四二巻第二号、一九九四年)横組一四八―一五三頁、同「Sukhāvatīvyūha〔梵文無量寿経〕歎仏偈」(『人文研究』大阪市立大学文学部紀要』第四八巻第八分冊、一九九六年)五五一―七九頁参照。

(13)『梵文無量寿経写本ローマ字本集成』上巻（前出）、四五八頁脚註（2）参照。

(14) 同右、脚註（3）参照。

(15) 拙著、前掲書、三三一九—三三二二頁。

(16) 同右、三〇四—三一一頁。

(17) *Buddhist Manuscripts from Central Asia: The British Library Sanskrit Fragments*, ed. by Seishi Karashima and Klaus Wille, Vol. II. 1 Texts, pp. 119-120. Vol. II. 2 Facsimiles, Plate 76 (Tokyo: The International Research Institute for Advanced Buddhology, Soka University, 2009).

(18) 拙著、前掲書、一一一—一一三頁。刊本として、ここに藤田本（Mf）を加える。

(19) チベット訳の詳細は、同右、一二六—一二八頁。

(20) 漢訳の詳細は、同右、一一七—一二六頁。

(21) Cf. F. Edgerton, *Buddhist Hybrid Sanskrit Dictionary*, s. vv. *paṭṭiyati*, *pratīyati*; idem, *Buddhist Hybrid Sanskrit Grammar*, p. 219.

末法思想と澆季観

平　雅行

はじめに

　末法思想は、多くの研究者の関心を集めてきた。寺崎修一・家永三郎・田村圓澄・井上光貞・数江教一・高木豊氏など、錚々たる研究者がそれを論じている。武士中心史観や石母田領主制によれば、古代貴族は没落する社会階層であるし、末法思想が頻出する院政時代は古代末期の混迷と頽廃の時代と捉えられていた。末法思想はこうした時代像と結びつけて理解され、古代貴族の没落観の表現、古代国家の崩壊観の表現と位置づけられた。
　しかし、戸田芳実・河音能平・大山喬平・黒田俊雄氏らによる石母田批判により、中世史像は大きく塗り替えられる。院政時代は中世社会の成立期、中世国家の確立期として捉え直され、古代貴族もまた激動の時代を乗り切って中世的な封建貴族に転生してゆくと考えられるようになった。かつてのような末法思想の理解は、近年の院政時

代像や中世貴族像と齟齬をきたしている。そこで私は前稿で末法思想の見直しに取り組み、末法思想が古代仏教の中世化をもたらしたと論じて、末法の克服を浄土信仰にもとめる思潮が中世には存在しており、むしろこちらが末法思想の本流である。欣求浄土として、末法の克服を浄土信仰に求めたが、諸信仰の深化・拡充と顕密仏教の活性化に末法の克服をもとめる思潮が中世には存在しており、むしろこちらが末法思想の本流である。することによって危機意識をあおり、それを武器に寺院経済の保護や仏法興隆政策を朝廷から勝ち取った。

さらに佐藤弘夫氏は、拙論を踏まえて次のように論じた。①中世の末法思想には末法証法論と末法法滅論という二つの立場があった。②顕密仏教の末法証法論は、末法相応の姿をとって垂迹した仏神に結縁することによって救済が可能とするものであり、これが人びとを顕密寺社へと向かわせた。③専修念仏や日蓮は末法＝法滅とすることで、既存の顕密仏教と仏神の存在意義を否定し、みずからが掲げる念仏や題目のみを末法相応の教えと主張した。④証法論と法滅論のいずれにおいても、末法思想はみずからの信仰を正当化する機能を果たしたが、中世で多数派だったのは、顕密仏教の末法証法論である。

かつてのような詠嘆的絶望的な理解に代わって、末法思想が持つ積極的なモメントに着目する点に、近年の研究の特徴がある。しかし他方では、末法思想の広がりやその影響について、慎重な姿勢の研究者もいる。原田隆吉氏は『愚管抄』を、末法的史観の書であって末法観の著作ではないと語ったし、前田雅之氏も『今昔物語集』と末法思想との関連について否定的である。さらに森新之介氏は、私をはじめとする従来の研究が、仏教の末法思想と漢学用語の末代・末世・澆季と、仏教の末法観を弁別することなく、一括して末法思想と捉えてきたことをきびしく批判した。氏によれば、漢学用語の末代・末世・澆季と、仏教の末法との「由来の相違は、当時において極めて重大であったらしい」（傍点引用者）とのことであり、末代・末世・澆季と、仏教の末法とは「截然と」「峻別」されていたという。そして、①末法思想の社会的な広が

一 澆季と末法

森新之介氏が批判したように、これまでの研究が澆季・末代観と末法思想との異同を十分検証してこなかったのは事実である。私自身、論文執筆に際してのこれまでの予備的考察として、ある程度の検討を行ったが、その結果を公にした訳ではない。これは確かに軽率であった。そこでまず、澆季・末代観と末法思想が融合していた事実を確認しておこう。

最初に、澆季と末法との融化からみてゆく。像法・像末の世と澆季観との一体化はすでに中国唐代の仏教界で確認できるが、文治三年（一一八七）後白河院は「世及三季葉、時当三末法一、出家学道之人雖レ多、苦修練行之心猶少」と語り、「季葉」「末法」の世になって僧侶に苦修練行の心が欠けるようになった、と歎いている。「季葉」と「末

りは限定的なものであり、むしろ天下が時代とともに陵遅していくという、②九条兼実の反淳素（淳素に反す）思想は、澆季・末代観を克服する漢学的末代観を当時の人びとは共有していた、した諸政策にも反映されていた、と論じている。

私の前稿が末代・澆季観を仏教の文脈で捉え、それらの盛行が顕密仏教の活性化につながったとしたのに対し、森氏は根本的な疑問を投げかけたのである。これは、これまでの研究の盲を突いた的確な批判である。そこで本稿では、森氏の批判に応え、末法思想と澆季・末代観とが融合していた実態を明らかにするとともに、その融化が何をもたらしたのか、検討したい。なお本稿では、末法を行証の廃れた時代とし、やがて教すら喪われる法滅の時代に転落してゆくという考えを、特に「厳格な正像末三時説」と呼ぶこととする。

法」は対比的に語られているとはいえ、季葉・末法の世となった結果、苦修練行の闕如という一つの事象であることから、ここでの「季葉」と「末法」は同義とみてよい。また「季葉」は澆季とほぼ同じ意味であるので、これは澆季と末法の同義化を推測させる事例でもある。事実、永長二年（一〇九七）白河院が血書で記した六条御堂発願文には、「世漸及㆓澆季㆒、雖㆑属㆓末法㆒、不㆑可㆑改㆓我此願㆒、遠可㆑期㆓三三会暁㆒」とある。この文の後半は、龍華三会の暁まで自分の願を改めることはないという一つの誓約内容であるため、前半部にみえる「澆季」「末法」は同義と考えてよい。また、澆季・像末の世になれば、修学の衰微のありさまは他寺より甚だしいと慨嘆している。法相宗は伝統的に一三九二年入末法説を採っているため、良遍は同時代を像法の末と考えているが、ここでは修学の衰微を「澆季」「像末」の表れと捉えており、両者は同義で使われている。

さらに、永仁四年（一二九六）醍醐寺は、寺内紛争で金堂が焼失したことを「是併時属㆓末法㆒、悪魔伺㆑便、代臨㆓澆季㆒、邪神得㆑力之所㆑致也」と語っている。末法になると悪魔の活動が活発になり、澆季になれば邪神が力をふるうようになると言っているが、「悪魔伺㆑便」と「邪神得㆑力」の結果が堂舎焼亡という同一事象を指しているため、ここでも「末法」と「澆季」は同じ意味で使われている。しかも、伊豆国分寺は「世及㆓澆季㆒、時属㆓末法㆒、国勤被㆑疎、人少㆓信心㆒」と述べている。澆季・末法の世となって国衙の支援が疎かになったため、国分寺での勤行が困難になったと訴えており、ここでの「澆季」「末法」も同義である。このほか、「末法澆季之時節」のように両者を連記した事例もあるし、「時過㆓正像㆒、世及㆓澆季㆒、顕密淆教、無㆑験㆓于薫修㆒」の例では、「正像」を過ぎた時代、つまり末法の世を「澆季」と述べている。「世既雖㆑属㆓末法㆒、仏法未㆑納㆓于龍宮㆒、時又雖㆑及㆓澆薄㆒、日月猶懸㆓於高天㆒」の「末法」と「澆薄」も同質化しているとみてよい。

同じことは道元についても言える。道元は『正法眼蔵』で、袈裟の受持は仏祖相伝の正法を伝授することに等しいと述べ、「印度震旦、正法像法のとき」は在家も袈裟を受結していたが、「いま遠方辺土の日本を対比し、「正法像法」と「澆季」とを対照しているのだから、ここの「澆季」は末法の意である。印度震旦と遠方辺土の日本を対比し、「いま末法澆季なり」といったり、「正法像法」の間は仏弟子がみな八大人覚を知っていたが、今はほとんど知る僧侶がいないとして、「澆季の陵夷」を慨嘆している。これらも、澆季を末法と同義で使った事例である。一方、空海の「変三五濁之澆風、勤三三覚之雅訓」や、醍醐寺憲淳の「変三五濁之澆風、以被報三国恩矣」は、澆季と五濁観とが融合した事例であるし、「しかるに今、代澆季にをよび、時闘諍に属して」は、五堅固説と澆季観との習合である。五堅固説とは末法思想の一つで、釈迦の没後、五百年ごとに解脱堅固・禅定堅固・多聞堅固・造寺堅固・闘諍堅固の時代を迎えるとする考えであるが、先の史料は闘諍堅固と澆季を一体視している。

このほか、澆季の特徴として、仏法衰微をあげるものも数多い。天永三年（一一一二）善通寺は「世已及三澆季一、仏法雖二凌遅」と語って、仏法の陵遅を澆季の表れとしたし、九条兼実は「云三仏法云三王法一、已属三澆季」と述べて、王法と仏法の衰えを「澆季」といった。また『扶桑略記』によれば、永保元年（一〇八一）延暦寺による園城寺焼き討ちについて、時人が「仏法之陵遅」「王法之澆薄」と歎いたという。また、「方今世及三澆季一、人無三信心二」はいずれも澆季になれば人びとは仏法への信心を喪うと述べており、これまた仏教と澆季観との融合を示している。さらに「仏法之陵遅」、「時及三澆季、世雖三濁乱一、正伝一衆慇懃祈念一、鎮護誓約甚深依憑二」、「仏法臨三澆季一、魔界成三障難一」、「世及三澆季一而捨二離正法一」、「当三澆季濁乱之末世一、得三祖師感得之仏骨一」などの事例も、仏法の衰退を澆季の特徴と捉えている。治承四年（一

一八〇)、平重衡による南都焼き討ちを聞いた九条兼実は、日記で「淳素之世、於今者難期其時」歟、仰天而泣、伏地而哭」と痛哭している。南都七大寺の焼亡によって、反淳素の実現が絶望的になったと慨嘆しており、ここでも澆季―反淳素観が仏教と融合している。

以上から、院政・鎌倉時代の澆季観は、末法思想や五堅固説と習合しつつあり、さらに広く澆季観と仏教との融合が進展していたことがわかる。

二　末代と末法

次に末代観に移ろう。天台勧学講縁起によれば、建久四年（一一九三）ごろ、慈円は次のように考えたという。

末代仏法修学道凌遅、誠可然、愚痴闇鈍之人、次受生之故也、不儲教門方便之説者、争扶末法衰微之法哉、然重生軽法者、末代也、不播衣鉢之支、誰能習学仏法、耽財貪宝者、当機也、若無田苑之貯、人豈止住当山哉、此謂又不違聖教、所以者何、仏陀皆受供養、以利衆生、衆生亦因檀度、以入仏道、是仏教之常途也、末法之正道也、

慈円はここで、仏法修学がおろそかになった「末代」の現状を嘆き、「末法衰微」の仏法を建て直すには、「教門方便之説」と「衣鉢之支」「田苑之貯」を設けることが不可欠だ、と語っている。つまり末代では人間の資質が低下して名利に囚われるようになるため、仏法興隆には方便説の活用と経済基盤の充実が必須であり、これこそが「末法之正道」であるという。一般に仏教は名利を否定するのが常であるが、物欲を刺激して仏法再建を図ろうという、リアルな認識が印象的である。他の史料でも慈円は、「末代之機感」のためには寺院を閑居地ではなく「聚

洛之中」に建てるべきだと語ったり、「鑑ニ末法於衆生界」み、仏道と名利栄華の両立を図った良源を「方便之調機」に卓越したと賞讃するなど、この勧学講縁起では末法末代の現実に即した仏法のありさまを模索している。末法思想の積極面を示すものだが、それはともかくとして、この勧学講縁起では「末代」に衰退した仏法のありさまを「末法衰微之法」と語り、「末代」にふさわしい対応をすることを「末法之正道」と述べており、末代と末法が融合している。

建暦三年（一二一三）、慈円は如法尊勝法を修したが、彼が作成した表白には「代者濁世也、時者末代也、依ニ仏法一思レ之、入ニ後五百歳二百六十余年一、就ニ主法一聞レ之、過ニ聖代春秋一百王八十代」、「受ニ末法持念之功一、誠難レ得難レ遇之仏恩也」、及ニ末代念誦之力一、誠利生利物之教法者也」とあり。まず前者では、五堅固説の闘諍堅固の世となってから「百六十余年」となった今を、「濁世」「末代」としている。これは闘諍堅固説と末代観との同化を示す。

一方、後者では「末法念誦之功」と「末代念誦之功」が対句となっており、末法と末代が同じ意味で使われている。

さらに『愚管抄』の「マコトニハ、末代悪世、武士ガ世ニナリハテヽ、末法ニモイリニタレバ」の一文でも、末法・末代を同義で使用したものとみてよかろう。

こうした融合は栄西などでも確認できる。後五百年に生まれた鈍根小智の者に禅宗の得悟は不可能だとの批判に対し、栄西は「若末代可レ無ニ機縁一者、仏不レ可レ説ニ此等一也」と反論しており、闘諍堅固の世を「末代」
(19)
であるため、こうした「濁世末代之習」の者を救うために『選択集』が撰述されたと述べており、「濁世末代」と「末法」とを一体視している。日蓮も『開目抄』で「世すでに末代に入て二百余年」「今末法の始二百余年」といい、末法と末代を同義で使った。また『菩提心論抄』によれば、真言宗では正像末の三時をたてないが、もしも「立三正像末意一、此教専為ニ末
（真言）
代一可レ云也」とあり、「末代」を末法の意で使用しているし、建久七年の延暦寺恵静の両界表白では、みずからも

聖光房弁長は、「戒定恵之行人」のいないのが「末法之習」であるため、こうした「濁世末代之習」の者を救うために『選択集』が撰述されたと述べており

『菩提心論抄』所引の

「天性愚鈍、受╲生於末法╲」と語る一方、「雖╲末代╲、何偏卑下」とも述べており、ここでも末法と末代を同義で使っている。さらに河内金剛寺への鎌倉末の寄進状には、「在世正法之昔、尚有╲乞食之行╲、滅後末代之今、豈無╲活命之計╲哉」とある。「在世正法之昔」と「滅後末代之今」とを対照しているので、この「末代」は「在世正法之昔」とは異なる像法・末法の世を指していよう。また「自╲釈尊末代之今╲、至╲慈尊三会之暁╲、可╲奉╲祈╲御願成就╲」も、その類例とみてよい。

さらに、末代観と仏教との習合を示す事例となれば、枚挙に違がない。長暦二年（一〇三八）天台座主をめぐる山門・寺門の騒擾について、藤原実資は「末代之故、依╲此事╲、一山仏法可╲亡滅╲」と慨嘆したし、延久二年（一〇七〇）土佐金剛頂寺は「世及╲末代╲、人少╲信心╲」と、末代になって人びとが信心を喪うようになったと述べている。藤原宗忠は「及╲末代╲、仏法破滅歟」「末代悪僧、已滅╲仏法╲歟」「末代之効験、雖╲末代╲不╲空者也」「雖╲末代╲不可思議歟」「仏法之霊験、雖╲末代╲凝╲信力╲者、盍╲顕╲仏徳╲哉」と語り、正嘉元年（一二五七）醍醐寺は「世及╲澆季╲、時属╲末代╲之間、寺門随╲日而陵夷、仏法迎╲境而衰微╲」と、澆季・末代になって醍醐寺と仏法の衰退が進んだと述べている。また「末代無双之法燈」「末代之法滅」「末代ノ法滅」との賞讃や、後白河院を「末代弘教之菩薩」と讃えた表白、そして「濁世末代」『明月記』『沙石集』の表現も、仏教と末代観との融合を示している。このほか、「濁世末代之生身仏也」、「争可╲被╲禁遇濁世末代╲之目足╲哉」、「濁世末代といひながら、澄憲これを付属して」、「真言秘密の効験は濁世末代にも止事なし」は、いずれも「濁世末代」と連記している。この「濁世」が仏教の「じょくせ」か、それとも漢語の「だくせい」であるのかは定かでない。しかしそれがいずれであろうとも、「濁世末代」が仏教との関わりで言及されていることは確かであり、末代観と仏教が習合していたことを示している。

以上のように、平安中後期より澆季・末代観と、末法思想や仏教との融合が進展しており、その融化は相当な広がりを持っていた。私が前稿で、澆季・末代を一括して論じたのは、こうした事実にもとづいている。これらが截然と峻別されていた、として先行研究を否定する森氏の主張は成り立たない。

とはいえ、ここで改めて問われるべきは、澆季・末代観と末法思想との融化の質である。両者の融合とは、澆季・末代観が厳格な正像末三時説に即して理解されたことを意味するのか、それとも末法思想が澆季・末代観と同質化していたことを物語っているのか。

結論をいえば、それは末法法滅論と末法証法論のいずれであるかによって異なる。たとえば親鸞は「末代濁世」「濁世末代」「穢悪濁世群生、不 レ 知 二 末代旨際 一 」とあるように、末法・末代・濁世を同義で使用しているが、(23)その内容は行証が不在となった時代の意である。親鸞は末代を厳格な正像末三時説で捉えていた。しかし、こうした末法末代観は末法法滅論にたつ少数派にのみ見られるものであって、顕密仏教をはじめとする大多数の人びとは、末法・末代を緩やかな下降史観として理解していた。

たとえば、先に紹介した慈円の勧学講縁起を思い起こしてみよう。慈円はそこで、「仏法修学」が陵遅した「末法衰微之法」を、何とか建て直そうとしている。しかし彼が厳格な正像末三時説を信受していたなら、もはや行証が存在していない以上、「衣鉢之支」「田苑之貯」を設けようと、「教門方便之説」を活用しようと、「仏法修学」の陵遅に抗することができないはずだ。このことは慈円が末法を、緩やかな下降史観で捉えていたことを物語っている。『愚管抄』を末法的史観の書とする原田隆吉氏の指摘は、この意味において正しい。また、文治三年（一一八七）後白河院は、「末法」となり「苦修練行」の僧侶が欠けた結果、修法は邪法となって兵乱が起きたと歎いたが、(24)この状況を打開するため、高野大塔に百四十四口の供僧を置いて長日不断の両界法を始修させている。つまり後白

第二部　親鸞思想の背景　150

河院は、「器量」の僧に懇祈させれば末法を克服することが可能と考えていた。

私は前稿で、末法思想が語られた時代は、同時に仏法中興の讃嘆が頻出した時代でもあったと指摘したが、それはこのことと関わっている。「寔斯仏法之中興也」、「誠是仏日再中、法水湧流之秋也」、「雖二末法一、仏日再中歟」(25)「法皇之御宇、末代之中興也」(26)のように、十一・十二世紀は仏法中興が盛んに語られた時代でもある。さらにこの時代は、日本を辺土小国とする考えが広まる一方、日本を大乗仏教の聖地、三国一の仏国とする自尊的仏国観が展開した時代でもある。私たちはこの両面を統一的に把握しなければならない。末法末代の世であっても、きちんとした施策を打てば、王法・仏法の中興を実現して日本を三国一の仏教国にすることも不可能ではない、と人びとは考えていた。末法思想や辺土小国観は仏法中興の努力を喚起する教説であり、また仏法中興観や自尊的仏国観は仏法興隆政策を賞讃する言説（英明な国主の施策によって仏法は中興し、日本は仏法の聖地となった）なのであって、両者はともに、仏法興隆策を喚起・賞讃する点で一致している。末法とは破滅と絶望の時代ではない。多くの人びとはとは、末代・澆季・濁世と同質の緩やかな下降史観として理解しており、こうした共通基盤があったが故に、それらの融合が可能となったのである。

森新之介氏は漢語的末代観と仏教的末法思想とを峻別し、当時流布していたのは、末代観であって末法思想ではないと主張した。当時、広く流布していた仏教的末法思想（末法証法論）の内実が、漢学的澆季・末代観と末法思想との峻別史観であったことからすれば、氏の指摘の半分は正しい。しかし森氏は、漢学的澆季・末代観と同質の緩やかな下降史観に拘泥するあまり、それらが融合していた事実を見逃し、ひいては日本中世における澆季・末代観の本流を見失うことになる。

三　仏教的澆季観の歴史的意義

本来の澆季観によれば、澆季の克服は堯舜の時代の再現や、風俗・政治を淳素に反す施策で実現することになる。しかし、仏教的澆季観や仏教的末代観の広汎なひろがりは、澆季・末代の新たな克服方法を浮かび上がらせた。仏法興隆である。

嘉承元年（一一〇六）東大寺は、次のように主張した。(27)

方今世及二澆季一、人無二信心一、諸国受領不レ肖二三宝一、以レ渋二仏聖之封戸一、為二循吏之上計一、以レ亡二寺領之庄園一、為二治国之要道一、抑本願聖霊施入状云、「以二代代国王一為二我寺檀越一、若我寺興複天下興複、若我寺衰弊天下衰弊」者、倩顧、皇朝之泰平偏在二伽藍之保護一、尤可レ欽仰者、其唯当寺歟、

ここで東大寺は、捏造された聖武天皇の施入状をもちだし、東大寺の興廃は天下の興廃と直結していると語っている。そして、「澆季」の世となり国司の悪政が横行するなか、「皇朝之泰平」を実現するには、東大寺への経済的な保護が不可欠であると訴え、官使派遣による封戸徴納を朝廷から認められた。同様に東大寺は大治四年（一一二九）、「世及二澆季一、人無二信心一、諸国受領、以レ止二仏聖之封戸一、為二循吏之上計一、以レ亡二寺領之庄薗一、為二治国之要道一」と述べ、国司たちの「澆季」の悪政に歯止めをかけるよう求めた。ほかにも越前国石井・土井両庄は「及二于澆漓一」んで国が「致二損亡一」と訴え、紀伊国木本庄が「澆季」に及んで顚倒され、「末代」に及んで「国司致二収公之煩一」で「往古雖レ無二他煩一、末代凌遅、使庁時時充二行幸雑事一」などの違乱をうけた、と言い立てている。(28)

こうした訴えは東大寺だけのものではない。醍醐寺は長承元年(一一三二)越前国牛原庄について、「世及㆓澆季㆒、人好㆓狼戻㆒、末代国司、称㆑無㆓論言㆒、恐尚致㆑妨」と愁訴し、国司の押妨からの保全が認められた。大安寺は治安三年(一〇二三)、近江国野洲庄と淵庄が「及㆓于末代㆒、或国司悉以収公」と非難し、紀伊国薬勝寺も同年、所領田が「末代」に及んで「国司有㆓収公之領㆒」といった。延久二年(一〇七〇)金剛頂寺は、「世及㆓末代㆒、人少㆓信心㆒、或国司収公、或庄司掠取」と抗議して「殺生禁断之仏地」の返還を求めたし、承徳二年(一〇九八)栄山寺も紀伊国東屋庄が「及㆓末代㆒、或成㆓権門所領㆒、或国司被㆓収公㆒」と語っている。これらはいずれも、国司や国衙による寺院経済への圧迫を「澆季」「末代」の表れと位置づけている。十一・十二世紀という荘園制社会の成立期に、寺社勢力は国衙の圧力に歯止めをかけ、寺院経済を保護して仏法興隆を図ることが、澆季・末代観の衰弊を克服する道であると主張した。つまり古典的な澆季―反淳素観に対し、寺社勢力は澆季観・末代観と仏教とを意識的に融合させて、澆季・末代の克服の道として仏法興隆があることを指し示したのである。

留意すべきは、彼らが経済的保護の必要性を訴える時、末法だけを前面に押し出すことは稀であり、観をもとに提訴した事例が圧倒的多数を占めていた事実である。これは何を意味するのか。仏教の影響が深まってきたとはいっても、寺社勢力が末法を前面に押し出して朝廷に訴えるのでは、貴族たちの支持を獲得するには、儒教的徳治主義への歩み寄りが不可欠であった。それゆえ、貴族たちの支持を獲得するには、儒教的徳治主義がそれを全面的に受け入れたわけでは決してない。こうした中にあって、寺社勢力が登場したとはいっても、貴族や朝廷がそれを全面的に受け入れたわけでは決してない。そういう中にあって、王法仏法相依論が登場したのは、貴族たちの政治意識の中心はなお儒教的な徳治主義であった。ここにあっては、仏法の衰微が澆季・末代の表れとされ、それを克服するために、仏教的徳治主義の澆季・末代観である。仏法興隆によって澆季を克服し皇朝の安定をはかるという論理は、王法仏法相依論とほ法興隆政策が求められる。

ぽ同じ機能を果たすことに成功したことになる。寺社勢力は仏教的澆季観を前面に押し出すことによって、朝廷や貴族から一定の支持を得ることに成功したのである。

とはいえ、澆季観は寺社だけのものではない。かつて三善清行は意見十二箇条で、「方今、時代澆季、公事難レ済、故国宰之治、不レ能三事々拘二牽正法一」と主張した。澆季の世にあっては、これまでのように律令の原則に縛られたままでは地方統治が困難であるため、国司の裁量権拡大を認め、地域に応じた柔軟な対応を可能にすべきだ、と三善清行は迫った。そしてこの提言が国例の容認につながり、やがて王朝国家体制への転換をもたらすことになる。(30)

つまり澆季観は、十世紀の国政改革を支える政治イデオロギーであった。それだけに、寺社勢力からの攻勢を前に、国司たちが手をこまねいていたとは考えられない。

すでに前稿で指摘したように、国司たちは悪僧神人らの嗷訴や武力行使に澆季の表れをみていた。つまり寺社勢力と国司は、「世及二澆季一、人好二貪婪一」という同じ時代認識を共有していたが、澆季克服の方向性が正反対であった。寺社勢力は国司の獅子身中の虫ともいうべき悪僧神人の乱悪を停止して、寺院経済の保全につとめることが、王権の安定につながると主張した。それに対し国司は、悪僧神人の乱悪を取り締まることが、澆季を克服する道であり、真の意味での仏法王法の繁栄を実現する方途だと主張した。寺社勢力の取り締まりを強化すべきか、それとも国司の国内支配権を制約すべきか、澆季観を焦点に、二つの政治路線が激しくせめぎあったのである。

このことからもわかるように、仏教的澆季観は決して盤石の政治思想であったわけではない。しかし、政治的経済的果実を勝ち取るうえで、それが一定の機能を果たしたことも事実である。それゆえ鎌倉時代に入ってからも、寺社勢力は仏教的澆季観を押し立てて、政治的な要求を繰り返すことになる。

伊豆国分寺は「世及二澆季一、時属二末法一、国勤被レ疎、人少二信心一」と語り、読経所別当職を賜ってそれをもとに

寺院修造を行いたいと願い出たし、最勝金剛院は「世及濁季、人多奸濫」と述べ、権門諸勢力による「院領之狼藉」を停止するよう要望して認められた。醍醐寺は「政化得反淳素之時」、「政道得反淳素之時」であればこそ、堂舎造営のために造営料国を寄付するよう求めている。西大寺は「時及濁季、狼戻非一」とし、「異国降伏、国家泰平」のために一切経会を幕府に要請したし、肥前河上社は「世及濁季、人巧猛悪」とし、御家人の狼藉停止を幕府に要請したし、肥前河上社は「世及濁季、人巧猛悪」といい、これらの事実は、仏教的濁季観が鎌倉時代においても、有効な機能を果たしていた証左である。

仏教的濁季観が貴族社会に広まってくると、それはやがて為政者の行動にも影響を及ぼすようになる。久安五年（一一四九）鳥羽法皇は「代及濁季、時属乱世」ことを憂えて、祇園社に御幸して経供養を行ったし、後白河院は文治四年（一一八八）、「我大日本国、世及濁季、之少福祐、国欲静不静、民欲安不安、干戈欲収不収、逆乱欲止不止」と述べ、こうした「濁季」の状況を打破するために、藤原俊経が作成した願文によれば、大般若経の供養を実施している。また後白河院は寿永二年（一一八三）に長講堂で逆修を行ったが、後白河法皇は「如来之使者」として「我朝之仏法」を興隆し、「堯舜之徳化」を施して「末法」「辺国」の「五濁乱漫」の世にあって、さらに源頼朝は、「世縦雖及濁季、君於令施舜徳者、王法仏法共以繁昌候歟」といい、後白河院が「舜徳」を施せば「王法仏法」の繁栄を迎えることができると付言して、東大寺再建に莫大な寄付をした。また、弘安九年（一二八六）亀山法皇は「殊又世属濁季、人挿邪心、不存三行五常之道、依乖周公孔父之訓、国弥衰微、政非淳素」との現状認識から、法勝寺に十口の供僧を置いて、鎮護国家を祈らせている。そして仏教的濁季観は寺社勢力だけのものではなく、為政者もまたそれをもとに仏法興隆政策を講じている。

これが、王法仏法相依論を受容する呼び水となった。

おわりに

以上、澆季・末代観と仏教との融合について検討してきた。私は前稿で、末法末代観が寺社勢力の戦いの武器であり、その意図的な喧伝と社会的な広がりが、彼らの荘園領主化をもたらしたと述べたが、その論旨を修正する必要はなかろう。末法末代観は政治・経済・教説など諸方面で、古代仏教の中世化を促進したのである。[34]

最後に、末法末代観が受容された歴史的背景に触れておこう。かつて私たちは、院政時代に古代貴族が没落し古代国家が崩壊すると考えた。それゆえ末法思想を、古代貴族の絶望と詠嘆と捉えた。しかし十一・十二世紀が中世社会の成立期であることを思えば、この時代には二つの側面があったことになる。第一は不安と混乱の時代であること、第二は新時代を切り開く挑戦の時代であった。そして末法末代観は、この両面を体現する時代思潮であった。

中世社会は、律令体制のような明確な政治モデルをもとに構築されたのではない。従来の施策が機能麻痺を起こす中、大きな混乱と試行錯誤をかさねながら、新たな制度を一つひとつ築きあげている。そこにおける混乱と不安、これが永承七年（一〇五二）入末法説とも相俟って、末法・末代・澆季観を広く社会に浸透させることになった。しかしその中にあって、彼らは人間的努力の積み重ねによって、新たな時代を切り開いていた。暗黒世界への転落を必然視するその歴史観は、人間の厳格な正像末三時説は貴族や顕密僧の心情にそぐわなかった。それに比べ末法末代観には、変革的施策を誘発する機能がある。末法とは、旧来の手法、伝統的な施策が通用しない時代の到来を意味している。そして、三善清行が澆季観をもとに国政改革を訴

え、慈円が末法末代の現実に即した新たな仏法のあり方を模索したように、末法は時代の困難をリアルに認識し、現実に即した新たな施策を打ち出す柔軟な精神を求めている。白河・後白河院など制法に囚われない新時代の為政者は、こうした中から登場した。その意味において、末法末代観は中世の幕開けにふさわしい時代精神であったのである。

註

(1) 寺崎修一「日本末法思想の史的考察」（『文化』一—四、一九三四年）、家永三郎「日本思想史に於ける否定の論理の発達」（弘文堂書房、一九四〇年）、田村圓澄「末法思想の研究」（『日本仏教思想史研究 浄土教篇』平楽寺書店、一九五九年）、井上光貞『日本浄土教成立史の研究』一二一頁（山川出版社、一九五六年）、数江教一『日本の末法思想』（弘文堂、一九六一年）、高木豊「末法意識の様相」（『平安時代法華仏教史研究』平楽寺書店、一九七三年）

(2) 拙稿「末法・末代観の歴史的意義」（『日本中世の社会と仏教』塙書房、一九九二年）

(3) 佐藤弘夫「日本の末法思想」（『歴史学研究』七二三、青木書店、一九九九年）

(4) 原田隆吉「愚管抄の論理」（『文化』二〇—五、一九五六年）、同「鎌倉時代の歴史思想」（『日本における歴史思想の展開』吉川弘文館、一九六五年）、前田雅之「本朝仏法史の基底」（『今昔物語集の世界構想』笠間書院、一九九九年）

(5) 森新之介「末代観と末法思想」、同「九条兼実の反淳素思想」（『摂関院政期思想史研究』思文閣出版、二〇一三年）。特に同書五九・六〇・九五頁を参照されたい。

(6) たとえば道宣は「然生居像末、法就澆漓、若不共相敦遇、終無成弁之益」、「但以時遭像季法就澆漓、律部邪縁宗仰繁矣」と語り（『大正新修大蔵経』四〇、三四頁、「同」五〇、六一七・六二二頁）、智顗は「仏初出世、衆生機熟、逗根説法、無不得悟、後代澆漓、情惑転異、直用仏経、於其無益」（『同』四六、七八頁）、「禅林宝訓」は「像季澆漓学者難化」「仏世之遠、正宗淡薄、澆漓風行、無所不至」と論じている

(1)『同』四八、一〇三五・一〇二八頁)。ちなみに、中国の仏書には「末代」の用例が無数にあり、仏教と末代観の融合も相当進んでいる。

(7) 文治三年五月一日後白河法皇起請文(『鎌倉遺文』二二〇号)

(8)「京城万寿禅寺記」(『大日本史料』三―四、八八三頁)、白河法皇六条御堂発願文(『本朝文集』国史大系、二〇六頁)

(9) 良遍『護持正法章』(『日本大蔵経』「法相宗章疏」二、二〇〇頁)

(10) 永仁四年二月日醍醐寺僧綱等解案(『鎌倉遺文』一九〇一五号)、年月日闕伊豆国分寺別当慶基愁状案(『同』一四八号)

(11) 建長七年二月日台明寺若衆申状(『鎌倉遺文』七八五二号)、建保五年五月日延暦寺大衆解(『同』二三一五号)、永仁二年四月日東大寺衆徒等申状案(『同』一八五三九号)

(12)『正法眼蔵』(日本思想大系『道元』下、三四一・三六一・四九五頁)

(13) 高雄山寺択任三綱之書(日本古典文学大系『三教指帰 性霊集』四一七頁)、永仁五年二月一日憲淳附法状(『鎌倉遺文』一九二六五号)、年闕十一月十三日東寺牒(『平安遺文』一七六七四号)、『玉葉』建久二年五月二十四日条、『扶桑略記』永保元年四月二十八日条、嘉祥元年八月五日官宣旨(『平安遺文』一六六二号)、大治四年十一月二十一日東大寺所司解(『同』四六九三号)

(15) 永延三年七月十三日太政官牒(『大日本古文書 東大寺文書之一』三七号)、伝法院本願覚鑁上人縁起(『興教大師伝記史料全集 伝記』五一頁)、貞永元年七月日醍醐寺三宝院門徒等解(『鎌倉遺文』四三五三号)、正応二年正月日日興申状(『同』一六八七一号)、年月日闕東厳恵安願文案(『同』一〇五五八号)、弘安十年八月八日叡尊置文

(16)『玉葉』治承四年十二月二十九日条

(17) 承元二年二月天台勧学講縁起(『鎌倉遺文』一七一五号)。なお、尊円自筆の青蓮院本「門葉記 勤行二」の写真版で一部補訂した。

(18) 建永元年月日慈円大懺法院条々起請（『鎌倉遺文』一六五九号）、慈恵大師講式（『大日本史料』一―二二、一二三頁

(19) 尊勝陀羅尼供養表白（『門葉記』一、九三三頁）、『愚管抄』巻七（日本古典文学大系、三四〇頁）

(20) 『興禅護国論』（『日本思想大系『中世禅家の思想』一〇二頁）、『徹選択本願念仏集』（『浄土宗全書』七、九六頁）、『昭和定本日蓮聖人遺文』一、五五六・五五九頁、『大正新脩大蔵経』七六、八三三、六九九頁、元徳二年八月三日玄明田地寄進置文（『鎌倉遺文』三一一七一号、建久元年十一月日金剛峯寺大塔供僧申状案（『同』四九五号

(21) 『春記』長暦二年十月十二日条、延久二年七月八日金剛頂寺解案（『平安遺文』一〇四七号）、『中右記』長治元年六月二十一日条、天永二年三月七日条、大治二年九月二十九日条、『玉葉』嘉応二年四月一日条、治承二年十一月六日条、正嘉元年閏三月三日醍醐寺衆徒解案（『鎌倉遺文』八〇九〇号）、『門葉記』巻二（『大正新脩大蔵経』図像』一一、四三〇頁）、建久二年八月清涼寺八講結願表白（『安居院唱導集』上、一二三四頁）、『明月記』建永二年七月六日条、『沙石集』三―五（日本古典文学大系、一五五頁）

(22) 年月日闕後伏見天皇勅書案（『鎌倉遺文』二〇五一〇号）、元亨元年二月日本願寺親鸞門弟申状案（『同』二七七四三号）、『信生法師日記』（新編日本古典文学全集『中世日記紀行集』九五頁）、『平家物語』巻二（同『平家物語』一、九九頁、『太平記』巻一二（同『太平記』二、六二頁）

(23) 『三帖和讃』（日本古典文学大系『親鸞集 日蓮集』七八・八三・九七頁）、『教行信証』化身土巻（日本思想大系『親鸞』三九五頁）

(24) 文治三年五月一日後白河法皇起請文（『鎌倉遺文』一二三〇号）

(25) 法勝寺大乗会結願文（『本朝文集』国史大系、二二三頁）、『扶桑略記』応徳二年十二月三日条、『中右記』嘉保二年五月二十七日条、『玉葉』寿永二年六月九日条

(26) 末木文美士「仏教的世界観とエスノセントリズム」（『日本仏教思想史論考』大蔵出版、一九九三年）、拙稿「神仏と中世文化」（『日本史講座』第四巻、東京大学出版会、二〇〇四年）、同「神国日本と仏国日本」（「世界史を書

（27）き直す　日本史を書き直す』和泉書院、二〇〇八年）

（28）嘉承元年八月五日官宣旨（『平安遺文』一六六二号）、大治四年十一月二十一日東大寺所司解（『平安遺文』四六九三号、永治二年三月二十五日越後国留守所牒（『同』二四六六号）、康和三年五月二十五日東大寺政所下文案（『平安遺文』一四四二号）、康和四年七月二十一日東大寺政所下文案（『同』一四九一号）、久安三年九月日賀茂御祖社司等請文（『同』一二六二八号）

（29）長承元年九月二十三日官宣旨案（『平安遺文』二二四一号）、治安三年九月二十三日官宣旨案（『同』四九一号）、治安三年十一月二十三日太政官符案（『平安遺文』四九三号）、延久二年七月八日金剛頂寺解案（『同』一〇四七号）、承徳二年八月十五日栄山寺別当実経置文（『同』一三九七号）

（30）意見十二箇条（『日本思想大系『古代政治社会思想』二九〇頁）、戸田芳実「中世成立期の国家と農民」（『初期中世社会史の研究』東京大学出版会、一九九一年）

（31）年月日闕伊豆国分寺別当慶基愁状案（『鎌倉遺文』二一四八号）、元久二年五月十七日太政官牒案（『同』一五四一号）、文応元年十一月日醍醐寺衆徒解（『同』八五八四号）、永仁四年二月日醍醐寺僧綱等解案（『同』一九〇一六号）、永仁六年二月日西大寺幷末寺住侶等申状（『同』一九六一六号）、乾元二年四月日肥前河上社座主弁髪解状（『同』二二四七〇号）

（32）『本朝世紀』久安五年六月二十日条、祇園御幸御経供養表白（『安居院唱導集』上、三〇二頁）、文治四年三月四日後白河院大般若経供養表白（『同』上、二二八頁）、寿永二年後白河院逆修開白（『同』上、二四一頁）、『吉記』寿永二年二月九日条

（33）『吾妻鏡』元暦二年三月七日条、弘安九年六月十五日亀山上皇願文（『鎌倉遺文』一五九二〇号）

（34）末法思想を契機とする教説の活性化については、速水侑『平安仏教と末法思想』（吉川弘文館、二〇〇六年）第Ⅲ部を参照されたい。

法然と親鸞
―― 三つの視座からの私考 ――

藤本淨彦

はじめに ―― 課題設定 ――

法然と親鸞を話題とする場合に、概して二つの特色がある。一つは、両者の限りない親近性を指摘して法然の特色のなかに包含する見地と、もう一つは差異性を捉えて法然と親鸞の個別性を強調する見地とである。前者は、親鸞の教えは法然においてすでに発揮されているという理解、後者は、法然の教えを深め展開させたのが親鸞であるという理解。この両指摘は、現代においては宗派教団的な見地に影響されつつ、両見地と両理解が定着していることも周知である。つまり、後世の宗派的見方において、両者が、言わば、遠心的求心または求心的遠心とも言える評価のなかにあるように思われる。

両者をめぐる、右のような現状況のもとで、本稿で話題としたいのは、法然を中心軸として出会いを実現した祖

師群のなかで、法然と親鸞という二人の祖師への関心である。その関係は、同時代の直接の子弟である。それは、法然という個人と親鸞という個人のレベル、すなわち、"私"という一人称が孕む両者のあり方として話題を注目させる。この視点は、人間存在の個別的現実の内層という意味で、きわめて実存的な個の存在のあり方として話題となる。一方で、法然と善導という子弟関係の特徴を視座に置きながら、法然と親鸞という同時代の子弟について考察することにも意味がある。

拙稿では、後者の問題意識において、先ず、（一）親鸞における法然との出会いの必然性を、法然における善導との出会いの特色を視座に置きながら話題としたい。次に、（二）親鸞『教行信証』にみられる法然『選択集』の位置づけを法然『選択集』にみられる善導『観経疏』の特色を視座に置きながら話題とし、さらに、（三）法然の阿弥陀仏第十八願理解と親鸞のそれとについて自由に論じたい。

これらの話題は、多分に、法然みずからの深い仏教観の発露が法然の主唱する浄土念仏（選択本願念仏）にほかならないゆえに、それが伝統的仏教に与えたインパクトの切実さとともに以後に続く弟子たちにとっても同様であったと思われる。さらに、ひょっとすると、師の法然の教・行に対して弟子たちが抱く理解力に比例して、法然の真実を弟子自身が主体的に我がものとして体得しようとする深き模索が垣間見られるように思われるからである。

一 法然と親鸞の出会い――善導と法然の出会いの視座から――

1 善導と法然――間接の弟子――

法然の求道の闇のなかに灯された一条の光は、法然自身が弟子の聖光に述懐しているように、比叡山での天台仏

教の修行を懸命に体験するなかで、「我が心に相応するの法門」と「我が身に堪能なるの修行」を深く模索し続けることによって獲得された。法然四十三歳の春のできごとであり、その状況は、

観経の疏に、一心専念弥陀名号、行住坐臥不問時節久近、念念不捨者是名正定之業、順彼仏願故と云へる文を見得るの後、我らが如き無智の身は偏へに此の文を仰ぎ専ら此の理を憑みて、念念不捨の称名を修して決定往生の業因に備ふれば、當だ善導の遺教を信ずるのみに非ず、亦厚く弥陀の弘願に順ず。順彼仏願故の文、神に染み心に留む。(2)

と語られる。

また、『選択集』では、

貧道、昔、茲の典を披閲して粗ぼ素意を識り、立ろに余行を捨てて、云に念仏に帰す。(3)

と振り返り、六十六歳の法然は、善導を「三昧発得の師」であること、「偏依善導一師」と依憑し、そして「弥陀の化身」とする。一方、醍醐本『法然上人伝記 一期物語』では、往生要集を先達として浄土門に入るなり。此の宗の奥旨を窺うに善導に於いて二反之を見るに往生難しと思えり。第三反の度び乱想の凡夫称名の行に依て往生を得べきの道理を得たり。(4)

と、法然の言葉として残されている。法然が善導に出会って獲得したことは「乱想の凡夫称名の行に依て往生を得べきの道理を得たり」という確信であったことがわかる。

この出会いは、空間・時間軸で言えば、八世紀中葉の中国・唐時代を生きた善導と十二世紀の日本・鎌倉時代を生きた法然という差異、言うまでもなく、中国言語の善導と日本言語の法然という差異とを厳然と含みながらも可

能となった点を注目すべきである。言わば、この二つの差異が超克される重要な出来事、すなわち、宗教的リアリティーを表現していると思われる。少なくとも、"間接的"としての法然と善導、"間接的"な、間接の間柄である。善導と法然の子弟関係は時間・空間を越えたという意味で"間接の弟子"

2 法然と親鸞——直接の弟子——

九歳で慈円の坊において出家した親鸞は、その後の行状をはっきりつかみ得ないが、延暦寺で堂僧を務めていたとされ、二十九歳すなわち建仁元年の春に延暦寺を出て六角堂に百日を期して参籠したことがわかる。その参籠が親鸞にもたらした動静を、『恵信尼書簡』は次のように記録している。

山を出て、六角堂に百日こもらせ給て、後世を祈らせ給ければ、九十五日のあか月、聖徳太子の文をむすびて、示現にあづからせ給て候ければ、やがてそのあか月、出でさせ給て、後世の助からんずる縁にあいまいらせんと、たづねまいらせて、法然上人にあいまいらせて、又、六角堂に百日こもらせ給けるやうに、百か日、降るにも照るにも、いかなる大事にも、参りてありしに、ただ、後世の事は、善き人にも悪しきにも、同じやうに、生死出づべき道をば、ただ一筋に仰せられ候しをうけはり定めて候しかば……
と残している。親鸞は「後世の助からんずる縁にあいまいらせん」問題解明を、法然上人に求めたことがわかる。
また、『教行信証』の「後序」で、
愚禿釈の鸞、建仁辛酉の暦、雑行を棄てて本願に帰す。
というように、親鸞は建仁辛酉の年すなわち二十九歳で「後世の助からんずる縁にあいまいらせん」ために法然上人に「雑行を棄てて本願に帰」したことを表明している。その依憑は「阿弥陀如来化してこの人を訪ねた時に、みずから「雑行を棄てて本願に帰」

そ、本師源空としめしけれ」と吐露されることでもある。
一方で、法然伝記の中でただ一つ親鸞の曾孫である覚如編『拾遺古徳伝絵』六巻に、
時に建仁元年辛酉春の比也。今年聖人六十九歳、善信上人二十九歳
と伝えている。
　この出会いは、空間・時間軸で言えば、十二世紀日本の鎌倉時代初期を生きた法然と親鸞の出来事であるという点で、時代状況・言語などの差異は指摘するべくもないことは自明である。それは、時間・空間的のいわゆる客観的条件の差異はないところに、出会いの出来事が宗教的リアリティーを現している。この観点からみれば、法然と親鸞の子弟関係は時間・空間を共有する同時代という意味で"直接的"な、直接の間柄である。

3　間接の弟子と直接の弟子――宗教的リアリティーの問題として――

間接の弟子の特質

　法然にとっての善導は、法然自身のきわめて主体的な問題解決、すなわち、「三学〈戒・定・慧〉の器ものに非ず」と告白せざるを得ない自己にとっての問題解決を、経典・論疏に求め尽くして見出した『観経疏』の一文であった。その「一心専念弥陀名号……」の三十四文字に、法然は「我が心に相応するの法門」と「我が身に堪能なるの修行」を確信したのである。このことは、きわめて印象的に、法然と善導の間柄を語っている。法然にとってはみずからの問題を解決しうる教・行を追究するために、一切経を数回読み終えるほどの主体的にして真剣な模索の結実として、『観経疏』散善義で語られる善導の「一心専念弥陀名号……」が、決定的な主体的な確信と

意味をもたらしたということである。ここには、演繹的な状況がある。すなわち、法然は初めから善導を求めていたのではなく、みずからの問題解決が強く先行していたのである。結果としての善導であり、それゆえに、法然にとっては尖鋭的に善導が捉えられていくことになる。

いわば、『観経疏』を二遍、三遍と熟読するなかで開けてきた善導の世界との邂逅であると言える。つまり、法然は『観経疏』を通して善導に出会い、みずからの念仏往生を確信する深層において〝夢中における善導との対面と教示〟を得て確認できたのである。そのことは、経巻における出来事と夢中における出来事というまったく次元の異なる出来事を物語っているが、それゆえに、法然において善導は〝三昧発得の人〟〝弥陀の化身〟として刻印されることになる。

法然と善導の間柄は、右のような特色を持つ。その特色を、"間接の弟子"と言うことができるのである。

直接の弟子の特質

親鸞が仏道に入った九歳(養和元年〈一一八一〉)の頃には、法然は四十九歳である。いわゆる四十三歳での浄土立教開宗(法然の浄土帰入)から六年を経過し、その五年後の文治二年(一一八六)に、法然は天台仏教のお膝元の大原勝林院において天台学徒を相手に大原問答を行っている。親鸞が十五歳で受戒得度し比叡登嶺したとすれば、当然、この大原問答のことを通して法然についての情報が入っていたであろう。そのような推測をすれば、まさに早くから親鸞の意識の中には法然があり、両者は同時代を生きていたことになる。

先にも引用紹介したように、親鸞は、

後世の助からんずる縁にあいまいらせんと、たづねまいらせて、法然上人にあいまいらせて、(略)ただ、後

世の事は、善き人にも悪しきにも、同じやうに、生死出づべき道をば、ただ一筋に仰せられ候しことであった。親鸞が抱いていた問題解決は「後世の助からんずる縁にあいまいらせん」であった。[10]

つまり、親鸞の問題解決は、後の世（死後・来世）に助かることができる縁を得るということであったという。この描写は、親鸞が直接にみずからを語るのではないゆえに、法然が善導に抱く主体的な問題解決のレベルとは異なる。

実は、親鸞が法然の門に入った時には、六十九歳の法然上人は念仏三昧の体験を持続的に獲得している時期である。それは、四十三歳で善導の「一心専念弥陀名号……」にすべてを託して、一心に専ら念仏することを持続し継続していくなかで、念仏による三昧を発得した法然なのである。親鸞は、念仏三昧発得の人、法然を前にする出会いを得た。

親鸞が法然に出会った状況は、右に述べたような現実を両者が共有しているというゆえに、親鸞は法然の〝直接の弟子〟なのである。

宗教的現実（リアリティー）の問題

法然にとっての善導その人は、唐宋時代の『高僧伝』によってしか捉え得ない。その『高僧伝』が語るのが、〝三昧発得の人〟善導である。それゆえに法然は、『観経疏』の「一心専念弥陀名号……」そのままの念仏相続が善導への依憑をもたらすことを確信し、念仏相続によって求めずして自ずから獲得される（不求自得）三昧発得の境地を実現する。善導に対する法然の追体験として、法然六十六歳正月から七十三歳に至るあいだの体験記録である

『三昧発得記』を捉えることもできる。

親鸞はまさに時空と言語を隔てる何物もない状況のなかで法然に出会ったのである。つまり、二十九歳の親鸞が吉水の庵を訪ねた六十九歳の法然はまさに"三昧発得の人"であった。その"三昧発得の人"法然と対峙して、親鸞は法然の姿相に接し言葉を交えた。三昧発得した人の宗教的相貌であり、その法然が発する言葉は三昧発得という宗教的境涯から吐露されるがごときものである。この状況こそが、"同時代"における法然と親鸞の出会いの本質的特質であると言っても過言ではなかろう。

法然は三昧発得の人である善導に時空と言語における隔てた状況で出会った。一方で、法然と親鸞の出会いの状況は時空と言語における隔てであるどころか、右に指摘したようなきわめて現実的な宗教性の"同時性"を有していることに注目すべきである。しかし、そのような時空と言語とにおける差異から"同時代"と"間接時代"というように区別することができないのが"宗教的現実"であることを重視すべきである。

ここで重視すべきは、宗教的現実(リアリティー)ということである。宗教的現実は、常に時間的・空間的な制約を超えた信仰の事実としてある。すなわち、時空という差異性は、信仰実践の主体においては、単なる想起の意味しか持ちえない。つまり、信仰実践によって開かれる宗教的現実は、客観的に相対することによる想起(過去と切り離された今を思うこと)ではなくて、実は常に時空という差異が打ち破られた主体において繰り返し繰り返(時空の持つ隔たりが主体において同時化する)される"今"の露出である。

法然は、善導を三昧発得の人として捉え、みずからも「一心専念弥陀名号⋯⋯」にすべてを託す念仏行者として追体験を持続することによって、善導との時空の隔たりを打ち破り開かれた主体において繰り返し反復される"今"の露出を体験した。それが法然の三昧発得体験の注目すべき世界であろう。その点では、親鸞は法然のよう

な追体験の持続や主体において繰り返し反復される〝今〟の露出を体験する（三昧発得）ことは語っていない。それは、善導の間接の弟子としての法然ゆえに、善導の追体験としての念仏三昧が深く宗教的現実をもたらしたということでもある。しかし、法然の直接の弟子としての親鸞には、その必要はなかったということになろうか。法然と親鸞における宗教的現実（リアリティー）に関して言えば、法然が善導に差し向けた出会いの意味深さは、親鸞が法然に向かって出会った心の動きよりも、はるかに具体的であると指摘できよう。

二　『教行信証』における『選択集』の位置──『選択集』における『観経疏』の視座から──

1　『選択集』と『教行信証』の関係

四十三歳以後の法然は、常に善導の「一心専念弥陀名号……」の称名念仏実践持続の生活の境地を得ていたと思われ、六十六歳に至っては念仏三昧の境地に到達していた。九条兼実から法然への所望は、その境地のなかで『選択集』として結果した。撰述の現場は、特定の弟子の役割のもとで問答・対話形式が窺われる。そのこと は、法然伝記類や『選択集』草稿本とされる蘆山寺本による検証によって明らかである。

『教行信証』すなわち『顕浄土真実教行証文類』は、親鸞が二十九歳で法然の門に入って間もなく直接に法然より『選択集』を伝授されて以後、越後流罪を経て建保二年（一二一四）には上野国佐貫から常陸に入り、文暦二年（一二三五）六十三歳前後から康元二年（一二五七）八十五歳前後までの多年にわたって切り継ぎ書き改めていった書である。[11]

法然が『選択集』の第十六章で選択本願念仏を構築主唱するにあたって、すべてにおいて善導の『観経疏』『往

生礼讃」などが引用・依用されている。法然にとっては、三昧発得の善導という宗教的人格とともに善導著作への主体的依憑が如実にみられる。

親鸞は『教行信証』で二か所のみ『選択集』を引用紹介している。一つは、『選択集』劈頭の「南無阿弥陀仏往生之業念仏為先」の「先」を「本」と書き換えて引用・紹介し、もう一つは第十六章の「それ速やかに生死を離れんと欲わば、二種の勝法の中に……」とある、いわゆる三選の文である。いずれも行巻において諸師の往生行を紹介するなかでのことである。

2 『教行信証』の性格

『選択集』と『教行信証』とについて、浅井成海は、親鸞が『選択集』劈頭十四文字と最終章段での三選の文とを引用していることから、一般に「『教行信証』の中に『選択集』一部が引かれた」と言われているとして、さらに、

『選択集』の注釈書として『教行信証』を著したと、このように考えることができる。いるが、法然の選択本願念仏の心を親鸞が受け止め、その真意を顕らかにしたものが、『教行信証』であると、このようにみることができる。故に、親鸞としては決して法然を超えるとか、法然を批判するとか、そうではなく、法然が顕らかにした「選択本願の念仏」、阿弥陀如来の選んだ本願の念仏を顕かにしていこうとする。それが親鸞の『教行信証』における『選択集』の受容になるわけである。

と指摘する。

しかし、我々の課題視点から言うと、次のような観点は重要である。すなわち、『選択集』撰述時の法然の境涯

は、諸資料が物語ることから理解できるが、一方、『教行信証』の場合には、親鸞のそれは資料の中からは見つけ出し難い。四十三歳の法然が善導に偏えに依る出来事（浄土帰入・立教開宗）からの延長線上で二十三年を経ても口称念仏の教行の基軸は変わることなく『教行信証』は論述されているとみなすことができる。

親鸞は六十三歳ごろ京都に帰り本格的に『教行信証』の推敲に取り組み始めたが、その時点ですでに、法然との出会いから少なくとも三十四年を経ていることに注目しなければならない。その時間の流れは、親鸞にとって越後流罪、上野から常陸へという親鸞の現実を語り出している。そこには、多分、法然の場合のような延長線における意識・課題は変容していく時間体験が予想される。それは、独自の主体的・体験の深さに比例することであろう。

法然が口称念仏の実践相続を善導の追体験のごとく持続継続するなかで、法然の行動は諸伝記が共通して語り出し、その教義思想と法語などによって時間軸を設定して連続面を捉えることができる。親鸞の場合には、家永三郎の解説によると、

親鸞の著作は、後述のとおり、大部分が晩年のものに限られている上に、伝記史料がとぼしく、壮年期までの経歴を絶対年代にかけて具体的に辿ることは、僅少の史料を手がかりに多分の推測を加えて行うほかなく……

とされるので、『恵信尼書簡』によって補うことはできるが、法然の場合のような方法での追跡解明は難しいことになる。

3　善導への視座からみる『選択集』と『教行信証』

『選択集』第十六章すなわち最終章の結語（後序）と親鸞の『教行信証』化身土巻の結語（後序）とを紹介して、両著書の特質を考えてみることにする。

『選択集』第十六章すなわち最終章の結語（後序）では、

静かに以れば、善導の観経の疏は是れ西方の指南、行者の目足なり。然れば則ち、西方の行人必ず須らく珍敬すべし。中に就いて毎夜、夢中に僧在りて玄義を指授す。僧は、恐らくは是れ弥陀の応現ならん。しからば謂べし、此の疏は是れ弥陀の伝説なりと。何に況や、大唐に相い伝て云く、善導は是れ弥陀の化身なりと。しからば謂べし、又此の文は是れ弥陀の直説なりと。既に写さんと欲する者は、もっぱら経法の如くせよと云へり。この言は誠なるかな。仰いで本地を討れば、四十八願の法王なり。十劫正覚の唱へ、念仏に憑み有り。俯して垂迹を訪らば、専修念仏の導師なり。三昧正受の語は、往生に疑ひなし。本迹異なりと雖も、化道是れ一なり。

『教行信証』化身土巻の結語（後序）では、

愚禿釈の鸞、建仁辛酉の暦、雑行を棄てて本願に帰す。元久乙丑の歳、恩恕を蒙りて選択を書しき。同じき年の初夏中旬第四日に、選択本願念仏集の内題の字、幷に南無阿弥陀仏往生之業念仏為本と釈の綽空の字と、空の真筆申し預かりて、図画し奉つる。（略）本師聖人、今年は七旬三の御歳なり。選択本願念仏集は、禅定博陸の教命に依りて撰集せしむる所なり。真宗の簡要、念仏の奥義、これに摂在せり。見る者の諭易し。誠に是れ希有最勝の華文、無上甚深の宝典なり。年を渉り日を渉りて、其の教誨を蒙るの人、千万と雖も、親と云ひ疎と云ひ、此の見写を獲るの徒、甚だ以て難し。（略）仍て悲喜の涙を抑て由来の縁を註す。

このように、両者の主著が総括する記述から師弟関係（善導と法然、法然と親鸞）を読み取るとすれば、法然が善導に向かい合う態度は求道的主体的であると言えるが、親鸞が法然に対する態度は事象的記述的であると言える。そこに、教え（教疏）を通して善導を思い直参しようとする法然の姿があり、一方、同時代を生きて師の相貌と言葉

に接見し得る親鸞の姿がある。

言うところの相違は、一つには、法然は日本で浄土の一宗を開くために中国浄土教祖師に根拠を置くことによる正当性をみずからの主体的信仰実践的態度において示すべきという思いがあるのかもしれない。二つには、親鸞にはそれが必要ではなく、同時代に直接の弟子としての事実・事象がすでに親鸞の正当性を意味するからである。そのような具体的理由から、親鸞の教えは法然の捉える浄土の教えを自家薬籠中の物とした感がある。

4 『選択集』と『教行信証』の特色管見

『選択集』は、章段を区切り浄土教の教判論から本願、念仏行へと組成される展開の中に浄土三部経と善導の論疏を織り込みながら、引用文の段と法然の私釈の段とを明確に区切って論理をすすめる。その場合に、善導『観経疏』がきわめて重要な役割を果たしていることは言うまでもない。その意味では、法然は常に浄土三部経と善導釈義に基礎を置きみずからの選択本願念仏説を構築する。その観点を移すと、『教行信証』は、教から行へ、そして信から証へという全体構想であるが、親鸞独自の博識な仏教観から語り出されるパノラマのごとき広がりを有すると言える。親鸞の捉える自由な浄土仏教が窺われるのである。

親鸞が『選択集』を「恩恕を蒙りて」「悲喜の涙を抑え由来を註す」と記すほどの感慨のもとで授けられたことを告白するが、それから八十五歳前後までにわたる約五十年間が親鸞に与えた宗教的現実の諸体験を無視することはできない。つまり、それほどにまで蓄積された宗教的現実の体験が『教行信証』において独自の浄土仏教を形成したと言えば過言であろうか。

三　法然と親鸞における第十八願の理解の特徴——善導の経文解読の視座から——

1　第十八願の位置づけ

阿弥陀仏の四十八願は、単なる願いではなく、とりわけ、阿弥陀仏が浄土へ往生せしめ得る願力が明確にされることが浄土教の本質的眼目であると言える。それは、いわゆる願成就として注目されるが、法然も親鸞もこれら四十八願を横並びに並列関係で捉えず、第十八願の念仏往生願に焦点を当てる。

法然は『選択集』で、阿弥陀如来の聖意を凡夫の身である我らが測り知ることはできないとしながらも、敢えて言えば勝劣難易の義を根拠として阿弥陀仏は衆生のために四十八の願の中で第十八願を選択すると言う。(18)(19)

したがって、法然は、

故に知りぬ。四十八願の中に既に念仏往生の願を以て本願中の王となす(20)

とする。法然の往生浄土の教えは第十八願において必要にして十分なのである。端的に言えば、往生浄土は、第十八の念仏往生の願を根拠にし憑りどころとして念仏することのみにある。そこには、念仏するという実践のみであり、論理は意味を持たない。

親鸞は『教行信証』において、

久しく万行諸善の仮門を出でて、永く双樹林下の往生を離る。善本徳本の真門に回入して、ひとへに難思往生の心を発しき。しかるに、今まことに、方便の真門を出でて、選択の願海に転入せり。速かに難思議往生の心を離れて、難思議往生を遂げむと欲ふ。(21)

と言う。

つまり、万行諸善の仮門（第十九願）を出て善本徳本の真門（第二十願）に回入して選択の願海に転入（第十八願）して難思議往生を遂げるのであり、第十八願成就には、親鸞の言葉で「転入」がなされるのである。

このように、法然の往生の論理は阿弥陀仏の第十八願で必要にして十分なのであるが、親鸞においては第十九願から第二十願、そして第十八願へという「転入」の論理、いわゆる三願転入が伴う。

2　第十八願の読解と扱い

周知のように、阿弥陀仏の第十八願文は、

設我得仏十方衆生至心信楽欲生我国乃至十念若不生者不取正覚唯除五逆誹謗正法[22]

である。

法然は『選択集』第三章で第十八願を、

設し我れ、仏を得たらんに、十方の衆生至心に信楽して我が国に生ぜんと欲して、乃至十念せんに、若し生ぜずんば、正覚を取らじ[23]

と読んで引用している。

親鸞は『教行信証』で第十八願を、

設ひ我れ仏を得たらむに、十方の衆生、心を至し信楽して我が国に生まれむと欲て、乃至十念せむ。若し生まれざれば正覚を取らじと。唯だ五逆と誹謗正法を除く[24]

と読んで紹介している。

もっとも特徴的に言えることは、この第十八願の引用にあたって、法然は願文最後の「唯除五逆誹謗正法」の文を省略することである。「経文は一字一句加減すべからず」とする規範からいうと、法然のこの引用の仕方は注目されざるを得ない。

3　第十八願の理解の特色

両者の第十八願の理解の特色については、①法然は何故に「唯除五逆誹謗正法」を省略して第十八願を捉えるのか。②親鸞は何故に「唯除五逆誹謗正法」を重視するのか。この二つの問いを立てることによって、両者の第十八願をめぐる理解の特色が浮き彫りにされると思われる。

善導は『往生礼讃』後序で「無量寿経に云が如し」として、第十八願文を、

若し我れ成仏せんに、十方の衆生、我が名号を称して下十声に至るまで、若し生ぜずんば、正覚を取らじ

と理解して、続けて「彼の仏、今現に世に在して成仏したまへり。当に知るべし、本誓の重願虚しからず、衆生称念すれば必ず往生を得」と言う。また、『観念法門』においても、「無量寿経の四十八願の中に説くが如く、仏の言く」として、同じく、

若し我れ成仏せんに、十方の衆生、我が国に生ぜんと願じて我が名字を称せんこと下十声に至らんに、我が願力に乗じて、若し生ぜずんば、正覚を取らじ

と受領して、続けて「此れ即ち是れ願往生の行人命終らんと欲する時願力摂して往生を得しむ」と言う。

すなわち、善導は、第十八願を純粋に善導の捉える第十八願理解の特徴を、我々は十分に捉えることができる。したがって、その願ゆえに「本誓の重願虚しからず、衆生称念すれば必ず往生念仏による往生の願として理解し、

を得」であり「願力摂して往生を得しむ」のであると言う。

もちろん、善導の理解の根底には『観経』下品三生（下品上生・下品中生・下品下生）の説示が強くある。善導の理解に依拠するがゆえに、法然は第十八願文を純粋に念仏往生の願として理解するので、法然にとっては「唯除五逆誹謗正法」の例外は無意味なのである。このようにして、凡夫往生の根源的根拠を第十八願に見つけ出した法然の選択とも言えよう。

親鸞の第十八願文理解においては「唯除五逆誹謗正法」が深く注目される。『教行信証』信巻の初めで、『大経』『如来会』の経文から多々抽出したあとで、次の問いを発する。

それ諸大乗に拠るに、難化の機を説けり。いま大経には「唯除五逆誹謗正法」と言ひ、あるいは「唯除造無間悪業誹謗正法及諸聖人」と言へり。観経には五逆の往生を明かして誹謗を説かず。涅槃経には難治の機と病とを説けり。これらの真教、いかんが思量せむや
(27)

この問いの答として、親鸞は『往生論註』の所説をあげて「両経一義なる」ことを述べるが、善導『観経疏』の「この義、仰いで抑止門の中について解す。四十八願の中のごとき、誹謗・五逆を除くことは、しかるにこの二業その障り極重なり（略）この義、抑止門について解し竟んぬ」を引いて「抑止門」として「唯除五逆誹謗正法」を理解する捉え方を述べる。
(28)

『教行信証』信巻は、言うところの「唯除五逆誹謗正法」について取り上げ方がきわめて特徴的である。このことは、何故に五逆誹謗正法の者が念仏往生から除外されるのかという、親鸞自身の切実な問題であったと思われる。言わば、戒律を守り禅定に入り智慧を獲得すること（三学）に規範を置くみずからを「三学の器ものに非ず」と告白した師の法然にみずからの法を照射すればするほど、出家僧でありながら恵信尼を妻とするみずからの生き

ざまへと厳しく反照される重い自己把握が意識化されているとみなすのは独断であろうか。親鸞の第十八願理解が孕む特徴的断面である。

4 「唯除五逆誹謗正法」をめぐる法然と親鸞

第十八願の理解にとっては「唯除五逆誹謗正法」が大問題である。それをどのように捉えるかによって、法然と親鸞の分水嶺が生じることになる。

法然は『選択集』で善導所説に根拠しながら、阿弥陀仏の四十八願はすべて第十八願に集約されるゆえに、摂取の意味と選択の意味とを一つとして選択本願の第十八願を絶対的位置に位置づける。つまり、第十八願に根拠づけられる選択本願念仏は、阿弥陀仏の選択は摂取であるゆえに、「唯除五逆誹謗正法」の意味が積極的に消失し、摂取されるのである。

親鸞は「唯除五逆誹謗正法」をことさら重視する。その理由は先述したように五逆誹謗正法の者は除外するゆえに、「万行諸善の仮門を出でて→善本徳本の真門に回入して→選択の願海に転入せり」[29]なのである。第十九願から第二十願へ、そして第十八願へと転入する、いわゆる「三願転入」の願力所成による往生の成就が論理性をもって説かれる。

おわりに——重層的時機相応の相互性——

いかなる場合でも宗教者の言葉は、その人の宗教的な教・行の実践境地を主体的に表現すると言わなければなら

第二部　親鸞思想の背景　178

ない。その表現が記述されて残された資料となる。したがって、我々には資料理解にあたって、言うところの"宗教的な教・行の実践境地"において捉えることが求められることになる。この点にこそ、宗教的レベルにおける資料理解の特質があるのであり、このことを等閑視することはできない。拙稿は基本的にこの姿勢で法然と親鸞について話題とした。

1

法然の伝記に依りながら捉えると、親鸞に比して時間軸的な記事の連続面が捉えられる。つまり、法然の出家の契機、比叡登嶺から受戒出家、そして求道法然の課題とその解決への道筋から、四十三歳の浄土帰入（立教開宗）が印づけるみずからの往生浄土の確信の出来事を根拠づける善導『観経疏』への依憑を捉えることができる。

ところが、四十三歳の出来事から五十四歳頃の大原問答または五十八歳の東大寺三部経講説までは空白期である。この空白期は、実はみずからの往生浄土の確信の出来事を根拠づける善導『観経疏』散善義の「一心専念弥陀名号……」にすべてを託す自証獲得を意味していると理解できる。その一端が、「一日六万、七万辺の口称念仏の相続」であり、法然晩年の口称念仏三昧発得へと連なり、篤信者師秀に親しく語る六十二歳頃の逆修説法、そして六十六歳時の『選択本願念仏集』撰述である。『三昧発得記』記事から認められるように、念仏三昧発得の境地のなかで九条兼実の所望による『選択本願念仏集』撰述である。(31)

法然の浄土往生の教えは、善導『観経疏』の理解に導かれ、法然みずからの口称念仏実践において貫かれて醸成していった。そこには、法然という宗教的人格における時空の体験として、時機相応の積み重ねが大いなる意味を発揮することになる。

2

親鸞の生涯を伝える年譜を見ると、『絵伝』の記事から養和元年（一一八一）に慈円の坊で出家以後、建仁元年（一二〇一）に二十九歳で法然の門に入る記事まで空白である。しかし、比叡山で堂僧をしていた頃の文治二年（一一八六）に五十四歳の法然が大原勝林院で天台学徒と大原問答を繰り広げたことは、十四歳頃の親鸞も聞き及んでいたのではなかろうか。

元久元年（一二〇四）の天台宗徒の「念仏停止訴状」に対する法然および門下連署の「七箇条制誡」のなかに僧綽空の名で三十二歳の親鸞が居る。法然資料の中で親鸞が登場する記事はこの件のみである。『教行信証』の記事によると二十九歳の親鸞は法然の門に入り『選択集』を授けられる。この入門以後、流罪から東国常陸での生活において『教行信証』が執筆され推敲を八十五歳頃まで続けたことがわかる。年譜をたどると、浄土三部経講釈に時間を注いでいたようであり、また、『唯信抄』の書写が頻繁に行われ、八十歳を境目にして多くの著書や書写が残されている。[32]

このような親鸞の行状のなかには、法然がみずからを顧みて「三学の器に非ず」であるゆえに、「偏依善導」と明言するような親鸞の宗教的現実（リアリティー）の淵源は明確には捉えられない。そのような意味で、親鸞自身を貫く宗教的現実（リアリティー）を敢えて言えば、七十六歳頃の『浄土和讃』と『高僧和讃』における浄土および浄土祖師への依憑が語られ、独自の時空の体験が八十歳を過ぎて熟成されていくということができようか。

3

法然と親鸞について考察するにあたって、善導と法然、法然と親鸞という子弟関係のもつ"間接性と直接性"という観点から、間接の弟子と直接の弟子という切り口を基本にして、①両者の出会い、②『教行信証』における『選択集』の位置、③第十八願の理解と位置づけ、という三つの視座から考察した。拙稿では右の三視座において、法然と親鸞の特色をできるだけ具体的関係の中で善導を媒介にしながらとりあげることが課題であった。そこには、両者の時空体験があり、その事実から発せられる自己表現が、法然の言葉であり資料となり、親鸞の言葉であり資料となる。このことは、まさに両者の主体的レベルにおける時間と空間の相応が生み出す事実であり、時空体験を含む限り重層的な現実のもとで、それはそのまま宗教的真実を意味することになる。その貴重な特色を、「重層的時機相応の相互性」として捉えたことを結論としたい。

註

（1）周知のように、日本仏教は平安時代から鎌倉時代にかけて、注目すべき幾多の祖師、換言すれば、宗教思想家を輩出した。法然房源空（一一三三—一二一二）を旗手として、明庵栄西（一一四一—一二一五）、親鸞（一一七三—一二六二）、そして希玄道元（一二〇〇—一二五三）、日蓮（一二二二—一二八二）の出現へと続く。ほぼ百年のあいだに、今日に至る日本仏教宗派祖師が、日本仏教独自の教・行を主唱する。

彼らは、広い意味で同時代性のなかで、比叡山を修行の場として学道を磨いたという共通体験を持っている。彼らの学道の機縁は各別であるにしても、同時代・比叡山という共通項を持ちつつも、比叡山下山以後にそれぞれ個性的な教行を展開し、日本における宗教思想の特質を印づけているとみなすことができるゆえに、注目されなければならない。言わば、時代の状況と比叡山という修行の場とにおいて種子まかれたものが、成熟し結果するとい

う積極的な見方ができる。その意味で、彼らの仏教は、インド・中国そして日本へと伝播した変遷のなかでは、きわめて改革的な要素を発揮していると言える。

しかし、狭義な意味での同時代性に観点を移すと、法然と栄西の同時代性が注目される。建久九年（一一九八）には法然が主著『選択本願念仏集』を撰述し栄西が『興禅護国論』を発表している。両著は、それまでの伝統的な奈良仏教と比叡山仏教からの訣別表明であると言ってもよい。法然は阿弥陀仏の選択本願に順じる念仏を、栄西は釈迦の悟りへ直結する臨済禅を、それぞれ主唱する。そこには、日本仏教が初めて問いを立てる「時代状況に対する衆生（人間）と仏教の在り方」（時機）が新鮮な課題とされるゆえに、両者には共通する仏教への眼差しがあるということを強調すべきであろう。

一方で、道元が『正法眼蔵随聞記』で、日蓮が『立正安国論』で批判指摘しているように、彼らは、ともに法然に対して痛烈な批判を行っている。彼らの批判態度は、法然の念仏説およびその影響に対する表層的なものではなく、少なくとも法然理解の作業を通してみずからの深い仏教観が動くところの、その態度が批判言動となるように理解すべきであろう。

実は、法然みずからの深い仏教観の発露が法然の主唱する浄土念仏（選択本願念仏）にほかならない。それが伝統的仏教に与えたインパクトの切実さとともに以後に続く祖師たちからの標的になった。法然の教・行に対して祖師たちが抱く批判力が、仏教を日本人の仏教の現実において捉える具体的発想をもたらしたと評価することができる。その点に正しく、鎌倉時代という〝時〟と人心の〝機〟とがダイナミックに発動して深く広い山系を形成しながら、日本仏教の宗祖の個性・仏教観が横たわっているなかで、法然と親鸞に焦点を合わせて考察したいのである。

(2) 聖光『徹選択本願念仏集』（『浄土宗全書』〈以下『浄全』と略〉第七巻、山喜房仏書林、一九七一年）九五頁、『諸人伝説の詞』（『昭和新修法然上人全集』〈以下『昭法全』と略〉平楽寺書店、一九九一年）四六〇頁

(3) 土川本『選択集』最終章

(4) 『昭法全』四三七頁

(5) 『定本親鸞聖人全集』（以下『定本全集』と略）第三巻、書簡篇（法藏館、一九六九年）一八七頁

(6) 原典　日本仏教の思想6『親鸞　教行信証』（岩波書店、一九九〇年）四二三頁

(7) 前掲『定本全集』第二巻和讃篇、一三五頁
(8) 『法然上人伝全集』(以下『伝全集』と略)(法然上人伝全集刊行会、一九六七年)六一二頁
(9) 『法然上人行状絵図』第七巻と第十一巻とに夢中での善導対面の記事があり、特に第十一巻では『選択集』撰述後のことであり、醍醐本『法然上人伝記』においては四十三歳立教開宗直後の夢の中での善導対面が語られている。
(10) 『恵信尼書簡』(前掲『定本全集』第三巻書簡篇)一八七頁
(11) 前掲『恵信尼書簡』、赤松俊秀『鎌倉仏教の研究続』(平楽寺書店、一九六六年)、前掲『親鸞 教行信証』解説参照。
(12) 前掲『親鸞 教行信証』五三頁
(13) 浅井成海編『法然と親鸞——その教義の継承と展開——』(永田文昌堂、二〇〇三年)五頁
(14) 前掲『親鸞 教行信証』四七三頁
(15) 土川本『選択集』一三二—一三三頁
(16) 前掲『親鸞 教行信証』四二三頁
(17) 『阿弥陀経釈』(『浄全』第九巻)三六九頁参照。拙著『法然浄土教の宗教思想』(平楽寺書店、二〇〇三年)六二一頁参照。
(18) 浄土教は、阿弥陀仏の本願にすべての根拠を置き、阿弥陀仏と衆生凡夫のことを話題とする。基本的にして特色的な動態が、浄土へ往生すること＝「所求」としての往生浄土、阿弥陀仏に帰依すること＝「所帰」としての阿弥陀仏、南無阿弥陀仏と念仏すること＝「去行」としての念仏、の三つである。言うまでもなく、この三者は相互に重要な関係がある。
(19) 前掲『選択集』三一一—三三頁
(20) 同右、五五頁
(21) 前掲『親鸞 教行信証』二一四頁
(22) 『浄全』第一巻、七頁
(23) 前掲『選択集』第三章引文

(24) 前掲『親鸞 教行信証』三〇四頁
(25)『浄全』第四巻、三七六頁
(26) 同右、二三三頁
(27) 前掲『親鸞 教行信証』一三〇頁
(28) 同右、一三四頁
(29)「選択と摂取とその言は異なりと雖もその意是れ同じ」（土川本『選択集』二七頁）
(30) 前掲『親鸞 教行信証』二二四頁
(31) 拙著『法然浄土宗学論究』（平楽寺書店、二〇〇九年）「第三節 建久九年の法然上人──『選択集』撰述前後──」を参照。
(32) 大谷大学編『真宗年表』（法藏館、一九七三年）参照。

第三部

親鸞思想の現在

「真実証」考
―― 浄土経典における「証」の二重性 ――

小川一乗

はじめに

　本稿では、仏教における「証」について丁寧に詳説する余裕はない。したがって、『仏説無量寿経』(以下『大経』と略)の「序文」に釈尊の伝記に倣った菩薩の生涯が華麗に説かれている、その終わりの部分に「成等正覚示現滅度」(『真宗聖典』東本願寺出版部〈以下『聖典』と略〉四頁)と説かれ、また、その異訳本である『無量寿如来会』(以下『如来会』と略)では「成仏道　見入涅槃」(『真宗聖教全書』一、一八五頁)と説かれている二句によって、それを簡潔に説示するに止める。なぜならば、親鸞聖人(以下「親鸞」と略)によって「真実証」とされる仏教における「証」の内実が、この二句によって端的に提示されているからである。すなわち、この二句は、「釈尊は三十五歳で等正覚(証)を成しとげ(成等正覚)、その「証」の内実である涅槃を、八十歳で入滅されるとき、完全な

一　証修一如

周知のように、釈尊の説法を聞いて、それに同意した仏弟子たちは、「証」を知見したにもかかわらず、生涯をかけて修行に専心した。それは何のためであったのか。縁起のままに「生かされている私」に目覚めながら、いよいよ明らかになってくる、その煩悩との闘いこそが、仏弟子たちの修行であったと言うべきである。このことに関して、仏弟子たちの修行は、「証」（等正覚）を得るための修行であると一般的に言われているが、そうではなく、釈尊の説法によって「証」はすでに知見されている。そうであればこそ、それを自身に体現し涅槃に至らないための修行であった。釈尊の仏弟子たちの修行については、三十七覚支などの詳細な項目があるが、それを最も端的に表現しているのが、戒・定・慧（次の引用文では「智恵」と和訳）の三学である。それについて、『阿含経（ニカーヤ）』に見いだされる複数の出典を勘案し、次のように要約して説かれている。

戒と共にあまねく修められた定は、結果も大きく利益も大きい。定と共にあまねく修められた（智）恵は、結果も大きく利益も大きい。智恵と共にあまねく修められた心は、愛欲の煩悩、生存の煩悩、見解に関する煩悩、

今回は要約的に検証したい。

涅槃（滅度）として身をもって示された（示現滅度）」ことを説いていると解釈すべきであるからである。この「成等正覚」（成仏道）と「示現滅度」（見入涅槃）との関係を、仮初めに「浄土経典における「証」の二重性」として、

無知の煩悩というすべての煩悩から完全に解脱する。
智恵なき者に禅定なく
禅定なき者に智恵なし。
禅定と智恵とを具えたる者は
実に涅槃に近づけるなり。

（山口益編『仏教聖典』平楽寺書店、二八九頁）

ここに、智慧（証）と禅定（行）によって、「証」がみずからの上に体現される涅槃に近づこうとしている仏弟子たちの真摯な求道を見ることができる。ここに窺うことができるのは、禅定によって智慧が得られるというような禅定から智慧へという一方的な関係ではなく、禅定なき智慧はなく、禅定なき智慧もないという相互的関係である。智慧と禅定とが一体となっている証修一如という関係である。

このことは、道元においても確認される。道元は、当時の顕密（天台宗と真言宗）に代表される聖道の諸教を批判して、禅道（只管打坐）による真正な聖道を目指したが、その一端を引用すると、『正法眼蔵』の第一「辨道話」の中で、「修証一等、証上の修、本証妙修」ということを提示している。その一端を提示すると、次のごとくである。

佛法には修證これ一等なり。いまも證上の修なるゆゑに、初心の辨道すなはち本證の全体なり。〈中略〉すでに證をはなれぬ修あり、われらさいはひに一分の妙修を単傳せる初心の辨道、すなはち一分の本證を無爲の地にうるなり。

（衛藤即応校註『正法眼蔵』上、岩波書店、六五―六六頁）

ここには、釈尊の等正覚（証）の一端に目覚めた者であるからこそ、修行するのであると、すでに覚証している者であるからこそ修行すべきであることが提示されている。

仏教における「証」と「修」との真正な関係について管見したが、釈尊の等正覚（証）を共有することなくして

仏道は始まらない。その「証」が「真実証」として顕示されているのが『教行信証』の「証巻」である。

二 「愚」の自覚

私たちは、釈尊によって知見された「証」に出遇ったとき、はからずも恵まれた遇縁に慶喜せざるをえない。それが三帰依文（『聖典』巻頭）の前文における「人身受け難し、いますでに受く。仏法聞き難し、いますでに聞く」という感動である。そして、その感動を抱いて「この身今生において度せずんば、さらにいずれの生においてかこの身を度せん」という成仏への意欲を持って生きる者となる。ともすると、「人身受け難し」ということが人間の尊厳性という理性信奉に基づいた人間観と混同されることがある。生きる目的や使命に目覚め、自己の苦悩や様々な問題を解決する能力があるから、人間は尊厳であるという人間観である。それに対して、人間として生まれたのは仏法を聞くためであるから、人間として生まれたことは尊いというのが仏教の人間観である。

ところで、釈尊の「証」によって顕らかにされた真実に覚醒せしめられたとき、その「証」に向き合っている自身の現実が照らし出されて、そこに自覚されるのが「煩悩成就の凡夫、生死罪濁の群萌」という身の事実である。仏教における「愚」の自覚とは、あくまでも、釈尊によって知見された「証」の真実に出遇うことによってしかありえない。ともすると、私たちが「愚」の自覚を口にするとき、理性信奉主義に立って、非理性的であることを「愚」とするが、それは仏教における「愚」の自覚ではない。仏教における「愚」の自覚については、善導の「機の深信」と通称されている一文がある。次のようである。

「自身は現にこれ罪悪生死の凡夫、曠劫より已来、常に没し常に流転して、出離の縁あることなし」と信ず。

（『聖典』二二五頁）

このような深信は、釈尊によって等正覚された「証」という真実との対面なくしてはありえない。自我の上に成り立っている理性による自己洞察がどれほど深くても、それに基づいた深信ではない。釈尊による「証」が前提となっていなければならない。生死を勝過する「証」に出遇いながら、如何ともしがたく生死に没し、生死に流転している自身への深信である。それを「罪悪生死の凡夫」と言われた。生死を出離する「証」に出遇いながら、生死に愛着する「愚」は、善導にとっては罪悪である。仏教におけるこの「愚」の自覚が立脚地となって、「真実証」が親鸞によって確認されている。

三　必至滅度の願

その「真実証」について、親鸞は「証巻」の劈頭に、次のように述べている。

謹んで真実証を顕さば、すなわちこれ利他円満の妙位、無上涅槃の極果なり。しかるに煩悩成就の凡夫、生死罪濁の群萌、往相回向の心行を獲れば、即の時に大乗正定聚の数に入るなり。正定聚に住するがゆえに、必ず滅度に至る。（『聖典』二八〇頁）

この一文について、簡単に敷衍すれば、次のようであろう。「証巻」における真実証とは、必至滅度の願・証大涅槃の願によって確認される。必至滅度の願（証大涅槃の願）とは、『大経』に説かれる四十八願の第十一願である。この誓願によって、私たちは、如来の利他が円満し完結した位である無上なる涅槃という究極の証果に至ることが

できる。そうであるならば、「煩悩成就の凡夫」であり「生死罪濁の群萌」である私たちであっても、阿弥陀如来の本願力による往相回向（凡夫・群萌である私たちが仏陀に成っていくこと）のための信〈真実の信楽〉と行〈真実の称名〉を獲得したならば、その時即座に、仏に成るべく正しく定まった〈正定聚の数に入った〉者となる。その正定聚に住するが故に、必ず滅度（大般涅槃）に至る、と。

ここに、凡夫・群萌である私たちに「証」が可能となるのは、「往相回向の心行を獲れば」と、往相回向によって可能となることが示されている。それが「真実証」である。往相回向の心行とは、阿弥陀如来の本願力回向にほかならず、その本願に対する信心と、その信心の体現である念仏が獲得されることによってのみ、私たち凡夫・群萌である念仏者における往相回向としての「証」が自身の上に体現されることが可能となる。

この本願の中に説かれている滅度とか大涅槃とは、親鸞は続いて、そのシノニムを、次のように列挙している。

　必ず滅度に至るは、すなわちこれ常楽なり。常楽はすなわちこれ畢竟寂滅なり。寂滅はすなわちこれ無上涅槃なり。無上涅槃はすなわちこれ無為法身なり。無為法身はすなわちこれ実相なり。実相はすなわちこれ法性なり。法性はすなわちこれ真如なり。真如はすなわちこれ一如なり。
（『聖典』二八〇頁）

ここに、仏教における「証」のシノニムが列挙されているが、その意味について簡単に解説すれば、先ず「常楽」とは、大乗の『涅槃経』に説かれる常（大悲）・楽（涅槃）・我（如来）・浄（正法）の四波羅蜜多（四徳）に基づくならば、その中の常と楽、すなわち、大悲のはたらきと涅槃の境界を意味している。常とは大悲のはたらきの常恒恒性を表し、例えば、「正信偈」に「大悲無倦常照我」と詠われているように、これが常の定義である。楽とは涅槃を表し、例えば、「無常偈」の四句目に「寂滅為楽」と説かれているように、これが楽の定義である。「畢竟寂

滅」とは、すべての存在は縁起であるが故に、本来的に空性であるということである。「無上涅槃」とは、親鸞は「大涅槃」とも呼称し、先に説明した釈尊の入滅における大般涅槃のことである。私たちの分別によって作為されない如来のことである。「実相」とは、本性空性という真実を表す特徴のことである。「無為法身」とは、存在するすべての事物の縁起・空という本質のことである。「法性」と、ありのままな在り方であるという真理以外の在り方はなく、すべての世間的存在は縁起的存在として等しく同一であるという意味である。

このように、多様に説かれている「証」が、利他の「教」となって展開する。そのことを、この「一如」から、

しかれば弥陀如来は如より来生して、報・応・化種種の身を示し現わしたまうなり。「真如」とは、そのありのままな在り方

と、親鸞は述べている。阿弥陀如来とは、智慧そのものである一如なる畢竟寂滅の世界に停滞することなく、一切衆生を仏に成らしめずにはおかないという大悲の誓願に基づくならば、一如そのものでた慈悲を表徴する法身である。ここに一如から来生した阿弥陀如来は、大乗仏教の仏身論に基づくならば、一如そのものである報身である。その阿弥陀如来の内容が具体的に表現されたのが本願である。法身から報身へと、すなわち、一如そのものとしての法身が一切衆生を成仏せしめるための本願力となってはたらきでたのが方便法身としての報身・阿弥陀如来である。し

《聖典》二八〇頁

たがって、私たちは、方便法身（報身）としての阿弥陀如来に出遇うことによって、法性法身（法性）としての智慧を知見することができる。このように、智慧が慈悲となって動向しているという事実によって、智慧に出遇う遇縁が私たちに可能となる。このような智慧から慈悲への動向を表現するために説かれているのが仏身論である。

四　正定聚と等正覚

この必至滅度の誓願について、親鸞は、二経の願文と『大経』「下巻」の劈頭に説かれている必至滅度の願成就文とを引証している。次のようである。

必至滅度の願文、『大経』に言わく、設い我仏を得たらんに、国の中の人天、定聚に住し、必ず滅度に至らずは、正覚を取らじ、と。已上

『無量寿如来会』に言わく、もし我成仏せんに、国の中の有情、もし決定して等正覚を成り、大涅槃を証せずは、菩提を取らじ、と。已上

願成就の文、『経』に言わく、それ衆生ありて、かの国に生まるれば、みなことごとく正定の聚に住す。所以は何ん。かの仏国の中にはもろもろの邪聚および不定聚なければなり、と。

（『聖典』二八一頁）

「証巻」では、さらに続いて、この必至滅度の願と内容を同じくする経証文と、曇鸞の『浄土論註』などによる解釈が引証されているが、それらの内容について言及することは、煩雑となるので省略する。

ところでここに、必至滅度の願について、『大経』と『如来会』とから願文が引証されているが、その内容表現は相異している。このことの意味は、きわめて重要である。同じ誓願でありながら、『大経』では、「〔正〕定聚に住し、必ず滅度に至る」と表現され、その異訳本である『如来会』では、「等正覚を成り、大涅槃を証す」と、先に『大経』に説かれている「滅度」と、『大経』によって提示した釈尊の場合と同じ表現となっている。ちなみに、『大経』に説かれている「滅度」は、そのサンスクリット原語は mahā-parinirvāṇa（大般涅槃）であるから「大涅槃」と同じである。したがって、

二経の間で相違しているのは「正定聚」と「等正覚」である。親鸞はこれらの相違に注目して、念仏者が、この往相回向の誓願によって、現生において正定聚の位に住して必ず滅度に至ることは、釈尊が等正覚を現生において成しとげ、入滅において大般涅槃を証したことと同じであるというみずからの了解の根拠としている。そのことについて、親鸞は、性信房に宛てた手紙の中で、次のように書き送っている。

信心をえたる人はかならず正定聚のくらいに住するがゆえに、等正覚のくらいともうすなり。いまの『大無量寿経』に、摂取不捨の利益にさだまる正定聚となづけ、『無量寿如来会』には、等正覚ととき給えり。その名こそかわりたれども、正定聚・等正覚は、ひとつこころ、ひとつくらいなり。等正覚ともうすくらいは、補処の弥勒とおなじくらいなり。弥勒とおなじくらいなれば、このたび無上覚にいたるべきゆえに、弥勒におなじととき給えり。

（『聖典』五九一頁）

ここに、親鸞は第十一願（必至滅度の願・証大涅槃の願）の願文に基づいて、正定聚と等正覚とは、一生補処の弥勒菩薩と同じように、ともに順次生に無上覚に至る位であると述べている。言うまでもなく、無上覚とは滅度・大涅槃のことである。このように、親鸞は、これらの願文に基づいて、念仏者の正定聚と釈尊の等正覚とは「ひとつこころ、ひとつくらい」であると明言している。正定聚とは、正しく涅槃に至るべく定められた者である。それ故に、その正定聚に住する者は、必ず滅度に至る者となる。本願力の二種回向によって、私たちが正定聚に住する者となるのは、釈尊の等正覚と同じく現在世であり、その私たちが大般涅槃なる滅度に至るのは、正定聚・等正覚にとっては必然とされている将来である。往相回向の心行を獲たその時即時に、正定聚・等正覚に住する者となる。したがって、正定聚とは、いまだ至っていない滅度ではあるが、必ず滅度に至る者となり、必ず滅度に至らしめられる位である。また、滅度とは、すでに与えられている正定聚によって必然される目的である。

五　智慧の念仏

ところで、凡夫・群萌が往相回向して仏に成る念仏道は、本願に対する信心によってありえている。信心とは、現時点において実現されていない事柄ではあるが、必ずそれが我が身に実現されると知らしめる本願を信じる心である。さらに言えば、それは本願によって開発された信心を獲得することでもある。このことについて、親鸞が書写している『弥陀如来名号徳』の中で、次のように、

次に智慧光とまふす、これは无礙の善根をもてえたまへるひかり也。无礙の善根といふは、一切有情、智慧をならひまなびて、无上菩提にいたらむとおもふこゝろをおこさしめむがためにえたまへるなり。念佛を信ずるこゝろをえしむるなり。念佛を信ずるは、すなわちすでに智慧をえて、佛になるべきみとなるは、これを愚癡をはなるゝことゝしるべきなり。このゆへに智慧光佛とまふすなり。

と。ここに、「智慧を習い学びて、無上菩提に至らんと思う心を起こさしめ、念仏を信じる心を得しめる」と、そして「念仏を信じるということは、すでに智慧を得て、仏と成るべき身となる」と解説されている。この中にも、念仏が「証」の二重性においてありえていることが明示されている。和讃においても、親鸞は次のように詠っている。

（『真宗聖教全書』二、七三五頁）

　真実信心うるひとは　　すなわち定聚のかずにいる
　不退のくらいにいりぬれば　かならず滅度にいたらしむ
　弥陀の本願信ずべし　　本願信ずるひとはみな

（『浄土和讃』「大経讃」『聖典』四八四頁）

「真実証」考（小川）

摂取不捨の利益にて　無上覚をばさとるなり
念仏往生の願により　等正覚にいたるひと
すなわち弥勒におなじくて　大般涅槃をさとるべし

（『正像末和讃』『聖典』五〇〇頁）

このことについては、親鸞は『一念多念文意』の中でも、「即得往生」の「往生」についての解説の中で、まったく同様の内容をもって詳説し、次のように往生の意味を明示している。

往生すとのたまえるは、正定聚のくらいにさだまりぬれば、かならず無上大涅槃にいたるべき身となるがゆえに、等正覚をなるともとき、阿毘跋致にいたるとも、阿惟越致にいたるとも、ときたまう。即時入必定ともうすなり。

（同『聖典』五〇二頁）

＊「阿毘跋致・阿惟越致」は、不退転のサンスクリット avinivartanīya の音写語。「即時入必定」は、即時に必ず正定聚の位に定まること。

また、この往生に関して、親鸞は『浄土三経往生文類』「大経往生」において、まず往相回向について
大経往生というは、如来選択の本願、不可思議の願海、これを他力ともうすなり。これすなわち念仏往生の願因によりて、必至滅度の願果をうるなり。現生に正定聚のくらいに住して、かならず真実報土にいたる。これは阿弥陀如来の往相回向の真因なるがゆえに、無上涅槃のさとりをひらく。これを『大経』の宗致とす。

（『聖典』四六八頁）

と明示して、その証文として、第十七願と第十八願と第十一願の三願の願文と、願成就文とを列挙した後に、次のように述べている。
この真実の称名（第十七願）と真実の信楽（第十八願）をえたる人は、すなわち正定聚のくらいに住せしめん

と、ちかいたまえるなり。この正定聚に住するを、等正覚をなるとものたまえるなり、すなわち補処の弥勒菩薩とおなじくらいとなるとときたまえり。しかれば、等正覚ともうすは、

（『聖典』四六九―四七〇頁、括弧内引用者）

この「大経往生」における必至滅度の願についても、「正信偈」にも願名を挙げて取り上げられている。

大経往生
成等覚証大涅槃　必至滅度願成就

この二句については、親鸞は、次のように解説している。

「成等覚証大涅槃」というは、成等覚というは、正定聚のくらいなり。このくらいを龍樹菩薩は、「即時入必定」とのたまえり。曇鸞和尚は、「入正定之数」とおしえたまえり。成等覚ともうすは、証大涅槃ともうすなり。証大涅槃ともうすは、大涅槃なり。

（『聖典』二〇四頁）

この「大経往生」における必至滅度の願については、親鸞は『尊号真像銘文』において、次のようにたまえり。「必至滅度の願成就」のゆえに、かならず大般涅槃をさとるべし。滅度ともうすは、大涅槃なり。

（『聖典』五三一頁）

以上に列挙したように、念仏者の正定聚と菩薩の不退転と釈尊の等正覚とが同じ位であるという親鸞の了解が明確に提示されている。そして、それらは、成仏が約束されている一生補処の弥勒菩薩と同じ位であると。このことについては、親鸞は随処で言及している。これらの了解は、龍樹と曇鸞の仏道に基づいたものであることを詳説しなければならないが、本稿においてはその余裕はなく、あらためて別稿で論究したい。

六　おわりに――念仏成仏――

これまで、私たち念仏者をして正定聚の位に住せしめて必ず滅度（大般涅槃）に至らしめる往相回向について

「証巻」を管見してきた。その往相回向については、次のような文章によって結ばれている。

それ真宗の教行信証を案ずれば、如来の大悲回向の利益なり。かるがゆえに、もしは因もしは果、一事として阿弥陀如来の清浄願心の回向成就したまえるところにあらざることなし。因（念仏往生の願）浄なるがゆえに、果（必至滅度の願）また浄なり。知るべしとなり。

（『聖典』二八四頁、括弧内引用者）

以上、『教行信証』「証巻」に基づいて、釈尊における等正覚と証大涅槃という「証」の二重性における正定聚と必至滅度という「証」の二重性について管見し、私たち念仏者のような仏とそれらが同一であると同時に、それらは相異している。どのように相異しているのであろうか。

言うまでもなく、仏教は成仏のための教えである。成仏とは、釈尊によって知見された等正覚による愛憎違順の苦悩に塗れている。到底、煩悩の苦悩を断ち切った涅槃を生きる者とはなりえないでいる現煩悩による苦悩を消滅して涅槃を生きる者、仏と成って生きたいと願望しつつも、そのようにはなりきれずに、相変わらず自我に愛着し、煩悩による苦悩を消滅して涅槃を生きる者、仏と成って生きる者となってである。それに対して、私たちは、そのような仏に成らない私たちに対して、菩薩たちは、「私はいつでも仏に成ることができるが、仏に成りたいと願うすべての人が仏に成りたいと願って念仏する者となるまでは私も仏に成らない」と誓願した。特に、法蔵菩薩の誓願は、阿弥陀如来の極楽浄土に往生したならば、そこにおいて必至滅度・証大涅槃が実現されると、具体的にその方途を示している。このような法蔵菩薩の誓願は、どうして可能なのであろうか。それは、仏に成りたいと願って念仏する者となるならば、すでに正定聚に住する者となり、必ず仏に成るという必然性は、菩薩たちにとって自明であったからである。すなわち、釈尊の等正覚によって、生きとし生けるものは縁起的存在であるという事実が確認されていたからである。煩悩に苦悩する私たち凡夫であっても、釈尊と同じ縁起的存在である。縁起的存在であるが故にこそ、

大涅槃を証し必ず滅度に至ることは明らかである。そのことを知見していたのが菩薩たちであった。このように、釈尊と念仏者とは縁起的存在として同一でありながら、相異している。言い換えれば、釈尊と同じ浄土に生きながら、その浄土を穢土にしているのが私であると自覚して生きるのが念仏者である。『大経』において法蔵菩薩が浄土を建立したと物語られているのは、思想的には、縁起的存在として仏凡一体であると菩薩たちによって確認されていることに基づいて、本願がすでに成就されていることを意味している。そのことを信じる心が本願力の二種回向によって獲得されて、本願を信じる念仏者となって生きる。

続いて、「証巻」では、「証」にとって重要な課題である還相回向が解説されているが、それについて、親鸞は「還相回向と言うは、すなわちこれ利他教化地の益なり」と述べるに止まり、専ら『浄土論』に説かれる「出第五門」（利他教化地）と、それに関わる『浄土論註』の全文を引証しているだけである。この還相回向については、あらためて別稿で論究したい。

かくして、親鸞は、仏教における「証」についての往相回向と還相回向を顕らかにした「真実証」（証巻）を、次のように結んでいる。

しかれば大聖の真言、誠に知りぬ。大涅槃を証することは、願力の回向に藉りてなり。還相の利益は、利他の正意を顕すなり。ここをもって論主（天親）は広大無碍の一心を宣布して、あまねく雑染堪忍の群萌を開化す。宗師（曇鸞）は大悲往還の回向を顕示して、ねんごろに他利利他の深義を弘宣したまえり。仰ぎて奉持すべし、特に頂戴すべしと。

（『聖典』二九八頁）

生ける言葉の仏身

本多弘之

はじめに

　安冨信哉さんの古稀記念論文集の企画に、論文を寄せるようお誘いをいただき、ここに拙文を寄せることになった。安冨さんとは、彼が大谷大学大学院に来てくださった時からの知友である。彼は、東京の早稲田大学卒業後、京都の宗門立の大谷大学で真宗学を専攻し、その学びに同化することへの困難さをくぐりぬけておられるのだが、小生もその学びへの苦闘を共にした同士ということで、記念論集に参加することに深い因縁を感ずるものである。

　私たちが学生時代を生きたのは、清沢満之に始まる近代の真宗教学を、先頭に立って牽引してくださった曽我量深先生が、ご高齢にもかかわらず現職の学長として大谷大学の改革刷新に取り組まれていた一九六〇年代のことである。曽我・金子という両泰斗に、安田理深・松原祐善の両先生が加わり、さらに寺川俊昭先生が新しく参加され

て、古色蒼然たる大谷大学の宗学を、近代的実存関心に耐えうる教学へと変革するべく歩みを進めていた。その時期に、安冨さんも、松原祐善先生について教学の道を歩み始められたことであった。小生もこの新しい教学の方向に導かれて、親鸞聖人（以下文中の敬称略）の思想信仰を主体的に聞法する学びをいただいたものである。この機会に、思想的な混沌情況が続く現代において、親鸞の思想によっていかなる方向を志向すべきかを、少しく考え直してみたいと思うのである。

一　物語の要求──法執の問題をくぐって──

仏教が釈尊滅後大きく飛躍して、インドの地方的信仰から、他の言語圏に拡大伝播していった大きな要因は、その思想的な言葉が人間を苦悩の底から拾い上げて、明るい自在の境地へ導くはたらきを持っていたからではなかったか。ところが、釈尊の生きた姿が消えて無くなったと感ずる弟子たちが、その生きた法に触れるよすがとして、残された言葉の編集に掛かった時から、法を伝える言葉が対象となって、弟子たちの解釈を生むことになっていった。

その言葉を学びとする学問を「アビダルマ」といい、言葉の内実を掘り起こす作業に「ダルマ」を生きて感じ取りそれを伝達する仕事がさかんに行われた。それが次第に解釈の相異などから派閥の分裂を生み出し、解釈の重層化が起こって、生きた思想として人間を解放する力を失っていった。

仏滅後五百年を経て、大乗仏教運動が起こったとされているが、龍樹の主張に明らかなように、「戯論寂滅」という旗印が、いわば大なたで枝葉を切り落とし、生きている樹液を取り出すために、言葉の指示する方向を変換せ

ざるを得なくなったのではないか。それまでの仏教が、いわゆる小乗仏教とされるのは、自己の苦悩の根源は我執にあるという教えを受け伝えた仏弟子たちが、その問題を自己の個人的な煩悩的意識現象を敵として、それの寂滅を得ることが教えの本質であると思い込んだところにあった。確かに釈尊は、無明によって、自我を固定した実体と捉えるところに、迷妄の源があることに気づき、その解放を教えられたのではあるが、その迷妄性の根に「執着の根源」とでもいうべき「法執」があることを見いだしてきたのが、大乗仏教の新しい着眼であった。

自我の執着を対治するために、諸行無常を表現する言葉が必要である。そのために、因縁であるとか五蘊であるとか、四大や十二処・十八界等の言葉が教えられ、実体としての「自我」が妄念であると自覚する道が開かれた。それらの言葉によって無我の自覚に立つ訓練・修行を、戒定慧の三学の方法などで身に着けようとしたが、努力すればするほどそれは特殊な精神的状況の解放に埋没する傾向を強めたのではなかったか。そこに、一切の概念をいったん否定して「戯論寂滅」をくぐって真の自覚的解放を獲得しようとしたのが、いわゆる大乗仏教の求道となった。

この「戯論寂滅」の旗印は、八不中道に代表されるように、一切の固定概念の固執を否定して存在の本来性を獲得して、言葉の固執からの解放を求めるものであろう。したがって、固定の概念を否定して、その否定にとらわれることをも否定する。いわゆる無我の実相、あるいは法性真如とされる解放された精神内容を獲得しようとする。求める側からの発想からすれば、妄執にまつわる妄念が潜んでいるかぎりは、いかにとらわれを克服すべき知恵を超えなければこれには出遇えない。つまり、言葉でものごとを考えていくかぎりは、いかにとらわれを克服すべき知恵を超えなければこれには出遇えない。そのためには、人間の分別する知恵を超えなければこれには出遇えない。求める側からの発想からすれば、妄念を否定するためにある。一体それからの解放とはいかにして可能であろうか。その根に言葉での分別にまつわる妄執が潜んでいるかぎりは、妄念を否定するために意識が消えるような「無分別」の体験なのか、と思いがちであろう。それでいわゆる定とか三昧のような意識

特殊な状態で、寂滅を体験できるのではないか、という方向で求めることにとらわれるのである。しかし、たとえそういう体験で特殊な精神的事実に触れたとしても、日常意識に戻る時に、妄念の自我に帰ってしまい、またそれからの解放の努力に舞い戻ってしまうのを避けることができない。つまり、いったんは消したように見える火事場が、また時間を経て燃え出すようなものである。燃え残りの火だねまで消し去ることができないことが、だんだんに自覚されてきたのではないか。

この苦闘を超えようとするあり方から、方向を転じて菩提の智恵から苦闘の闇へ、いわば求める側の発想を逆転して、求めた果から求めようとする因へと語りかけるものが生まれてきた。法執の問題からの解脱とはいかにして可能か、という課題に対しては、これしか説き出す方法がないということだったのではないであろうか。大乗仏教の経典に譬喩とか物語が必然とされてきたのは、この法執を破る努力の、自己矛盾を超えられないことによる、求道の破綻という契機があったからではないか。

我執を超えるという教え方からは、如来と呼びうる存在は「釈迦如来」ひとりである。しかし、その問題の根に「法執」という問題が見いだされてみると、一切の衆生がこれに悩み、だれ一人として迷いの側から解脱の側へ超越などできないということが、言葉の壁として自覚されてきたのではないか。むしろ一切衆生の本来性が、生存の根底に存在しているにもかかわらず、言葉で分別して本来性から迷い出てしまっているのが迷妄の衆生の生存であり、本来性の側から迷妄に語りかける言葉には、指月の喩えで明らかなように、言葉の根源に言葉を超えた真理があり、これから出てくる光に出遇うほかないとするのである。

この喩えの指が言葉であり、月は言葉が指し示そうとする「義」、つまり言葉の意味ということになる。けれども、この義それ自体を、また言葉で捉えようとする試みての思惟観察が求道の方向とされたのである。

みが起こってくる。言葉で捉えられないなら、人間にとっては意味不明となるからである。そこにまた、義にとらわれるという悪循環が止まることなく繰り返されることになる。これを法執として自覚し、「言葉の実体化」を乗り越えるにはどうするべきかが求められたのである。

これを言葉にし、この月そのものを明示して、説き出そうとするなら、「一如宝海よりかたちをあらわし」という方向からの経説、すなわち物語でしか言葉にし得ないということが出てきたのではないか。真実そのものが迷妄性を破るために、妄念の中に真実の言葉を生み出すために、物語となったのではないか。その気づきからは、本願とは一切諸仏を生み出す根源の要求なのである。

二　煩悩具足の事実を引き受けるとは——スタンスの確保——

「一如宝海よりかたちをあらわして、法蔵菩薩となのりたまいて」願を起されたという、親鸞による「法蔵菩薩」の了解は、実は天親菩薩の「世尊我一心」の内面探求と深く関わっているのではないか。「世尊」と呼びかけるのは、教主の前に、如来の教えに相応することができた自己を表現する言葉である。曇鸞はその意味を、「出没必ず由あり」と解釈して、如来の神力を「乞う」ために呼びかけるのだと言う。このことは、如来の神力において、「如来の教えに相応する」ような主体が誕生することも可能となるのだ、ということであろう。こういうかたちで語る法蔵菩薩とは、一切衆生がいかに深い迷妄のなかに埋没していようとも、生きることを苦悩と感じ、どう生きることにおいて自己自身を真実に生きて満足しうるかを求めているのだ、と見通す心なのではないか。それは大乗の求道精神を菩提心と表現し、それを担って生きる主体を菩薩と語る大乗のスートラの魂なのでもあろう。

この精神の物語は、個人が自分で遇縁の事実のなかにたまたま起こす努力意識を語るものなのではない。これを自分で起こすのだと思い込むことから、人間は求道心のなかに限りなく迷い込むのである。親鸞はこれを自力の菩提心の長く遠い迷いの歴史と自覚した。「三恒河沙の諸仏の　出世のみもとにありしとき　大菩提心おこせども　自力かなわで流転せり」（『正像末和讃』『真宗聖典』東本願寺出版部〈以下『聖典』と略〉五〇二頁）とは、大菩提心を自分のすのだと感覚することによって、深い背景に潜む流転の歴史が忘れられてしまうのだということである。

この忘却から脱却するためには、「自力の大菩提心のかなわぬ」ことに目覚めることが必要となる。そのためには「十方無量の諸仏の　証誠護念のみことにて　自力の大菩提心の　かなわぬほどはしりぬべし」（『正像末和讃』『聖典』五〇四頁）との和讃に出遇うことの困難さを透過しなければならない、ということを語っているのである。

十方無量の諸仏の護念証誠は、「悲願成就のゆえなれば」とも言われてくるが、本願力を証誠するべく、根源から諸仏を諸仏として生み出してくるような本願のはたらきがあることを教えているのである。これこそが、物語によって語ろうとする証誠護念の「みこと」の内実なのである。この物語が、逆に衆生の側からの「自力の大菩提心」の夢を打ち砕こうとするのである。これに出遇わない限りは、恒沙の諸仏のもとに居ながら、自力の妄念に迷うことを脱出できないのである。

このことを親鸞は「自ら流転輪回を度るに、微塵劫を超過すれども、仏願力に帰しがたく、大信海に入りがたし。良に傷嗟すべし、深く悲歎すべし」（『化身土巻』『聖典』三五六頁）と言われている。「自ら度る」という発想を破って、依り処を根源の本願に、そしてその本願を象徴する彼岸の浄土に真実の生命のありかを見いだす時、それを

「流転輪廻を超える」ための必然的な理由、すなわち「必由」なのだと受けとめるのではないであろうか。逆に言うなら、凡夫は物語でしか語り得ない大悲の願心を聞きながらも、どうしても「自ら流転輪廻を」越えていくことができないのである。だから、「微塵劫を超過す」るというような困難性をも翻すためには、「如来」が「一如から」立ち上がるような方向転換が必要だとされたのである。そういう逆転の力に帰せしめようと、諸仏が証誠するのである。この諸仏の大悲から『無量寿経』が語り出されているのであり、そこに諸仏の出世本懐があると親鸞はいただいたのである。

こうしてみると、親鸞が語る「煩悩具足の凡夫、生死罪濁の群萌」という語には、自力執心を断ちがたい苦悩の凡夫とともに歩み続ける法蔵願心が張り付いているということなのではないか。流転輪廻の罪は、「苦悩の旧里」と表現されるように、闇の故郷であって明るみを求めてさまようけれども、捨て去ることができない故郷の暗黒なのであろう。

この離れがたい暗黒を背負いつつ歩む衆生に、いかにして一如の自由な明るみを与えうるのか。そのために、自力求道の方向を転じて、一如からのはたらきを受けとめる他力信受のこころを教えようとするのである。

これに値遇することができた歓喜の雄叫びが「我一心」だったのだと、親鸞は天親の言葉を受けとめたのであろう。「我一心」は、天親のこころに「与仏教相応」が成り立った宣言だったからである。世尊の「みこと」の神力によって、教えの「義」に値遇しそれを信受することにおいて、流転を超える方向が確信されたのである。曇鸞はこの「我」を「煩悩成就の凡夫」と押さえているのだ、と親鸞は受けとめた。凡愚たる身に「みこと」に相応する事実が興起するということだと言われるのである。このことは、凡夫の立場から理想の概念を追い求めるので

なく、凡愚の事実に腰を下ろしながら、安座してしかも光明の広海に浮かぶ風光を得る。それを本願の船に乗じて苦悩の大海を渡ると喩えるのである。凡夫の側から自分で進んで彼岸に行くという発想の間違いに気づき、その妄念を翻すなら、大悲が凡愚を摂して「至徳の風静かに衆禍の波転ず」という生活を恵んでくださるのである。誠に、この発想の転換こそが、本願力を信受するということなのである。ここにおいて、愚かなる身を恥傷しつつ、大悲願船に乗ずる智恵を恵まれる。これを成り立たせる物語が、「一如宝海よりかたちをあらわし、みなをしめして」ということなのであろう。

三　方便法身としての名号が大行である——動く概念——

凡愚に成り立つ現世の救済の構造を、『大無量寿経』は物語として表現しようとしていることを確認して来た。この経の大意について、親鸞は「教巻」に、「弥陀」の誓いと釈迦の教えとから成っている「経」であると押さえ、経の宗・体について、「本願を説くをもって経の宗致とし、仏の名号を持って経の体とす」と言われている。本願を説くことは、教説を通して大悲の願心を言葉にすることに尽きるとされるのであるが、その願心の総体を弥陀の弘誓として押さえれば、その究極は、名号に帰一することに尽きるとされるのである。すなわち、法蔵願心が「国土建立」の願を超発しているのだが、その国土の種々の功徳は、体である名号の内実を願心によって荘厳したものであるといただくべきことを明示しているのである。

「正信偈」には「超発希有大弘誓　重誓名声聞十方」とまとめられているから、超発された弘誓の中心が「名声」にあり、これは衆生に聞かしめるためであることが受けとめられているのである。「重誓」の重さは、ひとえに名

曽我量深は「始めに行あり」というテーマで講演をされたことがあった。これは本願を生み出してくる「一如宝海」は言葉を超えたものなのだろうが、どうしても言葉となって意味を示そうとする願心が、始めの言葉（すなわち名号）にすべての根本の願を総合する意味を与えようとしていることを表しているのであろう。経説は『大無量寿経』を通して「説き」出そうとする本願の総合主体を、因位「法蔵菩薩」の名に納めて、その成就を号たる「南無阿弥陀仏」として説き出す。この果位の名号に因位の願心が総合されることをもって、経の体とするのだと、親鸞は読み取った。

『唯信鈔文意』に「尊号」ともうすは、南無阿弥陀仏なり。「尊」は、とうとくすぐれたりとなり。「号」は、仏になりたもうてののちの御なをもうす。「名」は、いまだ仏になりたまわぬときの御なをもうすなり」（『聖典』五四七頁）という釈がある。「自然法爾」の法語では、「名の字は、因位のときのなを号という」と言われている。「不虚作住持は、本法蔵菩薩の四十八願と、今日阿弥陀如来の自在神力とに依る。願もって力を成ず、力もって願に就く。願、徒然ならず、力、虚設成らず。力・願相符うて畢竟じて差わず」（「行巻」）『聖典』一九八─一九九頁）と言われている。

願を内に懐いて衆生に対する時、願の外に衆生を見ているのなら、衆生を救済しようとしたとしても、永久に修行してついに果たし遂げる期はないであろう。大悲の号において衆生に呼びかける時、自在神力の内に衆生を包んで、願は限りなく衆生とともにはたらくということなのである。この因願・果力を名と号との因果に当てて、果の号が成就しつつ因の願を失うことなく、衆生を摂取して止まないのだという受けとめがあるのであろう。

この解釈の意味をしっかりと聞きとめるなら、経の「体」のところに、悲願成就を感受すべきなのではないか。成就された名号に、因位の願心の種々の荘厳の内容が、衆生の情況を写し取りながら、意味を限りなく展開してくるということなのではないか。名が単なる名詞ではなく、内に動詞を孕んで衆生の情況に対応して、願心を開示するのだとも言えようか。

名号は、「しかれば名を称するに、能く衆生の一切の無明を破し、能く衆生の一切の志願を満てたまう」（「行巻」『聖典』一六四頁）と言われる。このことは、名となった願心が、衆生に願心を聞かしめて、「衆生、仏願の生起・本末を聞きて、疑心あることなし」（「信巻」『聖典』二四〇頁）というこころを、衆生に生み出してくるのだ、ということなのである。

仏願が空間的に展開するなら、衆生の生存の場を浄土として開示するであろうし、時間的に展開するなら、苦悩の時から臨終をくぐって新しい願心の時に帰入していく「往生」による生命の内容の転換が表現されてくるのであると思う。願心が仏土を衆生に公開して、その功徳の場において一切衆生を平等に成仏させようということを、方便して仏土のかたちを荘厳するのだ、と意味開示したのが、天親の「願心荘厳」ということなのであろう。その願心荘厳は四十八願が「方便法身」として功徳のかたちを表現したということだ、と曇鸞が註釈した。そうであるなら、展開された時間的・空間的表現を経典の「体」に納めるなら、名号の内面に衆生を摂取する願心が包括されているに相違ない。それを「南無阿弥陀仏の回向の恩徳広大不思議にて　往相回向の利益には　還相回向に回入せり」（『正像末和讃』『聖典』五〇四頁）と詠われるのであろう。すなわち言葉となった願心は、法身でありつつ「大行」である。生ける仏身であるというはたらきがあるから、名が「大行」であると言えるのであろう。衆名号の内面に衆生を摂取して大悲を現前するはたらきがあるから、

おわりに——言葉と体験の狭間に——

現代は、言葉が極端に軽い時代になった。言葉が、それを使う人との関係を希薄にして、広範に伝播するからである。文明の利器によって、音声が電波に乗って広がるし、文字となった言葉が印刷されて拡がるのみならず、ネット技術によってアノニムに拡大する。これを使用することによって、個人の三業を信頼できるはずの言葉が限りなく希薄になり、無責任な記号化された言葉のみが氾濫し横行しているのである。

顔と顔が接して、一人の言葉がその相手に語りかけるような言葉であったものが、不特定の相手に責任主体を不明確にするような言葉となって、やたらに放射されているのである。こういう情況になって、本願の言葉を生きた概念として取り戻すということがいよいよ大きな課題となっているのではなかろうか。法蔵願心は特定の個人から出る意欲ではない。しかし、宿業因縁を離れずして、その生きた身に真実報土の利益をもたらそうとする大慈悲の名告り欲なのであるから、「宿業本能の大地」に法蔵願心が誕生するのだ、という曽我量深の表現が重い意味を持っているのである。

法蔵願心が大行に濃縮した意味を、宿業にあえぐ凡夫に施与するということには、個人には他人に取り換えることのできない独立した存在としての苦悩の意味、すなわち宿業因縁による絶対必然のしがらみの自覚が必要である。

ところが、現代の情況は、個の尊厳を薄めて、あたかも取り換え可能な被使用人としての価値しか認めない感覚が横行している。科学的・物質的な見方や、統計学的な数の論理による数式が、あたかも個人の独自の意味を忘れさせるようにはびこっているのである。

そういう見方が流布する所以には、近代文明の社会生活が持つ様々な要因が複雑に絡み合っているから、不可逆的な文明化の行方に底なしの闇のような不安が感じられもするのである。だからといって、逆転不可能のようである。

同様に、人間が文明化を追い求めてそれが人間生活に幸福をもたらすと信ずる方向も、逆転不可能のようである。

現代文明の生活の現実は、確かに便利になり、肉体労働は機械作業に取って代わり、時間が戻らないのと同様、長時間労働は少しも減る様子がない。作業能率は格段に進んでいるようではあるが、市民の生活はますます多忙になり、電信技術の発達で、個人の居場所が常に管理者に把握されるにいたって、個人の自由な休息や息抜きさえも、ままならない有様だといわれるのである。

人と人との人間らしいつきあいの関係も、個人の生活にとって便利なように切り詰めてきた結果、孤独死が町や村を問わず、頻発している。この方向に人間の生きることの喜びが豊かになることがあるのであろうか。食糧問題・エネルギー問題・ゴミ処理問題、さらには土地の砂漠化とか地球の温暖化とか、仏教が指摘してきた人間の五濁の有様が、現代的な問題として、抜き差しならないところに差し掛かっているのではないか。

こういう時代にあって、私たち一人ひとりが、この文明化にただ流されていくのみでなく、ものごとを量的な「マス」で発想することに対し、抜き差しならない自己一人の生存の意味を内観することが、絶対に必要なのではないか。少し立ち止まって自己自身の生存の意味を内観することが、自分自身の生存の全体をかけて思索することの大切さを、今更ながら提起したいのである。

こういう事態をいやでも自覚せざるを得ないようにしたのが、それによって引きおこされた原子力発電所の大事故であった。特に、原子力の利用が現代文明にとって是非とも必要であるということを、地球温暖化を避けるためという名目を担いで説得してきていた。しかし、燃料棒の廃棄処分の方法が不確定のままに、狭い日本で十七箇所五十四基の発電用原子炉（二〇一二年一月十四日時点）を造っていたことが明らかになってみると、原子力発電によって無駄に放出される熱量も膨大なものであることが判明した。

文明化とは、エネルギー多消費の生活になっていくことでもある。そのためには、石油燃料による生産と消費が必須であったが、それによって出される排気ガスが温暖化に拍車をかけているとされる。だからといって、生命の存続をおびやかす放射性物質を廃棄方法が確定されないままに蓄積していくことは、未来の地球環境に対する大きな罪悪なのではないか。

罪悪深重煩悩熾盛とは、何か個人の宿業にからんで、生命の背景に感得されることのようではないか。自然破壊の激しさや放射性物質の量産などに代表される事態は、「衆生濁」とか「命濁」といわれるような、五濁の現代的問題としてしっかり考察されるべきではないか。すなわち、「衆生」「共業」という言葉で捉えられてきた問題を、一緒に時代を生きる「同世代」の罪業性として、「罪業深重」の自覚を共通課題にしてみたいのである。

言うまでもなく、宗教は主観的事実ではあるが、主観といっても人間が「衆生」として時代社会のなかに生きているのであるから、この共通課題の面からの自己の生存情況の自覚が大切なのではないか。特に現代は、高度資本主義の情報社会となっているので、同世代の情報が大きな力で同じような感覚に引き込まれているのではないかと思うのである。こういう時代の価値観や生活基盤に、現に生きている存在を中心にして、生活空間を自由に変革していって、自分たちの都合の良い生活を作ればそれで良いという、現代的刹那主義とでもいうべき発想が蔓延して

法蔵願心は十方衆生に平等の救済を呼びかけるために、五劫の思惟と兆載永劫の修行をかけている。過去の衆生も未来の衆生も同質の課題において、願心を発掘しようというのである。この視野は、数億年の時間によって蓄積された資源を猛烈な勢いで消費して悔いるどころか、さらに新しい技術で地下深く埋もれた資源をも、現在の消費に使い果たそうとしている我らを照らし出してくる。未来の時間をいかに汚そうとも、少しもそれに責任を感じない論理はおかしいのではないか。「一緒に渡れば怖くない」という交通標語の発想は、時代社会に埋没する我ら現代社会の共通感覚でもある。

「五濁悪世」の現代的意識には、個人の「自由」を当然とする個人主義的感覚が流布している。だから、「自力」の思いを当然と考えるし、自分が他人に世話にならずに生きているのだと主張するのである。こういうことからも、如来の本願力を自己にとっての「必由」と聞き当てるには、時代の病理の共業の自覚が、大切だと思うのである。

現代の資本主義の行き詰まりの根源に、「フロンティア」の喪失という事態を見ている経済学者の指摘がある。資源を争奪してきた活動が、奪うべき場所の行き詰まりにぶつかっていると言われるのである。このことは、人間の有限性の自覚によって、たまわった身心に安住する智恵の拡大が、壁にぶつかっているのであると。文明化による生活圏の拡大が、壁にぶつかっているのであると。このことは、人間の有限性の自覚によって、たまわった身心に安住する智恵をおしえる本願力の思想がいよいよ真理として取り上げられる時代になったのだ、とも言えると思う。

共に愚かな罪業深き凡夫として、法蔵願心の「労謙善譲」（大悲回向の精神の曇鸞的表現）を、聞き当てていく時代になったということではないであろうか。

親鸞の仏教史観としての浄土真宗
――「釈尊が弥陀の本願を説いた」とはどういうことか――

長谷正當

はじめに

浄土真宗は親鸞を開祖とするが、曽我量深は「浄土真宗とは何か」と改めて問い、それは「親鸞の仏教史観」であるという。親鸞の仏教史観とは、仏教の根幹をなすもの、およびその歴史を親鸞はどのように見たかという、親鸞の目に映った仏教の姿であるが、それが浄土真宗であるというのである。

では、親鸞は仏教をどのようなものとして捉えたか。『教行信証』「教巻」において、親鸞は次のように述べている。

それ、真実の教を顕さば、すなわち『大無量寿経』これなり。この経の大意は、弥陀、誓いを超発して、広く法蔵を開きて、凡小を哀れみて、選びて功徳の宝を施することをいたす。釈迦、世に出興して、道教を光闡し

親鸞はここで、仏教の根幹をなす真実の教えは『大無量寿経』であり、それが説くのは「如来の本願」であり、したがって、「本願を説いたのは釈尊」であると述べている。これが親鸞の目に映った仏教の姿である。

て、群萌を拯い、恵むに真実の利をもってせんと欲してなり。ここをもって、如来の本願を説きて、経の宗致とす。すなわち、仏の名号をもって、経の体とするなり。

（『真宗聖典』東本願寺出版部〈以下『聖典』と略〉一五二頁）

では、曽我が、浄土真宗をことさらに親鸞の仏教史観として捉えようとする意図はどこにあるのか。それは、浄土真宗を仏教史のなかに位置づけるためである。より根本的には、浄土真宗が宗致とする弥陀の本願が、仏教において如何なる位置を持つかを見定めるためである。では何故、曽我はそのような企てをするのか。それは、浄土真宗が弥陀の本願をその根幹に置きながら、その本願が釈尊の正覚とどのように関わっているかを明確に自覚していないからである。むしろ、無関係とみなしているからである。それゆえ曽我は、浄土真宗がみずからの成立根拠について反省し、明確な認識を持つよう促すために、浄土真宗を「親鸞の仏教史観」という観点から問い直し、「釈尊は弥陀の本願を説いた」という親鸞の言明が何を意味するかを改めて追究しようとするのである。

一 「釈尊が弥陀の本願を説いた」とはどういうことか

親鸞は『末燈鈔』において、「仏心宗・真言宗・法華宗・華厳宗・三論宗等の大乗至極なり」（『聖典』六〇一頁）と述べて、浄土真宗を大乗仏教の中心に位置づけている。『教行信証』は大乗のなかの「至極なり」『教行信証』はそのことを証明しようとしたものであった。『教行信証』を書くことで、親鸞は法然の「選択本願」

の立場を仏教史において位置づけ、普遍化しようとしたのである。法然は選択本願をその教えの根幹に置いて浄土宗を独立させたが、その本願の教えが仏教史において如何なる位置を占めるかを綿密に論証したわけではなかった。法然は、「名号を称えることが仏願にかなうがゆえに正定業である」という善導の言葉にはその必要はなかったのである。そこまで手が回らなかったのである。法然はこの言葉を『観経疏』の注釈の部分に見いだして開眼し、感激のあまり落涙したといわれている。法然にとって、この一言は千金の重みを持ったのであって、それは、浄土宗を立ち上げるに際して法然にのしかかる負担の全重量を支えるだけの確かさと堅固さを持ったのである。

しかし、浄土宗独立を支えたのは法然の主観的「確信」であって、それは仏教の歴史を通して確証された客観的「真理」ではなかったといわなければならない。法然には、本願念仏の教えが仏教の中心であるという自分の確信が全てであって、その確信をさらに仏教史のなかで根拠づける必要がなかった。法然の確信において、本願と弥陀と釈尊とは直結していたのである。しかし、そのために選択本願の立場は仏教ではないという非難を招くことにもなった。そこには、本願の教えを仏教史において根拠づけるという作業が遂行されないまま残されていたのである。

その課題を担ったのは親鸞である。親鸞は『教行信証』を書くことでそれを果たした。そこに、『教行信証』が「顕浄土真実教行証文類」でなければならなかったゆえんがある。親鸞はさまざまな「経」・「論」・「釈」を文類として引き合いに出し、それによって本願念仏の教えが仏教の歴史の周辺ではなく、その中心を貫く大道であることを証明し、その結論を「教巻」冒頭において、「真実の教を顕さば、すなわち『大無量寿経』これなり」と表明し、その根本精神をなすところの弥陀の本願を説いたのは釈尊であると言明したのである。

しかしながら、「釈尊が弥陀の本願を説いた」という親鸞の言明は近代の仏教研究によって覆されることになった。明治期に成立した文献学的・実証的な近代仏教学は、この親鸞の言明を否定するものであった。近代仏教学が示した仏教の姿は次のようなものである。史実に近い釈尊像は二十九歳のときに出家して、三十五歳で成道を得て、初転法輪において『四諦八正道』や『十二支縁起』や『五蘊』を説いた。これが原始仏教である。仏教はその後、二十の部派に分かれ、小乗仏教から大乗仏教へと発展し、数多くの大乗経典が出現した。しかし、それらは釈尊が説いたものではなく、釈尊の弟子たちが説いたものである。その大乗経典の一つである『大無量寿経』では、釈尊は弥陀の本願を説いたと書かれている。しかし、それは釈尊の弟子たちがそのように書いたのであって、釈尊は実際には、弥陀の本願は説いていない。これが近代仏教学が教える仏教史であって、この知見は今日では常識となっている。そして、浄土真宗のなかにある者も、近代仏教学のこの知見を常識として受け入れ、「釈尊は弥陀の本願を説いていない」ということを自明とし、釈尊の正覚と弥陀の本願とは繋がりがないことを暗黙のうちで承認しているのである。

では、「釈尊は弥陀の本願を説いた」という親鸞の言明をどのように考えたらよいか。それは親鸞の妄言ではないか。そして、その妄言の上に立脚する浄土真宗はあやふやな土台の上に立つ砂上の楼閣ではないか。この疑問は真宗の土台を揺さぶるものであるから、拱手傍観していてよいものではない。

もっとも、放置しておいたからといって、「大乗のなかの至極」である浄土真宗は直ちに瓦解するものではない。しかし、無視することは、解決したことではない。そう見越して、この疑問は放置され、無視されてきたといえる。疑問が当然生じてきてしかるべきである。この疑問は真宗の土台を揺さぶるものであるから、拱手傍観していてよ

から、疑問は地下の無意識の底で生きながらえて、そこからボディ・ブローのような作用を及ぼし、それによって、浄土真宗の神経と身体が徐々に痺れてくるという事態が生じないとはいえない。そして、浄土真宗から、「本願」や「浄土」や「往生」の観念を引っ込めて、「縁起」や「空」や「涅槃」の観念を取って代えるのがいいのではないかという考えが生じてきても不思議ではない。それゆえ、この疑問は無視し、放置されるべきではない。この疑問に正面から取り組んで、「釈尊は弥陀の本願を説いた」という親鸞の言明は何を意味するかを改めて問い直し、この言明の持つ真理性を明らかにしなければならないのである。曽我が浄土真宗を「親鸞の仏教史観」という角度から捉えようとする意図がここにある。

二　仏教の最高の法語としての「得・阿耨多羅三藐三菩提」

仏教研究において第一に問われるべきことは「仏教とは何か」ということである。ところで、仏教は一般に、「釈尊が説いた教え」とされてきた。しかし、この規定は人を迷路に導く難点を含んでいるので、それがどのような難点かを明らかにして、取り除いておかねばならない。

仏教は「釈尊が説いた教えである」といわれるが、それはいったいどういうことか。そもそも仏教は「釈尊が説いた」から仏教なのか、それとも、釈尊によって説かれた「教えの内容」をもって仏教というのか。正しい答えはいうまでもなく後者である。仏教は、釈尊が説いたからではなく、釈尊によって説かれた教えの内容のゆえに仏教なのである。重点は、「誰が説いたか」ではなく、「何が説かれたか」に置かれねばならない。

このように見るとき、仏教は「釈尊が説いた」教えだとして、これを大前提に、釈尊が実際に説いたか否かを探

究の中心に置く仏教研究は、すでに一つの迷路に踏み込んでいるといわなければならない。それが近代仏教学である。そこでは、釈尊によって説かれた教えの「内容」は無視され、忘れ去られているのである。釈尊の正覚は、釈尊によって説かれた教えの内容とは何か。いうまでもなく、釈尊において生じた「正覚」である。釈尊の正覚は、釈尊の存在の内奥において生じたものであるから、釈尊と一体であり、釈尊の存在そのものである。それゆえ、正覚を説くとは、釈尊その人を説くということである。そのことはいいかえるなら、仏教は「釈尊が」説いたものではなく、「釈尊を」説いたものであるということである。「釈尊を説く」とは、「仏」を説くこと、「仏になること」を説くことである。

このような回りくどい言い方をしたのは、近代仏教学の観点は専ら、仏教とは「釈尊が説いた教え」に置かれていて、「釈尊を説いた教え」、つまり「仏になる教え」という観点が欠落しており、そのために、仏教研究が内容のない空疎なものになっていることをいわんがためである。そのことを、曽我は次のように述べている。

仏教とは仏陀になる教えであり、仏をして真に仏たらしめんとする教えである。今日の仏教学者の研究の方針は、仏陀を説く教えである。しかしながら、われわれの問題は、仏陀が説いたか説かぬか、こういうことも重要な問題に違いないが、それよりも、もっと重要な問題は、仏教というものは仏になる教え、仏を説く教えなのだ。親鸞の仏教は、仏自証の教え、仏自証の教えである。しかるに、ただ仏陀がどういうことを説いたか、仏陀が説いた教えから推論してその所証の道を想定するにすぎない。

（『曽我量深選集』五、三九六―三九七頁）

曽我は、近代仏教学の研究方法に潜む難点をこのように指摘するのである。そこから帰結するのは、「仏陀が説いたか、説かないか」を決めることにのみかかわり、「仏になるかならぬかという実践の事業」を問題にしない仏教研究の立場は「一貫した仏教の真理の体」を持たないということである。「そういう仏教史観は宗教否定の唯物論という基礎に立って仏教滅亡を説明するところの仏教唯物史観」（同、三九五頁）であると、曽我はいう。曽我のこの言葉は乱暴なものであるが、正鵠を射たものといわねばならない。

したがって、「仏教とは何か」を問う際に欠落してはならないのは、繰り返すことになるが、釈尊が語った言葉は何かを追究することではなく、その言葉によって語られたのは何かを問うことである。それは釈尊において「無上等正覚」（阿耨多羅三藐三菩提）が生じたという事実である。たしかに、仏教は釈尊が語ったことによって成立した。しかし、精確には、釈尊において正覚が生じ、その正覚が語られ、そして、その正覚を自己においても証せんとした人びとが現れたことによって仏教が成立したのである。それゆえ、稲津紀三は「この〈得・阿耨多羅三藐三菩提〉は仏陀（正覚者）としての釈迦牟尼その人と、歴史を通して現われてきた仏教との、すべてをそのひと言におさめていて、おそらくは、仏教最高の法語であろう」として、次のように述べている。

この言葉は、大乗経典に多く現れているが、本をたずねれば、釈迦牟尼自身が、自らに現れてきた不可思議荘厳な精神的覚醒を深く礼拝して、〈私は無上の等正菩提を正覚した〉と、世のすべての人々に知らせたときに、初めて生まれたことばであった。それが、当時の仏弟子の人達、その後につづいた大乗の人々、それを受けた中国・日本の諸高僧から、現在のわれわれまで、人の心の無上の開覚をもって受持されてきた。

（『大信海』三八・三九号、三宝会、一九七五年、五頁）

「仏教とは何か」を、釈尊において生じたこの「得・阿耨多羅三藐三菩提」を中心において捉えるとき、「釈尊が弥陀の本願を説いた」という親鸞の言葉は、その「正覚の内実」を掘り下げ、究明して語ったものという意味を持ってくる。そこで問われねばならないのは、釈尊が弥陀の本願を説いたか否かということではない。釈尊の正覚とは何か、そして、それを如何に我がものとするか、つまり、如何にして「仏になるか」ということが問われねばならないのである。それは、「釈尊の正覚が弥陀の本願とどのように関わるのか」を自己の身上において問うということである。これが仏教史研究において問われるべき中心の問いであり、そして、浄土真宗において追究されるべき根本の問いである。曽我が浄土真宗を「親鸞の仏教史観」と規定することで問うのはこの問題である。

三　釈尊の正覚と阿弥陀如来のいのち

では、釈尊の「正覚」とは何か。それと「弥陀の本願」とはどのように関わるのか。それを明らかにするには、まず、釈尊の正覚はどのようにして生じたのかが問われねばならない。釈尊の正覚は釈尊の頭に忽然と浮かんだものでも、釈尊が発明したものでもない。正覚は何もないところで生じることはできない。釈尊の正覚が幻覚ではなく、人びとを覚醒させる真理であるためには、それは人びとの人生に深く根差すのでなければならない。つまり、釈尊の正覚は、釈尊の人生と苦悩を背景として生じたのである。ところで、釈尊の人生と苦悩は釈尊だけのものではない。それには釈尊の生きた社会や時代の要求や苦悩が映り、それらのうちにはさらに、インド民族や人類全体の要求や苦悩が映っている。釈尊の正覚は、それら全体を背景と

して生じた。すなわち、それは人類の根源に潜む原始的欲求を背景として生じたのである。それは、人間がそれを生きながらもはっきりと摑むことができなかった人間の根源的欲求であり、人間が無意識の深みにおいて求めていたものを自覚の明るみに揚げたのである。その原始的欲求は正覚において、本願として、そして本願の源泉としての阿弥陀如来のいのちとして自覚されたのである。

釈尊の正覚は、「その自覚の境地においては、寂滅であり、無相であり、空の空なるもの」(『曽我量深選集』五、四〇七頁)である。その自覚の境地は、生命の根源の響きであり、阿弥陀如来のいのちの感触であるともいいうる。そのいのちの感触が、正覚において内から自覚され、透明な光に照らし出されたのである。そのことを曽我は次のように述べている。

釈尊が自覚の現在に立って、自分の向かう前途を見れば唯空の空なるものである。……その境地は空であり、無相であり、無願である。しかしながら静かに釈尊を生み出した所の釈尊の過去の母胎、釈尊の内面的背景に思いをいたすなら、それはすなわち、諸仏菩薩積功累徳の体験の世界である。そこには、祖先の生命を捨てた、しかして祖先の真実永久の生命を得来ったところの無量広大の本願の境地というものがある。此限りなき、数しらぬところの祖先の体験、祖先の証験し来たところの無量広大の本願の大地として、光台として、その上に釈尊は立ちたもうたのである。
(同、四〇七—四〇八頁)

釈尊の「空の境地」の底には「無量広大の本願の境地」があると、曽我はいうのである。そこに釈尊がその正覚において「弥陀の本願を説いた」といういう根拠がある。正覚の境地である空とは、阿弥陀如来のいのちの感触である。それは、衆生の底に秘められていた根源の要求、つまり、本願がその内から明るみにもたらされたものである

釈尊が弥陀の本願を説いたということは、人間の欲求の根源にひそむ如来のいのちが人間存在の深みからのぼってきて、釈尊の正覚に映ったということである。しかし、それは正覚の深みに映されていたので、釈尊といえども明確に摑むことはできず、それを取り出すことは後の弟子たちの仕事になった。しかし、釈尊の弟子たちが釈尊の正覚の深みを覗き込んで、その底に映されていたとして正覚の深みから本願を取り出したのであるかぎり、弥陀の本願は釈尊が説いたといいうるのである。

では、弥陀の本願はどのようにして釈尊の正覚に映ったのか。浄土仏教の本願の思想は、従来、山口益師の見解にもとづいて、菩提樹下で悟りに至った釈尊が、梵天の勧請によって説法に踏み出したところに見られる慈悲に注目して、智慧から慈悲へと進んだ仏教体系のなかで説明され、位置づけられてきた。しかし、その説明は包括的であるが、多分に漠然としているように思われるので、ここではより立ち入って、『マハー・パリニッバーナ・スッタンタ』の漢訳『遊行経』の「捨命住寿」という言葉を手掛かりにして、本願の思想の淵源を探ってみたい。

釈尊はその最晩年、郷里のクシナーラへ向かう遊行の旅の途中で、チュンダの供養を受けたキノコで中毒を起こし、それがもとで入滅したが、亡くなる三カ月前に、釈尊は注意深く「アーユス (āyus) のサンカーラ (saṅkhāra)」（『ブッダ最後の旅』中村元訳）を捨てた」と記されている。『マハー・パリニッバーナ・スッタンタ』において得られた「涅槃」(nibbāna) に対して、命終して入る涅槃は「般涅槃」(pari-nibbāna) といわれる。「般 (pari-) とは「完全な」という意味であるが、涅槃が完全なものとなるのは命終によってであるから、それは必ずしも死後のことではなく、この世で獲得されるものとも考えられる。実際のところ、『マハー・パリニッバーナ・スッタンタ』が般涅槃の完成であるなら、至る涅槃が「般涅槃」といわれるのであろう。しかし、般涅槃が涅槃の完成であるなら、それは必ずしも死後のこ

では、釈尊は亡くなる三カ月前に般涅槃を得たと記されている。そして、そのとき、釈尊は「アーユス」のサンカーラを注意深く捨てた」とされている。では、「アーユスのサンカーラ（中村元は「寿命の素因」と訳しているが、その意味を説明していない）を捨てる」とはどういうことか。

サンカーラは「五蘊説」では「行」とされ、人間の認識活動（識）の根源にあって、認識活動を成立せしめつつ、その活動を内から縛って方向づけている自執性の原理、無明の原理である。そのサンカーラがアーユスのなかに入り込んで、その活動を成り立たしめつつ、その自由で覆われなきはたらきを妨げていると考えられる。そういいうるなら、「アーユスのサンカーラ」を捨てるとは、現象としては「ジーヴァ」の活動を指すと考えられる。そういいうるなら、「アーユスのサンカーラ」を捨てることによってアーユスの活動が純粋で清浄なもの全き自由なものになることである。それは、いわば、「有余涅槃」から「無余涅槃」に至ることである。それが「般涅槃」である。

そのように考えうるならば、「アーユスのサンカーラを捨てる」とは、『遊行経』のごとく、「捨命住寿」、すなわち、われわれの狭い、時間的で有限な命であるジーヴァを捨てて、無量のいのちの内に住むことと考えうる。それは、阿弥陀如来のいのち、すなわち「アミターユス」の内に帰入することである。すると、そのことは『阿弥陀経』において「釈迦牟尼仏、能く甚難希有の事を為して、能く娑婆国土の五濁悪世、劫濁・見濁・煩悩濁・衆生濁・命濁の中にして、阿耨多羅三藐三菩提を得て、もろもろの衆生のために、この一切世間に信じ難き法を説きたまう」といわれていることとも重なってくる。そこでは、五濁悪世において正覚を得るということが甚難で希有なことであったと語られているが、それは「アーユスのサンカーラを捨て」て、大般涅槃を得ることが甚難であ

ということでもある。

このように理解するとき、釈尊が遺言として弟子たちに語った「サンカーラは無常である、各人努力せよ」という謎めいた言葉の意味も明確になってくる。「怠りなく努めよ」ということは、「釈尊がアーユスのサンカーラを注意深く捨て」て大般涅槃に入ったことと重なってくる。「怠りなく努めよ」ということは、「アーユスのサンカーラを無常と知り、それを離れて、無量のいのちに帰入せよ」ということを意味するのである。

さきに述べたように、「サンカーラ」は「五蘊説」において「行」とされているが、行とは「識」の手前にあって、識を方向づけ、縛っている「自執性」と「無明」の原理である。そのサンカーラを断つことで、無明に覆われていた不純な識は自由で透明な活動となる。それゆえ、「アーユスのサンカーラを捨てる」とは、アーユスそのものを捨てることではなく、アーユスを縛っている「サンカーラ」、つまり「ジーヴァ」を捨てることである。そのことは『遊行経』の「捨命住寿」という訳が示すごとく、「有限な狭い命」を脱して寿、つまり「広く自由で純粋ないのち」に帰入することにほかならない。こうして釈尊は、正覚において証された「涅槃」の境地をさらに深め、それを「般涅槃」において「捨命住寿」と捉えたのである。

しかし、「寿」とはどのようないのちか。われわれが生きている有限で死にゆくいのちは「生命（ジーヴァ）」といわれるのに対して、「寿（アーユス）」とは、そこにおいて有限な生命が捨てられ、乗り超えられていく「無量のいのち」（アミターユス）である。『阿弥陀経』において「阿弥陀如来」といわれているのがそれである。この無量のいのちは人を覚者にするはたらきを持っている。釈尊は正覚に至って「わたくしは無上安穏涅槃に到達した」と語ったが、親鸞はそれを「無明のまどいをひるがえし、無上涅槃のさとりを開くなり」といい表した。無上涅槃の

悟りは、さらに大般涅槃において、「無量寿」に住すること、すなわち、阿弥陀如来のいのちに帰入することと捉え直され、深められたのである。そこにおいて、人をこの世界に繋ぎとめてきた柵、自分をしばってきた古い命の殻は、鳥が卵の殻を破って外に出るごとく捨て去られる。親鸞はそれを「命終の一念において、大般涅槃を超証する」と捉えたのである。

大般涅槃をこのように捉えるとき、そこから、釈尊が弥陀の本願を説いたということがおのずから導かれてくるように思う。釈尊の涅槃の境涯は寂滅であり、空であり、無碍の世界であり、絶対自由の世界であるが、その涅槃の境涯は、大般涅槃において「阿弥陀如来のいのち」に帰入することと捉えられるのである。

阿弥陀如来のいのちは人間存在の底にあって人間にはたらきかけ、人間をその核心において支える無限の肯定の原理であり、人間をその核心において本願という行となって現れ、呼びかけてくる。アーユスはサンカーラから解放されることで阿弥陀如来のいのちとなるのであるが、今度は本願というはたらき、つまり行となって衆生界に出現してくるのである。「サンカーラ」という「行」は「本願」という「行」に転じ、自閉的・自執的なはたらきは自由で開放的なはたらきとなる。ここに本願の思想の淵源を見ることができる。では、「阿弥陀如来のいのち」と「本願」はそこではどのような関係にあるのか。

四　阿弥陀如来のいのちと本願

「阿弥陀如来のいのち」（アミターユス）は、われわれの「有限で生物的生命」（ジーヴァ）を超えているが、ジー

ヴァと別々にあるのではなく、それと一体をなしている。したがって、阿弥陀如来は衆生の世界においてみずからの姿を隠している。それはみずからの形を変えて、本願となって、衆生のジーヴァの世界に現れるのである。そこに、阿弥陀如来の無限の自己否定があり、そこに阿弥陀如来が大悲心であるゆえんがある。阿弥陀如来の大悲心の現れが本願であり、その本願が法蔵菩薩という象徴によって示されるのである。

そのことは何を意味するか。阿弥陀如来はこの世において不在であり、それゆえ、衆生はこの世で直接的に阿弥陀如来に触れるのではなく、本願の信を通して触れるということである。衆生は、阿弥陀如来の衆生の世界における現れとしての本願の信を通して、つまり、本願が衆生の信において発芽し、成長し、開花してくることによって、阿弥陀如来に触れるのである。その意味で、信とは、そこにおいて本願が発芽し、無上の妙果を実らせる場所、ないし、土である。浄土仏教において、信が涅槃の真因として、格別な地位が与えられているゆえんがそこにある。

「阿弥陀如来」と「本願」と「信」との関係は、「植物のいのち」と「種子」と「大地」との関係に譬えることができる。植物のいのちは、この世にいのちそのものとして現れない。それはこの世に現れるには種子という形をとらなければならない。植物のいのちは、種子が大地に撒かれて発芽し、成長し、花開くところにおいて、その全き姿を現すのである。そして、そのいのちが地上において存続し、伝播しゆくためには、再び種子という形をとらねばならない。同様に、阿弥陀如来のいのちは本願という形をとって衆生の世界に開花することで、衆生は阿弥陀如来のいのちに触れる。と同時に、阿弥陀如来のいのちは本願となって衆生の世界に現れ、それが衆生の信において開花することで、衆生の歴史的世界に伝播してゆくのである。信とは、本願が着床し、発芽し、開花する場所という形を持つのである。

阿弥陀如来はそれ自体としては、衆生の世界において秘められている。衆生の世界は無仏の世界であるから、そ

こでは衆生が阿弥陀如来に触れる手掛かりはただ、本願しかない。そのようなものとして、阿弥陀如来によって回向されたものである。その本願が信において開花することで、衆生は阿弥陀如来のいのちに帰入する。そのことが「本願成就」といわれることである。本願は衆生の信において開花し、成就するのである。

それゆえ、われわれが深く思いをいたさねばならないのは、本願は阿弥陀如来ではなく、われわれに与えられたということである。つまり、本願は「果」ではなく「因」だということである。そのことは、本願は信において発芽し、開花するのでなければ有効ではないということである。そこに信の意義がある。そのことを曽我は次のように述べている。

本願成就とは、我らの身の上に救済が成就するということである。これが親鸞の不滅の仕事である。このことを仏教三千年の歴史で親鸞がはじめて明らかにした。本願成就とは、如来の救済によって、我らが信心決定して現生にお助けをうるということである。それ以外に本願成就ということはないと親鸞がはじめて明らかにした。

（『曽我量深選集』一一、三一〇頁）

五　本願の信の道と自性唯心もしくは定散自心の道

「本願成就」が示すのは、人間は本願の信を介して阿弥陀如来のいのちに帰入するのであり、本願という「因なしに」、あるいは本願とは「別の因」によって帰入するのではないということである。親鸞が『教行信証』「信巻」の別序において特に強調するのはこのことである。そこにおいて親鸞は「それ以みれば、信楽

を獲得することは、如来選択の願心より発起す、真心を開闡することは、大聖矜哀の善巧より顕彰せり。しかるに末代の道俗・近世の宗師、自性唯心に沈みて浄土の真証を貶す、定散の自心に迷いて金剛の真信に昏し」（『聖典』二一〇頁）と述べている。

この言葉によって親鸞が示しているのは、「本願の信」の要ともいうべきものである。つまり、それは「信」を介して「証」に至る道であるということであって、そうでない道を親鸞は「自性唯心に沈む」、あるいは「定散の自心に迷う」として、厳しく退けたのである。

しかし、われわれは「本願の信の道」を最初から自明なものとして前提しているせいか、専ら、自性唯心や定散自心とは何か、それらはどのように違うかということに注目するでもその真意を摑まず、自性唯心や定散自心の立場はそれほど異なるものではなく、それらは同一人において見られる事態であって、重要なことは、本願の信の道がそれらとどこが違うかを見極めることであるという。

一般には、「自性唯心」の立場は禅などの聖道門の立場、「定散自心」の立場は法然門下の専修念仏の立場をさすとみなされている。それらは、本願の信によらないで如来に触れようとする道とそうでない道との決定的な違いはどこにあるか。それは、自性唯心や定散自心の立場は、主観的な宗教経験や神秘的体験を通して、直接的、無媒介的に阿弥陀如来のいのちに触れようとする道だということである。したがって、それらは「独りよがりであり、独我的独断論」（『曽我量深選集』五、四六八頁）、「小我的自見的己証」だということである。それは、本願の伝統という歴史的必然を持たず、「深い自覚的確証」を欠いて「そわそわしたもの」であると曽我はいう。

では、二つの道を分かつ決定的な違いはどこにあるのか。それを明確にするために、いささか奇抜な感があるが、

それらを太陽のエネルギーを活用する二つの方法に譬えてみたい。地球上のあらゆる生物は、光を避け、殊更に暗闇へ向かおうとする細菌や微生物を除けば、その活動のエネルギーを太陽から得ている。ところで、その太陽エネルギーを受容し、活用するには異なった二つの仕方がある。一つは、あらゆる生物が用いている最も基本的、普遍的な方法であって、太陽エネルギーを植物の葉緑素における光合成によって澱粉に化して地上に蓄え、それを燃焼することで太陽エネルギーを活用する方法である。もう一つは、太陽エネルギーを核エネルギーとして直接的に用いる方法であって、これは現代において人間の頭に思い浮かんだ極めて特殊で異常な方法である。

本願の信の道と、自性唯心や定散自心の道の特質、もしくは違いは、この太陽エネルギーを用いる二つの方法に比較することでよく見えてくる。本願の信を介して如来のいのちに触れようとする立場は、光合成によって生じた澱粉を介して、太陽エネルギーを活用するものであって、本願とは、光合成によって地上に蓄えられた太陽のエネルギー、つまり澱粉や化石燃料であるといえる。本願の道の特徴は、それを信において燃やして力に変えることで、間接的な仕方で如来のいのちに触れることにある。親鸞は、この道が人間が無上仏に至りうる唯一の自然で確かな道と捉え、それを「自然法爾」と名づけたのである。

一方、自性唯心や定散自心の立場は主観的で特殊な宗教経験を通して如来に直接に触れようとするもので、その特徴は、太陽エネルギーを核エネルギーとして無媒介的・直接的な仕方で利用しようとする方法である。太陽エネルギーを核エネルギーとして直接的に用いる方法は人類が発明した狂気じみた方法であって、制御不可能で危険な特殊な道であることが今度の福島の災害で改めて思い知らされることになった。自性唯心や定散自心の立場は、そのように、媒介なしに直接的に如来のいのちに接触想というべきものであろう。

しょうとする妄想に近い企てなのである。その道は自己の特殊な宗教経験、神秘経験によって如来に直接しようとする、主観的で独断的、妄想的なものであって、禅の見性、一遍の念仏、法然の専修念仏、親鸞の息子の善鸞が勧めたとされる秘事法門などがそのような類いのものである。しかし、その道によって人間が果たして無上仏や涅槃に至りうるかは極めて疑わしいといわなければならない。そういうことから、親鸞は『教行信証』「化身土巻」の「後序」において「聖道の諸教は行証久しく廃れ、浄土の真宗は証道いま盛なり」と述べて、本願の信の道が衆生が如来に至ることのできる唯一の大道であるとして、それ以外のものを妄想として退けたのである。

本願の道は、信において自己を否定して、間接的に如来と一体化することを目指す派手な謙虚で慎ましい道ではない。真実信とは「果上の阿弥陀仏」を讃嘆することで直接的に如来に触れようとするのではなく、「因である本願」に思いを致すことによって、阿弥陀仏のいのちが自己に到来して現実的にいのちになるのを忍耐して待つ道である。本願が衆生の信において開花し、現実的となることにおいて、衆生は如来のいのちに帰入するのである。「果上の阿弥陀仏を見んとするには、従果向因して因位本願を内観しなければならない。因位の本願を内観するとは、帰命の一念において本願招喚の勅命を聞くことである」(曽我量深選集』五、四六五頁)。「阿弥陀仏即是其行」(同、四六五頁)と曽我はいう。この本願の信の道が、釈迦滅して二千年、弥勒菩薩出現に至るまでの五十六億七千万年の無仏の期間において、衆生が如来に至りうる唯一の道であると親鸞は捉えたのである。この親鸞が浄土真宗の証道とするのは、無仏の末法の時代に、衆生が仏を見ることができる唯一の道を親鸞は、本願の信を通して仏に至るという間接的な忍耐の道である。本願の道とは、仏なきところに仏を見る道である。

六 本願の信と宿業の世界

阿弥陀如来のいのちが衆生の世界に形を変えて現れたのが本願である。したがって、本願のはたらく場所は、衆生の生きる大地でなければならない。そこに阿弥陀如来が法蔵菩薩となって地上に出現したとされるゆえんがある。衆生の生きる大地とは「宿業の世界」である。曽我は「宿業の世界」を「本能」と捉えた。宿業が本能であるとは、衆生の生きる大地が、そこにおいてすべての生き物が感応・道交しつつ生きている深い生命の世界であるということである。その宿業の大地において本願に本願は感得されるのである。

宿業の大地において本願が感得されるとき、そこに何の感激もないということはありえない。平々凡々、不平不満、死骸累々たる宿業の世界の眺めが変わってくる。宿業の世界は、そこにおいて美が輝き、喜びが感じられ、将来の展望が開かれた世界となる。とりわけ、有り難いという思いが感得されてくる。それが「浄土の荘厳」といわれる世界にほかならない。浄土の荘厳とは宿業の世界を離れた天上の世界のことではなく、本願によって照らし出された宿業の世界の輝きである。そのきらめきが「有り難い」という思いとなって感得されるのである。

曽我は、「有り難いという思い」は歴史的感覚であるという（『曽我量深講義集』第一巻、九五頁）。それが歴史的感覚であるゆえんは、有り難いという思いは何もない天空において感じられるのではなく、衆生の生きる大地、宿業の世界、すなわち衆生の歴史的世界において感得されるものだからである。本願は、衆生の歴史的世界における諸々の出来事や関係において、どこか上空を浮遊して人間に思いをかけているのではなく、衆生の生きる大地、宿業の世界の歴史的世界を離れて、衆生に生きる力と喜びを与えているのである。宿業の世界において本願のはたらきが

感得されるところに、浄土の荘厳が輝くのである。宿業の世界は本来、そこにおいて、一切が感応・道交しつつ生き、繋がっている深い本能の世界、業繋の世界、苦の世界に出現してくるのでなければならない。

身体が傷を受けたとき、身体の底からより大なる生命が出現してきて、傷はおのずから治癒することをわれわれは経験から知っている。このことは身体だけのことではない。それは精神の世界の事柄でもある。心が傷を受けたとき、心のいのちの深い真実があるる。如来のいのちは、衆生の苦を通して、苦を癒すものとして、本願となって宿業本能の大地の底から出現してくるのである。

釈尊は苦を「聖なる真理」と捉えた。それは苦をじっと見つめていると、その底から苦を超えた真理が出現してきて、それによって苦が溶解され、乗り超えられるという法を釈尊は見いだしたからである。自己が宿業の身であることを深く感得するところに、弥陀の本願が出現してきて、それによって宿業の業繋が取り除かれるという事実を親鸞は「仏法力不可思議」として感得した。その事実の感得を親鸞は「弥陀の五劫思惟の願は親鸞一人がためなり」として、「そくばくの業をもちける身をたすけんとする本願のかたじけなさよ」と言い表したのである。

真空があるところにそれを満たそうと空気が殺到するように、苦悩のあるところ、慰めなきところ、欠損あるところ、消しがたい不幸や悲哀があるところに如来の本願は、それを埋めようと殺到せずにいられない。そのことに

よって、宿業の重力のもとで窒息していた存在は、呼吸し、生きる力を取り戻すことができる。そこに本願力のはたらいている本願のイマージュ化である。

おわりに

阿弥陀如来のいのちは、衆生の歴史的世界に「本願」となって現れ、衆生の歴史的世界を貫いてはたらいている。

そして、衆生は本願のなかに生まれ、本願を生き、本願のなかで死んできた。仏教の歴史はそのような本願の歴史である。親鸞は、その本願の歴史が釈尊から「三国七高僧」を経て、現在の自分にまで届いていることに思いを致し、仏教の歴史を「本願の伝統の歴史」と捉えた。そして、本願のはたらきが衆生の歴史的世界を貫いて、「往相」と「還相」という渦流を描いて流行し、展開していく様を「二種回向」として捉え、その二種回向を浄土真宗の教相の根幹をなすものとしたのである。

親鸞はこのように、仏教三千年の歴史を本願の歴史として、それを三国七高僧の伝統によって示したのであるが、親鸞はさらに、「本願の歴史の母胎」を第十七願の「諸仏称名の願」に見いだした。第十七願は「大行」として、「行巻」の標挙に挙げられているが、親鸞はこの「諸仏称名の願」によって、本願念仏の歴史を一言で要約し、浄土真宗の伝統の根源を示したというのである。そのことを曽我は次のようにいう。……十七願は浄土仏教の歴史の原事実である。親鸞の仏教史観は十七願に事実原理を見いだされた……それだからして、行と仏教の歴史の事実原理である。

いうことは何か。行ということは流行である。これを歴史的にいえば、南無阿弥陀仏の伝統、南無阿弥陀仏の流行、南無阿弥陀仏の名号の流行である。これを七祖の伝統という一つの事実の上に見いだした。

つまり、「諸仏称名の願」は仏教三千年の「本願念仏の伝統の歴史」を縮約して一言で捉えたものなのである。

第十七願の「諸仏称名の願」は、一見すると、天上の世界の出来事を神話的に語っているもののように思われる。無数の諸仏が天上の星座のように互いにきらめきつつ、同時に、阿弥陀仏を賛嘆している空想の世界の出来事を示していると考えられる。武内義範は、この諸仏称名の願を天上の星々が奏でる「宇宙のコーラス」に譬えている（『親鸞と現代』中公新書、一九七四年）。プラトンは夜空で無数の星々がそれぞれ異なるスピードで響を発しながら奏でる音楽を宇宙音と捉えたが、諸仏の称名も、そのように無数の諸仏の称名が如来の家において満堂に響いていることであり、衆生はその諸仏の称名にまじって称名することで、如来の家の一員に加えられるとするところにこの諸仏称名の願の意義があると武内はいう。武内は、諸仏称名の願をそのように「コスモジカル」な見地から捉えたのである。

曽我自身も長い間、この諸仏称名の願を天上の星座のような神秘的な事柄をいうものと考えていた。しかし、そこで語られているのは実は、地上の歴史的事柄であり、仏教の歴史の根源を表したものと考えるに至った。そして、次のように考えなければならないという。

……われわれの祖先の骨も皆大地から出たものである。あの大乗経典というのは、すなわち、皆大地を歩いた記録でなければならない。親鸞におきましては、仏教の歴史のことごとくが、皆大地に関係し、皆大地から出たものである。あの大乗経典というのは、すなわち、皆大地を歩いた記録でなければならない。それを示すのであって、ただ天上の空想を描いてあるものではなしに、それこそ、地上に深厚な関係をもっているからである。

《曽我量深選集》五、四五九—四六〇頁》

……地に関係のない天というものは何の意味もないのである。

本願の歴史は三国七高僧によって示された。そこでは高僧たちは七人である。しかし、それは七人に限らない。その背後には、歴史上、無数の諸仏が控えて、阿弥陀仏を賛嘆しているのであって、七人はその代表にすぎない。その諸仏に倣い、諸仏に混じってその念仏の歴史の根源の原理が「諸仏称名の願」によって象徴的に捉えられた。その諸仏の歴史の根源の原理が「諸仏称名の願」によって象徴的に捉えられた。衆生が阿弥陀仏を賛嘆するところに、本願の歴史が成立するのである。

そのようにして、衆生は本願の歴史のなかに生まれ、本願の歴史のなかで「生き」、本願の歴史のなかで「死ん だ」。では、本願の歴史のなかで「生きた」とはどういうことか。それは、衆生がそこにおいて住したということである。では、本願の歴史のなかで「死んだ」とはどういうことか。「阿弥陀仏の本願の歴史において生きたがゆえに、かれは生きて正定聚不退転である。したがってかれは、この歴史において静かに骨となって眠ることができる。それは必至滅度である」（同、四四九頁）と曽我はいう。このように親鸞は、仏教を「本願の歴史」として捉え、その歴史を「生きること」と、「行ずること」を仏教の大道と捉えた。そのように、仏教を、本願の歴史を生きることと捉えたのが「親鸞の仏教史観」であり、「浄土真宗」なのである。

浄土真宗を本願念仏の歴史の展開と捉え、その歴史の母胎を第十七願の「諸仏称名の願」に見るとき、注目されてくるのは、鈴木大拙が『教行信証』の英訳において「大行」を "great living" と訳していることである。大拙がこの訳語は多くの人びとに意外の感をもって受け取られた。それは、行を living と訳すことで、大拙がいおうとした真意が分からなかったからである。大拙の真意が分からなかったということは、「大行」とは何かをその根源において捉える、深い洞察を欠いていたということである。大行としての「諸仏称名」とは、上に見たように、「本

願の流行」であり、「本願の歴史を生きること」を一言で示したものである。そういういうるなら、大拙が「大行」を、「本願の歴史の伝統」を「生きる」こと、つまり、「行ずる」こととして、"great living" と訳したことは、まさに十七願の核心を摑んだものとして、適訳にして名訳といわねばならない。living とは「生活」という意味を超えて、本願の歴史、もしくは流行を「生きる」こととしての「行」なのである。

註

(1) 『マハー・パリニッバーナ・スッタンタ』には様々な異訳があるので、「アーユスのサンカーラを捨てる」ということに共通の理解はない。ドイツ語訳や英訳では一般に、単純に、「命終」つまり「生命を捨てる」という意味に捉えられている。しかし、捨てられたのは「アーユスそのもの」ではなく、その「サンカーラ」といわれているので、「アーユスのサンカーラ」とは何かが明らかにされねばならない。シュミットハウゼンの独訳ではそれは "Triebfeder des Lebens" とされているが、その Triebfeder とは何か。それは、アーユスをアーユスとして成り立たしめ、動かしているその原動力、「生存の原動力」と考えられる。しかし、その生存の原動力はまた、「アーユス」にのしかかってそれを圧している鎧、殻のようなものとされているから、「アーユスのサンカーラ」とはアーユスのなかにあって、その活動を成り立たしめつつ、それを内から縛っている重力のごときものと考えられなければならない。

※引用に際して読みやすさを考慮して、著者が適宜現代的表記に改めた。

親鸞の「組織真宗学原論」序説

武田龍精

はじめに

『顕浄土真実教行証文類』（以下『教行証文類』と略）は、親鸞（人名の敬称をすべて省略させていただく）によって阿弥陀仏本願救済論（究竟的大乗菩薩道としての Buddhist Theology）の原論である。ここであえて「組織真宗学」という概念を使用した。わたくしの理解する限りでは、これまで近現代における「浄土真宗」の教義学的研究の営みの中で、キリスト教の教義学研究の伝統で「組織神学」(Systematic Theology) と呼ばれているような学問領域に呼応する教義学体系は充分構築されてはこなかったように思う。ここに「浄土真宗」(Systematic Shin Buddhist Theology) の教義学的研究が、親鸞入滅後七百五十年の現代社会でわれわれが現に直面している様々な今日的な課題に充分応答できずにきた教学的な要因があるようにわたくしには思われてならない。

また、それ故に「浄土真宗」がいかに伝道実践されなければならないか、ということが時代のニーズに応えるような仕方で真剣に問われてこなかったのではあるまいか。そのために、「真宗実践学」(Engaged Shin Buddhist Studies) あるいは「真宗伝道学」と呼ばれるような学問体系も、キリスト教におけるほど体系的・社会科学的には構築されていないように思われる。今後、「組織真宗学」と「真宗実践学」の二つの学問体系が新たに構想されていかなければならない二十一世紀の新たな重要課題のひとつではなかろうか。

なお、小論のタイトルに序説としたのは具体的に『教行証文類』総序を「組織真宗学原論」の総序と位置づけたいと思うからである。しかし、本来ならば「組織真宗学」構築のために、「真宗学」における「学」とは何か、その方法論とは何か、さらに、それが組織的体系をもつ限り、真宗学の組織化とその構造ならびに構成契機とは何か、等々の問いに応答しなければならない。だが本稿では『教行証文類』総序に限定して考察をこころみることとしたのでかかる応答は後日に譲りたい。

一 大乗仏教運動における教・行・信・証の歴史的意義

『教行証文類』は、何処までも文類の形態をとった書物である。浄土の真実なる教・行・信・証を顕す諸文を経・論・釈より類聚したものである。このことは一体何を意味するのであろうか。西蕃・月支の聖典、東夏・日域の師釈、インド・中国・朝鮮・日本と伝承された経・論・釈のうちに浄土往生に関する真実なる教・行・信・証が開顕されてきたことを提示せんとした。それはいわば宗派の相違を超える。ゴータマ・ブッダの悟りのうちに具現した「ダルマ」と同じ「ダルマ」が、ゴータマ・ブッダの教法を聞思せる真実なる機、アーナンダに対し顕説され

釈迦法から弥陀法へのコペルニクス的転換

親鸞によれば、『大無量寿経』においてゴータマ・ブッダが説いたとされる「ダルマ」は、阿弥陀如来の名号法であった。ここに『大無量寿経』を通して、仏教思想史の大転換が起こった。仏教は釈迦法から弥陀法へと転換したのである。それは決して釈迦法の消滅・否定を意味するものではない。むしろ逆に、釈迦法の普遍化であり具現化であった。『大無量寿経』を編纂した大乗仏教者たちは、ゴータマ・ブッダが到達した悟りの内容とは、阿弥陀如来の本願であり名号であったと証知した。それは何処までも『大無量寿経』を制作した紀元前後頃の大乗仏教運動家たちによって体解された彼等自身のゴータマ・ブッダ観であったといわなければならない。大乗仏教の理念から捉え直されたものであり、それはゴータマ・ブッダの教法の再解釈であり再構築であったといえる。

歴史的仏陀ゴータマ・ブッダと大乗仏教者との実存的邂逅 ——「ダルマ」の歴史的具現態——

『大無量寿経』は決して大乗仏教者たちの単なる空想に基づく無実無根なる創作ではない。大乗仏教の理念は、実はゴータマ・ブッダという歴史的仏陀自身の全生涯と全人格から源起したものであった。その結晶が「菩薩」(bodhisattva) の理念であった。歴史的仏陀が菩提樹下に端坐して勤苦すること六年、ついに諦達得成した最正覚なる甚深微妙の「ダルマ」が、大乗仏教者たちによって、ただ単に「ダルマ」として捉えられたのではなく、「ダルマ」が歴史的仏陀の上にいかに顕わとなったのか、その因的プロセスを問うことの中で「ダルマ」を理解しようとした。

た。それを標榜した聖典が『大無量寿経』であった。

大乗仏教者たちの「ダルマ」理解が、単に「ダルマ」の即自態においてなされたのではなく（それは実は在家者たる彼等にとっては不可能なことであった）、「ダルマ」が現実に顕わとなった歴史的仏陀の全生涯と全人格のうちに捉えようとするものであった。このことは在家者にとっても可能なことであった。何故ならば、歴史的仏陀たるゴータマ・ブッダの舎利（遺骨）を祭り創建された仏塔が、ゴータマ・ブッダと大乗仏教者たちとの実存的邂逅となったからである。仏舎利は、大乗仏教者たちにとっては、まさしくゴータマ・ブッダの全生涯と全人格の象徴的世界であった。

それは「ダルマ」が歴史的現実世界のうちに具現していく歴史化の過程にほかならない。ゴータマ・ブッダの全生涯と全人格は、「ダルマ」の歴史的具現態であった。決して理念理法的な「ダルマ」が見られているのではない。ここに『大無量寿経』制作がもっている重大な歴史的意義が見出されなければならない。『大無量寿経』は「ダルマ」のかかる歴史的具現化のプロセスを経典化したものである。

大乗仏教者たちの根元仏

「ダルマ」の歴史的源泉は、この娑婆世界のわれわれにとって唯一の歴史的仏陀であるゴータマ・ブッダに発するのであるが、大乗仏教者たちはもはやゴータマ・ブッダ自身に歴史的には出会えない。そこで彼等はゴータマ・ブッダに授記したといわれる燃灯仏（錠光如来）(5)にまで遡源した。燃灯仏こそ大乗仏教者たちにとってゴータマ・ブッダを真に歴史的仏陀たらしめた根元仏であった。歴史的仏陀の歴史性は、歴史的仏陀が持つ歴史的真実が顕わとなる。燃灯仏において歴史的仏陀が持つ歴史的真実が顕わとなる。しめた燃灯仏によってこそ成り立つものと解された。燃灯仏への遡源は超歴史への方向とはまったく逆でしかし、それは単なる歴史からの超越を意味するものではない。

ある。それはゴータマ・ブッダへの「ダルマ」の歴史的受肉化であった。燃灯仏への遡源は実は「ダルマ」の歴史内在化のプロセスであった。

燃灯仏を伝承して出興した仏陀が世自在王仏であった。『大無量寿経』では燃灯仏より世自在王仏までいわゆる五十三仏が説かれる。しかしこれも単に五十三仏の形式的羅列ではない。五十三仏各々の生涯と人格が内包され「ダルマ」の歴史的具現のプロセスを表詮する。大乗仏教者たちが「ダルマ」を何処までも歴史的具現相のうちに捉えようとした姿勢の現れである。

「ダルマ」の歴史的具現化のプロセスに出会い難くして今出会った歓びを高唱するのが、「ここに愚禿釈の親鸞、慶ばしいかな」の宗教的告白であった。親鸞にとって「ダルマ」の歴史的具現化のプロセスは、阿弥陀如来の名号法が成就される因果、仏願の生起本末それ自体であった。真宗の教・行・信・証こそ、まさしく「ダルマ」が歴史的に具現した大乗仏教体系にほかならないことを明証せんとしたのが『顕浄土真実教行証文類』を集述した親鸞の本意であった。

法蔵菩薩の実在性

『大無量寿経』所説の法蔵菩薩について、しばしば神話的説話とか sacred story とかと呼ばれる。確かに「無量寿経」という経典群のうちに大乗仏教徒たちによって伝承されてきた物語であり説話である。しかし、それは大乗仏教徒たちによって想像された架空にすぎない fiction であると一蹴できるのであろうか。親鸞浄土教思想によれば、法蔵菩薩と呼ばれる菩薩存在が、現代に生きるわれわれ凡夫存在にとって、仏教聖典に依拠して最初にその実在性が知られるのは何人たりといえども、親鸞によって「真実の教」と規定された『大無量寿経』の経法を通して

であろう。

法蔵菩薩が『大無量寿経』に登場するのは、仏弟子の一人である尊者阿難に対する釈尊の説法の中である。その最初に「乃往過去久遠無量不可思議無央数劫に、錠光如来、世に興出して無量の衆生を教化し度脱して、みな道を得しめてすなはち滅度を取りたまひき。」と釈尊は切り出す。「乃往過去久遠無量不可思議無央数劫」という過去世に出現した錠光如来が語られる。先述したごとく、錠光如来は、釈尊が前生過去世に修行中の釈迦菩薩であったとき、釈尊に対して成仏の授記をあたえた仏陀であった。ここに錠光如来が行者釈迦菩薩のうちに開覚への必然的根拠を見破しているといわなければならない。両者の「あいだ」には一仏即一切仏・一切仏即一仏という仏仏相念が感応道交しているといわなければならない。それはまさしく「ダルマ」の歴史的「開け」にほかならない。

さきに、『大無量寿経』における過去五十三仏に言及したが、釈尊時代すでに過去七仏の考え方が生れており、釈尊の説法を直接的にも間接的にも聞法してきた仏弟子たちが心底に抱いていた釈尊観すなわち仏陀観が発展していく歴史の中で、過去七仏の思想と釈尊前生の菩薩行は、釈尊入滅およそ三百年後に勃興した大乗仏教の根本精神となる菩薩の本願とその実践行道を形成する根本契機となる。

本願と菩薩行こそ、仏教をして大乗ならしめている自利利他の根本契機である。それは、仏教徒たちが仏陀とならんとして、「求道者の理想像」を釈尊という歴史的仏陀のうえに見出し、求道実践していった彼等をして大乗仏教徒ならしめている大慈悲精神の具現相である。この具現相を無限に窮尽していく大乗仏教菩薩道の究竟的体現こそ法蔵菩薩の実在性であるといえよう。

したがって、われわれ凡夫存在の在処において、われわれ自身が現に法蔵菩薩の本願と菩薩行を聞法し求道実践していく真只中で、法蔵菩薩の実在性はまさしく実証されなければならない。

二　自己存在の在処における本願開示

自己自身にとって、最も身近でありながら、しかも最も遠く知り難き問題は、自然でもなければ世界でもなく社会でもない。現実に生を営み続けているまさしく自己存在そのものである。おのれ自身が問われずして、どうして真に自然を問うことができようか。おのれ自身の存在根拠を知らずして、どうして世界・社会を自己自身の課題とすることができようか。確かに自然・世界・社会なくしては、おのれの存在はありえない。しかし、それらの真なる意味は、おのれの存在の根柢においてはじめて顕わとなる。自己存在の在処を問い、その何たるかが明らかにされることによって、それらは各々の何たるかの真実義を顕わにする。

自己存在とは何か、自己が存在し生きているとはいかなる事実であり、何を意味するのであるか、自己存在の生の意義と目的は一体何か、かかる問いは、自己存在の究竟的根柢に向かい、それを顕わにせしむることなくしては応答することができない。実は、この問いこそ、親鸞をして『教行証文類』を撰述せしめた根本動機ではあるまいか。それゆえに『教行証文類』に接し、そこに説かれた教説を体解せんとする者は、同じ問いに深き心を向けなければならぬ。

難度海の実存的意味

自己存在の世界こそ、生死流転せる波瀾に満ちた怒濤逆巻く無底茫漠の難度海そのものであった。渡らんとする意志の欠如なることを知るには、かかる苦海を何とか渡らんとする意志がそこにはなければならぬ。渡らんとする意志の欠如

したる者にどうして難度を知ることができようか。人間はただ単に生を営んでいる限りでは、難度海はまったく知られえない。研ぎすまされた意志の極限において即自的に難度たるのではない。自己存在の世界がはじめて難度なる生死の海として体得される。難度海は決して難度海自体において即自的に難度たるのではない。自己存在の根柢に、難度の弘誓が自己存在が真に知られるのは、自己存在のうちに閉ざされている限りありえない。自己存在の根柢に、難思の弘誓が自己存在を存在たらしめている存在の根源的生そのものとして感得されるとき、まさしく自己存在の現実世界が難度なる生死の世界であることを真に知りえたといえる。

生死の根源は無明である。生死を生死と知らない無知である。生死が生死として自覚されるとき、はじめて生死の根源が顕わとなる。無明を無明として知ること、それはまさしく無明を破す仏智にほかならない。闇が闇として知られること以外に、われわれはいかにして闇を破ることができるであろうか。闇を破すのは光明であるが、闇が先ず初めにあって、そこに光明が届いて闇を破すのではない。そのような闇と光との理解は、闇と光とが闇と光の外に立って両者を対象的に傍観している闇と光である。現に闇の真只中にある者にとっては、最初から闇が闇としてまさしく前提的に存在しているのではない。闇を闇と知らない存在である。闇を闇と知らないということが闇の真只中にまさしく存在していることである。したがって闇を闇と知らないことにおいてはじめて闇の真只中が現成する。

生死海は単なる生と死との輪廻生滅たる自然現象として見られているのではない。難度なる生死海として捉えられている。何処までも渡り難い大海として、大海の真只中にある自己自身をかかる意志が存在論的に限定せる世界である。客観的対象として自己存在の外に横たわる世界ではない。生死海が真に難度として自己自身の心底に響くのは、渡らんとするおのれの意志が尽

き果てるときである。おのれの意志が尽き果てるとは、もはや自己自身のさかさかしき思慮分別をもってしてはいかんともなしえない絶望の境位である。「いづれの行もおよびがたき身」となったときである。それはなおもおのれ自身の意志が尽き果てるのは、決しておのれ自身の意志によって為すことはできない。渡らんとするおのれの意志が、まったくさかさかしき思慮分別であったことを知るのは、難思の弘誓の働きを自己存在の根柢に感じえたときである。弘誓の働きは決してわれわれの思慮分別などでは思議できない。思慮分別で思議できるのであれば、それはなおも渡らんとするおのれの意志が働く領域にとどまっている。難思の難思は、生死の難度たるおのれ自身の意志の極限に対して働く。難度海無くして難思の弘誓を発願せしめずにはおかない。難思の弘誓と難度海との絶対矛盾にして絶対否定的即非なる実在がまさしく現成する場こそ、如来をして難思の弘誓無くしては難度海もありえない。難思の弘誓は無く、難思の弘誓無くしては難度海もありえない。おのれ自身の自己存在の実存的根柢である。

難思の弘誓はわれわれの思慮分別を純化する

難思の弘誓の働きを感じるのは、われわれの虚妄なる思慮分別によってではない。それを打ち破ってなお働く無分別なる分別である。おのれの虚妄分別なる生死苦海の極限が知られ、如来の本願を聞思する思惟は、もはや虚妄なる思惟ではなく、清浄なる思惟といわなければならない。かかる純粋思惟は、遠く法蔵菩薩の「五劫思惟」にその淵源をもつ。それは難度海の無明生死の本源である虚妄分別を純粋化せんとする思惟であり、根差す思惟のうちにその淵源をもつ。「五劫思惟」とは、まさしくこの純粋化の過程、純化作用の時間論的象徴にほかならない。法蔵菩薩の「五劫思惟」はまさしく難思として具現し、生死苦海のわれわれ自身の虚妄分別の根源たる無明的思惟を純化せる思惟と

してわれわれ自身の難思のうえに働く。難思の弘誓に値遇し聞思することこそ、われわれの無明的思惟の純粋化であり、純化はわれわれの分別的思惟の極限においてはじめて起こる。

金子大榮は「深く心裏の内奥に分け入りて、如実の本願に値遇せんとする作用」を「純粋思惟」と呼んでいる。それは西田哲学における「純粋経験」を想起せしめる。さらに、大榮はわれわれの思惟を超えて働く如来の誓願が、われわれの思惟を超えつつも現にわれわれ自身の誓願のごとく感ぜしめられるという深き宗教経験の妙用を指摘している。

大榮によれば、断定と自覚自証の智慧とが峻厳に区別せられる。黒か白かの断定は必ずしも虚妄不実なる分別思惟にほかならない。「断定は猶予より高次のものであっても、智慧よりは低次である」とはまことに至言である。断定はなおわれわれの断定は、一を一とし、二を二と見ることができるのみで、二にして一であり一にして二である境位にすでにかかる断定によっては到底知りえない。その境位に達することができるのは、ただ自覚自証の無分別なる智慧である。単に思惟し難いというのではない。宗教的実存の現実では、まさに自覚自証の智慧としてわれわれの存在根柢に現成開発する。「誠に難思の弘誓なるが故に吾々の思惟を超え、難思の弘誓なるが故に真実の自証を以て吾々の心裏に出現するのである」という大榮の慧眼はこの謂いにほかならない。如来の本願は、このような分別思惟を超えた願である。難思とはまさしくかかる意味である。

救済の確証——自覚の智慧——

われわれの救済は何処で確証されるのであろうか。それはわれわれの心裏に出現する真実の自証において以外に

はありえない。われわれが救われたという確かさは、真実の自証がわれわれの自己存在の極限において、それを破る仕方で生起するから、確かなるものとして体得されるのである。

しかし、斯く体得される真実の自証生起は、まったくわれわれの意志には左右されるものではなく、むしろわれわれの人為的意識を突き動かし、自己意識の無底なる深遠から一切の障りを突き破って湧出してくるものである。かかる意味での自証生起が真の自覚と呼ばれる。自覚は決してわれわれの意志に依るのではない。むしろ、意志の極限に意志を破り、おのずから生起するとき自覚は起こる。

難思の弘誓がかかる自覚の内容となるとき、真にわれわれは如来の本願によって救われたという確証が現成する。自覚の内容とならない限り、如来の願心はいかに勝れていようとも所詮単なる空想でしかなく、抽象なる観念に過ぎぬ。自覚の内容は何処までも如来の弘誓であり、その意味で、如来の願心はわれわれの心裏に出現するという自己存在の根柢での事実として生起せるのであるから、自覚の場は自己以外の何処でもない。[11]

われわれの一切の障礙を打破して生起する自覚の智慧こそ、無礙なる光明の智慧と呼ばれるものにほかならない。自覚の智慧が純粋思惟としてわれわれの経験のうちに起こるのは、無明の闇を照破することが現実にわれわれの経験のうちに起こるのは、[12] われわれの自己存在の根源に巣食う我愛我執を常に暴露してやまないときである。われわれの自己存在の根源たる我愛我執の根源たる無明の闇を照破することによって、自覚の智慧はわれわれにおいて確証される。疑おうにも疑いえない最も現実的なるリアリティー（実在）[13] としてわれわれを突き動かす。そこにはじめて、われわれの救済が現実的事実として自証 (self-realization) されるのである。

三 聞思と純粋思惟

易修易往——本願の歴史的表現——

凡小愚鈍なるわれわれにとって、名号と信楽とは「修し易き真教」であり、「往き易き捷径」であると親鸞はいう。修し易き、往き易きということは、単にただ修するのに、往くのに容易であるという一般的意味でいわれているのではない。われわれは易修易往の根源を見極めなければならない。名号といい、信楽といい、すべて阿弥陀如来の本願のうちから展開される、われわれるべき根拠がある。名号といい「易」といわれるべき根拠がある。易修易往の「易」といわれるのは、婆世界の真只中において脈々と能動している阿弥陀如来現成の場である。そこではわれわれ凡小の修・不修、往・不往にかかわる分別思慮の領域を一切超えたところに、実はわれわれ衆生の修・往生を可能にせしめる根拠がおかれている。

如来の絶対能動的意志であればこそ、衆生の修・不修、往・不往の可否は問題ではない。如来の絶対能動的意志であればこそ、衆生をして転悪成徳・除疑獲証せしめんとして、阿弥陀如来の絶対無限の意志（大慈悲心）が娑婆世界の真只中において脈々と能動している阿弥陀如来現成の場である。そこではわれわれ凡小の修・不修、往・不往にかかわる分別思慮の領域を一切超えたところに、実はわれわれ衆生の修・往生を可能にせしめる根拠がおかれている。

修・不修、往・不往が問題とならなくなったところに、はじめて凡小愚鈍なるわれわれにとって真に易修易往が成り立つ。易修易往の「易」の基準は、衆生の難易判断のうちにはなく、対能動的意志に根差した必然的易においてである。このような絶対的易なるがゆえに、凡小愚鈍にとっても修し易いのである。もしも、凡小の修往のうえにその可否根拠がおかれるならば、修往を凡小の能力範囲のうちに限定し固定化することとなるであろう。そこではもはや如来の絶対能動的意志より等流せる名号も信楽も現成しない。ただあるのは凡小の狭隘で我執的な自我愛の残滓のみであろう。

親鸞の易修易往の主張には、行証が固定化されることを否定する意味がある。行の固定化は行の相対化であり差別化であり実体化である。凡小は、相対化され特殊化された行に適う存在ではない。如来の絶対能動的意志の働きである正智なる名号と真理なる信楽に根拠づけられた易修易往は、宗教的実存の現成経験上では一体何を意味するのであろうか。さきに単に易修易往は行動上での難易を指すものではないことを述べた。現実経験の内実においては、ただ単に難と易とは相対化されるものではない。

われわれが自己存在の絶対極限の深淵にまで徹到したところにはじめて開示されてくるのが如来の絶対能動的意志への自覚自証である。この自覚自証たる本願の歴史的表現こそが易修易往である。われわれの絶対極限の深淵において、まさしく如来本願の絶対能動的意志と凡小愚鈍の自覚とが絶対矛盾的に一となる現実経験内容を表象する概念である。

おのれを見出すものはわれわれの修往に関する絶対限界である。かかる絶対限界の自覚が凡小愚鈍の自覚にほかならない。凡小愚鈍の自覚なくしてどうしてわれわれは念仏行・信楽を易修易往なる実践と感得しえようか。易修易往の「易」は、われわれの絶対極限の深淵の表現である。

「ダルマ」の顕現 ──説法者と聞思者との出会い──

現実に展開せるいかなる宗派といえども、ゴータマ・ブッダの教法のうちになきものはない。八万四千の教法というも、その淵源は一つとしてゴータマ・ブッダの大悟なる覚証より出現せざる仏道はない。仏法と呼ばれる「ダルマ」はまさしくゴータマ・ブッダによって自覚自証せられたるものであることは何人も否定できない歴史的事実である。ゴータマ・ブッダのうえに歴史的に顕わとなった「ダルマ」のうちに一切の仏教の教法はみずからの根拠を据えるものでなければならない。かくして大聖一代教の本義は、ゴータマ・ブッダの自覚自証せる「ダルマ」に

よって一切すべての教法が根源的一を等持等流することでなければならない。教法を聞思する者といえども、真実なる聞思は何処までも「ダルマ」への超証を根本義とする。たとえ聞思者と説法者との間に師弟の別があろうとも、根源的一である「ダルマ」においてはいかなる差別もない。一切諸法の自性は平等一如である。説法者は「ダルマ」を説き、聞思者はその「ダルマ」を聞思し自証する。説法者はみずから教説する「ダルマ」が聞思者の深淵において真に顕わとなることを見るとき、説法者は自己の説ける「ダルマ」が聞思者によって聞思され自証される姿のうちに実は説法の真実相を見出す。

また、聞思者は説法者をただ単に人においてのみ見るならば、いかに「ダルマ」の説かれるを聞いたとしても、そのような聞は純粋なる聞法とはいえないであろう。それはなおも人にとらわれた聞法でしかない。説法者によって説かれる「ダルマ」が真に聞思されるのは、同一の「ダルマ」が説法者のうちに顕わとなるのと同じ仕方で聞思者のうちにも顕わとなるときである。かかる説法と聞思との関係は、相互に相手のうちに自己を見出す関係である。説法者の話術巧みなる能弁に惑わされ酔うごとき在り方ではない。「ダルマ」が顕わとなる純粋なる聞思は、説法者と聞思者と純粋思惟とが根源的に一となるとき、「ダルマ」の自然生起するところに真実の聞思は成り立つ。

聞思は単に対象的に何かを覚悟するいわゆる一般的自覚ではない。聞思は、「ダルマ」の説かれるを聞いたとしても現成する純粋思惟でなければならない。かくして聞思の道と純粋思惟の道とが根源的に一となるとき、「ダルマ」の自然等流たる純粋思惟の根源的一において、聞思者と説法者とは感応道交する。浄土教経典においては、感応道交の原型は『大無量寿経』に説かれたゴータマ・ブッダとアーナンダとの間に見出される。ゴータマ・ブッダは、甚深なる慧見をもって一切衆生を愍念せんとし願楽欲聞するアーナンダという一人の聞思者の上に、去・来・現の

一切の諸仏が仏仏相念し思惟する「大寂定」(14)の世界を応現したのである。されば、ゴータマ・ブッダとアーナンダとの間に円融無碍、いかなる障礙をも遠離せる三昧常寂の境界であったことを物語るものではあるまいか。聞思者と説法者との間に「ダルマ」の自然生起する根源的一の世界が開示するとは、まさしく仏仏相念の世界に仏と仏とが相念じたもうごとき現実相といえよう。今、われわれはこの仏仏相念の世界に思いを馳せるとき、ゴータマ・ブッダとアーナンダとの関係は、さらに世自在王仏と法蔵菩薩との関係にまで究竟化するものでなければならない。何故ならば、大乗仏教思想に顕現せる「ダルマ」は、一切善悪大小凡愚の十方衆生のうえに顕わさとならなければならないからである。

聞思者としての法蔵菩薩

法蔵菩薩は、国の王位にあったとき、世自在王仏の説法を聞いて心に悦予を懐き、たちどころに「無上正真道意」を発起した。仏と成らんとする心、菩提心を発起したのである。しかも法蔵菩薩が未だ出家する以前のことである。彼はなおも在家の聞法者であった。それから王位を放棄し沙門となり、出家者法蔵比丘と号した。だが、「無上正真道意」を発起したのは世俗の生活を営む在家者のときであった。世俗の真只中で仏と成らんとする最高無上の真実なる菩提を志求する心(道意)を発起したのである。

しかし、かかる発菩提心も世自在王仏の教法のうちに開顕された「ダルマ」の自然生起たる純粋思惟が聞法を通して現起したところが「無上正真道意」にほかならない。法蔵比丘はそれを機縁として出家(沙門)となり大乗菩薩たる六波羅蜜の行を実践していった。

法蔵菩薩は単なるいわゆる神話的説法の主人公などではない。「無上正真道意」を発こす聞思者すべてのうえに、仏仏相念の世界が開かれ、「ダルマ」の自然生起たる純粋思惟と根源的に一となる者のうちに最もリアルに法蔵菩薩の本願の実在性は心証せられる。それはもはや事実無根、人為的に空想せられたごとき神話などではない。むしろ、すべての歴史がそこから起こってくるような、またそれによってはじめて歴史が成り立つような、「ダルマ」がまさに自然生起せんとする源泉が法蔵菩薩の本願である。それは仏と仏とが相念する能動的思惟の根源である。否、むしろ聞思者をして道意を発こさしめ続けんとするものこそが、実は仏仏相念の根源的思惟――「ダルマ」の自然生起たる純粋思惟――である。

四　念仏行は転悪成徳による歴史的生を創造する実践行

宗教経験は何処までも、宗教的実践行為のうえに顕現し、そこにおいて確証されなければならない。しかし、斯くいえども、顕現は単なるわれわれの意識上の事柄ではない。すでに考察したように、真実なる宗教経験の実相は、われわれ自身のうえに生起せるも、実は、われわれ自身の存在の極限においてそれを打ち破るところにはじめて現成せるものなるがゆえに、われわれの通常の意識を破る。

浄土教者の宗教的実践行為は、念仏行なくしては成立しない。特に善導・法然・親鸞の浄土教思想の歴史を形成してきた実践行は念仏行を中核とする。念仏行はいわば歴史的実践行であるといわなければならない。それはほかならぬ本願の歴史的創造表現であるといわなければならない。本願は念仏行を通して顕現した本願の歴史的創造表現であるといわなければならない。本願は念仏行を通して歴史化される。念仏行は何処までも歴史的現実において念仏者の歴史的生を創造することによって、念仏行において歴史化される。

歴史創造の行動原理

「転悪成徳の正智」とは、まさしくかかる歴史的現実を創造していく行動原理でなければならない。それによって、はじめて念仏行は歴史的現実を創造することのできる実践的行為となる。念仏行が真に歴史を創造せる行動契機となるのは、念仏行が「転悪成徳の正智」を行動原理として実践されるときである。悪を転じて徳を成ずるということは、悪を転ずるところに、現前の人生のうちに巣食う一切の悪――社会的悪・政治的悪・道徳的悪・倫理的悪・宗教的悪等――のすべての悪を転ずることであり、それは悪に対する徹底的批判と否定を含む。

しかし、単なる批判や否定にとどまるものではない。念仏行における批判は、悪を単に客観的に切り捨ててしまうことではなく、念仏行が真に起こる場、「念仏申さんと思ひ立つ〈15〉自己」の深底には、悪のものの根源的悪への深信があり、「無慚無愧〈16〉なるわが身への逆説的懺悔があるのであり、それを通して成り立つ悪へのいわば主体的批判がある。それは根源的自己批判の中から展開される批判である。

しかし、念仏実践行が「転悪成徳」による歴史創造の行動原理となるためには、われわれの我愛我執たる虚妄分別的思惟に依拠した原理であってはならない。分別的思惟はわれわれ凡夫の分別的思惟に依拠した虚妄分別的思惟であり、それはまさしく一

切諸悪の根本原因と考えられるものを、清浄なる無分別智へと転換させることをその究極的意義として持つ。「転悪」の働きは、われわれの虚妄分別的思惟の根源たる我愛我執を照破せしめることでなければならない。われわれの分別的思惟が「顚倒虚偽」[17]なる思惟構造を取るものであることを、悪を転ずるという作用は開顕せしめるものでなければならない。

そのためには「転悪」は無分別なる智慧の働きでなければならぬ。われわれ凡夫の経験内容とはなりえない。それは単なる聖者的無分別の智慧であってはならない。聖者的智慧はわれわれ凡夫の経験内容とはなりえない。しかもわれわれ凡夫の分別思惟の構造が虚妄性を取るものであることを照破しなければならない。分別的思惟の虚妄性によって実践されている分別的思惟のうちにかかわるものでなければならない。凡夫が為す分別的思惟によって思惟され、しかもそれを無分別的思惟の純粋性にまで浄化せうるものでなければならない。分別的思惟の虚妄性を虚妄性のままで純粋的思惟の働きをもたらしめる智慧でなければならない。いわば絶対矛盾的に両者の作用が一つとなるような作用をもった智慧でなければならないのである。

弥陀救済の絶対表現——円融至徳の嘉号——

無分別的思惟と虚妄分別的思惟とが矛盾的自己同一として、われわれ凡夫の宗教経験を形成する智慧こそ、円融至徳の嘉号と呼ばれる弥陀救済の絶対表現である。それはあくまでわれわれ凡夫の虚妄分別的思惟を通して、その極限において顕れ成就されるものであり、法蔵菩薩の五劫なる無分別的思惟はそこにおいてはじめて現実的に成就される。それが名号の成就である。悪を転じて成就されてくる徳とは、われわれ凡夫の虚妄分別的思惟の真只中で、[18]

無分別的思惟と絶対矛盾的自己同一なる智慧によって性格づけられた純粋思惟が現実に生起していること自体を指す。われわれ凡夫の虚妄分別的思惟と絶対矛盾的自己同一的に名号が働くとき、その絶対矛盾的自己同一こそが名号の円融無碍性である。

念仏実践行は、円融無碍的に働く名号を称念することであるのは当然であるが、称念するわれわれの行為においては、それが真に純粋なる思惟のうちに称念されるときには、もはやわれわれの意識、われわれが称念しているという意識はなく、ただそこに現成しているのは円融無碍なる名号のみである。名号が名号自体を称念するとはどういうことか。称念はわれわれの虚妄分別的思惟の真只中に生起し、現にそこで称えられておりながら、われわれが名号を称える対象として称えているのではなく、名号みずからの声を聞くことにほかならない。円融無碍的働きとはそのような働きをいう。私が称えながら私は称えていない、ただ名号の声を聞く。本願の生起本末を聞くのである。尽十方無碍光如来の名を称することである。それがまさしく本願の歴史的創造表現が名号成就のうちに現実化されることである。現実の念仏行において、われわれ凡夫が虚妄分別的思惟の極限において最も主体的に体験される名号である。

われわれがもはや称えているのではないという、いわばわれわれの念仏実践行における絶対的自己否定は、単にわれわれの思惟が無くなるということではない。そうではなく、われわれの虚妄存在はその極限の境位にあり、本願の歴史的創造表現の自己限定せる存在こそ名号所聞の存在であり、まさしく「如来とひとし」(19)と呼ばれた「真の仏弟子」の存在である。「浄土の仮名人」と

「決定して一なるを得ず、決定して異なるを得ず」「不得決定一、不得決定異」なる絶対矛盾的自己同一「不一不異」として成立するが故に、転成はわれわれにおいてリアルなものとして体得される。

我執我愛の照破——難信金剛の信楽——

われわれの虚妄分別的思惟の極限において、自己意識が単なる自己存在のうちに閉ざされた意識ではなくなり、我執我愛を照破せる智慧が現実に働く境位を、親鸞は「難信金剛の信楽」と呼んだ。「難信」とは、単に信じ難いということを意味する概念ではない。対象的に信じるごときいわゆる一般的信ではない。一般的信はやはり何処かになおも「我れ信ず」という我が残されている。道元的表現を借りれば、なおも「自己をはこぶ」というところに横たわっている。「自己をはこぶ」ことによって信ずる対象を自己のいわゆる外に対置して信ずるという日常的信を超えたところに成り立つ信なるが故に今ここに「難信」と呼ばれる。「自己をはこぶ」信はなおも虚妄的な分別思惟の所産でしかない。

我執に根差した虚妄分別を照破せる智慧であるから、その智慧なる信を金剛のような堅固なる信と性格づける。単に堅固で不動なる信念のごとき心を指すのではない。もし念仏行を対象化させ、それを信ずるという構造の中で信ずることに執着し固執しつづけるならば、いかに信心の往生正因なることが強調され主張されようとも、もはやかかる信は我執我見の心以外の何ものでもない。それは信ずるという心相の内奥に巣食う意識下の盲点でもある。われわれが信を問題とする場合に常に思惟の領域にとどめておかなければならない点であろう。

親鸞が「真実信心」として語る信は、かかる一般的信の深底に横たわる顚倒虚偽なる我見を徹底的に露呈せしめる働きとして捉えられるところに重要な意味が見出される。無明無知なる我見をわれわれの自己意識の最も深い心相に照らし出すような信なればこそ、無分別的智慧の働きを持つ信であるということができる。もしそのような働きを持たない信にしてただ単に念仏を対象的に信ずるごとき心であるならば、いかに信が不動強固なものとなり深化されようとも、そのような信はしばしば陥るごとく信ずる者の無意識のうちに排他的心象を結果する。信ずる者に対して相反する立場・見解・視点に含まれる相異的要因を一切拒絶し、またそれらを偽なるものとして断棄することこそが恰も信であるかのごとくに思念する性癖を帯びる。かかる信こそまさに虚妄分別心に過ぎぬ。それは一見不動強固のごとき装いを持ちつつも、実は我見という虚偽なる橋頭堡で周囲を固めそのうちにかたくなに自己を幽閉することでしかない。そこには親鸞が味得した「念仏者は無碍の一道なり」(22)という自由自在の片鱗さえも見出しえないであろう。

おわりに

無分別的智慧の働きを持つ信は、除疑獲証する働きとしてわれわれには現実体験される。除疑獲証は決して二つ別々なるものではない。一切の疑念が除かれることが獲証ともいいうる面がなければならない。証が何らかの意味で現成しているところにはじめて真に除疑ということがいわれうる。したがって、念仏行者として除疑獲証せしめる根源的契機は、行者自身の念仏行に対する信心意識のうちにあるのではない。まさしく念仏行そのもののうちに覚証される真理意識である。信とは単に対象的

に何かを信ずる意識(そこでは何処までも根源的自己は覆い隠されたままである)ではなく、除疑獲証せしめる真理体験そのものである。

本願成就の名号たる真実功徳を信ずるから、その信が真理といわれるのではない。実際の信体験はまったく逆である。真実功徳なる名号が行者をして除疑獲証せしめるところにそれが真理として内観されるのである。この真理内観こそが真実信心である。信が真実なる信といわれるのは、実に信が真理そのものであるからにほかならない。真理が信を通して現成するのではない。除疑獲証すること自体が真理であり信である。

また、除疑獲証の真理は、われわれの生活実践の真只中で常に内観されるものでなければならぬ。それは無量寿なる永遠の創造的生命が、われわれの生命を常に新たに生かしめる働きとして現成化する本願の歴史的創造表現である。念仏三昧を実践するということは、念仏行が常にわれわれの生命を新たに創造せしめていく行である。そこにわれわれは念仏行のうちに成就された本願の真理意識を体感することができる。

念仏行はわれわれの生命を常に新たにせしめる限り、われわれの生活実践において自己存在を真に存在たらしめつつある大いなる意義が自然に湧き出ずるのを感受することができ、そこに一切の疑惑は滅却される。かくして真実なる信心は、われわれの生活実践の真只中において、常に新たなる生活を創造せしめていく念仏行によって生活実践の行動原理となる。このような信心体験を通してのみはじめて往生浄土の歴史的意義は真に感得せしめられてくる。本願・念仏行が生活実践の行動基準となりえてこそ、往生浄土の思想は、歴史のうちに受肉化され現成化される。

註

(1) 龍谷大学文学研究科において二〇〇六年度課程博士(文学)の学位を取得したデヴィッド松本(David Ryo

(2) 「教行証文類」「教文類」真宗大綱、指定教体、大経大意「それ真実の教を顕さば、すなはち『大無量寿経』これなり。(中略)ここをもって如来の本願を説きて経の宗致とす、すなはち仏の名号をもって経の体とするなり」(教学伝道研究センター編纂『浄土真宗聖典——註釈版第二版——』本願寺出版社、二〇〇四年〈以下『註釈版』と略〉no.2：一三五頁)。

(3) 『正像末和讃』三時讃の最初第二首から第五首に「釈迦如来かくれましまして 二千余年になりたまふ 正像の二時はをはりにき 如来の遺弟悲泣せよ」「末法五濁の有情の 行・証かなはぬときなれば 釈迦の遺法ことごとく 竜宮にいりたまひにき 正像末の三時には 弥陀の本願ひろまれり 像季・末法のこの世には 諸善竜宮にいりたまふ。」「大集経」にときたまふ この世は第五の五百年 闘諍堅固なるゆゑに 白法隠滞したまへり」とあることより明白であろう〈『註釈版』六〇〇一六〇一頁〉。

(4) 西義雄編『大乗菩薩道の研究』(平楽寺書店、一九六八年、一九七七年第二刷)所収の第一章西義雄論文「般若経における菩薩の理念と実践」第一節「菩薩思想の興起とその意義」(三一一三三頁)、第六節「菩薩の空観より願行への自動力として——般若経における真如 tathatā 観について——」(一○九一一二七頁)参照。さらに法蔵菩薩

(5) 『大無量寿経』巻上、正宗分、法蔵発願、五十三仏「仏、阿難に告げたまはく、乃往過去久遠無量不可思議無央数劫に、錠光如来、世に興出して無量の衆生を教化し度脱して、みな道を得しめてすなはち滅度を取りたまひき」(『註釈版』no. 4：九頁)

(6) 同右

(7) 『歎異抄』第二条「たとひ法然聖人にすかされまゐらせて、念仏して地獄におちたりとも、さらに後悔すべからず候ふ。そのゆゑは、自余の行もはげみて仏に成るべかりける身が、念仏を申して地獄にもおちて候はばこそ、すかされたてまつりてといふ後悔も候はめ。いづれの行もおよびがたき身なれば、とても地獄は一定すみかぞかし」(『註釈版』八三二―八三三頁)

(8) 金子大榮『教行信証講読』教行巻(《金子大榮著作集》第六巻、春秋社、一九八一年)三三頁

(9) 同、三三頁

(10) 同右

(11) 『歎異抄』後序の有名な言葉に「聖人(親鸞)のつねの仰せにには、「弥陀の五劫思惟の願をよくよく案ずれば、ひとへに親鸞一人がためなりけり。されば、それほどの業をもちける身にてありけるを、たすけんとおぼしめしたちける本願のかたじけなさよ」と御述懐候ひしことを、いままた案ずるに、善導の「自身はこれ現に罪悪生死の凡夫、曠劫よりこのかたつねに流転して、出離の縁あることなき身としれ」(散善義 四五七)といふ金言に、すこしもたがはせおはしまさず。されば、かたじけなく、わが御身にひきかけて、われらが身の罪悪のふかきほどをもしらず、如来の御恩のたかきことをもしらずして迷へるを、おもひしらせんがためにて候ひけり。まことに如来の御恩といふことをば沙汰なくして、われもひとも、よしあしといふことをのみ申しあへり」(『註釈版』八五三頁)とある。ここにいう「ひとへに親鸞一人がためなりけり」という親鸞自身の自覚が、この箇所においていかなる文脈で提示されているかが考察されなければならない。

(12) 前掲註(11)所引の『歎異抄』後序で「善導の「自身はこれ現に罪悪生死の凡夫、曠劫よりこのかたつねにしづみつねに流転して、出離の縁あることなき身としも」といふ金言」が「御述懐」の直後に引用されていることが、そのことを宗教的事柄として証明しているであろう。

(13) 二種深信における法の深信のリアリティーは機の深信においてはじめて確証される。また同時にそのリアリティーは法の深信によって確証されなければならない。

(14) アーナンダは大徳世尊ゴータマ・ブッダが身色諸根、悉皆清浄。威光赫奕如融金聚、又如明鏡凝照光暉。従昔已来、初未曾見。喜得瞻仰、生希有心。世尊、今者入大寂定行如来行、皆悉円満善能建立大丈夫行、思惟去・来・現在諸仏」(筆者傍点)(『真宗聖教全書』第一巻、大八木興文堂、一九四一年、一八六頁)。

(15) 『歎異抄』第一条には「弥陀の誓願不思議にたすけられまゐらせて、往生をばとぐるなりと信じて念仏申さんとおもひたつこころのおこるとき、すなはち摂取不捨の利益にあづけしめたまふなり。弥陀の本願には、老少・善悪のひとをえらばれず、ただ信心を要すとしるべし。そのゆゑは、罪悪深重・煩悩熾盛の衆生をたすけんがためのるは、他の善も要にあらず、念仏にまさるべき善なきゆゑに。悪をもおそるべからず、弥陀の本願をさまたぐるほどの悪なきゆゑにと云々」(『註釈版』八三一—八三二頁)とある。

(16) 『正像末和讃』悲歎述懐讃、第九十七首に「無慚無愧のこの身にて まことのこころはなけれども 弥陀の回向の御名なれば 功徳は十方にみちたまふ」(『註釈版』六一七頁)とあり、さらに第九十九首には「蛇蠍奸詐のこのにて 自力修善はかなふまじ 如来の回向をたのまでは 無慚無愧にてはてぞせん」(『註釈版』六一八頁)と、親鸞は自己存在の根柢にどこまでも巣食う無慚無愧なる赤裸々の現実相を見すえていた。

(17) 『往生論註』巻上、総説分、成上起下偈、真実功徳釈に曇鸞は「真実功徳相」に二種の功徳があるとして、その第一に「一には有漏の心より生じて法性に順ぜず。いはゆる凡夫人天の諸善、人天の果報、もしは因もしは果、みなこれ顛倒、みなこれ虚偽なり。このゆゑに不実の功徳と名づく」(『浄土真宗聖典 七祖篇——註釈版』本願寺出版社、一九九六年(以下『七祖註釈版』と略)五六頁)と註解している。

(18) かかる事柄が成り立つ根柢に、山口益が『世親の浄土論』(法藏館、一九六六年)においてあきらかにした「清

浄〕vyavadāna (purification) の理解を見すえたいのである。特に世親『浄土論』の帰敬偈と造論の意趣に関して、五三二—五五頁（「一心」）、五八一—六三三頁（『往生安楽国』）、一〇一—一〇四頁（三種の荘厳功徳成就』、一一〇頁〔阿弥陀如来の自利利他の功徳の成就〕等に深淵なる註解がほどこされていること、さらにそのような方向で『浄土論』『往生論註』が「インド大乗仏教における伝統」に即応して解釈され、それを基礎として親鸞浄土仏教における「真実信心」の真実義が解明されていることは、「組織真宗学」の宗教哲学的土台を構築する上で重要不可欠なる根本契機を担っている。「真実の浄信を生じて」（『往生論註』巻下、解義分、観察体相章、器世間、入第一義諦『七祖註釈版』no.81：一二五頁）について、山口は「十七種荘厳の第一の清浄功徳成就の、「清浄」vyavadāna (purification) であることによって、すでに予想せられていることとおもわれる。何故ならば、「清浄にするはたらきの態」がわれわれに到り届くことによって、われわれは無始以来の雑染なる相に反省せしめられ、阿弥陀仏国に生ぜんと願わしめられる。そういうことが、われわれの上における清浄 (purification) の現実相であるからである」（前掲書一二〇頁）と註解されている。

(19) 善導『法事讃』「教念弥陀専復専」の「専復専」を親鸞は「一行一心をもつぱらなり」という義であると理解し、かかる「一行一心なるひと」を「摂取して捨てたまはざれば阿弥陀となづけたてまつる」と善導は捉えたのだとする。この「一心」が「横超の信心」であり『大経』の本願の三信心であり、世親菩薩は「願作仏心」「衆生をして無上涅槃にいたらしむる心」またそれは「度衆生心」であり「衆生をして生死の大海をわたすこころ」にほかならない。それゆえであり「大菩提心」・「大慈大悲心」であり「仏性」であり「如来」にほかならない。それゆえに親鸞は「この信心をうるを慶喜といふなり。慶喜するひとは諸仏とひとしきひととなづく」（『尊号真像銘文』『註釈版』no.17：六七一頁）といい、また「さて『大経』（下）には、「次如弥勒」とは申すなり。弥勒はすでに仏にちかくましませば、弥勒仏と諸宗のならひは申すなり。しかれば弥勒におなじ位なれば、正定聚の人は如来とひとしとも申すなり。浄土の真実信心の人は、この身こそあさましき不浄造悪の身なれども、心はすでに如来とひとしければ、如来とひとしと申すこともあるべしとしらせたまへ」（『親鸞聖人御消息』第十一通『註釈版』七五八頁）と高唱しえた。

(20)『往生論註』巻上、総説分、作願門、願生問答(『七祖註釈版』no.6：五五頁)
(21)『正法眼蔵』第一、現成公按「自己をはこびて万法を修証するを迷とす、万法すゝみて自己を修証するはさとりなり」(日本思想大系12『道元』上、岩波書店、一九七〇年)三五頁
(22)『歎異抄』第七条に「念仏者は無碍の一道なり。そのいはれいかんとならば、信心の行者には、天神・地祇も敬伏し、魔界・外道も障碍することなし。罪悪も業報を感ずることあたはず、諸善もおよぶことなきゆゑなり」とある。なお親鸞は『行文類』大行釈、追釈、他力釈に引用せる『往生論註』巻下に「阿耨多羅三藐三菩提」を「無上正遍道」と名づけるとして、さらにその「道」を「道は無碍道なり」と規定し、さらに『華厳経』の文「十方の無碍人、一道より生死を出でたまへり」を引用し、「一道」は、「一無碍道なり。無碍は、いはく、生死すなはちこれ涅槃なりと知るなり。かくのごときらの入不二の法門は無碍の相なり」(筆者傍点)(『註釈版』)と註解している。
(『註釈版』no.82：一九二頁)

第四部

近世における親鸞思想

小林一茶の信心
──「あなた任せ」への道──

大桑 斉

土着した真宗はどのようにして、いかなる芽を出すのだろうか。寺檀制下で真宗が精神的風土となったとき、信仰はいかにして獲得され、どのような信仰に帰結したのか、これが本稿の研究課題である。一人の民衆として、真宗門徒として生きた俳人小林一茶の信仰の形成過程を問うことで右の課題への接近を試みる。『一茶全集』を史料として(引用には巻・頁数を付記)、一茶の一つの到達点である著作『おらが春』に到るまでの、真宗の目覚めと信仰の深化を検討する。

一 真宗無視の一茶研究

ただならぬ数の一茶研究、その多くが真宗を無視している。研究の初発点に位置する勝峯晋風や荻原井泉水には、まだしも真宗信仰への言及があったが、その後一転し、伊藤正雄・川島つゆ・丸山一彦・小林計一郎・栗山理一・瓜生卓造・宗左近などの一茶や俳諧史研究者には、真宗への言及が見られなくなる。矢羽勝幸・中田雅敏になると、ようやく真宗信仰に目が向けられるが、信仰内容にまで踏み込むものではない。

なぜそうなるのだろうか。宗左近の場合、「世〔の〕中は地獄の上の花見哉」という句を取り上げ、江戸での困窮生活のなかで「人間の自己疎外を感じた」一茶に「近代人」を見、「存在というものの背理を、ひいては宗教の蔽いかくすことのできない生と死の断絶の酷たらしい不条理を感受する」として宗教が排除されてしまう。一茶が、ではなく宗左近という近代人が、排除するのであろう。「地獄の上」という文言があるにしても、一茶はあの世の地獄と極楽には関心を持っていない（八九頁）というのは、宗教を来世性において見る結果である。俳壇の大御所金子兜太は、一茶に真宗を認めるが、「花の下で寝てしまうかもしれない。けれどもうっかり寝ると、この年齢だから、そのまま目覚めずに死んでしまうかもしれない。「花の影寝まじ未来が恐しき」を「花だから寝ないことにしよう」と解釈している（一二五頁）。近代人には、花に浮かれて、弥陀の本願を思うことがなく、まして来世の地獄と観念する一茶、その姿が見えていない。一茶の真宗はこのような近代性によって消去される。

こうしたなかで、前田利治は「衆生一切が阿弥陀仏の本願によってあるがままに摂取される大慈大悲の反語的表

二　一茶における真宗の覚醒

一茶の句、俳文などに見出せる真宗の芽生えの様相を時期区分して検討する。

第一期──目覚め以前

郷里を離れて江戸に在住し、享和元年（一八〇一）三十九歳で父の死に会うまでの時期である。『父の終焉日記』別記に、十四歳で祖母の死に会い、闇夜に灯を失った気持となり、「日暮称名のみをちからに」日をおくり、その直後に熱病に罹り命も危ぶまれたとき、「つき添ふ人々は念仏を進め、信之（一茶の本名）も息の通はん程は御仏号をとなへつゝ」（⑤八七）という、少年期の念仏体験が記されている。寺檀制下では少年時代に念仏を知るのが普通で、念仏に縁の薄い江戸へ奉公に出ても、その念仏や真宗が心の底に居座ることになる。

この時期に後に繋がるような真宗的思惟が散見される。二十九歳の『寛政三年紀行』がその意味では興味深い。「月につけ花につけ、たゞ徒に寝ころぶのみ。是あたら景色の罪人」（⑤一六）という「罪人」に、真宗の匂いがする。熊谷直実の蓮生寺に参詣して、「皆一睡の夢にして、恥も誉れも」「宿業のむくゆる報ひ」を感じ、「時鳥のいさぎよき」も思わず「初雪のおもしろき」も「己は犬馬のごとくして」、並んで立つ敦盛の墓に涙して、「この世は「天地大戯場」」（⑤一八）という宿業観や夢幻の身、虚構の世の観念も、真宗に根があると見做し、ち幻」、

えよう。その虚構の世を僧に擬した姿で旅する己は、「専名利の地獄に入、貪欲の心はいよいよ盛に、仏を念ずる思ひは漸々に怠る」⑤二〇)と慙愧する。親鸞の「愛欲の広海」「名利の大山」「定聚の数に入るを喜ばず」という述懐と響きあっているかのようである。知識として知っていた親鸞に擬しての修辞と片づけることもできるが、「魄棚や則吾もかりの宿」(寛政五年、三十一歳）②六〇)と死者との関わりから我が身を「かりの宿」と見、「ちる木の葉則去ルタかな」(寛政十年、三十六歳⑥三三)と、やがて散る身と詠む無常感は、通俗的ながら、真宗が根底となっていると考えられる。土着した近世真宗は、そこに生を得た人間の思惟の基盤となり、折々に顔を出す。

第二期――遊民の自覚

享和元年三十九歳、父の死から、文化三年四十四歳前半、最初の帰郷以前が一つの時期を画する。

江戸で名をなしたとはいえ、故郷を離れた放浪の俳諧師でしかない一茶は、己の生の意味を紡ぎ出す場（トポス）を見出しえず、それを希求してさまよう放浪者（ノマド）の姿である。そのとき、真宗が働き出す。

『父の終焉日記』では、父弥五兵衛が重病の床にありながら御命日には起き上がり口を濯いで勤行し、夜中に突如として「いゝ、いゝ、いなん」、「いふにやをよぶ、至心々経（信楽）欲生我国」⑤八二)と叫ぶ篤信の念仏者の姿を描き出した。「秘法仏力を借り」ようとする人びとに「宗法なりとてゆるさず」⑤七三)と断ったことを記すのも、根づいた真宗の思惟である。「うけがたき人と生れてなよ竹の直なる道に入るよしも哉」⑤七六)、「生残る我にかゝるや草の露」⑤八五)と読み出されたのも、父の死に「うけがたき人（身）」、「生残る」身を見る真宗的認識であろう。

文化元年四十二歳、「来年はなきものゝやうに桜哉」②一九六)、「又土になりそこなうて花の春」②一九九)、

「我とても仮の宿りぞ小田〔の〕雁」（②二三七）、四十三歳「ちる花に活過したりとゆふべ哉」（②二七七）と、生き残りの観念が深まり、我が身の行末に思いが及ぶ。そのとき、「空に迄仏ましく〜て草の花」（②二九五）と仏が出現する。「秋風にあなた任の小蝶哉」（②二九九・三〇二）と懺悔し、「葬のかぞへる程に仏に成にけり」（②三〇二）という朝顔のごときはかなき身に、「年よりや月を見るにもナムアミダ」（②三〇四）と念仏が顔を出すに到る。

しかし、その己は所詮はノマドでしかない。同年冬に到って「只居ばおるとて雪の降にけり」（②三一九）、「捨ぶちをいつ迄見べき夜の霜」（②三二一）、「御迎ひの雲を待つ我が身を、「耕さぬ罪」と受け止め、文化三年四十四歳の元日には「遊民〈〜とかしこき人に叱られても今更せんすべなく、又ことし娑婆塞ぞよ草の家」（②三三一）などなど、「只居ば」「捨ぶち」で「御迎ひ」を待つ我が身を、「耕さぬ罪」（②三二三）、「耕さぬ罪もいくばく年の暮」（②三二五）などなど、「只居ば」「捨ぶち」で「御迎ひ」を待つ我が身を、「耕さぬ罪」と受け止め、文化三年四十四歳の元日には「遊民〈〜とかしこき人に叱られても今更せんすべなく、又ことし娑婆塞ぞよ草の家」（②三三一）と、「娑婆塞」の「遊民」との自己規定に到る。まさにノマドの認識である。「穀つぶし桜の下にくらしけり」（②三四〇）、「瘦梅のなりどしもなき我身哉」（⑤三五二）もそれである。しかし遊民にも「蠅打にけふもひつぢの歩哉」（②三五〇）と、刻々死に近づく羊の歩みを見、「入相に片耳ふさぐ団〔扇〕哉」（②三五四）と、遊民を「はづかしや」と、忍び寄る死に耳を塞ぎ、年の暮に「はづかしや喰て寝て聞寒念仏」（②三八七）といい、我が身の行末を思い、仏や念仏に思いを致すのは真宗であっても、「うけがたき人（身）」といい、我が身の行末を思い、仏や念仏に思いを致すのは真宗であっても、「うけがたき人（身）」るという遊民観念は、四民それぞれが固有の役を持って存在するという近世の職分論からの認識で、遊民は無用者、役立たずと非難されるのが通例であるが、一茶がこれを「罪」、「はずかしや」と表現するのは、死を直視せず、来世を思わない自分への認識である。通俗的人生観としての無常感と職分論の遊民論をベースにしながら、それが真宗的表現を獲得しているのである。

第三期——望郷

トポスを失い、流浪するノマド一茶に、真宗が目を覚まして来る。ノマドの身はその対極トポスを求め、望郷の思念が深まる。故郷は己の生の意味を紡ぎ出す場であるはずである。しかるに、故郷、トポス願望は、遺産争いとして現実化する。文化四年（一八〇七）四十五歳、父七回忌に帰郷して遺産交渉を始め、文化五年に祖母三十三回忌に六～十二月に帰郷、同六年四月、同七年五月と帰郷が続き、同十年五十一歳一月に遺産交渉はようやく決着する。

この過程で、希求したトポス故郷は、「苦の娑婆と草さへ伏か秋の暮」「苦のサバをつくぐ法師ぐ哉」（文化五年 ②五〇二）、「古郷やよるも障も茨の花」（文化七年 ③六一）と娑婆に転化し、トポスは祖母・父に集約代替される。祖母三十三年迫夜に、八歳の時に継母から虐待されたが、「老婆袖となり垣となりて助けましませばこそ」、「誠にけふの法庭に逢ふことのうれしくありがたく、かくいふけふをさへ老婆の守り給ふにや」（②五〇二）と記すことで、祖母がトポスに形象化された。

一方ではその恩を思わず、頼むことを知らない己を恥じ入る心情がある。故郷へ帰るに先立っての文化五年三月、山下常楽院（江戸六阿弥陀の第五）の法要に参詣して「我後の世をたのみおく軒ばの梅さへ持たぬ境界」とノマドの身を確かめ、「御仏必見捨給ふなよ。花桶に蝶も聞かよ一大事」（②四六七）と「一大事」を仏に聞こうとしたことがあった。また三歳の幼児が、「あの花おりての、様に奉れ」というのを聞いて、「是を思へば、おのれ半死白頭の齢ひなるに、朝ぐの茶の手向さへおこたりがちにして、貪瞋癡の病は日ぐさがしく、仏前に灯をとぼし侍る。是さへ長く修せんとは思れざりけり。白露にお花の種を蒔ばやな」又嬰児の志もはづかしく、阿鼻大城のくるしみもうす気味わろく、翌父の迫夜をさへ忘るゝ、ていたらく、」（②四七一―四七二）と己を恥じる。このような自

己認識がトポスとしての亡祖母・亡父の形象化を導き出したのである。

それは一転して、文化六年には「たゞ頼め花ははら〲あの通」(②五三一)、「たゞ頼め桜もほた〲あの通」(②五三二)と、ただ仏を頼むばかりと真宗が見出された。さらに頼むを知らない恥ずべき我が身観念を媒介に、「ともかくもあなた任せかかたつむり」(②五四三)と「あなた任せ」が登場し、同七年には「涼風はあなた任せぞ墓の松」(③七〇)から同八年の「涼風も仏任せの此身かな」(③一二〇)と「仏任せ」に転換され、同十年「とるとしもあなた任せぞ雪仏」(③一八一)、「かくれ家やあなた任せの稲の花」(③二四五)と展開する。『おらが春』の「あなた任せ」の前提が形成されている。

その間の文化九年には、「世(の)中は地獄の上の花見哉」(③一四八)、「けふこそは地獄の衆も花見哉」(③一四九)という、地獄の娑婆を忘れて浮かれる己という認識が横たわっている。頼みとするトポス故郷は苦の娑婆、地獄。亡祖母・父のみトポス、それに守られる己、にもかかわらず弥陀を頼むことなき己、その己はあなたに任せるしかない、このような一茶の精神の展開に、機の深信が法の深信へ向かう軌跡が窺える。

この時期で重要なのは、『文化五年八月句日記』八月二十四日条に「御書披露」として記された文である。「近ごろ口身意三業といふ異体の教起りてより、(中略)暫時のうちに蜘〔蛛〕の子散すがごとく国〲にはびこりて、人の心迷はすことたゞならず」(②四八七)であったから、寺社奉行の糾明を受け、この度は荘厳寺という巡郷使が派遣されたので、一茶の村柏原の門徒たちが小躍りして喜んだという。一茶は三業帰命説に反対していた。「口身意三業といふ異体の教」とは、江戸末期の真宗世界を揺るがした三業帰命説を指す。

寛政九年(一七九七)に始まり十年間に及んだ三業帰命説をめぐる論争は、地方門末を巻き込んで大騒動となり、文化二年(一八〇五)に幕府の介入によって三業派が処罰され、同三年には西本願寺宗主の御裁断御書が出された。

しかしそれでも終わらない深い根を持っていた。

奈倉哲三に関連の研究がある。三業帰命説は、越後蒲原地方や信濃北部で、西本願寺派のみならず東本願寺派や仏光寺派の門末にも支持者がいた。越後三島郡片貝村（現小千谷市）の庄屋であった太刀川喜右衛門の随筆風の記録『やせかまど』には、「当村なども頼むがよきか悪きかと、願じゃの頼むじゃのといろ〳〵争論ありて騒々しかりし也」（一一九頁）と文化五年の状況を伝えている。そうした内で、六月には信濃越後両国末寺門徒宛に本如宗主の消息が下され、使僧荘厳寺の派遣が伝えられた。「人気不穏」と延引が願い出されるなか、派遣が強行され、使僧は「一合戦仕るべく」覚悟の下に下向した（一一六―一一七頁）のである。結局三業派七か寺が回心し、文化八年に終止符が打たれた。

一茶はその使僧のもたらした宗主御書披露に関して一文を記し留めた。三業帰命説に批判的であったことによる。その直前に『連句稿裏書』文化五年七月二十二日に、「牛盗人トイハル、トモ、モシハ後世者、モシハ仏法者トミユルヤウニ、フルマフベカラズトコソ仰セラレタリ、示弥兵衛（異母弟専六）」という『一茶遺墨鑑』（一茶同好会、一九一三年）の書簡に、「牛盗人と見らる、とも浮世者の行迹すべからずとは尊とき教へなるを、いかなれば、盗人にあらざる二もあらずといふ後世者の振る舞いをなし、肩衣して糀ひつ、もはら逆道のミ行ふを浮世者といふ。にが〳〵しき所がら也」という文へ連なる。賊心の上を、肩衣して糀ひつ、、、もはら逆道のミ行ふをあたかも信心者のように肩衣で覆い隠す世話方を偽善者と批判しているのは、三業帰命説が全身をあげて信心を表明することを指している。

奈倉は、近世後期には、強烈な往生願望という「大衆的浄土信仰の、いわばその最終段階」を迎え、現世に主体的に関わる門徒大衆が増大して「我」が独自に意味を持つようになったとき、「生死をはなる、ことあるべからざ

る」(《歎異抄》)という「人間存在の本質的他律性」が明確になり、その対極に「弥陀を直感的に認識する」という「精神史の新しい流れ」が「三業固執の族」となった。「我」の意味化が「我」の他律性を明らかにするという矛盾のなかで、「我」を問い、救われがたき「我」という認識が深まるほどに、全身をかけて弥陀を頼む、といってもよかろう。「我」の意味化が「我」の他律性を明らかにするという矛盾のなかで、「我」を問い、救われがたき「我」という認識が深まるほどに、全身をかけて弥陀を頼む、といってもよかろう。この信心が対峙したのは、「すでに弥陀によって浄土への往生が確約されていると思い、ただ〝あ〟と信ず る」信心、「絶対他力を信ずる限り行者の一切の能動的立場を否定」する十劫・無帰命安心で、「弥陀の絶対性を一面的に知解した」信心である（一三三頁）と、奈倉はこれを評価しない。その一方で、三業帰命の信心は、「弥陀に対置してあまりにも無力である人間の、その能動性をこそ問題としたような、あらたな自力の偏向」であるが、「真宗的思考という枠のなかで、近代へのほとんど入口に立つ」（一三五頁）と評価する。奈倉によれば、反三業派である一茶は、反近代となってしまう。評価基準が「近代」におかれる限りそうなるであろう。真宗を無視した一茶研究に連動する。

ただし、一茶研究で三業帰命説やそれに関わる「御書披露」の文が注目されることはなかった。黄色瑞華の著[9]書では右の御書披露の文が部分引用され、三業惑乱との関連が指摘されているが、それ以上ではない。黄色の別著[10]では、右の「示弥兵衛」の文が紹介され、牛盗人の典拠として蓮如の文明七年十一月二十一日御文を示しているが、三業帰命説との関わりの視点がない。

第四期——慙愧と無常

相続争いが決着して文化十一年五十二歳二月には生家を二分して住し、四月には菊を嫁に迎え、同十三年五十四

歳、長男千太郎の誕生と死、文政元年(一八一八)五十六歳、五月長女さと誕生と同二年五十七歳六月の死、といううように、家族を形成し死と出会う時期である。

 嫁を迎えた文化十一年の句は、それだけで一つの世界を成している。

「起臥も桜明りや念仏坊」(③三一六)と、桜明かりに包まれたような、幸せに念仏する一茶である。けれども七月、

「浅ましや仏ぎらひも白露のたま〳〵生れ出し此世を」(③三一九)と、実のところは仏嫌いの浅ましい身であり、

「露ちるや地獄の種をけふもまく」(③三二二)罪人であると逆転される。機の深信の深まりである。そうなれば九月「露ちるな弥陀が御苦労あそばさる」(③三二二)と弥陀の慈悲の呼びかけの声が聞こえてくる。でも「くよ〳〵とささはぐな翌は翌の露」(同)と居直ると、「うそ寒や只居る罰が今あたる」(③三三五)とまた罪の意識に逆転する。ありのままで救われたと満足する意識と只ありの罪の意識、聞こえてくる仏の呼び声、それに居直っている罪の意識、法の深信と機の深信の葛藤のなかにある。以前からのこの葛藤が、この時期に深化されて、以後の生涯を貫く基調となった。

 翌文化十二年五十三歳も、二月に「花ちるな弥陀が御苦労遊ばさる」(③三五七)と仏の呼びかけの声を聞きながら、五月「翌もありあさてもありと露(の)世の露を露とも思ざりけり」(③三六七)、「世(の)中よ針だらけでも蓮(の)花」(③三六八)と居直り、「涼しやな弥陀成仏の此かたは」(③三六九)と悟りすます。けれども六月、「翌しらぬ盥の魚や夕涼」(③三七四)、「魚どもは桶としらでや夕涼」(③三七五)と明日を知らない桶の中の魚と慙愧する。慈悲に居直り慙愧する葛藤の展開は前年と同じである。

 次の文化十三年五十四歳春は、「こんな身も拾ふ神ありて花(の)春」「捨る神あればぞ拾ふかみあればぞ我も花のかげ哉」(③四〇三)と、「こんな身」にもたらされた幸せに浸り、それを「日が長い〳〵とばかり御仏の道にも入

らで過しつる哉」「日が長い〳〵とむだな此世哉」③(四〇五)、「むだな身に勿体なさの日永哉」③(四一二)と、もったいないと註記するだけで、特にその感慨を述べた句が見当たらない。『七番日記』には「キク女子生ム」③(五三八)とそっけなく注記するだけで、特にその感慨を述べた句が見当たらない。『七番日記』には「キク女子生ム」③(五三八)とそっけなく意識の転換が交錯する日々であった。四月には長男が誕生して喜びがいや増したのが、わずか一か月で世を去ると、「はづかしやおれが心と秋の空」③(四四七)と慚愧する。この年は、子の死を媒介にして露の身の無常責められ、「はづかしやおれが心と秋の空」③(四四七)と慚愧する。この年は、子の死を媒介にして露の身の無常でほたへけり」「けふからは見るもおがむも草の露」③(四三六)というように、露のごとき我が身という無常感に責められ、「はづかしやおれが心と秋の空」③(四四七)と慚愧する。この年は、子の死を媒介にして露の身の無常と慚愧が深まる。同じ十一月には最も敬愛した先達夏目成美の死に会い、「露の世は得心ながらさりながら」③(四七八)と、露の身の無常を納得し難いものと反転させ、翌文化十四年五十五歳にはさらには「うけがたき人と生て鬼茨のとが〳〵しくも世を過す哉」③(五〇〇)と受けがたき生を鬼茨となって生きる己といい、「むだな身のあら恥かしや常巨燵」③(五〇一)と、歎きながら居直ってしまう。ところが翌文化十五(文政元)年五十六歳三月には「花見まじ未来の程がおそろしき」③(五三二)、四月の「寝て涼ム月や未来がおそろしき」③(五三四)と、ここで地獄必定の身を、恐ろしき救われがたい己と戦慄する。無常に責められ居直り、慚愧して地獄必定の身と観念した。

三 『おらが春』

文化十五年(一八一八)五月四日に長女さとが誕生する。『七番日記』には「キク女子生ム」③(五三八)とそっけなく注記するだけで、特にその感慨を述べた句が見当たらない。その愛児はわずか四百日余りで、翌文政二年五月十七歳六月には命を終える。この年からの『八番日記』の六月には「とし寄の袖としらでや虎の雨」「我庵は虎が涙もぬれにけり」④(五九)という、曾我十郎の愛人虎御前が惜別に涙したことにかけての句が記され、九月には

「夢にさと女を見て、頰べたにあてなどするや赤い柿」(④八〇) と愛惜している。句集にはこの程度しかさと女愛惜が知られないが、文政二年暮の奥書を持つ『おらが春』には、まことに細やかな娘への情愛と死の歎きが記される。挿話第一に「目出度さもちう位也おらがの五月生れたる娘に、一人前の雑煮膳を居へて、這へ笑へ二ッになるぞけさからは」(⑥一三六) が置かれる。娘さとの存在が中位の「目出度さ」を象徴する。第十三話に到って娘さとの可愛さが描写される。一茶が仏壇にリンを打てば這いよって「なんむ〳〵」と思い、しかるに直ぐに「はや地獄の種を蒔て」(⑥一四八) 蠅蚊を憎み酒を呑むと己を恥じる。その付け句に、有名な「名月を取ってくれろとなく子哉」(⑥一四九) もある。かくして第十五話に娘さとの発病から六月二十一日の死去が述べられ、「露の世は露の世ながらさりながら」(⑥一五〇) が記される。最後に「他力信心」の文 (⑥一五六—一五七) がおかれ、「あなた任せのとしの暮」の句を導く。娘さとへの情愛と死を中心に見れば、『おらが春』は概ねこのような構成である。愛娘に目出度さを見て「おらが春」と詠じ、その死に会って無常を知らされ、しかし様の御はからひ次第して、地獄なりとも極楽なりとも「当流の安心」に到って「其身を如来の御前に投出すでに見たように、あなた様の御はからひ次第」と決着した。「あなた任せ」に到ったのである。うとしたことも文化十三年 (一八一六) の夏目成美の死によって再構成され、無常の世が「さりながら」から「あなた任せ」へと深められたと見なければならない。

「他力信心」の文にそのことが窺える。

他力信心〈〳〵と、一向に他力にちからを入て頼み込み候輩は、つひに他力縄に縛られて、自力地獄の炎の中へぼ

たんとおち入候。其次に、かゝるきたなき土凡夫を、うつくしき黄金の膚になしくだされと、阿弥陀仏におし誑へに誑ばなしにしておいて、はや五体は仏染み成りたるやうに悪るすましなるも、自力の張本人たるべく候。問ていはく、いか様に心得たらんには、御流儀に叶ひ侍りなん。答ていはく、別に小むつかしき子細は不存候。たゞ自力他力、何のかのいふ芥もくたを、さらりとちくらが沖へ流して、さて後生の一大事は、其身を如来の御前に投出して、地獄なりとも極楽なりとも、あなた様の御はからひ次第、あそばされくださりませと御頼み申ばかり也。如斯決定しての上には、「なむ阿みだ仏」という口の下より、欲の網をはる野に、手長蜘の行ひして、人の目を霞め、世渡る雁のかりそめにも、我田へ水を引く盗み心をゆめ〳〵持べからず。しかる時は、あながち作り声して念仏申に不及。ねがはずとも仏は守り給ふべし。是則当流の安心とは申也。穴かしこ。

ともかくもあなた任せのとしの暮　　　五十七齢一茶

⑥一五六―一五七

御文が下敷きになっていて、「頼む」のありようが問題にされる。「他力にちからを入て頼み込み候輩」というのは、「頼む」を強調する三業帰命の信心をいうのであろう。心口意三業をそろえての「頼む」のが三業帰命説であるから、このような信心では自力の「頼む」でありながら他力とする誤りに陥る、というのが一茶の批判である。

三業帰命論争の史料ではこのような表現は確かめ得ないが、奈倉が紹介した『やせかまど』に、「信順の義は如来の御誓いに随順するにより、当流の安心」と解しているのは、三業派が全身をあげて「頼む」を他力と強調することへの批判と見れば、あるいは傍証となるかもしれない。また、土凡夫を黄金の膚にと弥陀に願い、はや仏となったかのようにすましているのは自力の張本であるというのは、凡夫が弥陀同様の身体を得ることはあり得ないという批判であろう。ただし

一茶は、文化五年六月五日に江戸で本願寺の木曳式に「あはれ此人々は信心肝に入て、みだ同体のさとりとやらんを得し者なるか」(②五四二)とか、「涼しさに釈迦同体のあぐら哉」(文化十五年八月③五五四)と詠じている。

これは皮肉や比喩と見なければならない。

ともあれ、一茶は自力の「頼む」を他力と強弁すると三業派の信心を批判してそこで翻って「御流儀に叶」う信心が述べられる。自力か他力か、地獄か極楽かという穿鑿を捨てて、身を投出して弥陀のはからい次第と頼むだけだという。『歎異抄』第二章が響いてくるが、それは問題にしなくてもよい。そう確信したにもかかわらず、たちまち欲望のままに我田引水の行為をなす己と、慚愧する。作り声の念仏をしている己と、作り声の念仏は必要がなかった、「あなた任せ」の信心であった、という。一茶は、他力自力を穿鑿し、他力信心と確信したのである。三業惑乱の地方展開という状況下を想定すれば、明確に三業帰命説批判なのであり、全てを弥陀の慈悲に委ねる、という信心の主張なのである。これが『おらが春』で行き着いた一茶の信心であった。

四 一茶の真宗への諸見解

『おらが春』は、その信心理解をめぐって幾つかの異説がある。黄色瑞華は、「他力信心」の文には「煩悩具足の凡夫であるという懺悔」も「浄土以外に往くべきところはないという自覚」もほとんどなく、「ひたすら念仏を唱えることが究極の大行であるとする親鸞の思想にはほど遠い」(二二六—二二七頁)という。機の深信がない、といえるのであろう。ところが、先に見た桶の中の魚という句の認識に関して、「一茶自身の投影がある」「その懺悔であ

り、自覚である」（二四六頁）という。これは機の深信だろうから、黄色の論は相当に矛盾的である。「他力信心」の文に、我田引水の盗み心や作り声の念仏というのは懺悔であろう。

大峯顕も一茶に機の深信の欠如をいう。この「他力信心」の文からは「一茶はその父ほどには信心を得ていたとは思われない」（三六〇頁）、「地獄でも極楽でも、あなたのはからいのままに」とだという「一茶のこの理解は、理論的には別にあやまりではない」、『歎異抄』第二章と「筋道の上では一致しているい」、しかし親鸞では「地獄一定の身だという罪業の自覚を前提している」（三八四頁）、「凡夫の浅ましさ」とか「荒凡夫の我々」とかいう語」が出るが、一茶にはこの前提が欠けている使われている、「凡夫の自覚ということは、（中略）凡夫をして凡夫と言わしめるところの超越の地平がなくてはならない。他力との遭遇こそそれである」（三八六頁）、「他力信心の世界の近傍に生きた人だった」（三八九頁）、というように結論する。だが、論証よりも、「思われる」という推論でしかなく、本稿で見てきたような反証となる一茶の句がまったく顧みられない。大峯がそう推論する根底に、一茶の信心が回心を伴なっていないという近代信仰論があるのだろう。

大場俊助は、『おらが春』が文政二年（一八一九）の「精神の内部に動揺と共動揺の現象」（下二四五頁）があったことを受けて成立したことを明かそうとする。一茶の真宗を扱いながら真宗学的な概念を用いない研究方法で、機の深信の有無などという論点はなく、一茶の精神のありようが問題とされる。文政二年正月からの『八番日記』には「あるがまま、なるがまま、ゆく雲、ながれる水の心をこころとして、淡々として生き、世に処していこう」という「人生的観照」があるが、六月には愛児の死に会い、「露の世」の無常観と「あなた任せ」の他力本願の観想に到った、すでに享和三年（一八〇三）に花嬌という女流俳人への愛に悩んだ心境に見えていた「あなた任せ」

が、花嬌の転生と思う愛児の死によって追い詰められ、「精神の内部からの崩壊がおこり」、「露の世」から「あなた任せ」への「宗教的な観想に転回」とは、「一切の私意をすてて、その大いなる意思にいだかれる」ような「あなた任せ」（下三一一―三一二頁）であり、『歎異抄』第二章に通じ、「永遠絶対な実存の認識とそれへの帰依」（下三一四―三一五頁）という。大場は、「宗教的な観想に転回」して「おらが春」の世界を見出す」（下三〇八―三〇九頁）という。

人生的観照から精神的内部崩壊による宗教的観想への転換という過程を『おらが春』に見る興味深い見解である。愛児の死を境に『八番日記』の文政二年六月以降にはたしかに一定の変化が見える。「虎の雨」の句に見える惜別の涙、夢に愛娘を見た句を先に見た。しかしそれが宗教的観想への転換という程の質的飛躍といえるだろうか。さとの死後と思われる「極楽に片足かけて夕涼」（夏 ④八九）、「稲の葉に忝さのあつさ哉」（六月 ④五七）は己の救済をかたじけないと喜んでいて、精神的内部崩壊があったとは思えない。それまでの真宗が深められたことにおいて見るべきで、大場説はむしろ、一見人生観照的な句も、内部の「宗教的な観想」の深まりにおいて見ねばならないことを示唆している。「ナムアミダ仏の方より鳴蚊哉」（六月 ④五七）では、蚊の鳴き声をも念仏せよと催促する仏の呼び声と感じているのであり、先行する類句が深まったと見ることができるが、宗教的転換とは思えない。

ただし大場が、「愛児の死を、無常観によってあきらめようとするが、無常感によってあきらめきれない。恩愛の絆において痛歎し、因縁と運命において慟哭する」（下三三九頁）、こうして一茶がこの心の動揺を克服するには「判断を中止して思弁を脱し、執着をすてなければならない」（下三四一頁）、「あなた任せ」に達したというのは首肯できよう。宗教的転換というよりは、たどってきた真宗の芽生えの到達点、深まりである。一茶は五十七歳の暮れから翌春に掛けて、仏に一切をゆだねる信心を確立したのである。それは三業帰命説と真っ向から対立するも

のであったように、「頼む」をなしえない己を見つめる機の深信が根底にあった。

一茶に自然法爾の境地を見るのが早島鏡正である。『おらが春』は「一茶の円熟した人生観」を示す資料で、第十話で、栗が芽を出し木に育ち雪に折られる様を語り、苦しみの人生も「さるべき因縁ならん」と『歎異抄』十三章に対応する言葉を述べるのは、己の生を、「生かされて生きる自己」、「因縁生の存在」、「苦悩を超えて」生きていたと把握しているものと見做す（後七三頁）。第四話「天の音楽」では、空中に音楽が聞こえるという噂を「不思議なるものを不思議なるものと、素直に受領する」姿勢が見え、「凡情の思議を超えるところの「法」（真理）に耳を片むけること」で、「親鸞のいう「自然即法爾」を、一茶も味得していた」と見る（後七五頁）。かくして「活てあふけいふも桜の御蔭哉」③（四〇）と感謝し、「耕ずして喰ひ、織ずして着る体たらく、勿体なや昼寝して聞田植唄」（同）と感謝するに到った。早島はこれを六十五歳の資料から引いているが、不耕徒食の遊民意識はすでに文化三年四十四歳に見え、花の影に「未来が恐ろしき」「今迄は罰もあたらず昼寝蚊屋」⑥（一三九・一四二）が『おらが春』第四・五話に通じていて、一茶の自己認識の根底になっていたものである。また、同年の「涼しさや〔爰〕極楽浄土の這入口」などに連なり、「迷いの人生の中でわが身に味得できる世界であった」（後七八頁）ともいう。愛娘の死を「さりながら」と歎きながら、「桜花爛漫のすがたのなかに迷悟不二を把え、それを姿婆即寂光土」（後七七頁）と表現したと捉え、同年の「未来が恐ろしき」を早島政元年五十六歳の「花みまじ未来の程がおそろしき」③（五三一）の句は文は「所詮、電光朝露のはかない人生と諦観してみれば、はかない草露こそが常住真実の世界と拝まれる、とさとった」（後八一頁）と説明している。そこから「あなた任せ」への展開が見通される。「阿弥陀仏の救いに任せ切って、現当二世を生き抜く」（後九〇

頁）一茶に自然法爾の世界を見た。「かくれ家やあなた任せの稲の花」③二四五）、「世〔の〕中はあなた任せぞ七ころび八起の春にあひにける哉」③一九五）などが引かれるが、前者が文化十年、後者が文化九年の作であるから、そこでの「あなた任せ」がさらに深化した姿が『おらが春』である。こうして最後の「自力他力」では、「自然法爾観形成に、逆縁を順縁に転ぜしめた念仏信仰が与って力あった」（後九五頁）、『おらが春』の五十七歳の自然法爾観である「目出度さもちう位也おらが春」は「あるべきやうわ」にほかならない。幼子に教えられて「煩悩具足の身と反省」し、「露の世ながらさりながら」と悲しみに耐え、超えるのも自然法爾の姿であった。「自力他力」の文は御文を受け継ぐが、蓮如を超えて「親鸞に直参し」（後九八頁）、「信心正因称名報恩」の陥る過誤、つまり他力に執われて自力をあげることによって「自然法爾に立ち戻って」いる（後一〇一頁）。この ように早島の研究は、一茶の真宗受容の精神史的展開を無視して、いかに親鸞的かを指摘することに集中している。到達境地よりも、そこに到る一茶の苦闘、仮の身、遊民とありのままとの葛藤を、「あなた任せ」によって生きぬいたことに意味があるはずである。

　　　小　括

　親鸞を、それも近代に造型された親鸞を基準として、一茶という一人の真宗門徒を推し量れば、はるかに親鸞に及ばないとか、その近傍にたたずむ者でしかないとか、さらには逆転して親鸞の境地への到達を見出すことになってしまう。それらの諸説は、一茶において芽を出したのが土着した真宗であることを見失っている。親鸞は回心に

よって真宗に到達したが、江戸の門徒に真宗は最初から与えられている。このギャップはいかにも超えがたい。俗塵の煩悩にまみれた生活者たる門徒は、与えられた真宗を再構成して信心を確かめるしかない。全身をあげて帰命する三業派にせよ、対極にある「あなた任せ」の信心にしても、それは同じだし、真宗僧侶もその枠組みを超える別のパラダイムを持たないことにおいて、門徒と同じ枠組みにある。土着の、所与としての真宗が、いかなる芽を育むのかが問題だろう。

故郷を離れ、放浪の俳諧師として生きた体験が一茶の真宗を芽生えさせ、深化させたのなら、土について生きる門徒一般に対して異例の信仰と見るべきなのだろうか。トポスに定住する者はそこにトポスを認識しえず、ノマドを希求する。しかしノマドの体験者は逆にトポスを希求し、トポスを再構築する。安住者に見えないノマドをノマドとして開くのがトポスの体験であった。一茶の真宗はまさしくノマドを媒介にしてのトポスの発見であった。特殊な体験が普遍の極致を開いたのである。土着した真宗とはトポス化した謂いであるが、それをトポスとして認識するには、ノマドが必要であった、ともいえよう。

特殊を経てたどり着いてみれば、そこは普遍であった。江戸の民衆的真宗者として、加賀の任誓、尾張の原稲城の信仰を解明したことがある。彼等の真宗は、一茶に見たと同じ「あなた任せ」の信仰であった。それを本願寺派の学僧仰誓は「容有の機」と表現した。いつ頼んだ覚えもないが、気がつけば救われていたという信仰、正解ではないにしても許容範囲の信仰ということである。土着真宗は「あなた任せ」の信仰として「容有の機」の信心であった。

一茶の「年立やもとの愚が又愚にかへる」(文政五年六十歳〈④四〇二〉)という到達点もまた検討すべき課題であるが、いまはすでに与えられた紙数をはるかに過ぎてしまった。後の課題に残して、中間報告としたい。

註

① 『一茶全集』全八巻（信濃毎日新聞社、一九七六—八〇年）
② 勝峯晋風『評釈おらが春』（十字屋書店、一九四一年）
③ 荻原井泉水『随筆一茶』六巻（春秋社、一九五七年）
④ 伊藤正雄『小林一茶』（三省堂、一九四二年）、『日本古典全書小林一茶集』（朝日新聞社、一九五三年）川島つゆ『おらが春新解』（明治書院、一九五五年）、日本古典文学大系『蕪村集一茶集』（岩波書店、一九五九年）丸山一彦『小林一茶』（桜楓社、一九五九年）『古典俳文学大系15 一茶集』（集英社、一九七〇年）小林計一郎『小林一茶』（吉川弘文館、一九七四年）、『一茶——その生涯と文学』（信濃毎日新聞社、二〇〇二年）
⑤ 矢羽勝幸『小林一茶』（日本の作家100人、勉誠社出版、二〇〇四年）
⑥ 中田雅敏『漂白の俳諧師』（角川書店、二〇〇九年）
⑦ 金子兜太『荒凡夫一茶』（白水社、二〇一二年）
⑧ 前田利治「一茶と仏教」覚え書」（『武蔵野女子大学紀要』八、一九七三年、のち『日本文学研究資料叢書』有精堂、一九七五年）
⑨ 奈倉哲三『真宗信仰の思想史的研究』（校倉書房、一九九〇年）
⑩ 黄色瑞華『人生の悲哀 小林一茶』（日本の作家34、新典社、一九八三年）
⑪ 黄色瑞華『一茶の世界 親鸞教徒の文学』（高文堂出版社、一九九七年）
⑫ 大峯顕「一茶——煩悩の美しき花——」（『浄土仏教の思想』一三、講談社、一九九二年）
⑬ 大場俊助『一茶の研究 そのウィタ・セクスアリス』上下（島津書房、一九九三年、初版一九六四—六五年）
　早島鏡正「近世における仏教の民衆化——俳諧寺一茶の仏教観——」前編・後編（『大倉山論集』三一・三二、

一九九二年)、『念仏一茶』(四季社、一九九五年)

(14) 大桑斉『寺檀の思想』(教育社歴史新書、一九七九年)

(15) 同「幕末在村知識人と真宗——原稲城における「我」の形成——」(『日本思想史学』二九、一九九七年)

大桑斉「江戸真宗の信仰と救済——〈いつとなしの救済〉への過程」(『江戸の思想』一、一九九五年)

信仰史の中の教如
――信心為本の伝灯――

安冨信哉

はじめに

二〇一三年、東本願寺(真宗大谷派)は、派祖・教如(光寿、一五五八―一六一四)の四百回忌を迎えた。歴史家によれば、百、二百回忌法要の記録はなく、三百回忌も歴代並みだったから、この四百回忌は最初の本格的な法要であった。[1]この機縁を逃せば、ふたたび教如に光があたることはなかったかもしれない。そんな中、京都の本山(真宗本廟)をはじめ、教如を開基と仰ぐ各地の別院などで慶讃の法要が営まれ、講演やシンポジウム、あるいは展観なども催された。

教如といえば、東本願寺の開創者として記憶されるが、そこには、かれを押しやった時代の波が大きく作用している。織田信長と大坂本願寺顕如とが厳しく対立したいわゆる「石山合戦」(一五七〇―一五八〇)は、その最末期

に、顕如の和睦開城の方針に反対して断固たる籠城継続を唱える主戦派が形成されるに至る。当時の本願寺は、信長の攻勢により、いわば「戦闘の教会」(ecclesia militans, the Church Militant) たることを余儀なくされた。その中心にあったのが教如 (顕如の嫡子) であった。本願寺内における顕如派 (開城派) と教如派 (籠城派) との方針の相違は、その後、顕如が教如派に対して「勘気」＝破門処分を加えたことで深刻な対立関係を招くこととなり、これがついには東西分派に繋がっていく。

激動の戦国乱世を生き抜いた教如は、つねに抜き差しならない状況に置かれた人であった。それゆえであろうが、みずからの思想を開陳した著書と呼べるような纏まった書を遺す余裕には恵まれなかった。従来の教如研究は、東西分派を中心とする歴史学の領域におけるものが大半を占めるが、その一因もこれに由るであろう。

しかし民衆が戦火に翻弄され、不安の中に生きる時代の只中にあって、教如は、生涯を安心の根拠となる本願念仏の法灯を伝持する一事に捧げた。かれは、よほどの信念の持ち主であった。教如の信念はいかなるものであったのか、あるいは民衆の歴史において、かれはどのような意義をもった人物だったのか。この問題に関するこれまでの研究は、寡聞にして存じないが、浄土教の信の系譜、換言すれば、蓮如に強調された「信心為本の伝統」の中に教如の存在を確かめてみることは必要と思われる。小稿のタイトルを《信心為本の伝統——信心為本の伝灯——》としたのはそのためである。

精神史、思想史などに比すれば、信仰史という語は一般的ではないかもしれない。ここで信仰史とは、いま述べた浄土教の信の系譜、浄土真宗の信仰の歴史という程の意味である。遺された消息類などを主な手掛かりとして、この問題に若干のアプローチを試みてみたい。

一　信心為本の創唱

教如は、乱世を生き抜く知慮に長けた僧侶であった。寿像に見られる六尺豊かな風姿は、多くの門徒衆を引きつけたカリスマ的な人物を窺わせる。ただ、その面立ちは、天下人を目指した戦国武将たちの猛々しいそれらとは異なって、内省的な信仰者の面影を伝えているように思われる。教如がしばしば消息の中で披瀝した「仏法興隆」という志願にかんがみて、私自身は、教如の上に、武断主義が専横する動乱の時代に、仏法興隆という遠大な志願を抱き、これに対峙して、念仏の一道を宣揚した仏者というイメージを描いている。

仏法興隆という志願の底には、念仏の信をそれぞれの精神生活の基本におく信心中心の伝統がある。浄土真宗の宗祖と仰がれた親鸞は、戦乱や天変地異が打ち続いた、あの平安末期から鎌倉初期にかけて、その善知識であった法然の導きを受けて、選択本願念仏の信に自己を確立し、生涯その一筋道を歩んだ。その信は、『親鸞聖人伝絵』上〈第七段〉の信行両座の故事が示すように、信不退の座に立った姿に窺われる。親鸞は、

　正定の因はただ信心なり。惑染の凡夫、信心発すれば、生死即涅槃なりと証知せしむ。

　　　　　　　　　　　　　　　　（『教行信証』行巻「正信偈」『真宗聖典』東本願寺出版部〈以下『聖典』と略〉、二〇六頁）

すなわち「信心正因」と述べ、また門侶に、

　弥陀の本願には老少善悪のひとをえらばれず。ただ信心を要とすとしるべし。

　　　　　　　　　　　　　　　　　　　　　　　　　　　　　　　　　　（『歎異抄』第一章『聖典』六二六頁）

すなわち「信心為要」と勧化した。

親鸞滅後六十五年ほどして、親鸞の曾孫の覚如は、祖師の意を汲み、「往生浄土のためには、ただ信心をさきとす」(『執持鈔』二『聖典』六四三頁)と言い、「信心為先」の立場を明らかにした。それからさらに時代が下った室町期、本願寺中興の祖・蓮如は、内には大谷破却(一四六五年、寛正の法難)、外には応仁の乱(一四六七年)と、相次いで危機的(クリティカル、critical)な情況に直面し、闘諍堅固の世に生きる「末代無智の、在家止住の男女たらんともがら」(『御文』第五帖目一通『聖典』八三三頁)に、われらの帰すべき世界は浄土であると広説する。人は、多様な形で遭遇する苦難の中でこそ、みずから拠って立つ信念を必要とする。日本語の「危機」を表す英語の「クライシス」(crisis)には、分岐点という意味があるが、蓮如はみずから直面する危機的な情況を、本願念仏の信に立つべき分岐点、すなわち「転機」(turning point)と受けとめた。かれは、親鸞の「信心正因」の一節を、

正定の因は信心をおこさしむるによれるものなりといへり。

と釈し、また、おそらく覚如の「信心為先」の説を承けて、

そもそも、開山聖人の御一流には、それ、信心ということをもってさきとせられたり。

(『正信偈大意』『聖典』七五五頁)

と示し、さらに、

聖人一流の御勧化のおもむきは、信心をもって本とせられ候う。

(『御文』二帖目二通『聖典』七七八頁)

と語る。ここに「信心正因」「信心為本」「信心為先」という信心中心の立場は、〈信心為本〉の語で術語化されるに至る。(6)信心為本の語は、菩提心為本の聖道門教学に択ぶ形で、法然が標示した「念仏為本」(『選択本願念仏集』標挙『真宗聖教全書』一〈大八木興文堂〉、九二九頁)の指教を承けたものである。この場合の〈本〉は、宗本、根本、正因、唯一、先、第一などの意味に解釈しうる。

ただ、『歎異抄』師訓篇にも明瞭に説示されるように、親鸞は、念仏のほかに信心を別としてあるものではない。念仏為本といっても、念仏為本と信心を別として立ててあるものではない。すでに存覚は「十七・十八さらに相離せず、行信・能所・機法、一なり」（「六要鈔」『真宗聖教全書』二、一二三三頁）と確認したが、蓮如は、

信のうえは、仏恩の称名、退転あるまじきことなり。

と言っている。この意趣は、蓮如の語録にしばしばみられ、やがて宗学の展開の中で「信心正因・称名報恩」（信因称報）の語で術語化され、「動かすべからざる真宗の定則である」（『真宗大辞典』巻二〈法藏館〉、一一八三頁）と説かれるに至る。

本願寺第八代である蓮如の滅後六十年ほどして誕生した教如は、「信浄院」と号している。この院号は、教如が「信」の人としての自覚の持ち主であったことを暗示する。教如は信心為本の伝統に立った人であった。

（『蓮如上人御一代記聞書』179『聖典』八八六頁）

二　信心為本の内景

本稿の冒頭にも関説したように、教如は、顕如の和睦開城の方針に反対して籠城継続を唱えた。結局、退去せざるをえなくなったが、教如を籠城、いわゆる「大坂拘様（おおざかかかえさま）」に踏みとどまらせたものは、親鸞の御真影が安置された聖域（「御座所」）が法敵信長の馬蹄に穢されることへの堪え難い想いであった。であればこそ、

此上者聖人の御座所にて相果候とても満足と存置斗候。

（『教如上人御消息集』27）

と告白される。そこには念仏成仏の教えを開顕した「聖人への報謝」（『教如上人御消息集』27、二六頁）の憶いが根底にある。

宗祖の恩徳への謝念、そしてそれを阻む現実への悲傷、それは、真宗教団存立の信仰的原点となるものであり、『歎異抄』を書かしめ、『御文』を書かしめた基点である。教如の消息には、『御文』に特徴的な「六字釈」すなわち南無阿弥陀仏の釈義、あるいは『大経』の本願成就文に基づく「平生業成」の教義宣説などは顕著ではない。むしろこの謝念と悲傷の心情の一点に貫かれている。

教如は、念仏を報恩の称名と受けとめて、

この上には、他力仏恩の称名をたしなみ、行住坐臥に南無阿弥陀仏、南無阿弥陀仏と称えられるべき事、肝要たるべく候。

（越後国 物坊主・同門下宛　『教如上人御消息集』116、一〇五頁）

と門徒に勧めている。ここには仏恩が言及されているが、この「肝要」の語に、信心正因・称名報恩という蓮如以来の信心為本の伝統が受けとめられているようである。「此上には仏恩報謝のために称名念仏申へき斗に候」（『教如上人御消息集』121）などとあるように、門徒衆に宛てた手紙は、表現の違いはあるが、ほぼ判で押したように、その文意はほとんど変わらない。

一方、門徒衆の中に入り込んだ異義を歎く、

あまつさえ、相承血脈にあらざる僻法門を企て、諸人をまどわし、自他ともに悪見に住するよし、聞こえ候。以外嘆かわしき次第に候。

（洛陽三条講中宛　『教如上人御消息集』117、一〇六頁）

あるいは、

当流門人のなかに、祖師の定をかるる所の儀をそむき、あまつさへ私の儀をたてて、めつらしき名目をつかひ、当門下のうちを申みたるのよし聞候。言語道断あさましき次第候。

（但馬国物坊主衆中　同門徒衆中宛　『教如上人御消息集』119、一〇九頁）

などの手紙も散見される。上にいう「僻法門」とは、具体的にどのような形態のものか不明であるが、当時の京都に秘事法門などの異義が発生し、門徒の信を混乱させたのであろう。蓮如の信心為本の伝統を承けて、教如は、先師口伝の真信を異解し、同朋を迷わせている現実相を悲傷している。「諸の雑行雑善の心を抛て、一心に弥陀如来後生たすけ給へと申さん」（『教如上人御消息集』117）との趣意のことばがしばしばみられるが、そこに蓮如に淵源するとされる『改悔文』に通ずる信仰の規範的領解が窺われる。

三 信心為本の強調点

教如の信仰的立場は、戦国武将の覇道主義とコントラストを描いている。その当時を代表する天下人として、織田信長は象徴的な意義をもっている。信長は、桶狭間の戦い——今川義元を破った戦——に出陣したときに、幸若の舞をまいつつ、

人間五十年、下天のうちをくらぶれば、夢まぼろしのごとくなり。

と謡った。敵は公称四万五千の大軍、味方は二千たらずであった。ふつうなら怖じ気づいて逃げ出してもおかしくない両軍の勢力の違いである。しかし信長は、出陣を前に「敦盛」の一節を謡い、悠々と舞った。勝算あってのことであろうが、その泰然自若とした姿は、死地を目前にし、恐怖のどん底にある家来たちに安心感と信頼感を与えたであろう。

（「敦盛」）

この「敦盛」の一節は、信長の死生観を、同時に映し出していると思われる。この頃、日本にイエズス会の宣教師として滞在したフロイス（Luis Frois）は信長の宗教（神仏）に対する態度について、

彼は善き理性と明晰な判断力を有し、神および仏のいっさいの礼拝、尊崇、ならびにあらゆる異教的占卜や迷信的慣習の軽蔑者であった。形だけは当初法華宗に属しているような態度を示したが、顕位に就いて後は尊大にすべての偶像を見下げ、若干の点、禅宗の見解に従い、霊魂の不滅、来世の賞罰などはないと見なした。

と伝えている。信長は、この世は「夢まぼろし」のごとき一刹那であるとみなし、「来世の賞罰なし」と決断する。敷衍すれば、「来世なし」ということになろう。かれは、到来の世を信じないで、現在の一瞬だけを生きることに命をかける。

すでに蓮如は、人間の五十年の寿命は四王天の一日一夜にあたると述べ（『御文』二帖目十二通）、「人間はただ電光朝露の、ゆめまぼろしのあいだのたのしみぞかし」（『御文』一帖目十一通）、「この世の始中終、まぼろしのごとくなる一期なり」（『御文』五帖目十六通「白骨」）、あるいは帖外に「ただ、一生は夢幻のごとし」と言っている。

信長より二十四歳年下である教如も、この蓮如の死生観を承けていることは確かであろう。しかし、その消息に、教如は、一面において、この世は夢幻の一刹那であるという信念に通ずる人生への諦観があるといえる。人間は老少不定のならひにて候へば、後生の一大事、心かけられ候ひて、真実の信心決定ありて、其の後、人間の有様に任せて、世を過ごすべき事肝要にて候。（伊勢 惣坊主・同門徒宛『教如上人御消息集』114、一〇二頁）

と「後生の一大事」を念ずること、つまり私たちが帰すべき到来の世として浄土をもつことが「肝要」であると、繰り返し書き添えている。

これは、「来生の開覚は他力浄土の宗旨、信心決定の道」（『歎異抄』第十五章）であるという説示、そしてこれを「後生の一大事」（『御文』三帖目第四通、五帖目第十六通、ほか）、「今度の一大事の後生」（四帖目十二通）と強調する蓮如の教旨を承けている。教如の立場は、「来世なし」と決断して、現世に命をかけた覇道主義者信長と対極的な

位置に立っている。

私たちが、今だけに生きるという刹那主義の立場によるのではなく、現在の生が帰すべき世界として浄土をもつということは、浄土真宗の要諦となっている。そのような信心の立場こそ、『教行信証』（「正信偈」）の信心正因、『歎異抄』の信心為要、また覚如の信心為先の指教を承けて、『御文』から『教如上人御消息集』へと続く信心為本の伝統である。

教如は、信心為本の伝統を引き継ぎ、門徒衆を勧化したが、そこには、唐代浄土教の祖師・善導が、「信心を守護して、もって外邪異見の難を防がん」（『観経散善義』『真宗聖教全書』一、五三九頁）と二河白道の譬に示したように、いわば信長に象徴される「群賊悪獣」の攻撃に対して、信心守護の立場を貫く苦難の歩みとなって現れた。その信心の白道を歩み、信心為本の祖意を伝灯することは、教如の畢生の使命となった。

四　信心為本の位相

教如の歩みを尋ねるとき、注目されるのは、二つのつながりである。第一は、その行動を支えた門徒衆（同朋、同行）との水平的なヨコのつながりであり、第二は、宗祖親鸞に発祥する歴代宗主との垂直的なタテのつながりである。教如は、このタテ・ヨコの両軸を信心の位相として領受している。

第一のヨコのつながりについては、ⅰ・石山合戦関係、ⅱ・志御礼関係、ⅲ・伝道教化関係、ⅳ・雑、の順序で纏められている『教如上人御消息集』を通して窺うことができる。そこには各地の門徒衆との緊密な連繋を顕著にみることができる。

石山合戦関係の文書では、天正二年（一五七四）に長島の一向一揆が壊滅し、天正三年に越前の一向一揆が壊滅する中、新門の教如は、その消息で同朋を鼓舞する。

籠城中其許父子軍功不少、護法の忠勤神妙之至候。偏二影鏡護持の祖師加護なりと存候。天正四年四月、十九歳の教如は、

という書状を出している。「軍忠状」と呼ばれる、戦功を讃えるこの消息は、護法のため、すなわち刹那主義に象徴される外邪異見の難を防ぎ、信心守護のために籠城・奮迅した門徒衆と教如との深い信頼関係を偲ばせる。志御礼関係の文面には、教如の仏法興隆の願いに共鳴して、多くの門徒衆が後方支援、ないし経済的援助を行った形跡がみえる。

（西光坊願照宛『教如上人御消息集』1、一頁）

興味深いのは、教如が彼らをしばしば「志衆」の名で呼んでいることである。

為志銀子百目到来候。誠はるばる懇志のいたり有難く候。抑当流勧化の趣は、もろもろの雑行雑修自力の心を捨てて、一心一向に阿弥陀如来、此のたびの後生御たすけ候へとふた心なく憑み奉る人々は、みなことごとく報土に往生すべき事、努力々々疑あるべからず候。……

（越後国瀬波郡村上光済寺門徒志衆中越後門徒宛『補遺・教如上人御消息集』194、一六—一七頁）

管見するところ、『教如上人御消息集』には、「同朋」の語はみることができないが、宛先の「志衆中」という一語に、仏法興隆の大義に生きる教如を支え、信心の守護・相続のためにともに防戦した同朋の存在が想起される。

伝道教化関係の文書では、念仏の信を決定すべきことが肝要であること、そのためには同朋の間で各々「談合（信仰座談）」することが必要であると一様に説かれる。

抑一流安心の趣者、なにのわづらひもなく雑行雑修をすてて、一心一向に弥陀如来後生たすけたまへと……行

住坐臥に念仏申へく候。これをすなはち仏恩報謝の念仏なりと心得られ候て、油断なく申され候へく候。此とほり細々に各談合候て、よくよくそのたしなみ肝要たるへき由、懇ろに惣中へ披露あるへく候也。

(北庄廿五日講中、和田新村廿八日講中宛『蓮如上人御一代記聞書』109、九八頁)

蓮如は、「愚者三人に智者一人」とて、何事も談合すれば、「面白きことあるぞ」と勧めたが、その勧化を承けて、信心が恣意に陥らないように、それぞれ談合すべきことを、教如は、講中に宛てた消息にしばしば認めている。ここでいわれる「講」は、戦国時代、教如の在世時に日本を見聞したイエズス会 (Societas Gesu) 宣教師たちが、「イッカウシュウの信徒がそのお寺で宴を開くための集会」(『日葡辞書』一六〇三年) と解説したように、当時「一向宗 (一向衆)」と呼ばれた門徒が「惣」すなわち団結した百姓同士で組織した信仰の集会である。

このように、教如は、各地の門徒衆との緊密なつながりの中に、正信を伝えるというみずからの責任を果たしていこうとした。その信心守護・相続の責任意識は、消息類に顕著に窺われる。以上をヨコのつながりを示す例証とすることができる。

次に宗祖親鸞まで遡る歴代宗主とのタテのつながりを示す例証を以下に尋ねてみよう。まず、その端的な遺作として、善正寺 (松原市) 所蔵の「本願寺歴代連坐銘」一幅が注目される。この掛け軸には、左の図のように親鸞から教如までの歴代十二名を墨書している。上部に「親鸞聖人」と大書し、以下を三行に分けて記し、末尾に「上人」の語を外して自己の僧名を記している。この「本願寺歴代連坐銘」には、自分は、本願寺の継承者であるという嫡流意識が顕著にみえる。その嫡流意識の源に、信心を守護し、相続するという責任意識が窺われる。

(11)

教如は、文禄二年（一五九三）、秀吉から隠退を命ぜられ、本願寺の継承者から外されるが、その六年後の慶長四年（一五九九）には、『正信偈』『三帖和讃』を証判を付して開板している。蓮如が吉崎時代の文明五年（一四七三）に開板したものの復刻である。『御文』も一冊にまとめた単帖本であるが同様に開板している。親鸞・蓮如と続くタテのつながりを明らかにし、みずからを支持する門徒を教化する一環としての取り組みがあったのであろう。

慶長七年（一六〇二）、教如は、徳川家康から寄進された烏丸七条に堂宇を構え、本願寺を別立する。その翌年の慶長八年（一六〇三）一月三日、上野厩橋の妙安寺（現・群馬県前橋市）から新たに御真影を迎えることになる。この妙安寺から迎えた御真影は、親鸞がかつて関東から帰洛の際に、別れを悲しんだ妙安寺の開基の成然に、形見として、親鸞がみずから作って与えたと伝えられる影像である。教如は、上野厩橋から京都に到着した御真影を、七条堀川に架かる御堂の橋まで出迎えたといわれる。東本願寺に到着した御真影は、いったん「御伝間」に安置され、慶長九年九月、御影堂において遷座法要が営まれたという（以上、参照『叢林集』巻九「聖人御真影之事」）。教如は、宗祖親鸞とのタテのつながりを象徴する原点をこの御真影に求めたのである。

本願寺代々

親鸞聖人　如信上人　善如上人　綽如上人

　　　　　覚如上人　存如上人　蓮如上人　実如上人

　　　　　巧如上人

　　　　　証如上人　顕如上人　教如[12]

おわりに

教如は、「聖人一流の御勧化」(『御文』五帖目十通)に始まる信仰史の中にみずからを位置づけ、信心為本の指教を伝灯するという本願寺第十二代宗主としての責任感を強く抱いた。教如の東本願寺創立の意趣を、私はそこに求めたい。

従来、東本願寺の創立は、徳川幕府の支配政策に因るとする見解が定説化している。その意味において、現在まで一貫する東本願寺創立＝徳川政策論に抗して、東本願寺の創立の背景に、教如の理念をみさだめようとする歴史家の見解が最近提出されていることは、まことに示唆深く、また画期的である。私は、この見解に大きな啓発をいただくことであるが、改めて振り返られるのは、真宗教学者・曽我量深の、ある講説の中での言及である。

教如上人の時に新たに東本願寺というものが創立された。あの時代のことであるから、複雑な問題が加わっているということは免れぬことであらうけれど、教如上人は一旦隠退されたというよりも隠退せねばならぬことになり、隠退せられたその教如上人が兎に角再び立ち上がって、さうして東本願寺を創立されたということになっている。けれども私は徳川時代に、教如上人が単に私の心だけで以てこのようなことをされたとはどうしても思へぬのであります。単に幕府の政策に依られたという位で、この大谷派が新しい名乗りを挙げたということはどうも考えられない。私は何か、そういうことに就いては史料がありさうなことだと思いますが、そういうものを持っているわけではありません。併しなにか、ずっと東本願寺の歩いて来た跡に就いて考えますと、学問の方でも私共の先輩恵空とか、香月院深励、円成院宣明、明治時代になりますとい

うと、清沢先生が出て来られる。そういう跡を考えて見ますということは矢張り近くいへば蓮如上人の御精神を明かにしてゆかうというのであるが、更にも一つ遡つて見れば御開山聖人の立教開宗の精神を明かにして行かなければならぬというのが教如上人の立教開宗の精神でなかろうか。

ここで曽我は、東本願寺の創立を、立教開宗の精神を明らかにしようとした意趣に由来するとして、一般的な徳川政策論のうえにではなく、教如の発意のうえにみようとしている。この視点は、東本願寺の創立の背景に、教如の理念をみさだめようとする最近の歴史家の見解にも符合し、まことに興味深い。

ただ、曽我は、これを証明する「史料」がないという。一等史料とはいえないかもしれないが、いま思い合わされるのは、幕末期に著された『大谷嫡流実記』が伝えるひとつのエピソードである。烏丸の地の寄進を受けた後、家康はさらに「寺領」を寄進しようと申し出たが、教如は、「法中の望 唯祖師の宗意を普く化導するにあり」として、仏教興隆の本務を失ってはならないので固く辞退したい、と家康に申し述べたと伝えられる。

この意思表明は、王法からの仏法の独立を密かに意図したことを偲ばせる。教如は、「仏法領」（『蓮如上人御一代記聞書』310）を現世に映すべき宗門（教団）が、時の政治権力（王法）＝幕府支配の中に取り込まれて、その自立性を失うのではないかと恐れたのであろう。それまで日本仏教のほとんどの宗派は、王法・仏法一致の立場から、世俗に対峙する仏教本来の超俗性を喪ってしまっていた。対して、教如は、「祖師の宗意を普く化導する」ことにみずからの使命を見出した。

先に言及したように、蓮如は、「聖人一流の御勧化のおもむきは、信心をもって本とせられ候う」（『御文』五帖目十通）と述べ、宗祖親鸞の立教開宗の精神を信心為本に集約し、御真影を中心とした信心中心の伝統に立つ本願寺（教団）の再興を志向した。教如は、この蓮如の指教を承けて、「祖師の宗意を普く化導する」場として、「真宗が

復興する拠点」、すなわち信仰拠点としての本願寺復興を願った。そこに《信仰史の中の教如》の歴史的意義を見出すことができる。

註

(1) 大桑斉『教如——東本願寺への道——』(法藏館、二〇一三年) 一一頁。
(2) 本稿では、教如の史実関係の記述については、小泉義博『本願寺教如の研究』(法藏館、二〇〇四年上巻、二〇〇七年下巻)、大桑斉『教如——東本願寺への道——』(法藏館、二〇一三年)、また、名畑崇『教如上人』(真宗大谷派萬福寺、一九九五年)、上場顕雄『教如——その生涯と事績——』(東本願寺伝道ブックス73、二〇一二年)などの諸先学の著書や冊子、さらに教学研究所編『教如上人と東本願寺創立——本願寺の東西分派——』(東本願寺出版部、二〇〇四年)、また論文として、鶴見晃「教如上人と東本願寺創立——その歴史的意味について——」(『教化研究』) 一五四号、真宗大谷派教学研究所、二〇一三年)、御手洗隆明「本願寺教如伝私考」(『教化研究』一五五号、真宗大谷派教学研究所、二〇一三年) などを参照させていただいた。
(3) 二〇一三年四月四日に東本願寺の視聴覚ホールで教如上人四百回忌記念シンポジウム〝大谷派なる宗教的精神——東本願寺創立の根底に流れる願い——〟が開催され、草野顕之氏、上場顕雄氏、蓑輪秀邦氏 (コーディネーター) とともに、パネリストの一人として小生も登壇した。その折のパンフレットに、主催者のテーマの説明として、「乱世の世において、親鸞聖人から蓮如上人へと一貫する信心を本の伝統を引き継ぎ、宗門成立の根本精神として願われた教如上人の顕彰を行い、あらためて東本願寺創立以来の歴史を学び、これからの真宗大谷派の歩むべき道を考えていきます」と記されている。ここに「信心為本の伝統」という語が用いられているが、いかなる意味においてそのように言えるのか、ということについては検証が必要であると思われたことである。
(4) 教如関係の消息類として、本稿では以下の諸編を用いる。
  i. 真宗大谷派宗史編修所編『教如上人御消息集』一九三三年。
  ii. 真宗大谷派宗史編修所編『補遺・教如上人御消息集』一九三四年。
  iii. 真宗大谷派宗史編修所編『補遺・教如・宣如両上人御消息集』一九三七年。

なお、引用に際して読みやすさを考慮して、著者が適宜、現代的表記に改めた。

(5) 絵像として、私たちがしばしば眼にするのは、五村別院(滋賀県)、円徳寺(大阪府)、蓮光寺(東京都)などに遺された、生前の姿を伝える肖像(寿像)である。

(6) 辞書には、「信心為本の語は此に始まる」(『真宗大辞典』巻二、一二三五頁)とこの語の由来を当該『御文』と明示している。

(7) この「敦盛」の一節を軸に信長の死生観をみて、当時の日本の既存の宗教的観念と比較するという視点を、湯浅泰雄氏に示唆された。参照、「戦国思想史の一面——キリシタンと一向一揆における死と生——」(『山梨大学教育学部研究報告』第二〇号、一九六九年)。

(8) 松田毅一・川崎桃太訳・フロイス『日本史』4(中央公論社、一九七八年)一〇三—一〇四頁。

(9) 稲葉昌丸編『蓮如上人遺文』(法藏館、一九三六年)二九九頁。

(10) 同右『蓮如上人遺文』一七八頁。

(11) 「本願寺歴代連坐銘」(『教如上人——東本願寺を開かれた御生涯——』東本願寺出版部、二〇一三年)二二頁。

(12) 四百回忌法要協賛行事として、二〇一三年四月、東本願寺阿弥陀堂を会場として開かれた「教如上人展」で、この「連坐銘」の意義について、木越祐馨氏は、「文禄二年(一五九三)退隠させられた教如上人が、なお本願寺の嫡流であることを宣言するものといえよう」と解説している。参照、註(11)前掲書図版解説、八九頁。

(13) 最近の例では、「徳川家康は、本願寺を二分して支配することを考えた。顕如の死後、幸いなことに教如が新たに寺院を構えようとしていた。家康は教如に寺地を与えた。これが東本願寺で、顕如派が守ったのが西本願寺となって、現在にいたっている」(武田鏡村監修・文「石山十年戦争——本願寺顕如の「対信長戦略」を読み解く——」『歴史人』二〇一三年二月号、KKベストセラーズ、七三頁)という記述がある。

(14) 一例として、大桑斉氏の最近の論説が注意される。同氏は、『教如——東本願寺への道——』の構成を、「伝記編 教如という生き方」、「理念編 東本願寺を生み出したもの」の二部とし、従来看過されていた教如の理念に着眼している。また、東本願寺の高倉会館で、「教如上人 東本願寺創立の理念」(抄録『ともしび』二〇一三年四月号

と題して講演している。

(15) 「真人の道　真人社結成一年に寄せて」(『真人』第一〇号、真人社、一九五〇年。「本願の国土」「曽我量深講義集』第二巻、弥生書房、一九七七年再録、三七―三八頁)。

なお、引用に際して読みやすさを考慮して、著者が適宜、現代的表記に改めた。

(16) 大谷大学編『大谷嫡流実記』(一九七二年) 七二頁。なお、このエピソードのもつ意味については、太田浩史氏の高倉会館日曜講演「教如上人と大谷派樹立の精神」の筆録(『教化研究』一五〇号、真宗大谷派教学研究所、二〇一二年)を参照していただきたい。

また、御手洗隆明氏は、この「辞禄の御意志」の伝承を、東本願寺系史書のうえに辿って尋ねている。参照、「本願寺教如伝私考」(『教化研究』一五五号、真宗大谷派教学研究所、二〇一三年) 一九四―一九五頁。

(17) 大桑斉『教如——東本願寺への道——』一八四頁。なお、東本願寺の創設は、慶長七年(四十五歳)であるが、大阪の難波別院をはじめ、教如が創建あるいは再建した別院は、全国で十六か寺に及ぶ。それらは、「真宗が復興する拠点」=信仰拠点としての歴史的意義を担った。その成立を、教如の年齢とともに、時系列的に辿れば、以下の通りである。

1 広島別院明信院(天正九年、二十四歳)、2 大和大谷別院(文禄二年、三十六歳)、3 金沢別院(文禄三年、三十七歳)、4 難波別院(文禄四年、三十八歳)、5 五村別院(慶長二年、四十歳)、6 大津別院(慶長五年、四十三歳)、7 竹鼻別院(慶長七年、四十五歳)(現・難波別院堺支院、慶長七年、四十五歳)、9 茨木別院(慶長八年、四十六歳)、10 福井別院本瑞寺(慶長十年、四十八歳)、11 八尾別院大信寺(慶長十二年、五十歳)、12 天満別院(慶長十六年、五十四歳)、13 甲府別院広澤寺(慶長十八年、五十六歳)、14 岐阜別院(慶長年中、不詳)、15 伏見別院(慶長年中、不詳)、16 桑名別院本統寺(慶長年中、不詳)。参照、『南御堂』二〇一二年八月号(難波別院)。

※本稿の執筆にあたり、真宗大谷派教学研究所の研究員である御手洗隆明氏からいくつかの有益な示唆をいただいた。記して謝意を表する。

編集後記

安冨信哉先生は、二〇一四年二月十四日に古稀を迎えられた。本書は、そのお祝いとして先生に献呈させていただくものである。安冨先生は、大谷大学における長年の教育と研究を通して、親鸞思想を学ぶ人間の開かれたあり方、自然な生き方を私たちに示してくださった。この古稀記念論集を出版し献呈させていただくことによって、大きな学恩に少しでも報いることができればというのが私たちの願いである。

安冨信哉先生は、一九四四年新潟県村上市に生まれ、一九六七年に早稲田大学第一文学部（英文学専修）を卒業された。その後大谷大学大学院で真宗学を専攻され、一九七三年に博士課程を終えられた後、真宗学科の教員として二〇一三年三月に退職されるまで、約三十年にわたり教育と研究に邁進された。

教育の面では、安冨ゼミにおいて学部・大学院を合わせて五百名以上の学生を指導され、その間に御自身の研究の成果を『親鸞と危機意識』『真実信の開顕──『教行信証』「信巻」講究──』（一九九一年）、『清沢満之と個の思想』（一九九九年）、『親鸞・信の構造』（二〇〇四年）、『親鸞・信の教相』（二〇一二年）をはじめとする多くの著書として公刊されている。

安冨先生の真宗学は、寺川俊昭先生とマーク・ブラム先生がお寄せくださった序文に明らかなように、近代真宗

教学の主体的な深い学びの上に、「真宗学」の枠を越えて開かれた柔軟な広やかさをもつところに特徴があり、この論集の構成もそれを反映するものとなっている。

本書には、日本語篇と英語篇のそれぞれに、これまで安冨先生と交流のあった国内外の多くの優れた学者・研究者に御寄稿いただいた。原稿の依頼にあたり「呼びかけ人」をお引き受けくださった竹内整一先生とアルフレッド・ブルーム先生に厚く御礼申し上げたい。また、御執筆いただいた先生方には、出版にいたるまでさまざまに御協力いただいた。心から御礼申し上げる次第である。

目次を一瞥いただければわかるように、この論集には親鸞思想と現代哲学・倫理学との対話的な研究から、イスラーム・キリスト教との比較研究、さらには親鸞思想の源流や文脈を明らかにする仏教文献学・仏教史学の論考にいたるまで、実に多様な「親鸞思想研究への視座」が提示されている。ここに示されている視座とその可能性が、後進の研究においても大切に参照され、そのような親鸞思想研究が発展していってほしいというのが古稀記念論集刊行会の願いである。

本書の出版にあたっては、多くの関係者の助言と協力を仰いだ。ここに記して謝意を表したい。大谷大学真宗学科の木越康先生には、企画の段階から出版について貴重なアドバイスをいただいた。安冨ゼミ博士課程修了生である斉藤研一・後藤智道の両氏にも企画立案の始まりから積極的な協力をいただいた。真宗学科の西本祐攝先生、幼児教育科の冨岡量秀先生には校正作業などで大変お世話になった。真宗学科助教の相馬晃先生・難波教行先生には、校正を含めた煩瑣な編集実務に従事していただいた。さらに安冨先生の指導のもと大学院で真宗学を学んだ最後の学生である川口淳・老野生信・光川眞翔・天山信楽の諸氏にも細かな校正作業に長時間協力いただいた。英語篇の編集作業については、東方仏教徒協会のダン・ボルンスタイン氏にお手伝いいただいた。これら多くのお力添えに

対して心から御礼申し上げる。

また本書の刊行にあたって法藏館編集部の満田みすず氏にひとかたならぬお世話になった。このような論集出版に不慣れな私たちの願いを、何とか実現にまで導いてくださった熱意に対して深く感謝申し上げる。

最後に、古稀記念論集の出版計画をお認めくださり、その進捗に御配慮いただいた安冨信哉先生に改めて御礼申し上げて結びとしたい。

「安冨先生、これまでいろいろ御指導くださり有り難うございました。先生は現在も真宗大谷派講師・真宗大谷派教学研究所所長・東方仏教徒協会（EBS）事務局長・光済寺住職としてお忙しい毎日をお過ごしですが、今後とも健康で、ときにジャズピアノの即興も楽しみながら、ますます御活躍ください」。

二〇一四年五月一日

安冨信哉博士古稀記念論集刊行会
井上尚実
マイケル・コンウェイ

◇安冨信哉先生略歴

略年譜

一九四四年　新潟県村上市に生まれる。
一九六七年　早稲田大学第一文学部英文学専修卒業。
一九七三年　大谷大学大学院博士課程真宗学専攻単位取得退学。
一九八〇年　大谷大学真宗学科専任講師。
一九八五年　ウイスコンシン州立大学（マディソン校）仏教学客員研究員。
一九八七年　大谷大学真宗学科助教授。
一九九三年　大谷大学真宗学科教授。
一九九八年　博士号（文学）取得。
二〇〇九年　大谷大学真宗学科特別任用教授。
二〇一二年　真宗大谷派講師。
二〇一三年　大谷大学名誉教授。
現　在　真宗大谷派教学研究所所長。真宗大谷派光済寺住職。東方仏教徒協会（EBS）事務局長。

主な著書

『親鸞と危機意識』（文栄堂書店、一九九一年・新訂増補、二〇〇五年）、『清沢満之と個の思想』（法藏館、一九九九年）、『教行信証への序論――総序を読む――』（東本願寺出版部、一九九九年）、『選択本願念仏集』私記（東本願寺出版部、二〇〇三年）、『親鸞・信の構造』（法藏館、二〇〇四年）、『真実信の開顕――『教行信証』「信巻」講究――』（東本願寺出

安冨　信哉（やすとみ　しんや）

（2013年4月4日　教如上人四百回忌法要記念シンポジウムにて〈真宗大谷派提供〉）

主な編著書

『清沢満之——その人と思想——』（共編、法藏館、二〇〇二年）、*Rennyo and the Roots of Modern Japanese Buddhism*（共編、オックスフォード大学出版、二〇〇六年）、『清沢満之集』（岩波書店、二〇一二年）。

版部、二〇〇七年）、『唯信鈔講義』（大法輪閣、二〇〇七年）、『聞——私の真宗学——』（文栄堂書店、二〇〇九年）、『近代日本と親鸞——信の再生——』（シリーズ親鸞9、筑摩書房、二〇一〇年）、『親鸞・信の教相』（法藏館、二〇一二年）。

◇執筆者紹介（掲載順）

《日本語篇》

寺川俊昭（てらかわ　しゅんしょう）　大谷大学名誉教授。『寺川俊昭選集』全一一巻・別巻（文栄堂）、『往生浄土の自覚道』（法蔵館）。

竹内整一（たけうち　せいいち）　鎌倉女子大学教授、東京大学名誉教授。『「かなしみ」の哲学——日本精神史の源をさぐる』（日本放送出版協会）、『花びらは散る　花は散らない——無常の日本思想』（角川学芸出版）、『やまと言葉で哲学する——「おのずから」と「みずから」のあわいで』（春秋社）。

藤田正勝（ふじた　まさかつ）　京都大学大学院総合生存学館教授。『西田幾多郎——生きることと哲学』『西田幾多郎の思索世界——純粋経験から世界認識へ』『哲学のヒント』（すべて岩波書店）。

安冨　歩（やすとみ　あゆむ）　経済学・社会生態学。東京大学東洋文化研究所教授。『親鸞ルネサンス——他力による自立』（共著、明石書店）、『合理的な神秘主義——生きるための思想史』『生きる技法』（青灯社）。

東長　靖（とうなが　やすし）　イスラーム学・中東地域研究。京都大学大学院アジア・アフリカ地域研究科教授。『イスラームのとらえ方』（山川出版社）、『イスラームとスーフィズム——神秘主義・聖者信仰・道徳』（名古屋大学出版会）、『岩波イスラーム辞典』（共編、岩波書店）。

下田正弘（しもだ　まさひろ）　インド哲学・仏教学。東京大学大学院人文社会系研究科教授。『涅槃経の研究——大乗経典の研究方法試論』（春秋社）、『仏と浄土——大乗仏典II』（NHK出版）、『パリニッバーナ——終わりからの始まり』シリーズ大乗仏教5（共編著・春秋社）。

藤田宏達（ふじた　こうたつ）　インド哲学・仏教学。北海道大学名誉教授。『原始浄土思想の研究』（岩波書店）、『浄土三部経の研究』（岩波書店）、The Larger and Smaller Sukhāvatīvyūha Sūtras (Kyoto: Hozokan).

平　雅行（たいら　まさゆき）　日本中世史。大阪大学大学院教授。『日本中世の社会と仏教』（塙書房）、『親鸞とその時代』（法蔵館）、『歴史のなかに見る親鸞』（法蔵館）。

藤本淨彦（ふじもと　きよひこ）　浄土宗学・宗教哲学。佛教大学名誉教授、浄土宗総合研究所所長。『日本人のこころの言葉　法然』（創元社）、『法然浄土宗学論究』（平楽寺書店）、『法然浄土教の宗教思想』（平楽寺書店）。

小川一乗（おがわ　いちじょう）　インド大乗仏教。大谷大学名誉教授。『小川一乗仏教思想論集』全四巻（法蔵館）、『大乗仏教の根本思想』（法蔵

執筆者紹介

本多弘之（ほんだ ひろゆき）
真宗学。親鸞仏教センター所長。『親鸞が出遇った釈尊―浄土思想の正意』シリーズ親鸞2（筑摩書房）、『新講 教行信証』総序の巻～行巻四（樹心社）、『《親鸞》と《悪》』―われら極悪深重の衆生』（春秋社）。『親鸞の名号論―根本言の動態的了解』（法藏館）。

長谷正當（はせ しょうとう）
宗教学・宗教哲学。京都大学名誉教授。『欲望の哲学―浄土教世界の思索』『心に映る無限―空のイマージュ化』『浄土とは何か―親鸞の思索と土における超越』（すべて法藏館）。

武田龍精（たけだ りゅうせい）
親鸞浄土教・比較思想。龍谷大学名誉教授。『親鸞浄土教と西田哲学』（永田文昌堂）、『宗教と科学のあいだ』（法藏館）、『親鸞と蓮如―真実信心獲得の論理』（永田文昌堂）。

大桑 斉（おおくわ ひとし）
日本近世宗教思想史。大谷大学名誉教授。『日本近世の思想と仏教』（法藏館）、『戦国期宗教思想と蓮如』（法藏館）、『民衆仏教思想史論』（ぺりかん社）。

《英語篇》
（詳細は英文執筆者紹介を参照）

マーク・L・ブラム
仏教学（日本浄土教）。カリフォルニア大学バークレー校教授。

アルフレッド・ブルーム
日本仏教（浄土真宗）。ハワイ大学名誉教授。

ウィリアム・S・ウォルドロン
唯識思想。ミドルベリー大学教授。

ポール・B・ワット
日本仏教。早稲田大学留学センター教授。

ジェームズ・C・ドビンズ
日本仏教史（浄土真宗）。オーバリン大学教授。

マイケル・パイ
宗教学。フィリップス・マールブルク大学名誉教授。

ドミンゴス・スザ
キリスト教神学・比較宗教学。南山大学准教授。

ジョン・ロス・カーター
上座部仏教・比較宗教学。コルゲート大学教授。

ゲイレン・アムスタッツ
宗教学（浄土真宗）。米国仏教大学院非常勤講師。

トマス・P・カスーリス
哲学（比較思想）。オハイオ州立大学教授。

ケネス・K・タナカ
仏教学（中国浄土教・浄土真宗）。武蔵野大学教授。

デニス・ヒロタ
真宗学。龍谷大学名誉教授。

HONDA Hiroyuki, Director, Center for Shin Buddhist Studies, Tokyo.

HASE Shōtō, Professor Emeritus, Kyoto University.

TAKEDA Ryūsei, Professor Emeritus, Ryūkoku University, Kyoto.

ŌKUWA Hitoshi, Professor Emeritus, Ōtani University.

Intimacy or Integrity: Philosophy and Cultural Difference (University of Hawai'i Press, 2002).
Shinto: The Way Home (Honolulu: University of Hawai'i Press, 2004).

Kenneth K. TANAKA, Professor, Musashino University, Tokyo.
The Dawn of Chinese Pure Land Buddhist Doctrine: Ching-ying Hui-yuan's Commentary to the Visualization Sutra (New York: State University of New York Press, 1990).
Ocean: An Introduction to Jodo Shinshu Buddhism in America (Berkeley, California: Wisdom Ocean Publications, 1997).
Pure Land Buddhism: Historical Development and Contemporary Manifestation. (Bangalore, India: Dharmaram College Press, 2004).

Dennis HIROTA, Emeritus Professor of Shin Buddhist Studies, Ryūkoku University, Kyoto.
Shinran: An Introduction to His Thought (Kyoto: Hongwanji International Center, 1989).
Collected Works of Shinran (Head Translator). 2 vols. (Kyoto: Jōdo Shinshū Hongwanji-ha, 1997).
No Abode: The Record of Ippen (Honolulu: University of Hawai'i Press, 1998).

《**Japanese Language Section**》
(See the Japanese contributors page for details)

TERAKAWA Shunshō, Professor Emeritus, Ōtani University, Kyoto.

TAKEUCHI Seiichi, Professor Emeritus, The University of Tokyo.
Professor, Kamakura Women's University, Kamakura.

FUJITA Masakatsu, Professor, Kyoto University.

YASUTOMI Ayumu, Professor, The University of Tokyo.

TŌNAGA Yasushi, Professor, Kyoto University.

SHIMODA Masahiro, Professor, The University of Tokyo.

FUJITA Kōtatsu, Professor Emeritus, Hokkaidō University, Sapporo.

TAIRA Masayuki, Professor, Osaka University.

FUJIMOTO Kiyohiko, Professor Emeritus, Bukkyō University, Kyoto.
Director, Jōdoshū Comprehensive Research Institute.

OGAWA Ichijō, Professor Emeritus, Ōtani University.

James C. DOBBINS, Fairchild Professor of Religion and East Asian Studies, Oberlin College, Oberlin, Ohio.
Jōdo Shinshū: Shin Buddhism in Medieval Japan (Honolulu: University of Hawai'i Press, 2002).
Letters of the Nun Eshinni: Images of Pure Land Buddhism in Medieval Japan (Honolulu: University of Hawai'i Press, 2004).
The Selected Works of D.T. Suzuki: Pure Land Buddhism (Berkeley: University of California Press, forthcoming).

Michael PYE, Professor Emeritus, Philipps-Universität Marburg, Marburg, Germany.
Skilful Means: A Concept in Mahayana Buddhism (London: Gerald Duckworth and Co., 1978)
Emerging from Meditation, by Tominaga Nakamoto, trans. Michael Pye (Honolulu: University of Hawai'i Press, 1990).
Strategies in the Study of Religions, 2 vols. (Berlin: Walter de Gruyter, 2013)

Domingos SOUSA, Associate Professor, Nanzan University, Nagoya.
"Shinjin and Faith: A Comparison of Shinran and Kierkegaard," *Eastern Buddhist* 38, nos. 1/2 (2007): 180–202.
"Ai wa gimu ni nari uru no ka: Kierkegaard no kirisutokyō rinri" 愛は義務になり得るのか—キェルケゴールのキリスト教倫理—, *Shūkyō kenkyū* 宗教研究 362 (2009): 25–47.
"Epistemic Probability and Existence of God: A Kierkegaardian Critique of Swinburne's Apologetic," *The Heythrop Journal* 55 (2014): 45–58.

John Ross CARTER, Professor of the Study of the Great Religions of the World, Professor of Philosophy and Religion, Colgate University, Hamilton, New York.
Dhamma: Western Academic and Sinhalese Buddhist Interpretations—A Study of a Religious Concept (Tokyo: The Hokuseido Press, 1978).
On Understanding Buddhists: Essays on the Theravada Tradition in Sri Lanka (Albany: State University of New York Press, 1993).
In the Company of Friends: Exploring Faith and Understanding with Buddhists and Christians (Albany: State University of New York Press, 2012).

Galen AMSTUTZ, Adjunct Faculty, Institute of Buddhist Studies, Berkeley, California.
"World Macrohistory and Shinran's Literacy," *Pacific World: Journal of the Institute of Buddhist Studies*, 3rd Series, 11 (2009): 229–72.
"Kiyozawa in Concord: A Historian Looks Again at Shin Buddhism in America," *Eastern Buddhist*, 41, no. 1 (2010): 101–50.

Thomas P. KASULIS, Professor of Comparative Studies, The Ohio State University, Columbus, Ohio.
Zen Action/Zen Person (Honolulu: University of Hawai'i Press, 1989).

Contributors
(in order of appearance)

⟨English Language Section⟩

Mark L. BLUM, Professor of Buddhist Studies, Shinjo Ito Distinguished Chair in Japanese Studies, University of California, Berkeley.
The Origins and Development of Pure Land Buddhism: A Study and Translation of Gyōnen's Jōdo Hōmon Genrushō (New York: Oxford University Press, 2002).
Editor of *Rennyo and the Roots of Modern Buddhism* with Yasutomi Shin'ya (New York: Oxford University Press, 2006).
Editor of *Cultivating Spirituality: A Modern Shin Buddhist Anthology* with Robert F. Rhodes (Albany: State University of New York Press, 2011).

Alfred BLOOM, Professor Emeritus, University of Hawai'i.
Shinran's Gospel of Pure Grace (Tucson: University of Arizona Press, 1965).
The Life of Shinran Shonin: The Journey to Self Acceptance (Leiden: Brill, 1968).
The Essential Shinran: A Buddhist Path of True Entrusting (Bloomington: World Wisdom Books, 2007).

William S. WALDRON, Professor, Middlebury College, Middlebury, Vermont.
"Buddhist Steps to an Ecology of Mind: Thinking about 'Thoughts without a Thinker,'" *Eastern Buddhist* 34, no. 1 (2002): 1–52.
The Buddhist Unconscious: The Ālaya-vijñāna in the Context of Indian Buddhist Thought (London and New York: RoutledgeCurzon, 2003).
"*Ālayavijñāna* as Keystone Dharma: The *Ālaya* Treatise of the *Yogācārabhūmi*," in *The Foundation for Yoga Practitioners: The Buddhist Yogācārabhūmi Treatise and Its Adaptation in India, East Asia, and Tibet*, ed. Ulrich Timme Kragh, Harvard Oriental Series (Cambridge, MA: Harvard University, Dept. of South Asian Studies, 2013), 922–36.

Paul B. WATT, Professor, Center for International Education, Waseda University, Tokyo.
"Jiun Sonja (1718–1804): A Response to Confucianism within the Context of Buddhist Reform," in *Confucianism and Tokugawa Culture*, ed. Peter Nosco (Honolulu: University of Hawai'i Press, 1997).
"The Buddhist Element in Shingaku," in *Buddhist Spirituality: Later China, Korea, Japan and the Modern World*, ed. Takeuchi Yoshinori (New York: Crossroad Press, 1999).
Demythologizing Pure Land Buddhism: Yasuda Rijin (1900–1982) and the Modern Restatement of the Shin Buddhist Tradition (Honolulu: University of Hawai'i Press, forthcoming).

Shinshu" *Zen Buddhism Today* 12 (1996), 51–62; "The Way of Introspection: Kiyozawa Manshi's Methodology," *Eastern Buddhist* 35, nos. 1/2, 102–14. He is also the co-editor, with Mark L. Blum, of *Rennyo and the Roots of Modern Japanese Buddhism*, where both his "The Life of Rennyo: A Struggle for the Transmission of the Dharma" and "The Tale of the Flesh-adhering Mask" appear.

About Yasutomi Shin'ya

(Courtesy Shinshū Ōtani-ha)

YASUTOMI SHIN'YA was born in 1944 in Murakami, Niigata Prefecture. He entered the graduate school at Ōtani University after graduating from Waseda University with a major in English literature in 1967. He completed the course requirements for the doctoral program in Shin Buddhist studies in 1973, and became a lecturer in the department for Shin Buddhist studies in 1980. He worked as a guest researcher at the University of Wisconsin, Madison, in 1985. After becoming an assistant professor, and then professor at Ōtani University, he received his DLitt in 1998. After retiring from his post as professor in 2009, he served as Specially Appointed Professor at Ōtani until 2013, when he became Professor Emeritus on his full retirement. He was also awarded the title of Lecturer (*kōshi* 講師), the highest rank of the academic hierarchy in the Shinshū Ōtani-ha in 2012. He is currently serving as the director of the Ōtani-ha's Research Institute for Doctrinal Studies, the Secretary-General of the Eastern Buddhist Society, as well as the resident minister of Kōsaiji in Murakami.

His works in English include: "Shinran's Historical Consciousness," *Japanese Religions* 21, no. 1 (1996), 137–62; "The Legacy of Meiji

Lastly, we would like to thank Professor Yasutomi for approving of our plans and providing valuable advice during the course of the project.

Let us close with a personal message to him: "Yasutomi Sensei, thank you for all the direction that you have given us over the years. While you are busy everyday serving as the director of the Shinshū Ōtani-ha's Research Institute for Doctrinal Studies, the Secretary-General of the Eastern Buddhist Society, and the resident minister of Kōsaiji, please take good care of yourself and don't forget to take the time to enjoy some jazz improvisation on your piano."

May 1, 2014
Inoue Takami
Michael Conway
Committee for the Publication of a *Festschrift*
in Honor of Yasutomi Shin'ya

and possibilities presented in the pages of this commemorative volume will be valued by later scholars such that research into Shinran's thought continues to develop along these different avenues.

In preparing this volume, we have benefited greatly from the advice and cooperation of very many people and would like to express our gratitude here. Kigoshi Yasushi of the Shin Buddhist Studies Department at Ōtani University made some valuable suggestions about the publication during the planning phases of this project. Saitō Ken and Gotō Tomomichi, both of whom were doctoral students of Professor Yasutomi's, were extremely helpful in the early stages, as well. Nishimoto Yūsetsu of Ōtani's Shin Buddhist Studies Department and Tomioka Ryōshū of the Early Childhood Education Department, both of whom completed their PhDs under Yasutomi's guidance, helped in proofreading the Japanese language section. Sōma Akira and Nanba Noriyuki, both assistants to the Shin Buddhist Studies Department, bore the brunt of the troublesome editorial work, including not just proofreading, but coordinating with all the proofreaders, mailing proofs to the authors, and helping us to work out the various conventions used in the text. Also, Kawaguchi Atsushi, Oinoshō Makoto, Mitsukawa Maho, Amayama Shingyō, all of whom were graduate students under Yasutomi during his last years at Ōtani, spent a great deal of time carefully proofreading the Japanese section. Dan Bornstein of the Eastern Buddhist Society helped in proofreading the English language section. We would like to thank all of these people for the time and effort that they were kind enough to give to this project.

Also, Mitsuda Misuzu of Hōzōkan's Editorial Department played an immense role in the publication of this work. We are particularly grateful for the patient guidance that she provided to lead the two of us, who have never published this sort of collection before, to bring our hopes into a concrete form.

の構造 (Shinran and the Structure of Faith, 2004); *Shinjitsu shin no kaiken:* Kyōgyōshinshō *"Shin no maki" kōkyū* 真実信の開顕：『教行信証』「信巻」講究 (The Clear Revelation of True Faith: Research into the Chapter on Faith of the *Kyōgyōshinshō*, 2007); *Shinran, shin no kyōsō* 親鸞・信の教相 (Shinran and the Systematization of the Teaching of Faith, 2012), among others.

As can be seen from the prefaces by Professors Terakawa Shunshō and Mark Blum, Yasutomi Sensei's work in Shin Buddhist studies is characterized by a combination of the existential concerns that have motivated modern Shin studies in the Ōtani-ha with a breadth, openness, and flexibility that transcends the confines of sectarian exegesis. The contents of this collection are intended to reflect the broad scope of his vision and methodology.

In both the English and Japanese portions of this work, we have included contributions from scholars and researchers both within and outside Japan who have worked together with Professor Yasutomi in the past. Needless to say, without their willingness to take the time out of their busy schedules to write a chapter for this book, the project would have never reached fruition. We are deeply grateful for their contributions and their cooperation throughout the editorial process. Also, we would like to thank Professors Alfred Bloom and Takeuchi Seiichi for serving as advocates of this project when we first asked the other authors to write for it.

As a glance at the table of contents shows, this book presents a wide variety of "perspectives toward research on Shinran's thought," such as research that puts Shinran's thought into dialogue with contemporary philosophy and ethics, and comparative studies between his thought and that of Christianity and Islam, as well as pieces that try to clarify the roots and the context of his thought from the standpoints of philological and historical studies. Our hope is that the various perspectives

Afterword

Professor Yasutomi Shin'ya turned seventy years old on February 14, 2014. This collection of essays has been prepared to present to him in commemoration of that event. Through the many years that he engaged in education and research at Ōtani University, Professor Yasutomi has shown to us the open and natural way of life of a person who studies Shinran's teachings. In publishing this volume, we hope to repay, even to a small degree, the great debt of gratitude that we owe to him for all the guidance and support he has provided for our own studies.

Professor Yasutomi was born in 1944 in the city of Murakami, Niigata Prefecture and graduated from Waseda University in 1967 after majoring in English literature. He then moved on to study Shin Buddhism at the graduate school of Ōtani University, where he completed the course requirements for the doctoral program in 1973. He went on to serve as a faculty member of the Shin Buddhist Studies Department at Ōtani for over thirty years, until his retirement in March of 2013, where he made considerable contributions in both education and research.

In his educational activities, Professor Yasutomi served as advisor to over five hundred graduate and undergraduate students in the course of his tenure. During that time, he has also published the results of his research in many books in Japanese, including *Shinran to kiki ishiki* 親鸞と危機意識 (Shinran and Crisis Consciousness, 1991); *Kiyozawa Manshi to ko no shisō* 清沢満之と個の思想 (Kiyozawa Manshi and the Philosophy of the Individual, 1999); *Shinran, shin no kōzō* 親鸞・信

Japanese Philosophy, ed. James Heisig and Rein Raud, vol. 7 of Frontiers of Japanese Philosophy (Nagoya: Nanzan Institute for Religion and Culture, 2010), 207–31.

[33] Quotations from "What is Metaphysics?", trans. David Farrel Krell in Martin Heidegger, *Pathmarks*, ed. William McNeill (Cambridge: Cambridge University Press, 1998), 82.

[34] Heidegger, "The Origin of the Work of Art," in *Off the Beaten Track*, ed. and trans. Julian Young and Kenneth Haynes (Cambridge: Cambridge University Press, 2002), 37.

[35] Heidegger, "What is Metaphysics?", 84.

[36] Ibid.

[37] Heidegger, "What is Metaphysics?", 85.

[38] Ibid.

(*Shinran Shōnin montei kyōmyōchō* 親鸞聖人門弟交名帳); some texts of *Lamp for the Latter Ages* note that he was a member of the Takada branch of the Shin movement. It is also unclear whether all three letters are in fact addressed to the same person.

10 *Lamp for the Latter Ages*, letter 10, CWS 1:537. Translation modified.

11 CWS 1:523

12 *A Collection of Letters* (*Shinran Shōnin go-shōsoku shū* 親鸞聖人御消息集), letter 7, CWS 1:569.

13 CWS 1:679.

14 CWS 1:212, translation modified.

15 Fergus Kerr, *Theology after Wittgenstein* (Oxford: Basil Blackwell Ltd., 1986), 10.

16 Nishitani, "The Standpoint of Zen," translated by John C. Maraldo, *Eastern Buddhist* 17, no. 1 (1984): 13; "Zen no tachiba" 禅の立場, in *Nishitani Keiji chosakushū* 西谷啓治著作集, 26 vols. (Tokyo: Sōbunsha), 11:18–19.

17 Nishitani, "The Standpoint of Zen," 13; "Zen no tachiba," 19–20.

18 *Notes on "Essentials of Faith Alone"*, CWS 1:461.

19 Nishitani, "The Standpoint of Zen," 16; "Zen no tachiba," 21–22.

20 Nishitani, "The Standpoint of Zen," 15; "Zen no tachiba," 21; translation modified.

21 Ui Hakuju, *Shōdaijōron kenkyū* 摂大乗論研究 (Tokyo: Iwanami Shoten, 1935), 72.

22 *Zen shisōshi kenkyū* 禅思想史研究, in *Suzuki Daisetz zenshū* 鈴木大拙全集 (Tokyo: Iwanami Shoten, 1982), 2:230.

23 Ueda, "Reflections on the Study of Buddhism," 119.

24 CWS 1:7.

25 Hōnen, "Zenshō-bō ni shimesu on-kotoba" 禅勝房に示す御詞, in *Shōwa shinshū Hōnen Shōnin zenshū* 昭和新修法然上人全集, ed. Ishii Kyōdō 石井教道 (Kyoto: Heirakuji Shoten, 1955), 464. See also *Plain Words on the Pure Land Way: Sayings of the Wandering Monks of Medieval Japan. A Translation of Ichigon Hōdan* 一言芳談, trans. D. Hirota (Kyoto: Ryukoku University, 1989), 12–13.

26 Elsewhere, I have sought to articulate such readings. See note 8 above. More recently, I have argued for the reading of Shinran as phenomenological. See "Shinran and Heidegger on Truth," in *Boundaries of Knowledge in Buddhism, Christianity, and the Natural Sciences*, ed. Paul Numrich (Göttingen: Vandenhoeck and Ruprecht, 2008), 59–79, and "Shinran and Heidegger on the Phenomenology of Religious Life," *Shinshūgaku* 真宗学 119/120 (2009): 1–30.

27 Wittgenstein, *Philisophical Investigations*, trans. G. E. M. Anscombe, 3rd ed. (London: Basil Blackwell, 1967), vii.

28 CWS 1:291; also CWS 1:303.

29 Ueda recalls that when he was a graduate student, his teacher Ui cautioned him, commenting that D. T. Suzuki was "not a scholar" ("Ui Hakuju to Suzuki Daisetsu," part 1, in *Suzuki Daisetsu zenshū geppō* 21, 1).

30 Heidegger, *On the Way to Language*, 19.

31 Yoshifumi Ueda, "Thinking in Buddhist Philosophy," *Philosophical Studies of Japan* 5 (1964): 79.

32 I have discussed Heidegger in relation to Shinran's thought in a number of articles. See "Shinran in the Light of Heidegger: Rethinking the Concept of *Shinjin*," in *Classical*

in its attempts to forge an accurate, persuasive account of Shinran's Buddhism in the present. Ueda's own work on Shinran as reflective of fundamental strains of Mahayana thought offers another indication. Hints of avenues of exploration from a range of thinkers, even from distant times and cultural worlds, may be crucial in suggesting new ways of interpreting Shinran's writings, stimulating new visions of the Pure Land path, and disclosing vital elements now hidden. One mission of *Shinshūgaku* in the university is surely to nurture efforts in such directions.

Notes

[1] From Shinran, *A Collection of Passages Revealing the True Teaching, Practice, and Realization of the Pure Land Way*, in *The Collected Works of Shinran* (hereafter CWS), 2 vols., trans. Dennis Hirota, Hisao Inagaki, Michio Tokunaga, and Ryushin Uryuzu (Kyoto: Jōdo Shinshū Hongwanji-ha, 1997), 1:99–100.

[2] Martin Heidegger, *On the Way to Language*, trans. Peter D. Hertz (New York: Harper and Row, 1971), 13 (translation modified). See *Unterwegs zur Sprache* (Pfullingen: Verlag Günther Neske, 1959), 100.

[3] Ueda Yoshifumi, *Eastern Buddhist*, n.s., 18, no. 2 (1985): 114–30. The translation is a highly edited and augmented fusion of two separate articles, "Bukkyōgaku no hōhōron ni tsuite" 仏教学の方法論について, published in Ueda's book, *Daijō bukkyō no shisō* 大乗仏教の思想 (enlarged edition, Tokyo: Daisan Bummei Sha, 1982), 63–86, and "Ui Hakuju to Suzuki Daisetsu" 宇井伯寿と鈴木大拙, in *Suzuki Daisetsu zenshū geppō* 鈴木大拙全集月報 21 (Tokyo: Iwanami Shoten, 1982), 1–5, and 22 (1982), 1–10. Although publication of this article was strongly supported by Professor Nishitani, shortly after its appearance the editorial board suggested no further articles by Professor Ueda be considered by the journal.

[4] See Hataya Akira 幡谷明, "Shinshūgaku no kadai to hōhōron ni tsuite no dansō" 真宗学の課題と方法論についての断想, *Shinran kyōgaku* 親鸞教学 34 (1979): 42–57.

[5] CWS 1:520.

[6] Ueda, "Bukkyōgaku no hōhōron ni tsuite," 70–72.

[7] CWS 1:241.

[8] See especially "Shinran's View of Language: A Buddhist Hermeneutics of Faith," *Eastern Buddhist* 26, no. 1 (1993): 50–93 and vol. 26, no. 2 (1993): 91–130, and *Asura's Harp: Engagement with Language as Buddhist Path* (Heidelberg: Universitatsverlag, 2006). In Japanese, see *Shinran: Shūkyō gengo no kakumeisha* 親鸞：宗教言語の革命者.

[9] The letters are 7, 10, and 15 in *Lamp for the Latter Ages*. The first and last survive in Shinran's own hand. Nothing is known with certainty about Jōshin. A record listing Shinran's disciples identifies him as "the lay-priest Shichijō Jirō, residing in the capital"

taking a comprehensive view of "science" as the study of beings—"beings themselves, and nothing besides"—notes that "science wants to know nothing about the nothing."[35] In other words, while academic disciplines take beings—their object of study—to be what is, it is "nothing" or "nonbeing pure and simple" that enables the distinction and apprehension of beings as beings. Heidegger's metaphysical or philosophical question, then: "What about this nothing?"[36]

In addition to the issues of methodological self-awareness and the position of the researcher vis-à-vis her subject of study, Heidegger raises two related topics that closely resonate with the themes of Ueda's lecture: language and subjectivity or consciousness. Both our ordinary, commonsense use of language and the nature of our consciousness as consciousness of beings appear to make an investigation of "nothing" nonsensical, a violation of the norms of logic:

> The commonly cited ground rule of all thinking, the proposition that contradiction is to be avoided, universal "logic" itself, lays low this question [of nothing]. For thinking, which is always essentially thinking about something, must act in a way contrary to its own essence when it thinks of the nothing.[37]

Normal language use turns statements about "nothing" into self-contradictory assertions about nothing as a being. As long as the usual notion of "logic" is of supreme importance and "the intellect is the means, and thought the way, to conceive the nothing," Heidegger's metaphysical question cannot be treated.[38] Heidegger's insistence, however, like Ueda's regarding Mahayana Buddhist thinking, is that there are other modes or dimensions of human awareness besides rational, objectifying thought that must not be simply dismissed.

I point out what appear to be traces of Heidegger's thinking in the themes of Ueda's lecture only to suggest that the presence of such resonances may also indicate one possible direction for *Shinshūgaku*

To do so, however, he avoids presupposing an objectifying stance or conceptual structure within which to view metaphysics, and attempts instead to find a way that allows the matter "to introduce itself," a means whereby "we will let ourselves be transposed directly into metaphysics." Heidegger's approach is thus not to undertake a discussion *about* metaphysics, but rather to "take up a particular metaphysical question." Further, this posture is possible only when "the questioner as such is also there within the question, that is, is placed in question" and does not stand beyond and impose a point of view from outside.[33]

Heidegger's concern, like Ueda's, is with the limitations of "science" (*Wissenshaft*)—the modern academic disciplines organized in the universities—and distortions of understanding that arise from inadequate self-awareness among practitioners within the defined spheres of particular disciplines. Thus he states in a slightly later essay:

> Science (*Wissenschaft*) ... is not an original happening of truth but always the cultivation of a domain of truth that has already been opened. It does this through the apprehension and confirmation of that which shows itself to be possible and necessarily correct within this sphere. If, and to the extent that, a science transcends correctness and arrives at a truth—i.e., an essential disclosure of beings as such—it is philosophy.[34]

The modern fields of knowledge, in other words, tend to apprehend and confirm only what already is seen to fall within the parameters of their methods of study, their particular "domain of truth." Lack of recognition of the role of what tends to be omitted from the discipline, including the make-up of its own boundaries—Ueda adduces "subjectivity-only" as nondiscriminative wisdom where there is neither subject nor object as an example among some Buddhist studies scholars—easily leads to distortions in the understanding of the object of study. Heidegger,

was able to cast new light on dimensions of Shinran's Buddhism from a perspective in Mahayana thought.

Further, I believe it likely that Heidegger's essay "What is Metaphysics?" played a role in spurring and shaping Ueda's lecture on Buddhist studies methodology. "What is Metaphysics?" has been well known to Japanese thinkers almost from the time of its delivery as a lecture in 1929. As Heidegger has the interlocutor say in "A Dialogue on Language":

> We in Japan understood at once your lecture "What is Metaphysics?" when it became available to us in 1930 through a translation which a Japanese student, then attending your lectures, had ventured.... To us, emptiness is the loftiest name for what you mean to say with the word "Being"....[30]

Moreover, although there is scarcely any mention of Heidegger in Ueda's writings, in the article "Thinking in Buddhist Philosophy," prepared for publication in English only two years before his Ōtani University lecture, he quotes from "What is Metaphysics?" and "Letter on Humanism," commenting: "Among Western Philosophies this seems to resemble the Buddhist Philosophy the closest."[31] In retrospect, titles of Ueda's publications from this period like "Thinking in Buddhist Philosophy" and *How Should We Understand Buddhism?* (*Bukkyō o dō rikai suru ka* 仏教をどう理解するか, 1963) appear to reflect an attempt, similar to Heidegger's, to probe possible means for illuminating fundamental issues of awareness without exclusive recourse to the constricting frameworks of discursive logic. It is of course impossible to take up a discussion of Heidegger here.[32] I will simply point out several themes in "What is Metaphysics?" that resonate with Ueda's lecture, and also Shinran's thought.

In his essay, Heidegger seeks to cast light on the core of Western thinking and philosophy, which historically has focused on "beings."

other kinds of readings—readings that take into consideration his efforts to communicate his profound and complex religious realization?[26]

Toward Alternative Paradigms of Reading

> It was my intention at first to bring all this together in a book whose form I pictured differently at different times.... After several unsuccessful attempts to weld my results together into such a whole, I realized that I should never succeed.... [M]y thoughts were soon crippled if I tried to force them on in any single direction against their natural inclination.—And this was, of course, connected with the very nature of the investigation.[27]
> —Ludwig Wittgenstein, *Philosophical Investigations*, "Preface"

> How joyous I am, my heart and mind being rooted in the Buddha-ground of the universal Vow, and my thoughts and feelings flowing within the dharma-ocean, which is beyond comprehension! I am deeply aware of the Tathagata's immense compassion, and I sincerely revere the benevolent care behind the masters' teaching activity. My joy grows even fuller, my gratitude and indebtedness ever more compelling. Therefore, I have selected [passages expressing] the core of the Pure Land way and gathered here its essentials.[28]
> —Shinran, "Postscript," *The True Teaching, Practice, and Realization of the Pure Land Way*

There is one further way in which Ueda's critique of Buddhist studies methodology offers an indirect hint for a consideration of *Shinshūgaku* and how it might proceed: by his own example in raising the question. It was by drawing on broad resources in religious and philosophical thought that Ueda was able to achieve a critical perspective on his field of specialization. He was even willing to recognize sources generally regarded as suspect or unscholarly in his field in his own earnest quest for genuine understanding.[29] Further, he later brought his deep exploration of Mahayana thought to a close reading of Shinran's works in Japanese. In taking an approach distinct from the *kambun* emphasis and conceptual abstraction of much of *Shinshūgaku* scholarship, he

utterance of the nembutsu, on the other, a fundamental adherence to the stance of the practitioner as the subject who engages the Pure Land path. Shinran, however, speaks of Amida's *giving* practice and *shinjin*, or the Name calling to and summoning beings, or of *shinjin* itself being revered by the practitioner (*shin o agame yo* 信を崇めよ). In such expressions, he is not merely proposing an abstract doctrinal explanation of the practitioner's relationship to Other Power. Rather, he is deconstructing, through a thoroughgoing, paradoxical reversal, the usual subject-object framework within which religious faith and practice are understood. Moreover, this is not merely a matter of logical deduction from scriptural foundations, but an attempt to formulate and transmit his own experience of the dynamic of Other Power.

In Shin Buddhist scholarship, it has been common to treat the problem of the path's dual aspects of nembutsu and *shinjin* by focusing on the relationship between them. It is impossible to delve into the voluminous discussion here; I simply note that it tends to cast the core issues of Shinran's thought into a subject-object paradigm that displaces the practitioner and turns realization of *shinjin* and saying the nembutsu into abstractions divorced from the practitioner's lived experience. The central pair of terms utilized in such analysis indicates the agent (*nō* 能) that acts and the patient or object acted upon (*sho* 所); its use is not entirely absent from Shinran's writings, but he never draws on this contrasting pair to schematize a relationship between *shinjin* and saying the nembutsu, or the Name of Amida and the arising of *shinjin*.

It is here that the question Ueda raises in relation to Buddhist studies arises for *Shinshūgaku*: Can Shinran's writings be properly interpreted solely according to ordinary norms of conceptual logic, as doctrinal exposition, or might they function in ways other than propositional, so that methods need also be sought that allow for

recitation to an ordinary method of praxis, indistinguishable from all other practices taught in the sutras.

Among Hōnen's followers, the question remained of what was necessary in order that one's utterance of the nembutsu became the act in accord with Amida's Vow. There were those who emphasized a person's assiduous recitation of the nembutsu to the end of life as crucial (*tanen gi* 多念義), others who asserted that, since it was one's faith in the Vow that made mere vocalization of the Name the practice embodying Other Power, it was faith that was decisive, and a single nembutsu with faith was fully efficacious (*ichinen gi* 一念義). Effort to accomplish more in fact betrayed doubt.

As arguments among Hōnen's disciples grew in intensity and divisiveness, the master sought resolution by asserting the need for a balance in which the two positions are fused:

> If, because it is taught that birth is attained with but one or ten utterances, you say the nembutsu heedlessly, then faith is hindering practice. If, because it is taught [in the commentaries] that you should say the Name "without abandoning it from moment to moment," you believe one or ten utterances to be indecisive, then practice is hindering faith. As your faith, accept that birth is attained with a single utterance; as you practice, endeavor in the nembutsu throughout life.[25]

With trust in the teaching that one utterance holds the virtue sufficient for attainment, one should continue to recite the nembutsu to the very end of life. This answer in itself, however, failed to settle the matter. The questions remained: precisely how is it that one acquires the practice fulfilled by Amida Buddha and makes it one's own, and what is it for this to occur?

We see underlying the debate over the relative importance of faith in Amida's Vow, on the one hand, and practice as the sustained

all given to beings by Amida Buddha, then the usual assumptions about religious commitment and action are completely undermined. While the rejection of one's own accomplishment of praxis may be easily accepted intellectually, it appears much more difficult to grasp the notion that there can be no affirmation of self as the subject of faith. If *shinjin* is the true and real mind of Buddha, then in it the differentiation of subject and object is already dissolved, even while the person of nembutsu is a foolish being of karmic evil. What is it then—in Shinran's phrase—to "realize *shinjin*"? It is in this way that the question of subjectivity in Shinran's path arises.

Subject and Object in Practice-Shinjin *Discourse (*gyō-shin ron*)*

In traditional Shin scholarship, much effort has been directed toward delineating the relationship between *shinjin* and practice in Shinran's thought. The basic problem stems from Hōnen's radical development of Pure Land teachings. In establishing the Pure Land path as a valid school within Buddhist tradition, Hōnen argues in *Senjakushū* 選択集 that vocal recitation of the nembutsu is the practice that Amida has designated and empowered by fulfilling his vow to bring all beings who say the nembutsu to his buddha-land. What distinguishes vocal nembutsu from all other forms of practice in Buddhist tradition is that its efficacy has its source in the Buddha's fulfilled practice, performed as a bodhisattva, and not the merit of the practitioner's own performance. All that is necessary is that the practitioner recognize this and say the nembutsu as the already accomplished practice of the Buddha, entrusting herself utterly to Amida's vow and not relying in any way on her utterance as her own meritorious act. In Hōnen's thought, it is the entrusting of oneself to the vow that makes the saying of the nembutsu the act designated by Amida—the practice potent with Amida's own virtues—and to say it without such complete trust reduces

be verified through ordinary experience. If these assumptions are apposite, then the work of *Shinshūgaku* is surely to systematize and explain, as a rational and coherent whole, the doctrinal teachings expounded in the scriptural texts.

Ueda's critique, however, raises the question, not only regarding the language of the teaching (whether—and how—we can ascertain that scholarly treatments manifest the scriptural text in its true and not an accommodated or provisional significance), but also regarding subjectivity: whether analysis that presupposes the familiar subject-object dichotomy—of the self as the subject who interprets and trusts (*shinzu* 信ず) in the teaching, or as the agent who performs the nembutsu—can be adequate. If not, how is religious realization in Shinran to be illuminated? This is not, as in the case of Ueda's Yogācāra illustration, an issue of the nature of knowing in the eradication of subject-object dualism. Nevertheless, as long as Shinran's path is considered a form of Mahayana Buddhism, the issue of defusing the false reification of self as transcendent subject or agent remains.

Shinran's statement of the fundamental stance of his thought is straightforward and unequivocal throughout his writings:

> Reverently contemplating the true essence of the Pure Land way, [I see that] Amida's directing of virtue to sentient beings has two aspects: the aspect for going forth to the Pure Land and the aspect for return to this world. Regarding the aspect for going forth, there is the true and real teaching, practice, *shinjin*, and realization. ("Chapter on Teaching" § 1)[24]

This passage and similar statements throughout Shinran's writings indicate that a commonsense or self-evident approach to the interpretation of his writings is dubious. If not only the teaching of the path to awakening, but the practice and *shinjin* that are said to be the cause of attainment, and realization of enlightenment itself, are

"No-mind" here does not mean simply that there is no mental activity, but indicates the nonduality of nonexistence of mind (both object and mind are eradicated) and its existence (seeing, hearing, thinking, knowing). This is expressed in the *Treatise*, "Where should there be no-mind apart from seeing, hearing, thinking and knowing?"[23]

Although Ui's adherence to rules of logic and consistency leads him to reject straightaway an apparent self-contradiction found in the text, Suzuki is able to accommodate a similar contradictory expression and to incorporate an interpretation of it in his exposition of awakened awareness. Further, Suzuki's interpretation may also be seen as in accord with the comparative comments on mind in Nishitani's essay quoted before.

The nature of awareness in religious realization in contemplative and meditative traditions may surely be said to differ from that in Shinran's Pure Land path. Nevertheless, Ueda's concern here with possible distortions in the interpretation of Buddhist texts arising from a routine, though unjustified, imposition of conventional norms of rationality are surely relevant in the case of Shinran's writings as well. This is particularly true when commonplace models for understanding religious "faith" are simply applied to Shinran's Buddhism. Such assessments are not unusual in either Japan or the West. It is often assumed: (1) that language use is fundamentally representational and that Buddhist teachings are basically propositional assertions; (2) that truth is a matter of correspondence between the verbal representation expressed in the teachings and the way things actually are; and (3) that *shin* 信 or *shinjin* in Shinran's Buddhism is a matter of accepting or "believing" the truth of Shinran's words and the writings of the tradition, that is, that the assertions made in the teachings in some sense correspond with the ways things are, even though they cannot

> What is it like when one has reached the true and real subjectivity-only (*vijñapti-mātratā, yuishiki* 唯識) in which both object and subject are eradicated? In Paramārtha's exposition, it is called "undefiled subjectivity, the mind pure in its nature": the term for it includes the word "subjectivity." Since he has employed "subjectivity" in such compounds as "subjectivity-only with no object" and "subjectivity-only as means," he adopts the term here also. Strictly speaking, however, the term "subjectivity" should have been abandoned.[21]

Ueda's concern here is twofold. First, he points out Ui's explicit comment that, "strictly speaking," the term "subjectivity" should not have been employed to indicate the attainment "in which both object and subject are eradicated." In Ueda's view, with this imposition of the norms of logical consistency on the text that he is treating, Ui transgresses the limits of a philological methodology in a way that impinges on its meaning. In other words, where the text has been ascertained, the role of the philological scholar is to interpret it, not to assume carelessness or negligence because ordinary rules of reasoning or logic appear to be violated. The more serious issue, however, is that such "scholarly" incursions, undertaken without full self-awareness, may undermine the interpretation of the central themes of the text by imposing the perspective of ordinary awareness. In the present case, it impedes Ui from recognizing the deeper meaning of the term "subjectivity."

It is unnecessary here to repeat Ueda's argument here. We may note, however, Ueda's affirmation of what he sees as an alternative understanding to Ui's of a parallel expression from Zen tradition. He quotes D. T. Suzuki's explanation of the term "no-mind" (*mushin* 無心) in the *Treatise on No-mind* (*Mushinron* 無心論), attributed to Bodhidharma: "Precisely because it is no-mind, it is able to see, hear, think, and know."[22] According to Ueda:

> Ever since Christianity became dominant, the main axis of thought in the West has to this day been the egocentric way. In Christian teaching God has personal existence, as expressed by the biblical proclamation, "I am that I am." ... [B]oth where sin obtains and where love obtains, God and human beings equally are assumed to exist in the mode of self-being expressed, "I am." ... [This] mode of being an "I" defines human being so thoroughly that no room is left for the world-centered way of viewing the mind. Consequently, the view of mind in the West is to this day wholly individual and personal.[20]

We see that the Western understanding of mind is closely bound to the understanding of the relation between God and human being, that is, a person's acceptance in faith of God's grace. In this case, the question of the appropriateness and limitations of the modern Western view of self or subjectivity becomes crucial in approaching Shin Buddhist thought. Again, merely assuming such a view of mind as intrinsic and normative to modern scholarly reasoning and discourse may lead to distortion of the matter of research.

The Subjectivity of No-Mind

According to Ueda, Yogācāra Buddhist thinkers sought to disclose the working of mind while at the same time avoiding the delusional egocentricity and substantialization of subject and object. The verbal expression of such mental functioning, however, may elude the confines of ordinary logic, and the insistence on such logic may lead to misinterpretation. For an example of the dangers of an inadvertent overextension of ordinary methodological presuppositions, Ueda turns to the work of his own teacher, the pioneering Buddhologist Ui Hakuju 宇井伯寿 (1882–1963). Ueda quotes from Ui's research on the *Mahāyāna-saṃgraha* in Paramārtha's Chinese translation:

Buddhahood. Since it is with this heart and mind of all sentient beings that they entrust themselves to the Vow of the dharma-body as compassionate means, this shinjin is none other than Buddha-nature.[18]

We see here that Shinran's *shinjin* differs fundamentally from the common notion of faith, and that it is rooted in a contrasting conception of mind, one now alien to our usual self-understanding. If we assume a modern view of the self as self-evident in our scholarly and scientific study, are we not in danger of imposing this view when we read Shinran's words regarding *shinjin*?

It is not simply that Shinran understands the mind is a manner that contrasts with modern understanding. Rather, the mind of *shinjin*, while it is the mind of all beings (*issai gunjōkai no shin* 一切群生海の心) and pervaded by dharma-body, at the same time functions as entrusting to dharma-body. As Nishitani notes:

> The two ways of viewing the mind [mind as world-pervasive and mind as self-centric] have been inseparably preserved throughout Buddhism, in marked contrast to the West [where the former has disappeared].... In Buddhism, the mind that discriminates between subject and object, and between the mind itself and other things, has been considered from a holistic standpoint as part of cosmic, universal mind.[19]

The simultaneous upholding of the two contrasting views of mind in Buddhist writings, including those by Shinran, poses difficulties for scholarly interpretation, particularly if there is inherent conflict with unquestioned modern assumptions. Before turning to a concrete example Ueda provides of such scholarly difficulty in the treatment of a Yogācāra text, we may note that Nishitani attributes the dominance of the modern "self-centric" notion of mind in the West directly to Christianity:

understanding of faith that we have mentioned before. Faith is commonly understood as belief in the assertions of scripture or the teaching, or in the existence of God or Buddha. Even when faith is taught to be the gift of God or Buddha, it remains an act of the mind that lies within oneself. The structure of faith, then, preserves the model of the self-centered self that acts on objects that it grasps. If scholarly study of Shin Buddhist tradition is undertaken by assuming the modern standpoint of the self, then it may easily tend to understand Shinran's conception of *shinjin* according such a commonsense notion of faith.

In his essay, however, Nishitani also presents a view of mind that contrasts with the "self-centric" way of seeing. This is the "world-centric" vantage point, the perspective from the all-pervasive "cosmic mind or life," "which has in fact existed since ancient times" both in the East and the West:

> In contrast to viewing the mind from the vantage point of one's "self," the mind is seen from the vantage point of the "world." . . . From this viewpoint, that which is seen as the faculties the self "possesses" within it, . . . can also be seen as something which extends throughout the world and has universality. . . . From this perspective, the "minds" which exist within all individual living things or human beings are individuations of the great "mind" extending throughout the world. . . . Buddhism's view of humans as "sentient beings," and hence as equal to all other animal species, derives from such a way of seeing.[17]

Such a Buddhist "cosmocentric" vantage point is clearly affirmed by Shinran, who relates it integrally to the realization of *shinjin*:

> Tathagata [nirvana, the uncreated, dharma-body, suchness, etc.] pervades the countless worlds; it fills the hearts and minds of the ocean of all beings. Thus, plants, trees, and land all attain

not only makes for difficulties in understanding Buddhist thought, but indicates the necessity for methodological self-awareness in academic study that seeks to treat Buddhist thinking according to broadly accepted norms of scholarly discourse.

For a convenient statement of the commonsense view of mind, we may turn to an essay of Nishitani Keiji, "The Standpoint of Zen" ("Zen no tachiba" 禅の立場):

> Ordinarily we think of ourselves as having a mind, or that there is a mind within us. When the mind is thought of as the unity of various faculties such as sensation, the appetites, cognition and the like, then the self becomes that which possesses these faculties. And since all things in the world, including human beings, are known only via the self's sensations and intellect, the self is the vantage point from which all things come to be seen. In this sense, the self takes on the appearance of always being located at the center of everything.... Entailed by this notion of self is a mode of being: it is itself the center of the world. The self sees and grasps the self placing itself in the center, opposite all other things. This is the self's self-centered mode of being and way of seeing. That is, thinking of the self as having a mind, and thinking of this mind as the unity of various faculties, both reflect the self's self-centered mode of being.[16]

The "self's self-centered mode of being" (*jiko no jiko chūshin teki na arikata* 自己の自己中心的な有り方) isolates the self from the things of the world and presupposes its transcendence as subject. Further, it functions by objectifying and reifying whatever it apprehends. Its centrality means that everything that exists is grasped from the standpoint of the self.

The problem with this commonsense understanding of mind in relation to Shin Buddhism is that it forms the basis for the ordinary understanding. How, then, can we know that we read and grasp the true as true, or the provisional as only provisional, in our research?

The Problem of Subjectivity

> The "three minds" [enumerated in the *Contemplation Sutra*: sincerity, faith, aspiration] that beings awaken in themselves are all minds seeking self-benefit that differ from person to person and are not the mind that is single [*shinjin*], which arises from [Amida's] benefiting of others. They are roots of good with which to aspire for the Pure Land that [Śākyamuni] Tathagata taught only as a distinct provisional means.[14]
> —"Chapter on Transformed Buddhas and Lands," § 15

> Theologians are ... well aware of the difficulties that the modern philosophy of the self has created. My suspicion, however, is that versions of the mental ego of Cartesianism are ensconced in a great deal of Christian thinking, and that many theologians regard this as inevitable and even desirable.[15]
> —Fergus Kerr, *Theology after Wittgenstein*

The Mind One Possesses Within

A second topic of direct relevance to *Shinshūgaku* that Ueda treats in his essay is the understanding of subjectivity or the self. In the course of questioning the methodological presuppositions of some Buddhist studies scholars, Ueda raises the issue of subjectivity simply as one concrete example of what he sees as an inappropriate application of ordinary standards of logical coherence to a Buddhist text. At the same time, however, Ueda asserts elsewhere that the nature of self is in fact *the* core question in Buddhist philosophy. Although Ueda does not frame it in these terms, I believe the fundamental issue may be summed up thus: The mainstream of Mahayana Buddhist thought, which flows through Nāgārjuna and the Yogācāra thinkers Ueda treats, and in which Shinran anchored the Pure Land Buddhist teaching that he received from Hōnen, presents an understanding of thinking or mind that differs radically from what is now widely accepted as common sense. This rift

法然 (1133–1212), then it may be said to turn on this differentiation of authentic engagement—what he terms "acquiring" or "realizing *shinjin*"—from the various forms of "self-power [engagement] within [the path of] Other Power" (*tariki no naka no jiriki* 他力の中の自力).[11]

What is striking in Shinran's response to Jōshin is the apparent elusiveness of this crucial demarcation between the stances of self-power and Other Power, at once totally decisive, and yet, from the perspective of our ordinary thinking, perhaps imperceptible. In Shinran's eyes, even so earnest a disciple as Jōshin may show himself, in the *manner* of his grasp of the nembutsu teaching, to be in fact precariously entangled in impulses toward mere intellectual self-satisfaction. In another letter, Shinran expresses his disappointment on discovering that some whom he had regarded as having realized *shinjin*—who had apparently declared so themselves—actually had not: "the fact that their *shinjin* was not genuine has become manifest.... It appears that the remarks of those people who had long been saying that they had *shinjin* were all empty."[12] He adds, "It appears to have been of no value whatever that they have for a long time copied and possessed various writings." Here again, we see that a merely conceptual assent to the teaching—however doctrinally adroit—fails to be conclusive.

Perhaps we can imagine the situation of Jōshin to be that of an early *Shinshūgaku* scholar. As persons following in this mold, we accordingly need to take Shinran's admonition seriously in our own endeavor. This is because, as Yuien-bō 唯円房 (1222?–1289?) points out in *Tannishō* 歎異抄, "In the scriptures in general, the true and real and the accommodated and provisional are mixed. That we abandon the accommodated and take up the real, set aside the provisional and adopt the true is the *Master* [*Shinran's*] *fundamental intent* [*hon'i* 本意]."[13] Distinguishing between the true and the provisional as hermeneutical stances cannot be accomplished merely on the basis of a conceptual

exchanges that Jōshin is both conscientious and reflective, seeking, on the basis of various sutra passages and Shinran's teachings, to formulate a logically consistent, well-founded understanding.

Thus, in two of his responses, Shinran generally confirms Jōshin's understanding. In the third, however, the answer is ambivalent:

> I have read your letter thoroughly. In your question regarding the Buddhist teaching, you state that at the point of the awakening of the one thought-moment [of *shinjin*], one is grasped and protected by the unhindered light of wisdom-compassion; hence, the karmic cause for [birth in] the Pure Land is established in ordinary times. This is splendid. Yet, though you state this splendidly, it appears to have all turned utterly into your own calculative thinking.[10]

From Shinran's summation of Jōshin's question in the passage above, we see that the disciple is seeking to work out the practical implications of "the awakening of the one thought-moment [of *shinjin* or true entrusting]" (*ichinen hokki* 一念発起), assuredly the crux of Shinran's interpretation of the Pure Land path. But while Shinran first praises the *import* of what Jōshin has written ("this is splendid"), he goes on to deliver a stern admonition: "it appears to have all turned utterly into your own calculative thinking [*hakarai*]." Here, a critical distinction is implied between genuine and false modes of engagement with the teaching, one that does not necessarily manifest itself in terms of explicit doctrinal content, but which nevertheless is critical. As Shinran emphasizes in a postscript to his letter, "Other Power"—that is, the active working in one's existence of Amida's wisdom-compassion—is none other than "to be free of any form of calculation."

If Shinran's entire enterprise in his teaching and writing is, as he repeatedly states, solely the clarification of "the true essence of the Pure Land way" (*jōdo shinshū* 浄土真宗) established by his master Hōnen

likewise turns on precisely the practitioner's understanding of the path. Nevertheless, the implications of such an attitude for scholarship tend to be overlooked in *Shinshūgaku* also. Particularly in contexts of still commonplace understandings of "religion" as essentially a communal faith in what cannot be objectively known, and "faith" as belief in the assertions of doctrine transmitted in authoritative religious texts, "academic" readings of Shinran's writings are often understood to be properly undertaken from, and contributive toward, the vantage point of a rationally organized and logically consistent conceptual system. In this, the painstaking elaborations of abstract Shin systematics established by generations of scholars come to the fore.

Even more important, however, is the fact that the inherent interpretive problem of language was an issue *for Shinran himself*. Elsewhere I have indicated the fundamentally dialogical and interactive—as opposed to monological or doctrinally propositional—character of Shinran's entire oeuvre.[8] I have sought to highlight, that is, Shinran's own efforts to devise ways to communicate the Pure Land path, and his concern to emphasize that abstract logic, expository consistency, and persuasiveness within the horizons of ordinary thinking about means and ends cannot themselves be measures of truth.

Shinran's Admonition: To the **Shinshūgaku** *Scholar?*

Among Shinran's surviving correspondence are three letters addressed to his disciple Jōshin 浄信, all responding to specific questions regarding the Pure Land teaching.[9] In each case, the gist of Jōshin's original query is clear from the summary Shinran gives of it in his reply, and in one instance, even the text of the initial question communicated to Shinran has been recorded and preserved. Jōshin's inquiries take the format of a concise presentation of his own understanding of a particular issue, together with a request for Shinran's assessment. It is evident from the

methodology, then, is whether the words dealt with in philological study are *prapañca* or *deśanā*. If they are *prapañca*, then they may be amenable to a philological approach, but they are totally useless for leading to a grasp of emptiness or co-dependent origination. If they are *deśanā*, then the question arises whether scholarly training can enable one to deal with them even though one is not enlightened.[6]

I quote at length, but the argument is clear. From a Buddhist stance, the same text may be understood in utterly different ways, as *prapañca* or as *deśanā*. If Nāgārjuna's distinction between the two need not be taken into account, Buddhist studies can proceed easily as an assemblage of disciplines that take various facets of Buddhist tradition, including its texts, as objects of research indistinguishably from any other research objects within their purview. If, however, the distinction is taken seriously, not only reflection on the limitations of standard academic practices of interpretation and reasoning, but efforts to devise methods that clarify the genuine core of the field become crucial. It would be, I think, precisely this hermeneutical effort to experience language that operates on a level other than everyday discursive logic that would distinguish what Ueda wishes to regard as genuine "Buddhist studies" from the humanistic academic field in which Buddhist texts are treated identically with the products of ordinary thought and imagination.

The problem that this issue of the nature of language raises in Mahayana Buddhist thought also applies to Shinran's writings. It is for this reason that Shinran quotes from the *Commentary on the Mahāprajñāpāramitā Sutra*, attributed to Nāgārjuna, in "Chapter on Transformed Buddhas and Lands," §71: "Rely on the meaning, not the words.... Rely on wisdom, not the working of the mind."[7] Shinran's careful hermeneutical distinction between "explicit" (*ken* 顕) and "implicit" (*on* 隠) meanings of Pure Land sutra passages

The central concept of the *Middle Stanzas* is emptiness (*śūnyatā*) or co-dependent origination (*pratītyasamutpāda*) (these two terms are said to be synonymous). This verse states that co-dependent origination is characterized by the extinction of all discriminative discourse (*prapañca*), all verbal expression based on false discrimination. Similarly, it is later stated that in emptiness, all discriminative discourse dies way (Chapter 18, verse 5). In Candrakīrti's commentary, this "discriminative discourse" is taken to indicate simply "words" or "language" (*vāc*). If this is the case, however, then emptiness or co-dependent origination cannot be explained in words. The question therefore arises, for Buddhist scholarship, how a philological method, which deals with language, can illuminate what cannot be verbally expressed.

The transcendence of language by ineffable religious realization is, of course, a theme found in many traditions and is not restricted to Buddhism. Nevertheless, the problem as framed in Nāgārjuna's verse is pushed to extreme, so that language in its essential nature is understood to be obstructive to realization. Here, the question emerges of the possibility of effective scholarship that focuses on texts and other linguistic remains, and that takes discursive logic as its standard.

Ueda continues, however:

> Looking again to the prefatory verse, we must consider the phrase, "the perfectly enlightened one—the Buddha, who is supreme among teachers of dharma—who has taught (*deśayāmāsa*) co-dependent origination ... in which all discriminative discourse is quiescent." Here, the words of the Buddha are spoken of as teaching (*deśanā*). Co-dependent origination, which is inexplicable, nevertheless can be taught through the words termed *deśanā*. The question concerning

for it presents not only the abstract methodological question about the meaning of "Buddhist studies," but also examples of broad concerns in Buddhist tradition that are potentially problematical for academic approaches of study when pursued without adequate attention to the limits of their appropriateness. These examples are drawn from Ueda's own experience in exploring Indian Mahayana thought, particularly Yogācāra teachings, but they also suggest issues centrally at stake in Shinran's thought. Here, I will simply suggest that two far-reaching, intertwined difficulties Ueda takes up in his argument regarding Buddhist studies methodology may also present challenges for research in Shin Buddhist studies, where an unreflective appropriation of modernist assumptions may easily insert a distortive lens through which Shinran's Buddhist path is viewed. These difficulties concern the understanding of language and of subjectivity or the self.

The Problem of Language

Buddhist Texts and Commonsense Rationality

Regarding attitudes toward language in academic Buddhist research, Ueda begins by taking as a widely acceptable point of departure the prefatory verse in Nāgārjuna's *Middle Stanzas* (*Mūlamadhyamakakārikā*; Jpn. *Chūron* 中論):

> I pay homage to the perfectly enlightened one—the Buddha, who is supreme among teachers of dharma—who has taught co-dependent origination characterized by no ceasing and no arising, no discontinuance and no permanence, no oneness and no manyness, no coming and no departing, in which all discriminative discourse is quiescent, and which is blissful.

Ueda first points out the verse's stark negation, in relation to the Buddha's realization, of all ordinary conceptual thought and verbalization ("discriminative discourse"; *prapañca*; Jpn. *keron* 戯論):

by Kiyozawa Manshi 清沢満之 [1863–1903]), or Christian conceptions of *kenosis* and the Augustinian dichotomy of time and eternity (Soga Ryōjin 曽我量深 [1875–1971]), little has been done since to expand the toolkit of Shin studies proper, while the traditional apparatus of an intricate system of classification and terminology, well-defined issues, and broad *kambun* 漢文 familiarity grow ever more distant to modern intellectual and existential engagement.

Ueda's Critique and Shinshūgaku

One plausible consequence of Ueda's argument applied to *Shinshūgaku* might be for Shin students and scholars to look increasingly beyond the horizon of the traditional scholastic orthodoxy of issues, scriptural evidence, and discursive reasoning mandated of temple institutions by the Tokugawa bakufu, which results in an emphasis on the teaching as objectified propositional articles of belief. There might also be a surmounting of any defensive, inward turning posture within the field—one that seeks academic (or institutional) recognition in "objective" but increasingly arcane historical study of doctrine. Instead, energy might be directed toward actively seeking new resources for developing approaches in research appropriate and effective for evolving cogent accounts of Shin Buddhist thought and religious life in the contemporary world. In this case, leading divinity schools in the West, with their incorporation of the extensive study of world religious traditions, beginning with all aspects of the Jewish roots of Christian tradition, and their often astute awareness of contemporary philosophical thought and social issues, may be seen as affording instances of such efforts, even while occupying an analogous situation in their respective institutions.

There are, however, further aspects of Ueda's lecture (and his later article) that may be helpful in sharpening its relevance for *Shinshūgaku*,

exist in the West. It is for this reason, however, that the issue Ueda raises remains relevant. Perhaps it may be said that it is precisely where a line can be drawn between the secularized, humanistic field of *Bukkyōgaku* and what may be called *Shinshūgaku* that Ueda's point retains its force. If there is, in fact, an academic field properly called *Shinshūgaku* distinct from Buddhist studies, Buddhist history, and practical clerical instruction, then although it necessarily encompasses a range of phenomena in Shin tradition, surely its core is ultimately the elucidation of the most distinctive issues in Shinran's thought—what he terms the hearing and saying of the nembutsu, or the "attaining of *shinjin*" (*shinjin o u* 信心をう), or the relationship between nembutsu and *shinjin*—and its task is the development of *cogent* methods of research and exposition that can further this aim. As Shinran himself instructs, "Know that *shinjin* is the true intent (*shōi* 正意) of the Pure Land teaching."[5]

I think this issue is worth raising because increasing pressure is being brought on *Shinshūgaku* by other departments and schools within the universities—not least the department of Buddhist studies— to give evidence of its modern academic credentials and its scholarly and public relevance. I sense these pressures result in a tendency for some Shin scholars to seek academic respectability in intellectual and social historical study and in the historical study of doctrine, of the centuries-long commentarial tradition and its various factions (*gakuha* 学派), and self-reflexively, of the currents of academic research (*kenkyūshi* 研究史) itself. Perhaps the approximate counterpart of these academic attitudes may be seen in the tensions between faculties of arts and sciences, on the one hand, and divinity schools, on the other, in the United States. The problem for *Shinshūgaku* is that, after the adoption, early in the twentieth century, of such Western philosophical notions as the antinomy of finite and infinite, or spiritual praxis (for example,

Ueda would, I suspect, persist in his basic criticism: that an exclusive insistence on conventionally established models and perspectives can easily lead to the dismissal of the claims of the tradition and to the imposition of narrowly reductive understandings. But I mention Ueda's lecture here not chiefly to reiterate his unease about the attitudes then dominant in the field of Buddhist studies, but because it seems to me that the urgency and force of the central parts of his critique stand at present perhaps even more compelling in relation to Shin Buddhist studies.

"Shin Buddhist Studies"

In Japan, there exists of course a recognized discipline, with independent departments at several academic institutions, called "Shin Buddhist studies" or *Shinshūgaku* 真宗学. This is a field distinct from other scholarly specializations, including the internationally acknowledged field of Buddhist studies (*Bukkyōgaku* 仏教学) and the social and political historical study of Buddhist institutions (*Bukkyōshi* 仏教史) in their various locales. At Ryūkoku University, it is also distinct, as a *scholarly* discipline, from practical courses of study (*Jissen Shinshūgaku* 実践真宗学) that include training in such areas as counseling, chaplaincy, homiletics, and temple administration. According to Hataya Akira, the use of the term *"Shinshūgaku"* in its current sense is relatively recent, dating back only to 1918 (Taishō 7), at Ōtani University.[4] He points out that a prior, traditional (pre-Western) use of the term *Shinshūgaku* as synonymous with the "sectarian doctrinal study" (*shūgaku* 宗学) of *Shinshū* and parallel with *Tendaigaku* 天台学, *Kegongaku* 華厳学, etc., did exist in the nineteenth century, but fell into obsolescence before it was again adopted with the new, more modern sense in use today. I mention the Japanese terms *Bukkyōgaku* and *Shinshūgaku* here because the distinction does not

and their Chinese translations. He therefore fully recognized the immense value of previously inaccessible resources and philological advances in textual editing and interpretation for the understanding of Buddhist thought and its history.

At the same time, he had come, late in his career, to harbor pressing questions about the direction of the field. His intent was not, of course, to exclude a host of broad scholarly frameworks from treating the diverse aspects of Buddhist traditions. Rather, his concerns revolved around what might be called disciplinary self-awareness. This may be put in both negative and positive terms. On the one hand, he questioned the depth of the self-consciousness of Buddhist studies scholars regarding their methodological presuppositions. In particular, he felt that there had developed a tendency among some influential researchers in textual and philological studies in particular to disregard the constraints and limitations of their own methods and to assert their methodological preeminence in a manner reductive of their object of study. In other words, there appeared to be cases in which insistence on normal, academic standards of grammatical or logical consistency might trump the exigencies of the verbal expression of Buddhist thought. On the other hand, he felt that Buddhist traditions required scholarly reflection on the nature of the inquiry and the methods of research that might illumine their core insights, without restriction to the accepted parameters of current academic discourse.

The period since Ueda's address has been one in which, in the West in particular, enormous attention has been given to the norms underlying various academic disciplines and their interpretive and explanatory strategies, and academic life has been widely restructured with new boundaries and new perspectives. Buddhist studies, again more in the West perhaps than in Japan, has become a wide-ranging, cross-disciplinary, and diversely researched field. Nevertheless, Professor

"Reflections on the Study of Buddhism: Notes on the Approaches of Ui Hakuju and D. T. Suzuki."[3] The translation is actually a synthesis of portions of two separate articles as well as other sources, but the overall framework is based on a lecture.

In 1966 Ueda, a specialist in Indian Mahayana thought and in Yogācāra tradition in particular, raised basic questions regarding the predominant methodologies of academic Buddhist studies in Japan. In an address delivered at Ōtani University to Buddhist studies scholars, he asked whether there was indeed a scholarly field that was appropriately characterized as "Buddhist studies"—that sought to develop and pursue distinctive methods by which to illuminate Buddhist tradition— or whether the label merely signified an aggregate of those overlapping sectors of established branches of learning that took facets of Buddhist tradition as their object of study. In other words, was "Buddhist studies" merely a mass of research on phenomena related to Buddhist traditions in the disparate fields of religious studies, philosophy, intellectual and social history, linguistics, sociology, anthropology, art history, literature, rhetoric, neural science, and so on—an overarching, loosely interdisciplinary "area"—or were there also core topics and issues unique to the field *and* methods of research specifically designed or adopted in order to engage them.

As an advocate of the latter view of Buddhist studies, Ueda was, of course, already arguing from a minority position, and his own views would today probably be dismissed with a pejorative such as "essentialist" or "transhistorical." The methodologies of Buddhist studies prevalent in Japan at the time were chiefly philological and historical, focused on the Indian and Tibetan traditions, and had been directly imported from the West during the Meiji period. Ueda himself was trained in these methods at Tokyo University and focused his research on the textual tradition, largely employing writings in Sanskrit

What Do We Study When We Do "Shin Buddhist Studies"?

Dennis Hirota

There are two kinds of *shinjin*: one arises from listening and the other from thinking. This person's *shinjin* has arisen from listening but not from thinking. Therefore it is called "imperfect realization of *shinjin*."[1]
—*Nirvana Sutra*, quoted in "Chapter on *Shinjin*," §33 (translation modified)

To will-to-know (*Wissenwollen*) and greed for explanations never lead to a *thinking* inquiry. Willing-to-know is always the concealed arrogance of a self-assurance that banks on a self-invented ratio and its rationality.[2]
—Martin Heidegger, "A Dialogue on Language between a Japanese and an Inquirer"

Shinshūgaku in the Present

The Issue

IN 1978, I was asked by the philosopher Nishitani Keiji 西谷啓治 (1900–1990) to serve on the editorial board of the *Eastern Buddhist*, housed at Ōtani University, and it was there that, some years later, I became well acquainted with Professor Yasutomi and his work on modern Shin thinkers. In the early years of my association with the *Eastern Buddhist*, I was able to publish a number of translations from Japanese, including both medieval Buddhist works and modern articles. Among these, by far the most controversial during the editorial meeting discussions was an article by the Buddhist scholar Ueda Yoshifumi 上田義文 (1904–1993). Eventually, by the decision of Nishitani, the article appeared in the journal under the title,

Notes

1 "True entrusting" is promoted by some of the most influential books in English on Shin Buddhism. See Taitetsu Unno, *River of Fire River of Water* (New York: Doubleday, 1998), 58–62; Alfred Bloom, *The Promise of Boundless Compassion* (New York: Buddhist Study Center Press, 2002), 129.

2 I question the choice of "entrusting" as translation for (*shingyō*) in keeping with the thrust of the argument in this paper.

3 *Kyōgyōshinshō* in *The Collected Works of Shinran*, 2 vols., trans. Dennis Hirota, Hisao Inagaki, Michio Tokunaga, and Ryushin Uryuzu (Kyoto: Jōdo Shinshū Hongwanji-ha, 1997), 94. Hereafter, CWS.

4 I am, however, perplexed as to why the character (*yū* 用) was translated as "reliance" for it normally does not warrant such a meaning. Even if we assumed that there is justification for this translation, "reliance" is merely one of seventeen terms that define *shinjin*.

5 Shigaraki Takamaro is one of the main proponents among contemporary writers who have pointed out the non-dual, wisdom-based nature of *shinjin*. See for example, his discussion, *Shinshūgaku gairon* 真宗学概論, Shinshūgaku Shirīzu 真宗学シリーズ (Kyoto: Hōzōkan, 2010). In this paper, I have sought to examine passages that point to what I am referring to as qualities of cognitive process, i.e., reflection, knowing, awareness, and insight, which Prof. Shigaraki appears not to have addressed so far.

6 *Kyōgyōshinshō*, CWS 1:235. Italics added for emphasis.

7 *Kyōgyōshinshō*, CWS 1:94. Italics added.

8 *Passages on the Pure Land Way*, CWS 1:303. Italics added.

9 *Kyōgyōshinshō*, CWS 1:55. Italics added.

10 *Shōshinge* 正信偈, in *Kyōgyōshinshō*, CWS 1:70. Italics added

11 From letter 20 in *Lamp for the Latter Ages*, CWS 1:553. Italics added.

12 *Kyōgyōshinshō*, CWS 1:4. Italics added.

13 *Shōshinge*, CWS 1:72. Italics added.

14 *Nirvana Sutra*, quoted in the *Kyōgyōshinshō*, CWS 1:99.

15 See Jikidō Takasaki, *A Study on the Ratnagotravibhāga (Uttaratantra) Being a Treatise on the Tathāgatagarbha Theory of Mahāyāna Buddhism*, S.O.R. 33 (Roma: IsMEO, 1966).

16 *Kyōgyōshinshō*, CWS 1:54. Italics added.

17 *Kyōgyōshinshō*, CWS 1:291.

18 Verse 34 in *Hymns of the Dharma-Ages*, CWS 1:407.

19 *Hymns of Dharma Ages*, CWS 1:407.

20 Verse 35 in *Hymns of the Dharma-Ages*, CWS 1:407.

21 *Kyōgyōshinshō*, CWS 1:110–11. Italics added.

22 *Kyōgyōshinshō*, CWS 1:111. Italics added.

religions. However, for ordinary usage "faith" carries too strong an identification with Christianity, thus, increasing the chance of *shinjin* being dismissed before its uniqueness is explored and understood.

"Awakening," on the other hand, is perhaps more acceptable for it is closer in meaning to "realization," but it is too closely associated with the enlightenment experience of other Buddhist schools, particularly of Zen. Plus, in its English usage, "awakening" denotes full enlightenment or Buddhahood, which can only be attained in the Pure Land according to Shinran.

I should note that my choice of "realization" does create a dilemma for the standard translation of *Kyō gyō shin shō* renders the last *shō* chapter also as "Realization." To resolve this dilemma, I wish to suggest that we change the standard English translation of *Kyōgyōshinshō* from *Teaching, Practice, Entrusting and Realization* to *Teaching, Practice, Realization and Enlightenment* (or *Awakening* or *Nirvana*). In this way, we would not have "realization" twice in the title by rendering *shin* and *shō* differently as "realization" and "enlightenment" (or its cognate), respectively.

Regarding one other point of clarification, it may be that "realization" lacks a distinctively religious meaning since it is found used widely in everyday, secular contexts, though the same can be said of "entrusting." To strengthen its religious meaning, we can affix "true" as in "true realization" in the same manner as "true entrusting." Also, we could add "*shinjin*" as in "*shinjin* realization" to give it a greater sense of specificity and distinctiveness.

In the end, no one translation would be completely satisfactory, but based on the examinations of the passages in this paper, "realization" appears to be more appropriate than "entrusting" for it captures more dimensions of *shinjin* experience and speaks more effectively to the spiritual needs and sensitivities of contemporary seekers.

above passages, we can see that the seeker's joy came as a result of having come to *understand* that one is being embraced by Amida and not abandoned and, as a result, that one was destined for birth in the Pure Land upon death. One would not be able to feel that level of joy without such an understanding. Hence, the seeker's joy, as an emotional expression, required a cognitive understanding.

"Realization" as a Translation for *Shinjin*

I believe I have provided sufficient number of references pointing to the cognitive process of realization in passages related to *shinjin*. Furthermore, we saw that the qualities of cognitive process of realization were also at work in the other two dimensions of *shinjin*, joy and overcoming of doubt. As a result, I wish to submit "realization" as a more appropriate English translation of *shinjin* than "entrusting."

As an English term, "realization" conveys a sense of fulfillment of a personal goal that transforms a seeker to experience higher or deeper levels of reality. For example, we see the use of "self-realization" in the field of humanistic psychology. Further, its verb form, "to realize," conveys a greater sense of active and dynamic qualities than "to entrust." And I believe that contributes to the enhancement of the sense of "spiritual empowerment," which a growing number of contemporary seekers value to a much greater extent than in the past. This reflects the framework of a new religious environment that has turned more individualized and inward in contrast to the more collectivized and outward orientation of the past. I believe "realization" is in concert with the former while "entrusting" belongs to the latter.

Regarding some of the other candidates for translation, "faith" is acceptable for it can encompass a broad range of meaning in the same manner as *shinjin* and provide a common framework for clarifying the areas of convergence as well as divergence with Christianity and other

seem safe to assume that there awakens in the seeker the willingness to entrust in the Vow. And that act, in my view, requires some degree of cognitive process of understanding about the teachings that enables the seeker to contextualize its meaning within the framework of one's own religious search and eventually take the action to entrust in the Vow.

Joy and Doubt

I have now cited passages that reveal the cognitive qualities of realization associated with *shinjin* as expressed in terms ranging from reflection to insight. In that process I referred to one reference in which the overcoming of doubt, one of the four dimensions of *shinjin* experience, also required some cognitive qualities. Let me briefly discuss how the same argument can be made with regard to joy, the third of the four dimensions of *shinjin*.

Shinran's writings abound with passages that identify *shinjin* with "joy" and its cognates such as "joyfulness" and "rejoicing." One such passage is the following that describes the one-thought moment of *shinjin*:

> One thought-moment expresses the ultimate brevity of the instant of the realization of shinjin* and manifests the vast, inconceivable mind of *joyfulness* [*kyōshin* 慶心].[21]

He then goes on to quote the famous passage from the *Larger Sukhāvatīvyūha Sutra*, in which "joy" appears in a compound phrase with *shinjin* itself.

> All sentient beings, as they hear the Name, realize even one thought-moment of shinjin and *joy*, which is directed to them from Amida's sincere mind, and aspiring to be born in that land, they then attain birth and dwell in the stage of nonretrogression.[22]

In my view, joy points to an emotional quality of the seeker's experience. However, here as in the case with overcoming of doubt, there exists some degree of cognitive process that takes place. In the

> It is by entering the wisdom of shinjin [*shinjin no chie* 信心の智慧]
>
> That we become persons who respond in gratitude to the Buddhas' benevolence.[18]

Shinran then clarifies in his notes by what he means by "wisdom of shinjin" as follows:

> Know that since Amida's Vow is wisdom, the emergence of the mind of entrusting oneself to it is the arising of wisdom.[19]

There then follows another verse which uses a similar but a varying phrase, "nembutsu that is wisdom," a term that Shinran also explains in his note.

> It is by the power of Dharmākara's Vow
>
> That we realize the nembutsu that is wisdom;
>
> Were it not for the wisdom of shinjin,
>
> How could we attain nirvana?
>
> [Shinran's note:] *nembutsu that is wisdom*: this is said because one attains Buddhahood through Amida's Vow.[20]

According to Shinran, it is amply clear that *shinjin* is not the product of the seeker's practice or effort. The traditional doctrinal position is firm on this point, that is to say, the seeker is the recipient of endowed wisdom from Amida.

However, the question before us now is to inquire into the nature of the seeker's response. To adopt a well-known Indian Buddhist metaphor, is the seeker one hundred percent passive like a kitten carried by the neck by its mother in her mouth? Or is there more active participation on the seeker's part, like a child monkey grabbing onto its mother?

Based on Shinran's note, "the emergence of the mind of entrusting oneself to it is the arising of wisdom," the seeker comes to entrust in Amida's Vow on account of Amida's wisdom. It is, again, not the case that "wisdom" is actually manifested fully in the seeker, but it does

extremely high stage of attainment, and those at that stage are often thought of as bodhisattvas.

Furthermore, Shinran equates this Stage of Joy to the first stage of the Sages (*shoka shōja*), which is expounded in pre-Mahayana works as well and actively taught by contemporary Theravādins. The "sages of the first fruit" are called the "stream-enterers" (*srotāpanna*), and it is at this stage that one overcomes doubt and attachment to the notion of a substantial self (*satkāya-dṛṣṭi*). It is worth noting that a certain level of insight would be necessary to overcome especially the attachment to substantial self.

I realize that in this passage Shinran is stressing one of the vital doctrinal points, that is to say, that persons of *shinjin* attain the level of non-retrogression or the rightly-established state. Nevertheless, it is reasonable to assume, based on the above discussions, that persons of *shinjin* could very well have achieved these qualities traditionally associated with the stream-enterers. After all, the overcoming of doubt similarly constitutes one of the dimensions of *shinjin* experience. Moreover, as we look at Shinran's life, we see a man who expressed views and lived in a way relatively unshackled by worldly precepts and conventions. And finally, his overcoming of the attachment to the view of substantial self can be demonstrated in his exuberant utterance:

> How joyous I am, my heart and mind being rooted in the Buddha-ground of the universal Vow, and my thoughts and feelings flowing within the dharma-ocean, which is beyond comprehension![17]

Wisdom

It is well known that Shinran identified *shinjin* in terms of wisdom as seen in the following passages:

One of the important points that this passage conveys is that a person of *shinjin* is identified with the categories that are intimately associated with some higher levels of enlightenment, that is to say, Buddha-nature and the *pāramitā*s from charity to wisdom. Given Shinran's understanding of human nature, it would be difficult to interpret this passage to mean that foolish ordinary beings (*bombu* 凡夫) have *fully* attained these higher levels of enlightenment. Nevertheless, I wish to suggest that it would be fair to interpret that based on our above discussions that persons of *shinjin* have at least been "associated" with these elements of enlightenment.

Such being the case, we can regard those of *shinjin* to have gained some degree of understanding, awareness or insight into the teachings and that they continue to make efforts to live up to the ideals of these teachings. That after all is the spirit of *bodhisattva-mahāsattva* which the *Nirvana Sutra* identifies with the person of *shinjin*.

Further, since Buddha-nature is none other than *shinjin*, the persons of *shinjin* can be regarded as being associated with some higher level of insight since only the bodhisatvas of the tenth *bhūmi* can fully understand Buddha-nature.[15] It is, thus, safe to presume that some degree of insight can be experienced by them. It is precisely this point that Shinran's following words appear to support.

In this passage Shinran explains the level attained by the persons of *shinjin* within the context of earlier Buddhist teachings.

> Thus, when one attains the true and real practice and shinjin, one greatly rejoices in one's heart. This attainment is therefore called the *stage of joy* [*kangi ji* 歓喜地]. It is likened to the first fruit: *the sages of the first fruit* [*shoka shōja* 初果聖者] . . .[16]

Here, the person of *shinjin* is said to have attained the Stage of Joy, which is the first *bhūmi* stage within the Mahayana doctrine concerned with the stages of enlightenment. The Stage of Joy constitutes an

While this passage is not a reference directly of *shinjin* (though in essence referring to *shinjin*), it expresses Shinran's fundmental attitude in which he clearly expresses the experience of being "aware" of the depth of the teachings.

Insight
The following passages reveal cognitive processes that I categorize as "insight," which are realized as a result of the seeker being "associated" or "identified" with the teachings or categories of seekers at higher levels of Buddhist enlightenment.

> When a foolish being of delusion and defilement awakens shinjin, he *realizes* [*shōchi* 証知] that birth-and-death is itself nirvana.[13]

In this passage Shinran uses the Chinese character (*shō* 証) which means "proof" or "confirmation" to what one comes to know or undertand (*chi* 知), which the Hongwanji translators rendered as "realizes." And what one comes to realize here is that "birth-and-death is none other than nirvana," which, by any standards of Mahayana Buddhist doctrine, constitutes a sophisticated level of insight or teaching.

Next is the well-known passage that Shinran cites in the "Chapter on Shinjin" from the *Nirvana Sutra*, in which he equates *shinjin* with Buddha-nature.

> Buddha-nature is great shinjin. Why? Because through shinjin the bodhisattva-mahsattva has acquired all the paramitas from charity to wisdom. All sentient beings will without fail ultimately realize great shinjin. Therefore it is taught, "All sentient beings are possessed of Buddha-nature." Great shinjin is none other than Buddha-nature. Buddha-nature is Tathagata.[14]

into the truth of (1) the seeker's passion-filled, foolish nature as well as (2) the Vow that assures seeker's birth in the Pure Land.

Besides the above passage, there are other passages that point to a degree of knowing and understanding:

> When one realizes shinjin, *seeing* [*ken* 見] and revering and attaining great joy [*kyōki* 慶喜],
> One immediately leaps crosswise, closing off the five evil courses.[10]

The character for "seeing" (*ken*) suggests that despite our clouds of desire, anger and hatred, the seeker comes to see or understand that it is bright beneath the clouds on account of the sunlight of Amida's compassion. This, in my view, shows that the seeker has come to know, understand and even, perhaps, gained insight into the newly-found reality on account of the transformation that has taken place through *shinjiin*.

Awareness

The sense of coming to a deeper understanding of one's karmic evil is clearly expressed in Shinran's own words in one of his letters to his disciple. He specifically uses a term, *omoishirite* おもひしりて, which the Hongwanji translators rendered, "having become thoroughly aware."

> When people first begin to hear the Buddha's Vow, they wonder, *having become thoroughly aware* [*omoishirite* おもひしりて] of the karmic evil in their hearts and mind, how they will ever attain birth as they are.[11]

I believe that further evidence of awareness can be found in the following passage in the preface of *Kyōgyōshinshō*:

> Reverently *entrusting* [*kyōshin* 敬信] myself to the teaching, practice and realization, ... I am especially *aware* [*shirinu* 知りぬ] of the profundity of the Tathagata's benevolence.[12]

> Hear and *reflect* on the truth that one is grasped, never to be abandoned—the teaching of attaining birth in the Pure Land with transcendent quickness and ease; and let there be no wavering or apprehension.[8]

This "to reflect," in my view, involves some degree of cognitive thinking, which requires one after hearing the teaching to come to think, digest and understand its implications. The hindrances to doubt would not simply disappear without going through such a cognitive process, which assisted the seeker in casting away the veil that clouded his understanding of the teachings. This, in my view, constitutes a quality of realization.

Knowing and Understanding

Next, the process of "knowing" is clearly expressed in the important passage that Shinran cites from Shandao's statement about the Deep Mind.

> Deep mind is true and real shinjin. One *truly knows* [*shinchi* 信知] oneself to be a foolish being full of blind passions, with scant roots of good, transmigrating in the three realms and unable to emerge from this burning house. And further, one *truly knows* [*shinchi*] now, without so much as a single thought of doubt, that Amida's universal Primal Vow decisively enables all to attain birth.[9]

Here, the seeker is shown to have come to "know" (*shinchi*), but the character for "knowing" (*chi* 知) forms a compound with the character denoting faith (*shin* 信). I take this to mean that knowing is extremely firm or with conviction. I would even consider this firm knowing as "insight," for this is not just about knowledge but a deeper understanding about the nature of oneself and one's relation to Amida. Hence, Deep Mind or *shinjin* entails firm knowing or having insight

Reflection

In this passage Shinran quotes from the *Nirvana Sutra* that values the role of "reflection," which entails cognitive thinking that leads to understanding.

> Again, there are two kinds of shinjin: one arises from hearing [*mon* 聞] and the other from *reflection* [*shi* 思]. These people's shinjin has arisen from hearing but *not from reflection*. Therefore it is called "imperfect realization of shinjin" [*shin fu gusoku* 信不具足].[6]

Here, despite the enormous value traditionally placed on hearing in Shin Buddhist teachings, this passage cautions us that *shinjin* based only on hearing without reflection constitutes an imperfect realization of *shinjin*. After hearing the teachings a seeker must reflect on them if one is to come to realize true *shinjin* while avoiding imperfect *shinjin*.

Reflection also plays a vital role in overcoming doubt, which as alluded to above is one of the four dimensions of *shinjin*. This is evident in the following statement of Shinran's:

> Truly we know, then, that this is called shinjin* because it is untainted by the *hindrance of doubt*. Shinjin* is the mind that is single. The mind that is single is shinjin that is true and real.[7]

Despite such a statement, there is no detailed explanation as to how that elimination of doubt is achieved. It is, of course, presumed to be eliminated in the process of "receiving" *shinjin*, but it is not clear how that is done. There is, however, one reference among the numerous passages on doubt that appears to throw some light on this issue. Here in this passage we see an exhortation to "reflect" on the truth that one is assured of not being abandoned.

> But if in this lifetime still you are entangled in a net of doubt, then unavoidably you must pass once more in the stream of birth-and-death through myriads of kalpas and countless lives.

However, there are still many other terms on the list that are not synonymous with "entrusting," thus based just on this list I cannot but question the status of "true entrusting" as the primary English translation for *shinjin*.

In my view, entrusting or reliance is but one of the four primary dimensions of *shinjin experience*, which are (1) entrusting, (2) joy, (3) overcoming of doubt and (4) realization. Since entrusting, joy and overcoming of doubt are well-known dimensions, I have chosen in this paper to focus on the least-discussed dimension, that of realization.

What I am calling "realization" does not point to any specific original Chinese or Japanese characters as in the case of joy (*kangi* 歓喜) and overcoming of doubt (*gi* 疑) but refers to a number of qualities that I am calling "the cognitive process" in the sense of knowing and understanding associated with *shinjin* experience. These qualities are represented by such terms in the English translations of Shinran's writings as "reflection," "knowing," "awareness," "insight" and even "wisdom."

In my view, this cognitive process—expressed collectively as "realization"—has received little attention in discussions about the nature of *shinjin* experience, but it should not be ignored in arriving at a more appropriate English translation of *shinjin*.[5] Justification for paying greater attention to the cognitive process of realization can be seen, for example, in Shinran's passage above defining *shinjin*. In the list, we find terms such as "discernment" (*shin* 審) and "clarity" (*sen* 宣), which approximate the meaning of "realization."

I now wish to examine some of the passages from Shinran's writings that describe the qualities of reflection, knowing, awareness, insight and wisdom that, I believe, are associated with the cognitive process of *shinjin* experience.

The Dimension of Realization in Shinran's *Shinjin*: "Realization" over "True Entrusting" as English Translation

Kenneth K. Tanaka

ACCORDING to traditional explanations particularly within the Hongwanji Branch of Shin Buddhism, a seeker entrusts wholeheartedly in Amida's Vow and passively receives *shinjin* 信心 as an endowed gift of Amida. This image continues to serve as the basis for the most common English translation of *shinjin* as "true entrusting."[1]

While "entrusting" does express a vital dimension of *shinjin*, it fails to capture the *full* picture of this multivalent term. Moreover, it contributes to the stereotypical perception of Pure Land Buddhist experience as simply "devotional." The fact that "entrusting" does not adequately reflect the full picture becomes readily apparent when we see Shinran's following description of *shingyō* 信楽, which he regarded as synonymous with *shinjin*:

> Entrusting (*shingyō*)[2] is the mind full of truth, reality, and sincerity; the mind of ultimacy, accomplishment, reliance, and reverence; the mind of discernment, distinctness, clarity, and faithfulness; the mind of aspiration, wish, desire, and exultation; the mind of delight, joy, gladness, and happiness.[3]

Here, we find on this list of definitions the term "reliance" (*yū* 用), which is synonymous with "entrusting."[4] We can also include other terms on this list such as "reverence" (*jū* 重) and "faithfulness" (*chū* 忠) that are approximate in meaning to "entrusting" or "reliance."

As far as I can tell, in Shinran's system, Amida as the celestial embodiment is, for all practical purposes, the same as the cosmic Amida-for-us.

5 Translation adapted from CWS 1:462–63.

6 Translation adapted from CWS 1:461.

7 Translated from *Shinshū shōgyō zensho* 真宗聖教全書, 5 vols. (Kyoto: Ōyagi Kōbundō, 1941), 2:630.

8 Adapted from CWS 2:178.

That concludes my philosophical appreciation of the logic within Shinran's Shin Buddhism. Since it is not common to submit Shinran's writings to a rigorous analysis of this sort, we might wonder what such a perspective adds. My hope is that it adds nothing to what Shinran says, but that it does cast a spotlight on something that has been there all along: a rational coherence within his various teachings. Shinran's style of writing may not be systematic, but that does not necessarily mean his thinking is merely *ad hoc*, picking up one topic at a time as the situation demands without concern for what else he has said on some other occasion. Shinran maintains, instead, a consistent point of view throughout his writings, despite some changes in emphasis. His criticism of the philosophical underpinnings of the dominant philosophical anthropologies and theories of Buddhist praxis in his time does not mean that Shinran himself was not philosophical. Like many philosophers eastern and western—including figures as diverse as Zhuangzi, Nāgārjuna, Kant, Kierkegaard, Nietzsche, Heidegger, and Wittgenstein—Shinran used reason to remind us of the limitations of reason.

Notes

[1] *The Collected Works of Shinran*, 2 vols., trans. Dennis Hirota, Hisao Inagaki, Michio Tokunaga, and Ryushin Uryuzu (Kyoto: Jōdo Shinshū Hongwanji-ha, 1997), 1:550. Henceforth, abbreviated as CWS.

[2] Translation from Taitetsu Unno, *Tannisho: A Shin Buddhist Classic* (Honolulu: Buddhist Study Center Press, 1984), 6.

[3] Unno, *Tannisho*, 35.

[4] For example, in *Mattōshō* 8, Shinran writes:
> The four lands are: first, the land of the cosmic embodiment; second, the land of the celestial embodiment; third, the land of the historical embodiment; and fourth the land of transformation. The "Pure Land of Peace" of which we are now concerned [as the land of Amida] is a celestial land.
>
> The three embodiments are: first, the cosmic embodiment; second, the celestial embodiment; and third, the historical embodiment. The Amida Buddha of which we are now concerned is a celestial embodiment. (Translation adapted from CWS 1:534.)

of the vow to help others eradicate their delusions, then when the delusion of Julius Caesar disappears, the raison d'être for the Amida-for-us disappears as well. Only an agentless activity occurs of itself (*onozukara*). The transition of agency goes from *jiriki* (and its ego-centered *hakarai*), to *jiriki* vis-à-vis *tariki* (surrendering to the power of Amida's vow), to the (ego-less) *hakarai* of Amida, and finally to *jinen hōni*. Through that progression, the *ji* 自 of "self-power" becomes *ji* of "naturalness" (*jinen* 自然); the meaning of *jiriki* is transformed from "one's own power" to "auto-power." The cosmic process of Amida-in-itself as the *shinjin* without subject and without object becomes identical to buddha-nature and dharma-nature. If we view that progression as a whole, we can see it as a form of compassion insofar as the cosmic embodiment of the buddha is a "feeling with" the suffering in the world enabled by the universal, undeluded auto-awareness of Amida's wisdom as immeasurable light. That transformative progression toward enlightenment is possible only because of, not in spite of, samsara. Put in its starkest form, we can schematize Shinran's logic as follows. Without the vow and its efficacious working, Hōzō would not become Amida. Without karmic afflictions, delusions, and the systemic degeneracy of *mappō*, there would be no reason for the vow. Hence, the incarnate enlightenment known as Amida only exists because there is samsara. It is analogous to physical pain in exercise. When we feel pain and not merely fatigue, the body becomes an external object of which we are aware and we know we are over-exerting the body, trying to make it conform to our desires and agenda. If we keep pushing in our activity, the result will be disaster and the body will break down. Instead, we must "listen to our bodies," stop pushing ourselves, and "let the body heal itself." Then the exertion in the exercise will be "natural" rather than "forced" and the body disappears without pain into the activity.

and as nirvana to a person without those delusory projections. Such is the traditional Mahayana interpretation and it fits well the agenda of the Way of the Holy Ones. That is, the people whose experience is characterized by *duḥkha* need to recognize the cause of their anguish as based in delusions. The cure is to undertake a discipline that allows them to eradicate those delusions by eliminating their causes (repulsion, attraction, and ignorance, in one formulation). What is left after that process is a direct insight into reality as it is. The delusions (like my seeing Julius Caesar in the mirror) will dissolve and all that is left is *tathatā*.

Although Shinran accepts that traditional Mahayanist interpretation of the relation between samsara and nirvana, his emphasis is often different. According to Shinran, I cannot succeed in eliminating the causes of my delusions since the person who would try to do so is *created* by those delusions. (It is as if I were asking myself as the delusory Julius Caesar to take charge of eliminating my delusions. The more Julius Caesar succeeds, the stronger becomes my delusion of being Julius Caesar.) In that way, the project of the Way of the Holy Ones is doomed to fail—I (as delusion, as ego, as *ātman*) cannot help myself. What, then, can I do? There is no alternative—my only alternative is no-alternative; the only thing that works is no-working. Instead of trying to solve the problem on my own, I (as Julius Caesar) surrender and look for outside help. I look to what is "other" than I— Amida Buddha, the intimate one who has taken a vow to help people like me. I (as the delusory Julius Caesar) put my trust and faith in Amida to help me. Amida's power takes me to a safe haven where the delusion of Julius Caesar can dissolve. When it does, my gratitude arises spontaneously in the form of the *nenbutsu*.

Who, then, exclaims that *nenbutsu*? It is not I in the sense of the discrete self since that I (the delusional Julius Caesar in my analogy) is gone. Furthermore, if Amida (Amida-for-us) exists as the product

contention—the issue whether our false view of reality is an illusion or a delusion. Both the orthodox Indian philosophers and Buddhists agreed that the world we ordinarily experience is not true reality. They disagreed, however, about why that is the case. In one major strand of Upaniṣadic thinking (subsequently most strenuously developed by the Vedāntins), the reason for our error lies within reality itself. Reality is an illusion (*māyā*); it appears of itself as something other than what it really is. It is like a mirage of an oasis in the desert. We need to know a mirage is a false appearance, an illusion. Liberation arises from the knowledge that reality is tricking us. With that knowledge we will continue to see the mirage, but we will not think of it as real, but an illusion. Śākyamuni, by contrast, explained the source of our mistaken view of reality in a different way.

Buddhism blames our mistake not on the nature of reality and its tendency to trick us, but on our own false projections onto what we directly experience. Hence, the false world we perceive is *delusory*, not illusory. As with any other delusion, if we can eliminate the delusion, the false appearance disappears. If I have the delusion I am Julius Caesar, for example, when I look in the mirror I see Julius Caesar. After psychotherapy, however, the delusion disappears as does the Julius Caesar I saw in the mirror. I then just see reality as-it-is (*tathatā*). That contrasts with the case of a mirage in which I continue to see the oasis even though I know it is not there.

Given the Buddhist emphasis on eradicating delusion, the difference between samsara and nirvana is in the point of view of the observer. The deluded observer sees this world as samsara, a world full of psychological projections caused by our karmic afflictions. By contrast, the enlightened observer sees this same world as-it-is (*tathatā*) without distortion. Thus, samsara is nirvana in the sense that there is only one reality, but it appears as samsara to a person stricken with delusions,

for-us. These two dimensions of cosmic-embodiment are different but inseparable; they are one but cannot be regarded as identical.[8]

This brings us to Shinran's understanding of the Pure Land, the last philosophical point I will address here.

The Pure Land

One of the most provocative metaphors in Shinran's Pure Land rhetoric is that of the ocean. On one hand, there is the ocean of samsara in which we are drowning, sinking by the weight of our karmic afflictions, both the ones we generate in our lives now and those collective afflictions characteristic of our existence in *mappō*. On the other hand, there is the ocean of Amida's vow as the boundless power of infinite depth that lifts us up out of our misery. Shinran's point is that *it is the same ocean*. The ocean that drowns us is the same as the one whose buoyancy keeps us afloat. As long as we try to swim by pushing the water away from us, trying to separate ourselves from it, we will sink because of that effort. However, if we stop pushing away the water and instead engage it fully, we become part of the ocean's buoyancy and float, bobbing up and down on the very same waves that were previously drowning us. Mahayanists have always claimed samsara is nirvana and vice versa, but Shinran gives that teaching a new twist: this is the world of nirvana *because* it is the world of samsara. The significance of that subtle shift is so critical to understanding Shinran's philosophy that it is worth elaborating here.

The usual interpretation of the Mahayana teaching goes something like the following. Buddhism developed its view of reality in opposition to some basic premises of the Upaniṣads that were coming to dominate the Indian worldview at the time of Śākyamuni. We have already alluded to the *ātman* debate between Buddhist and orthodox Indian philosophers, but here I want to focus on another point of

outside itself. If the entrusting faith is profound, however, the external relation between "I" and "Amida" turns into an internal relation in which the function of Amida is not separable from my functioning. Then the object of my entrusting faith is also the agent in my entrusting faith and the distinction between "I" and "Amida" disappears. Since there is no longer an "I" on whose behalf Amida takes the vow, the Amida-for-us disappears as the "I" of the believer disappears. At that point there is only, as Shinran puts it, Amida's "working (*gi*) that is no-working (*mugi*)" or, interpreting *gi* in its other sense of "meaning," there is only the meaning of Amida that disappears when we engage it. Neither Amida nor I cause things to happen; they just happen automatically, they happen of themselves (*jinen hōni*). Such is the true enlightening of Amida-in-itself, Amida as reality's universal self-illumination. There is no one to become enlightened because everything is already enlightened.

> This Amida pervades the countless worlds and the minds of all those in the ocean of being. Thus, plants, trees, and our land all attain buddhahood. Since in their minds, all sentient beings entrust themselves to the vow of the Amida-for-us, this entrusting faith is itself buddha-nature; buddha-nature is itself dharma-nature; dharma-nature is itself the cosmic embodiment.[7]

Since *shinjin* is all-encompassing, the self and Amida are no longer separate entities but rather become the cosmic embodiment's self-expression.

> All buddhas and bodhisattvas have cosmic bodies of two dimensions: the cosmic-embodiment-in-itself and the cosmic-embodiment-for-us. The cosmic-embodiment-for-us arises from the cosmic-embodiment-in-itself; and the cosmic-embodiment-in-itself emerges out of the cosmic-embodiment-

Once entrusting faith has neither subject nor object, it becomes another name for the compassionate universe itself. Since the bifurcation between subject and object has dissolved, "compassionate" implies the responsive self-awareness of the self-healing cosmos. The cosmic embodiment is an entrusting of itself to itself, an unfolding as the world in which we can distinguish Amida from ourselves. But insofar as we engage that entrusting process, both Amida and we as separate entities disappear again into the cosmic embodiment's self-expression.

We can summarize the logic of Shinran's soteriological dynamic as follows. Our blind passions isolate us from reality, leading us to think of ourselves as independently existing egos that stand back from reality to gauge it, manage it, and figure it out. That *hakarai* prevents us from actually knowing reality for what it is: in establishing an external relation between "I" and "reality," I can know reality only by looking at it from outside. Standing apart from the known in that way leaves us with two logical possibilities: either the knower is unreal (it is outside the reality it observes) or the known is inescapably incomplete because it can never include the knower. To take such an external relation to reality befuddles any practical attempt to achieve enlightenment because it disallows any chance of engaging the totality of reality as reality. Nor does it allow for personal transformation. "I" cannot be an agent outside myself who transforms myself. *Jiriki*, therefore, is doomed to failure. As long as the ego is a subject while reality (including the "self" who is to be transformed in "self-transformation") is the object on which the ego acts, the ego will always remain intact and enlightenment unattainable.

Therefore, an agency outside the "I" is necessary if we are to engage reality fully. That agency is stipulated to be the power of Amida's vow to which I surrender. That Amida, however, is the Amida-for-us and only exists as a provisional way (a heuristic, *hōben* 方便) for "I" to get

Among these are the primal vow of immeasurable light and the universal vow of immeasurable life. Bodhisattva Vasubandhu entitled this form of Amida, "Buddha of Light Interpenetrating Everything ..." From this, innumerable other bodies are manifested, radiating the unhindered light of wisdom throughout the countless worlds. Thus appearing in the form of light, the Buddha of Light Interpenetrating Everything is without color and without form, that is, is identical with the Amida-in-itself.... Know, therefore, that Amida Buddha is light, and that light is the form taken by wisdom.[5]

In that metaphysical vision, we find a cyclical pattern of manifestation. The cosmic embodiment has two forms, one as the essence of reality itself, the so-called Amida-in-itself; the other as the personalized, celestial type of buddha, the so-called Amida-for-us. The latter manifests the compassionate self-expression of the former. Amida as the one who calls us to the Pure Land, Amida as a being who comes into existence through the fulfillment of Hōzō's vows is such an Amida-for-us.

Since Amida has fulfilled Hōzō's twelfth vow, Amida must also be the Buddha of Immeasurable Light. As the universal light of wisdom shining everywhere, however, that Amida cannot have a form, color, or personality. From that standpoint, Amida is the Amida-in-itself. Consequently, to the extent we completely entrust ourselves to Amida's vow, Amida-for-us himself disappears into the Amida-in-itself. But what happens to an entrusting faith when its focus disappears into the cosmos?

> Since it is with this mindful heart all sentient beings entrust themselves to the vow of the Amida-for-us, this entrusting faith is none other than buddha-nature. This buddha-nature is dharma-nature. Dharma-nature is the cosmic embodiment.[6]

possibility: the vow is based in *jiriki* and involves *hakarai*, not ours, of course, but Amida's. It might seem odd to attribute *hakarai* to Amida, but in a revealing passage, *Tannishō* 16 explicitly says as much:

> When entrusting faith is settled, birth in the Pure Land is devised by Amida, so it must be by no design on my part. (信心さだまりなば、往生は弥陀にはからわれまいらせてすることなれば、わがはからひなるべからず)

What my translation renders as "devise" and "design" are both forms of the root word "*hakarai*" in the original. So it seems Amida can undertake *hakarai* in an enlightened way, but we cannot. Why? Because as a buddha, Amida is egoless, while we are so karmically bound up with our self-devised afflictions, we cannot escape the ego. In short: we must surrender our *jiriki* and *hakarai* so we can be brought to the Pure Land by the power of Amida's vow, a product of Amida's *jiriki* and *hakarai*. To fathom the deepest implications of that statement, however, we have to look more closely at how Shinran understands Amida.

The Ontological Nature of Amida

Although Shinran sometimes discusses Amida as a celestial embodiment of the buddha,[4] his more philosophical discussions focus on Amida as a cosmic embodiment with two forms: the cosmic Amida-in-itself (*hosshō hosshin* 法性法身) and the cosmic Amida-for-us (*hōben hosshin* 方便法身). The Amida-in-itself has neither color nor form; thus, the mind cannot grasp it nor can words describe it. Yet, it is the origin of Hōzō 法蔵, the bodhisattva who took the vows, established the Pure Land, and became Amida. Let us see how Shinran explains this:

> From this oneness was manifested form, the Amida-for-us. Taking this form, the buddha proclaimed his name as Hōzō and established the forty-eight great inconceivable vows.

it is also true that our present actions are the karmic results from the past. Individual or personal agency increasingly came to be understood as the result—not only the cause—of karma. The personal autonomy and freedom characteristic of early Heian optimism was undercut by Kamakura realism, a realism that approached fatalism. If everything is conditioned, then my own actions right here and now are conditioned. What if those external conditions through the ages have cumulatively developed in such a negative way that the karmic afflictions are no longer reversible, enlightenment no longer possible? People found themselves afloat in a world of melancholy (*ukiyo* 憂き世), wherein they could no longer even see the Buddha's "other shore," not to mention be able to swim there on their own. Such a bleak outlook heightened the late Heian and early Kamakura sense that *mappō*, the Degenerate Age, was upon us. That sensitivity led to a new theory of agency, one based not in the Way of the Holy Ones but in the Pure Land Way.

We have already covered the basic reasons for Shinran's rejection of the Way of the Holy Ones. Most pointedly, because the idea of spiritual self-effort assumes the effectiveness of reaching enlightenment by one's own power, it is premised on the idea of a discrete self or ego (or *ātman*). In response, the Pure Land Way turns over spiritual agency to the "other," that is, to the power of Amida's vow. As we have also seen, this surrender of the ego occurs through *shinjin*, a form of entrusting faith in which Amida is not understood to be totally outside the self, but rather as overlapping the self in a way that that does not allow for seeing a self as a discrete "I." The question now is: does the working of Amida's vow arise from Amida's *jiriki* or *tariki*? It would seem the answer cannot be *tariki* because that would imply that there is something outside the vow on which the vow relies for its efficacy, but there isn't—the vow functions on its own. That leaves the other

The Agency of *Tariki* and *Jiriki*

Agency is fundamentally related to the notion of causality: an agent is what causes something to be done or to happen. Shinran claims that we can understand agency as operating in either of two dimensions. Let us begin with the more obvious, the one that defines the domain of everyday life as lived by ordinary *bonbu* 凡夫 like us. We think of ourselves as independent agents: we schedule our days, we plans our lives; we calculate our long-term goals and set out a path for reaching them; we use our knowledge and understanding to help us manage and take control of our lives. Most importantly for Shinran, we even try to control our own spiritual liberation.

That type of thinking was paramount in the early and middle Heian period especially among the educated, that is, among scholar monks and aristocrats. If there was a plague in Kyoto, just send Kūkai up Daimonji and his thaumaturgy would save the lives of the people below. If you wanted to fathom the patterns and structures of the universe so that you could be a harmonizing force in reality, just study and practice the mandalas. If you needed the extraordinary powers (*siddhi*) of the buddhas and bodhisattvas, just chant the right mantras. The power was there to be tapped and the great sages of the Heian period knew the procedures for harnessing it. The early Heian period was a time of extraordinary intellectual, spiritual, and cultural optimism about what we might call "effective spiritual technologies." The personal agency developed via the Way of the Holy Ones could supposedly bridge any gap between the material and spiritual. Such was the way of thinking, especially among the elite of Japanese society, before *mappō*-consciousness became dominant, before that historical moment when many of Japan's leading spiritual leaders felt that they had come to the end of the road that had defined the Way of the Holy Ones.

The theory of the Degenerate Age brought a new perspective on karma. If karma means our present actions will have future results,

of Amida's own enlightenment. An intimation is a hint, that is, its meaning is more than what it seems on the surface. As in the case of an "insider joke," only someone who shares experience with the speaker gets the true meaning of an intimation and is affected by it. We could say there are two kinds of entrusting faith parallel to the two kinds of knowing, the aforementioned distinction between detached knowledge and engaged wisdom. One kind of entrusting faith assumes Amida and the entrusting person are two completely different beings: Amida is radically "other" from the person of entrusting faith and other-power is a source outside that person. The other kind of entrusting faith, the genuine *shinjin* of which Shinran speaks, is a form of engagement rather than detachment. Such a *shinjin* assumes Amida and I overlap in such a way that *shinjin* does not bridge the gap between Amida and me because there is no such gap to start with. Indeed, *shinjin* discovers there never was such a gap—the gap itself is a delusion. Through the second kind of *shinjin*, Amida and I share an experiential field, as the common experiences between parents and their children define a family.

Thus, entrusting faith for Shinran is not directed outward toward an external object, not to Amida as a heavenly person, but rather, is discovered as working within oneself. *Tariki* then means not that Amida is an "other" in the sense of being another person existing outside me, but instead, it means that I am "other" than what I usually think of myself as being. The *ta* of *tariki* is not so much outside *me*, but instead specifically outside my false self, the *ji* as ego or *ātman*. It is the working (*gi* 義) of the power of Amida's vow that Shinran calls a "no-working" (*mugi* 無義). This brings us to the issue of agency.

rebirth in the Pure Land is not the response to despair; assurance of that rebirth is another name for despair. In that way, Shinran recasts the entire problem of delusion and enlightenment. Mahayana Buddhism generally teaches that nirvana is samsara and samsara is nirvana, that is, that enlightenment and delusion are inseparable. Keeping that as an assumption, Shinran brought in a second universally accepted Buddhist principle: delusion is the source of human anguish. From those two points, it follows that enlightenment is inseparable from anguish: in anguish, we should be able to find enlightenment.

Furthermore, since one's own anguish is the only anguish one can truly know (knowledge here assumes an internal relation, an overlap, between knower and known), one experiences the working of Amida's vow only within oneself. That helps explain one of Shinran's famous passages from the epilogue to *Tannishō*:

> When I ponder on the compassionate vow of Amida, established through five kalpas of profound thought, it was for myself, Shinran, alone. Because I am a being burdened so heavily with karma, I feel even more deeply grateful to the Primal Vow which is decisively made to save me.[3]

While Shinran might have had detached knowledge of other people's anguish, wisdom cannot arise from such knowing-at-a-distance. The only anguish he could fully experience was his own. Only in himself could he experience and engage, not merely know about, the power of Amida's vow.

It is not surprising, then, that the Pure Land tradition sometimes refers to Amida as "*Oyasama*," "parent." Shinran himself said Amida's name is our father and Amida's light our mother. Because the sinograph for "parent" (*oya* 親) also means "intimacy," we could say Amida is "the intimate one." Amida intimates to his intimates through their anguish what is most intimate, the compassionate and wise working

As for myself, Shinran, I simply receive the words of my dear teacher, Hōnen, "Just say the nembutsu and be saved by Amida," and entrust myself to the Primal Vow. Besides this, there is nothing else.

I really do not know whether the nembutsu may be the only cause for my birth in the Pure Land, or the act that shall condemn me to hell. But I have nothing to regret, even if I should have been deceived by my teacher, and, saying the nembutsu, fall into hell. The reason is that if I were capable of realizing Buddhahood by other religious practices and yet fell into hell for saying the nembutsu, I might have dire regrets for having been deceived. But since I am absolutely incapable of any religious practice, hell is my only home.[2]

In that passage, Shinran is no longer arguing against something—the Way of the Holy Ones—but is instead describing entrusting faith existentially and personally. In doing so, he is addressing a possible criticism of his position, namely, someone might say that to entrust oneself to other-power (*tariki* 他力) is a choice and choice involves a self who makes the decision. If that were so, then from the praxis standpoint, entrusting faith would not be completely free of ego or *jiriki* after all. That is, to *choose* to entrust in other-power and to *surrender* self-power would be a personal choice and, thereby, an act of self-power. In the just quoted passage, however, Shinran explains that to entrust in other-power is not a choice. It is instead a response to there being no alternatives, no choices. What Hōnen discovered and Shinran elaborated was that in giving up we can be rescued from the effects of our karmic afflictions. Yet, that can occur only if we surrender entirely, without the least trace of doing it as a means to rescue ourselves. For Shinran, we are not saved as a result of having given up, but rather, the giving up itself is being saved. Put even more boldly, the assurance of

attained enlightenment, have also participated in the power of Amida's vow.

> In no way is birth accomplished through the calculating of foolish beings; neither can it be the object of the calculation of the eminently wise. Even holy masters of the Mahayana and Abhidharma entrust themselves to the power of the vow to attain birth, without calculating in any way.[1]

In that respect, Shinran took *mappō* to be not so much a historical phase, but more a general characterization of a universal weakness in human nature. To put it bluntly: it has always been the Degenerate Age. Enlightenment has always involved entrusting in Amida's vow, even when it was not formally characterized as such. Actually, Shinran's critique of the Way of the Holy Ones already entailed that conclusion because his criticism was logical, not historical. That is, because the Way of the Holy Ones involves dependence on a discrete self or ego, it cannot by definition result in enlightenment which is without ego. Therefore, for there to have been enlightened buddhas in the past, they had to have achieved enlightenment via some alternative to the *jiriki* theory based in the self-contained ego. That alternative is entrusting faith, *shinjin*.

Faith as Trust

Philosophers of religion in the West commonly distinguish between faith as a belief in certain doctrines or principles, as contrasted with faith as a trust in someone or something. Clearly, *shinjin* cannot be the former since that smacks of knowledge instead of wisdom, the kind of philosophical analysis characteristic of the training on Mt. Hiei that Shinran rejects. Yet, if *shinjin* is of the second sort of faith, in whom or in what is the trust placed? It is not in Amida, but in the power of Amida's vow. In *Tannishō* 2, Shinran writes:

I think that this statement is true in one sense but not another. It is not true to the extent Shinran found *mappō* helpful in explaining his spiritual crisis as not just personal, but systemic. It is as if there was not only a personal, but also a societal, set of karmic afflictions, the inheritance of not just personal actions, but of institutional actions as well. Viewed in that light, the point of the doctrine of *mappō* is not simply that we individuals are so corrupted that we cannot help ourselves, but even more importantly, the Buddhist institutions, the supposed carriers of the Dharma, are corrupted in the same way. Faced with the anguish of the human condition, the Tendai establishment that Shinran experienced could only offer techniques of self-effort: esoteric rituals to manipulate reality, voluminous collections of information and classifications, austerities for restraining the karmic afflictions or passions. Completely lost were the notions of esoteric rituals as a form of being in harmony with, rather than controlling, cosmic forces. Misunderstood was the insight that systems of thought do not bridge the gap between us and reality but are part of the bifurcating analysis that creates the gap. Self-deluded was the attempt to control the passions through the use of one of the products of the passions—the self-contained ego. So, in those respects, the idea of *mappō* was completely real and fully relevant to Shinran insofar as it reflected the degeneracy of not only individuals, but also the spiritual institutions they have created over the centuries.

Yet, Shinran was equally skeptical of the diachronic view of history implied in the typical narrative of the Degenerate Age. From the cosmic standpoint, Amida's vow is not an ancient event that has had relevance only in the past few centuries. After all, it is the "primal vow," *hongan* 本願. Shinran drew his inspiration for that understanding from the seventeenth vow: all buddhas praise the name of Amida. For Shinran, that vow implied that all buddhas, insofar as they have

paradox: the Way of the Holy Ones proceeds by self-effort; self-effort is grounded in the assumption of a discrete, substantial self or ego; the idea of a discrete, substantial self or ego is a delusion that hinders the realization of enlightenment; yet, Śākyamuni practiced the Way of the Holy Ones and attained enlightenment. How can that be? One solution, and the one I think Shinran accepts, is that there may be another kind of *jiriki*, one in which the self (*ji*) of *jiriki* is not understood as a discrete "I," is not understood as *ātman* or ego (*jiga*). This possibility becomes more intelligible when we consider how Shinran believes the idea of a discrete "I" could have arisen in the first place.

Karmic Afflictions in the Degenerate Age
The discrete, self-contained self that lurks within ordinary forms of *jiriki* is incapable of enlightenment because it is beleaguered with fiery passions and afflictions (*bonnō* 煩悩), themselves the result of karmic effects from previous voluntary actions. Put simply: we cannot achieve enlightenment now because of our unskillful deeds in the past, our "karmic evils" (*akugō* 悪業) have become inseparable from what we are. We cannot free ourselves of those afflictions because the self that would try to do the liberating is itself a delusion constructed around those afflictions. As it says in section 3 of *Tannishō* 歎異抄,

> Saturated as we are by our karmic afflictions, we cannot break free of this cycle of birth-and-death by any practice whatsoever.

If I follow the Way of the Holy Ones, when I witness my own irrepressible drives, I objectify them as something afflicting me from outside and I undertake practices to try to control them. But the "I" that tries to control the passions is itself a delusion created out of those passions. The *ji* of *jiriki* cannot stand outside itself to help itself.

If that interpretation of Shinran's position is correct, then it would seem the notion of *mappō*, the Degenerate Age, is ultimately irrelevant.

person, on the other hand, tells us something we all knew but have forgotten, repressed, or lost sight of in some other way. Knowledge pushes forward, but wisdom brings us back. Knowledge surges toward progress, but wisdom hits home with the truth that always was there to be recognized. Knowledge arises from detachment and objectivity; wisdom from engagement and immersion.

With that understanding of detached knowledge, we can see why Shinran associated it with *jiriki*. People enraptured with *jiriki* want to feel they are in control. They feel they need no one else: "I can do it myself" or "I can figure it out on my own." But who is this "I" who can go it alone and what is this "it" that is known or done? The Indian Buddhists called such a discrete "I" separate from everyone and everything else "*ātman*" (in modern English, we sometimes refer to it as the "ego"; *jiga* 自我 in Japanese) and a major goal of Buddhism is to recognize *ātman* as a delusion. That line of analysis leads Shinran to the conclusion that *jiriki* (at least as we have just seen it defined in terms of *hakarai*) is *intrinsically* flawed as a way to enlightenment. It is not simply that *jiriki* does not work in the Degenerate Age of *mappō* 末法, but rather, insofar as *jiriki* assumes a discrete "I" that is completely separate from everything and everyone else, *jiriki* and the *hakarai* thinking accompanying it could *never* result in buddhahood. They feed, rather than overcome, the ego. *Hakarai* may be able to gather and organize information, but it cannot realize wisdom. That conclusion, however, leads to a puzzling corollary if we apply it to the Way of the Holy Ones.

If the Way of the Holy Ones is inevitably permeated with *jiriki*, it would seem to follow that it *never* could have served as a pathway to enlightenment. Yet, the ancient buddhas, including Śākyamuni himself, supposedly followed the Way of the Holy Ones. There is something strange in juxtaposing those two positions, however. Consider the

reckoning, suggestive of the English word "figuring out," as in "I don't know the answer yet, but I'll figure it out." The paradigm is that what is being figured out is separate from the person doing the figuring: there is a divide between the "I" and reality. To bridge that gap, the "I" imposes a set of categories or a model onto reality so that it "makes sense." Such a form of detached knowing fits Tendai Buddhist doctrine (as well as most other schools of Shinran's time) with its rankings of sutras, classifications of teachings, levels of esoteric initiations, and so forth. On Mt. Hiei Shinran trained in that way of thinking, but came to see it more as a problem than a solution. Detached thinking is doubly objectifying in that it not only makes its focus an object "out there" separate from the knower, but also, in so doing objectifies the knower. It uses analysis and categorization rather than engagement as its approach to reality; it emphasizes knowledge over wisdom.

It might be useful at this point to imagine how Shinran might have framed the issue if he were living in our world. We expend today so much of our energy accumulating information with the aim of making us more knowledgeable. We have cable television networks dedicated to giving us information twenty-four hours a day, seven days a week, including channels dedicated to just one area: weather, sports, finance, golf, cooking, entertainment, or travel. We have specialized magazines and journals dedicated to almost every conceivable topic and our computers can put us in touch instantaneously with vast databases of factual information. The question is whether we are so busy gathering information, so engaged in becoming knowledgeable, that we have completely ignored wisdom. Our computers are just that—instruments that compute or calculate (*hakarau* はからふ)—and we place them between us and reality as if somehow that can help us access the truth. What, after all, is the difference between knowledge and wisdom? The *knowledgeable* person can tell us something we didn't know; the *wise*

末灯鈔, for example), but then also proceed to explain the phrase's relation to the rest of the overall Shingon system of doctrine and praxis, so that each particular point is seen in relation to an entire worldview. Shinran did not, it seemed to me, have any such holistic philosophical vision. Lastly, I was frequently frustrated by Shinran's proclivity to say something particularly provocative, but then quickly add that he had no rational reason for accepting that point and was merely repeating what he had heard from Hōnen. It struck me as perhaps a stylized modesty, a Japanese cultural fondness for indirect and oblique assertion taken to an extreme. Or perhaps it was a just a dodge: if pressed by a critical question to which he had no response, he could retreat into "I don't know; I'm just repeating what my master said."

As the years have passed, however, as I have read Shinran over and over again, I am continually struck by how much Shinran seems to have learned since the last time I read him. As I grow older, it seems Shinran grows wiser. I now understand him to be drawing a distinction not between knowing and not knowing, or between asserting and not asserting, but instead, a distinction between two kinds of knowing, two types of asserting. This brings me to the first of my five interlinked points about what I presently find most philosophically engaging in Shinran's writings.

The Limits of Detached Knowing
When Shinran critiques the standard understanding of the Buddhist way, particularly as it occurs in Tendai and Shingon, he calls it the "Way of the Holy Ones" (*shōdō* 聖道) and the type of thinking associated with it as *hakarai* はからひ. Its agenda is to achieve enlightenment by "one's own efforts" (*jiriki* 自力). Behind that terminology is a series of points challenging to many common philosophical assumptions, both Asian and western. The word "*hakarai*" suggests organizing, calculating, or

a single comprehensive philosophy of the sort found in Kūkai 空海 (774–835), medieval Tendai, or even Dōgen 道元 (1200–1253). Yet, that should not obscure the equally important fact that Shinran was a coherent thinker who articulated a set of interlinked teachings about the human situation.

I turned to studying Japanese thought only after a thorough training in western philosophy and Christian theology. As a scholar of Japanese philosophy and religion, I have been reading Shinran's works in one way or another for more than forty years. I initially read Shinran because I had to. How could I possibly understand Japanese religion if I did not study the founder of the largest Japanese Buddhist sect? In those initial years, however, I did not find him to be intellectually provocative. First, by placing such an emphasis on entrusting faith (*shinjin* 信心), Shinran seemed to be describing a religion that seemed remote from Buddhism's focus on enlightenment and more like some Abrahamic tradition in its attention to personal weakness and the need for the grace of a transcendent deity. Furthermore, I reacted negatively to the style of Shinran's rhetoric, in particular the lack of a clear thesis supported by evidence and reason. It seemed Shinran's writings were mainly of two forms: reflections on personal spiritual experience and brief exegetical comments on passages from the Pure Land tradition, neither of which seemed particularly philosophical in tone or purpose. At the time, I was more impressed with Dōgen's hermeneutic method in *Shōbōgenzō* 正法眼蔵 in which a fascicle is usually a sustained reflection on a single classical *kōan* 公案, poem, or scriptural image. I was also impressed with Kūkai's rhetorical style. When interpreting a particular phrase such as *shōji jissō* 声字実相 ("voiced sound, word, reality") or *sokushin jōbutsu* 即身成仏 ("becoming buddha in this very body"), Kūkai would not only analyze it sinograph-by-sinograph (as Shinran does briefly with *jinen hōni* 自然法爾 in letter 5 from *Mattōshō*

Why Shinran is Philosophically Interesting

Thomas P. Kasulis

I WAS PLEASED to be invited to make a contribution to this *Festschrift* in honor of Professor Yasutomi Shin'ya. A leading interpreter of Shin Buddhist thought, Professor Yasutomi is distinctive for his unusual openness to questions coming from new perspectives. In that respect, his leadership in the Eastern Buddhist Society has not only been inspirational, but also fully in the spirit of the Society's founder, Suzuki Daisetsu 鈴木大拙 (1870–1966). In my career of studying Japanese philosophy, I have too often found Japanese scholars to be protective of traditional interpretations and less than willing to entertain new ideas or avenues of research. Professor Yasutomi has been a wonderful exception to that general tendency, encouraging me to say what I think about Shinran, with no concern for orthodoxy or conservatism in interpretation. He has always encouraged me to see matters from my own perspective, including my background as a western philosopher.

It is in that spirit I make this modest contribution to this volume. I have no pretense of being able to compete with the erudition of so many scholars, both Japanese and western, who have an intimate knowledge of every event in Shinran's life, every passage Shinran wrote, and every allusion to earlier texts in the Buddhist tradition with which Shinran was so familiar. Instead, I will stand back from the detail somewhat to explore what we might call the "logic" (*ronri* 論理) of Shinran's religious thought. I grant that Shinran was not a systematic philosophical thinker in the sense of having developed

Part 3
Revisiting Shinran's Thought

an Asian Buddhist tradition which stands on a ground of interiority which is equally as complex as the Western ground.

can be fluently expressed in language (as in poetry) and yet be quite nonfoundational nevertheless.

68 Chamberlain and Rée, *Kierkegaard Reader*, 153–55 (introduction to SK's work *Philosophical Fragments*).

69 Chamberlain and Rée, *Kierkegaard Reader*, 224–29 (introduction to SK's work *A Concluding Unscientific Postscript*).

70 For example, it has been argued that SK remained entirely within the conceptual, structural, and rhetorical sphere of earlier Arminian Christian understanding of theodicy (i.e., only a truly omnipotent Deity could create free human creatures with the choice to love and be loved by God). Timothy P. Jackson, "Arminian Edification: Kierkegaard on Grace and Free Will," in Hannay and Marino, *Cambridge Companion to Kierkegaard*, 235–56.

71 Hannay, *Kierkegaard*, 85–86.

72 Evans, *Kierkegaard*, 20, 32–33, 52, 46ff, 48–50, 90ff, 163ff, 168ff, 120.

73 Søren Kierkegaard, *Fear and Trembling and The Sickness Unto Death*, trans. Walter Lowrie (Princeton: Princeton University Press, 1954), 132. See Chamberlain and Rée, 107–10.

74 Hannay, *Kierkegaard*, 20, 178–79, 291–96.

75 Lowrie, *A Short Life*, 174.

76 But in a way similar to how Kierkegaard and Buddhism have been rarely linked (at least outside of Japan), existentialism and Buddhism are also rarely linked outside of Japan. Even there, the ideas of Takeuchi Yoshinori, which can be called a Buddhist existentialism, do not represent any mass consensus. Thomas P. Kasulis, "Buddhist Existentialism," *Eastern Buddhist* 17, no. 2 (1984): 134–41.

77 M. Jamie Ferreira, "Faith and the Kierkegaardian Leap," in Hannay and Marino, *Cambridge Companion to Kierkegaard*, 207–34.

78 A larger-scale version of the argument was expanded in Ferreira's monograph. M. Jamie Ferreira, *Transforming Vision: Imagination and Will in Kierkegaardian Faith* (Oxford: Clarendon Press, 1991), 6–15, 19–40, 72–76, 85–113, 148.

79 Andrew Cros, "Neither Either Nor Or: The Perils of Reflexive Irony," in Hannay and Marino, *Cambridge Companion to Kierkegaard*, 125–53.

80 Of course the relevant academic books on the "postmodern Kierkegaard" have all been purchased for various libraries in Japan. Actually, Mortensen hinted that by the 1990s the German idealist strategies of approaching SK were beginning to be replaced in Japan by studies of Danish culture, or by SK's personal biography, or by new uses of SK to engage indigenous Japanese traditions (Mortensen, *Kierkegaard Made in Japan*, 79–80). Nevertheless, even revised Japanese agendae would still not necessarily coincide with any *independent* Western-rooted interest in exploring the SK-Shinran connection.

81 Garff, *Søren Kierkegaard*, 557, 664; Evans, *Kierkegaard*, 20.

82 Galen Amstutz, "World Macrohistory and Shinran's Literacy," *Pacific World: Journal of the Institute of Buddhist Studies*, Third Series, 11 (2009): 229–72. There is a persistent "dark matter" problem in acquiring an adequate paradigm for understanding Shin Buddhism which works more plausibly cross-culturally and might begin to successfully overcome the persistent Western disinclination to engage Shin seriously as

Kenneth K. Tanaka and Eisho Nasu (Berkeley, CA: WisdomOcean Publications, 1998), 88–110.

53 Giles, "Introduction," 25–26.

54 Hidetomo Yamashita, "Japanese Pure Land Buddhism and Kierkegaard," in *Kierkegaard and Japanese Thought*, 53–70.

55 Kinya Masugata, "Otani: A Kierkegaardian Fellow of the Dead," in *Kierkegaard and Japanese Thought*, 219–30; quote from 226.

56 Domingos de Sousa, "*Shinjin* and Faith: A Comparison of Shinran and Kierkegaard," *Eastern Buddhist* 38, nos. 1/2 (2007): 180–202.

57 De Sousa, "*Shinjin* and Faith," 183–84.

58 Joel R. Smith, "Human Insufficiency in Shinran and Kierkegaard," *Asian Philosophy* 6, no. 2 (1996): 117–28.

59 Jack Mulder, Jr., *Mystical and Buddhist Elements in Kierkegaard's Religious Thought* (Lewiston, ME: Edwin Mellen, 2005), 203–56.

60 Nishitani, *Religion and Nothingness*, 64, 67.

61 See, e.g., Richard King, *Orientalism and Religion: Postcolonial Theory, India, and 'the Mystic East'* (New York: Routledge, 1999), 199. This pioneering book helped initate a whole genre of criticism against the concept of "world religions."

62 Comparative philosophy and comparative religion in the mode of journals such as *Philosophy East and West* also pay hardly any attention to issues of postcolonialism or orientialism in the Saidian sense of overextended European assumptions.

63 King, *Orientalism and Religion*, 199.

64 Edward Conze, "Spurious Parallels to Buddhist Philosophy," *Philosophy East and West* 13, no. 2 (1963): 105–15.

65 And it should never be assumed that Japanese in the traditional Buddhist sphere necessarily have, at the deeper nonverbal levels of consciousness, any profound understanding of the post-Christian nature of European thought—especially nineteenth century Germanic thought. Japanese engagements with Western thought that ought to have been most important should have been with American pragmatism, postmodernism, and cognitive psychology, but these streams never made it to the status of Japanese mainstream modernism à la Nishida or Nishitani. It should never be assumed then that a Japanese interpretation of an encounter between European and Buddhist thought—no matter how adequate it might be for understanding in the Japanese context—is equally adequate for understanding in an American or European context. And too often, for reasons of language, claimed cultural authority, or lack of imagination, Western thinkers have let themselves be dominated (if not quite bullied) by Japanese concerns.

66 Whether because of its relative intellectual and institutional integrity (or perhaps its intellectual and institutional ego) Shin-focused thought even in the twentieth century never became as promiscuously syncretic as other Japanese forms.

67 Actually a very complex issue is involved here: relations between "philosophical" language and underlying psychology of consciousness. Conventionally "philosophy" in many traditions presumes direct correlations between the surfaces of language use and underlying psychological experiences. A counterposition is that religious life can be translinguistic in manifestation but still foundational in nature; or, alternatively, it

31 Mortensen, *Kierkegaard Made in Japan*, 75. Edifying refers to the "upbuilding" or unambiguously Christian part of SK's writings.

32 Shudo Tsukiyama, "The Religious Thought of Nishida and Kierkegaard," in *Kierkegaard and Japanese Thought*, 172–84; Masugata, "A Short History," esp. 45–46.

33 Mortensen, *Kierkegaard Made in Japan*.

34 James Giles, "Introduction: Kierkegaard among the Temples of Kamakura," in *Kierkegaard and Japanese Thought*, 1–30; quote from 3.

35 Eiko Hanaoka, "Kierkegaard and Nishida: Ways to the Non-substantial," in Giles, *Kierkegaard and Japanese Thought*, 159–71.

36 Eshin Nishimura, "A Zen Understanding of Kierkegaard's Existentialist Thought," in *Kierkegaard and Japanese Thought*, 71–86.

37 James Giles, "To Practise One Thing: Kierkegaard through the Eyes of Dōgen," in *Kierkegaard and Japanese Thought*, 87–105.

38 Giles, "To Practise One Thing," 101.

39 Ian Mills, "*Aeterno Modo*: The Expression of an Integral Consciousness in the Work of Kierkegaard and Dōgen," in *Kierkegaard and Japanese Thought*, 106–23; see esp. 112.

40 Archie Graham, "Truth, Paradox, and Silence: Hakuin and Kierkegaard," in *Kierkegaard and Japanese Thought*, 124–40.

41 Graham, "Truth, Paradox, and Silence," 134–35, 139.

42 *The Religious Philosophy of Tanabe Hajime: The Metanoetic Imperative*, ed. Taitetsu Unno and James W. Heisig (Berkeley, CA: Asian Humanities Press, 1990) and Tanabe Hajime, *Philosophy as Metanoetics*, trans. Takeuchi Yoshinori with Valdo Viglielmo and James W. Heisig (Berkeley: University of California Press, 1986); Keiji Nishitani, *Religion and Nothingness*, trans. with an introduction by Jan Van Bragt (Berkeley: University of California Press, 1982).

43 Mortensen, *Kierkegaard Made in Japan*, 72, 86.

44 Ibid., 217–25, 229–37.

45 Mortensen also flagged the scholars Taira Shinshō, Higashi Senichirō, and Taniguchi Tatsuo. (Chapter 1's footnote 28, detailed on page 296.)

46 Steve Odin, "'Leap of Faith' in Shinran and Kierkegaard," *Pure Land*, n.s., 18/19 (2002): 48–65. Odin makes use of the 1992 volume in Japanese *Kirukegōru to Nihon no bukkyō tetsugaku* キルケゴールと日本の仏教哲学, which finds many correspondences and convergences between SK and Shinran.

47 Odin, "Leap of Faith," 51, 55.

48 Taitetsu Unno, "Shinran," in *Routledge Encyclopedia of Philosophy*, ed. E. Craig (London: Routledge, 1998).

49 Daisetz Teitaro Suzuki, *Collected Writings on Shin Buddhism*, ed. Eastern Buddhist Society, (Kyoto: Shinshū Ōtaniha, 1973), 117.

50 Odin, "Leap of Faith," 58–59.

51 Ibid., 57.

52 Kenneth K. Tanaka, "Concern for Others in Pure Land Soteriological and Ethical Considerations: A Case of Jōgyō Daihi in Jōdo Shinshū Buddhism," in *Engaged Pure Land Buddhism: Challenges Facing Jōdo Shinshū in the Contemporary World*, ed.

13 Alastair Hannay and Gordon D. Marino, "Introduction," in *The Cambridge Companion to Kierkegaard*, ed. Alastair Hannay and Gordon D. Marino (Cambridge: Cambridge University Press, 1998), 2, 7.

14 Roger Poole, "The Unknown Kierkegaard: Twentieth-Century Receptions," in Hannay and Marino, *Cambridge Companion to Kierkegaard*, 48–75.

15 See e.g., Michael Weston, *Kierkegaard and Modern Continental Philosophy: An Introduction* (New York: Routledge, 1994).

16 Hannay and Marino, "Introduction." Wittgenstein reference, 2.

17 Garff, *Søren Kierkegaard*, 252, 297, 261–62.

18 Evans, *Kierkegaard*, 55.

19 Chamberlain and Rée, "Introduction."

20 It must be said, however, that there is little literature in English on interactions between SK (following *any* interpretation) and Buddhism. A twenty-three volume "international" series on SK included no Japanese authors of any stripe (*International Kierkegaard Commentary* [Macon, GA: Mercer University Press, 1984–2010]). And while post-modernist commentators have set up plenty of dialogues between postmodernism and SK, and between postmodernism and Buddhism, there appear to be no examples of SK-postmodernist-Buddhist "trialogues." The (relatively small) world interest in linking Japanese Buddhism and SK has been initiated almost entirely from the Japanese side.

21 C. Stephen Evans, "Realism and Antirealism in Kierkegaard's *Concluding Unscientific Postscript*," in Hannay and Marino, *Cambridge Companion to Kierkegaard*, 154–76.

22 Arbaugh, *Kierkegaard's Authorship*, 17–39.

23 See *Kierkegaard's International Reception: Tome III. The Near East, Australia and the Americas*, ed. Jon Stewart (Burlington, VT: Ashgate, 2009); Evans, *Kierkegaard*, 16.

24 Japanese university libraries contain full collections of Kierkegaard materials: e.g., in the Buddhist case, more than 270 items at Ōtani University in Danish, German, English and Japanese, and more than 230 items at Ryūkoku University in German, English and Japanese. (Although the Ōtani and Ryūkoku libraries are both missing, oddly enough, the Giles and Mortensen volumes referred to here.)

25 Kinya Masugata, "A Short History of Kierkegaard's Reception in Japan," in *Kierkegaard and Japanese Thought*, ed. James Giles (New York: Palgrave Macmillan, 2008), 31–52.

26 Finn Hauberg Mortensen, *Kierkegaard Made in Japan* (Odense, Denmark: Odense University Press, 1996).

27 Ibid., 27–69.

28 Ibid., 70.

29 Mortensen, *Kierkegaard Made in Japan*, 94–216.

30 A recent survey of the reception of SK in Japan which included a substantial bibliography listing Japanese-language translations of SK plus many pieces of secondary literature showed that almost none of it, even in Japanese, has attempted to closely relate SK and Buddhism. See Satoshi Nakazato, "Japan: Varied Images through Western Waves," in *Kierkegaard's International Reception*, 149–73.

2 The Japanese-language source is Sēren Kirukegōru セーレン・キルケゴール, *Waga chosaku katsudō no shiten* わが著作活動の視点, trans. Tabuchi Yoshisaburō 田淵義三郎, and *No no yuri, sora no tori* 野の百合・空の鳥, trans. Kuyama Yasushi 久山康, vol. 18 of Kirukegōru chosakushū キルケゴール著作集 (Tokyo: Hakusuisha, 1963), 182.

3 Søren Kierkegaard, *Without Authority*, ed. and trans., with introduction and notes by Howard V. Hong and Edna H. Hong (Princeton, NJ: Princeton University Press, 1997), 10. Precisely, the citation is drawn from a piece written in 1854 called "Look at the Birds of the Air; Look at the Lily in the Field" (the Hong and Hong volume includes a compete translation on pp. 7–20) and was one of three pieces in a set titled as a whole "The Lily in the Field and the Bird of the Air: Three Devotional Discourses," which were composed for a specific liturgical context, namely the Gospel for the fifteenth Sunday after Trinity. The group of three, fitting into the larger collection of writings which SK titled *Without Authority*, is among those categorized as the philosopher's religious ("upbuilding") or edifying writings.

4 Hong and Hong, *Without Authority*, 8, 9, 10, 11, 13, 20. For a short commentary on the piece, see George E. Arbaugh and George B. Arbaugh, *Kierkegaard's Authorship: A Guide to the Writings of Kierkegaard* (Rock Island, IL: Augustana College Library, 1967), 285–87, 245–48. SK drew other symbolic messages as well out of the images of the lily and bird.

5 There is an extremely deep bibliography on SK in multiple languages. For the various biographical details mentioned here, see the following works: Alastair Hannay, *Kierkegaard: A Biography* (Cambridge: Cambridge University Press, 2001); Joakim Garff, *Søren Kierkegaard: A Biography*, trans. Bruce H. Kirmmse (Princeton: Princeton University Press, 2005); Walter Lowrie, *A Short Life of Kierkegaard* (Princeton: Princeton University Press, 1942); Josiah Thompson, *Kierkegaard* (New York: Knopf, 1973). Besides the biographical data on SK, a plethora of contextual social historical information is available, e.g., Bruce H. Kirmmse, *Kierkegaard in Golden Age Denmark* (Bloomington: Indiana University Press, 1990). In these respects SK is much better known than any pre-twentieth-century Japanese Buddhist figure.

6 Garff, *Søren Kierkegaard*, 11; Hannay, *Kierkegaard*, 36–37, 141ff.

7 On the Anabaptist dimension, see Vernard Eller, *Kierkegaard and Radical Discipleship: A New Perspective* (Princeton: Princeton University Press, 1968).

8 C. Stephen Evans, "Kierkegaard's View of the Unconscious," in *Kierkegaard in Post/Modernity*, ed. Martin J. Matuštík and Merold Westphal (Bloomington: Indiana University Press, 1995), 76–97.

9 Garff, *Søren Kierkegaard*, 157, 344, 565, 317, 457, 557ff; Hannay, *Kierkegaard*, 73, 311.

10 Jane Chamberlain and Jonathan Rée, "Introduction: Becoming a Philosopher," in *The Kierkegaard Reader*, ed. Jane Chamberlain and Jonathan Rée (Oxford: Blackwell, 2001), 1–12.

11 Roger Poole, *Kierkegaard: The Indirect Communication* (Charlottesville: University Press of Virginia, 1993), 1–27.

12 C. Stephen Evans, *Kierkegaard: An Introduction* (Cambridge: Cambridge University Press, 2009), esp. 20.

be appreciated. Posed more generously (or loosely, or creatively, or sloppily, as one chooses)—i.e., as posed in the Kyoto School style of religious and philosophical comparativism—SK and Shinran have various meaningful points of correspondence. At present, neither of these sides seem much interested in the critical theorist's awareness of postcolonialism and asymmetrical power, or in the historian's broader, multi-disciplinary question regarding why, at all, premodern Japan and Europe saw unusual civilizational shifts that encouraged semi-parallel growth of relatively strong personal interiority with complex senses of the unconscious mind and understandings of the trans-intentional nature of religious conversion (however these phenomena may be mapped in terms of specific theory of knowledge or religious tradition). The whole situation returns us to the longstanding, ongoing, and unresolved problem of the affinity—the affinity in which the SK-Shinran connection is actually nested—between Shinran's thought and parts of European Protestant Christianity. Yet while this affinity remains so unmistakeable, it also remains both acutely misleading and relatively unproductive in terms of twentieth or twenty-first century world religious thought. What *is* possible and desirable, what we still can hope for, however, is an ever richer and more truly globalized conversation about it. Perhaps that is the real message of the Ōtani notice board and its best justification.

Notes

[1] Aiming to alert the students and public to matters for spiritual reflection, the notice board tradition of displaying short quotes had been in existence for over sixteen years (1997 to the time of this writing) and through December 2012 had posted 192 items. While the great majority of quotes presented have referred to Buddhist literature or thinkers, nineteen have been drawn from Western literature, including, besides Kierkegaard, Hillesum, Saint-Exupéry, Frankl, Derrida, Epictetus, T. S. Eliot, Levinas, Jean-Luc Nancy, Wittgenstein, Voltaire, E. H. Carr, Cicero, Nietzsche, Bacon, Marcus Aurelius, and Arendt.

Lutheran orientation and the kernel of Shinran's thought, possibly, we can still propose some nodal points, some intersections where we might find some unconventional, more persuasive analogues between the worlds of SK and Shinran. Such nodal points might perhaps include the two thinkers' qualities of psychological interiority and complexity, their notions of religious transformation as a gift, and their moods of transgressiveness towards power. SK offers a convoluted Christian language of a highly developed nineteenth century Christian interiority, a perhaps historically unprecedented sense of Christianity as a matter of the life and spirituality located in the religious experience in the inwardness of the "single individual,"[81] and likewise Shinran offers a very early Buddhist language of modern interiority. Both men displayed an extraordinary engagement with the dimensions of human psychological complexity—resignation, suffering, guilt, religious pathos—generating the psychological insight, especially about spiritual anxiety, that has reminded many scholars of twentieth century depth psychology. Both, relying on the notion of religious experience as ultimately a "gift," defended the ordinariness of the person of "faith" (religious experience), and both manifested a quality of ineradicable transgressiveness and resistance to authority which—even if inconsistently expressed—makes the ideas continually productive for successive generations. At least from the Buddhist side, then, the SK-Shinran problem ought to produce the suggestion that much of what is needed to understand the connection is *not in Shinran's texts themselves in isolation* but rather in the whole shifting religious ecology of premodern Japan over centuries of evolution.[82]

Chances are, however, that the ambivalencies will remain as they are for some time to come. Posed strictly, from a position holding to a more conventional orthodoxy (on the Buddhist side for example), there are no deep religious intersections between SK and Shinran to

as "ironic" or "aporetic.") This too points to some fundamental underlying difference between the thinkers.

All of these observations are conditioned by the dynamism which the interaction of SK has seen with the lived Japanese traditions. At the time of Mortensen's research the Japanese academic mainstream was still sticking with the German philosophical traditions (although by the 1990s several of Mortensen's informants were asserting that creative Kyoto School philosophy was dead in Japan), and had not yet moved on to engaging the conjunction of SK and postmodern European philosophy which had transformed the later wave of SK appreciation in the West. Yet Mortensen also keenly perceived the massive generation gap between the mid-twentieth century Japanese philosophers and the worlds of young Japanese students at the end of the twentieth. The writer of the present article has not researched enough to confirm to what extent Japanese SK scholars have shifted to newer wavelengths in the past couple of decades.[80]

What then can be concluded about SK and Shinran, other than that there is nothing transparent or obvious about the appearance of the words of SK on a public notice board outside of a Japanese Buddhist university! Only that the apparently simple-looking citation on the Ōtani notice board is a microcosm of the larger macrocosm of churning ambivalencies in the unresolved interaction in the twentieth and twenty-first centuries between Shinran's thought and modern European Christianity and post-Christianity.

In spite of the above critique of the dominant comparativism that has existed hitherto, we do not need to conclude that a defensible connection between SK and Shinran boils down *only* to the fact that they were both human beings. Remaining open in some *other* ways to potential mutual illumination between Christian and Buddhist traditions, or more precisely and probably, between SK's pietistic and

In response to Ferreira's argument, it can be said that her kind of subtle discussion could apply to many varieties of religious conversion (and although Ferreira does not engage it, there is an obvious implication that any conversion involves a reconfiguration of the subconscious mind), but still the specific *contents* of the transformed experience vary. In SK's case, it is all about Christianity. (And even if SK's leap, like Shinran's, is eventually grasped in a revisionist manner as largely nonvolitional, nobody has ever, at any time, understood, even as a temporary mistake, Shinran's idea of *shinjin* as involving an act of "willpower"; no such revisionism is needed for the Pure Land Buddhist.)

It seems then ultimately that the common feature of the "leap" in the cases of SK and Shinran is that each thinker found a way to cut through and go beyond the limits of inherited religious circumstances and expectations in which each one found himself. But this observation too easily operates at a very high, almost platitudinous level of generality, for the contextual circumstances which required cutting through were radically different in each case. Consequently, the superficially similar Christian structure of "leap" has little relation to the historical Shin problematic of *tariki* 他力 versus *jiriki* 自力, since the doctrinal, philosophical, psychological and institutional circumstances were quite different from SK's.

Finally, every commentator on SK mentions the pervasive appearance of irony in SK's writing, even maintaining that for SK irony was not just a verbal strategy but a whole way of life, an entire tone of consciousness.[79] And yet though Buddhism is full of logical paradox, irony seems out of place in the more straightforward movement of most Buddhist language, even in the context of Buddhist humor. ("Irony" is a practically unknown category in Buddhist studies. And Shinran's thought, in its proper Buddhist context, is never understood

as "relational," but that relation refers to God. The ethical life is a "quest for selfhood," a search for an identity. In the Christian European context it may be possible to adopt by a kind of "conscious intention" a foundational religious position even if it is not directly supported by the earlier types of reasoning about the existence of God which had been available in the European tradition. SK could in some sense "decide" on a leap; but that sort of statement would be impossible, or irrelevant, or meaningless in the context of Shinran's thought. It seems it is this presumption of "conscious choice" which has, throughout the twentieth century after the rediscovery and celebration of SK's work, linked SK's thought to existentialism, in this instance, a pioneering Christian existentialism.[76]

But maybe this should be qualified, for if examined very closely, the idea of the "leap" in SK is more complex than this and may tend to blur the distinction with Shinran somewhat. Ferreira's subtle and detailed philosophical treatment[77] proposes that SK's is not a leap "by faith" but rather a leap "to faith." This means that the common notion of SK's leap as intentional, purposeful, deliberate and self-conscious act of will or volition is a caricature. But it is certainly associated with the consent embedded in the freedom of the Christian and marks a gestalt paradigm shift of a spiritual nature. It is not compelled, but it is not self-consciously intentional or deliberative either, it is rather a nonvolitional qualitative transition with the flavor of paradox. Religious conversion is an imaginative revisioning. The leap in SK must involve passion, and imagination, and paradox, and even surrender, but yet not be an extreme version of antivolitionalism either. Thus the metaphor of the ladder (which is contained in the authorial voice of SK as "Johannes Climacus") entails an interaction of many kinds of associations which head towards a gestalt shift. But the author admits that with regard to the volitional, interpretations of SK remain profoundly ambiguous.[78]

conversation to the unproductive nihilism of some of the ancient Greek debaters regarding conceptualization of movement and time.[73] Yet from a Nāgārjunian Buddhist view, however, in which fluidity is not nihilism, would it not seem that the disciple *did* advance the argument?

Is it not just this residual subconscious foundationalism which continues to characterize so much of "Western" thought even during the post-Christian or post-modern era?

The above perspectives affect any understanding of a religious "leap." Odin and others have tried to link SK and Shinran through a Japanese-oriented, Shin-Buddhist-oriented comparison of the structures of doctrinal language employed by each thinker. But the idea of a "leap," when it is treated mainly as a concept in a surface linguistic structure, by itself is thin in significance. Broadly, religious "leaps" only indicate relatively sudden, unexpected "phase shifts" or reconstellations in the mind (especially the subconscious mind) based on prior material. In SK's European Christian context the matter involves a long-running post-Enlightenment controversy between epistemologies of "faith" versus "reason."[74] In a Christian context, the leap must be a realization of an unanticipated advent of grace (a phenomenon which applies to large sectors of Christian thought, not just to SK). Western commentators on SK have frequently specified that SK's idea of a leap may be understood also as a matter of choice—even if at the same time something trans-rational is going on.[75] In repeatedly confronting the logical paradoxes in the theological claims of Christianity, SK reached the position that while faith is not a matter of intellectual knowledge and opinion, decision and conviction are still involved. SK was not a proponent of some radical criterionless transformation.

This idea of the leap as a decision thus harmonizes with SK's understanding that there is some kind of substantial "selfhood" and that it is something to be achieved. SK may have understood the self

trans-rational faith, or about humor. For SK, consciousness is indeed volatile, but then afterwards we *must* imagine it more ultimately as solid and then *must* return to Christianity. At the end of the day SK was embedded in conventional Christian culture, which meant that even if he did not believe in a cosmically autonomous self, he believed in a self in necessary relationship with God, which in its native context was certainly a form of ontologically foundational self.[71] And well-informed scholars have also asserted that SK clearly believed in some kind of *literal* eternal life after death.[72]

In the end, the boundary or limitation of SK's thought vis-a-vis Buddhism is perhaps easily explained; it is the typical difference between a transcendence of language in a theistic setting, versus the transcendence of language in a non-theistic setting. When SK comes to the limits of conceptualization and somehow breaks through to something on the other side, what he finds is a trans-rational faith in the Christian God who reinforces a quasi-substantial (even if trans-rational, even trans-linguistical) selfhood. When a Zen practitioner, or a *myōkōnin* 妙好人, comes to those limits and breaks through, what is found instead is the fluxy, insubstantial, wide-open space of the *dharmakāya*. There is no idea of ultimate *pratītyasamutpāda* on the other side of SK's paradoxes. He never makes a transition to a full Buddhist-type onto-epistemology of flux and "emptiness."

An illustration of SK's blinders when it comes to the parameters of language is found on at least one occasion at the very end of his famous work *Fear and Trembling* where SK, rejecting the idea of some ultimate non-differentiation in the world (which he was aware of through the speculations of the ancient Greek Eleatic thinkers [such as Zeno]), attempts to ridicule Heraclitus's disciple who said that we cannot step into the same river *even once*, much less "not twice" as Heraclitus said. SK thought this disciple only returned the

English-language discourse, the results being too often disconnection or confusion.[65]

Most unfortunately, such approaches detract from the actual specificity or interest of Shinran, and even probably unnecessarily entangle Shinran in the periphery of modern Japanese cultural nationalism. In contrast, Shin Buddhism in its typical premodern form, once upon a time, was narrow in its own way, but also relatively free of modernist intellectual muddle (extreme syncretism was not characteristic of Shin thought[66]), as well as the bugbear of cultural nationalism. Even premodern religious "syncretism," wherever it existed in Japan, was not the "syncretism" and hybridization of "global" philosophy produced under the modern Western-influenced conditions discussed by King.

Not all "mysticisms" are identical. Uncertainty, awe, and silence do not necessarily lead to *śūnyatā*; similar appearances in religious language do not mean the meanings are the same.[67] Few SK specialists think his famous sense of uncertainty, unknowability, or Socratic give-and-take, the continual stylistic resort (or mental modality) of dialectical opposition and paradox, which has the effect of "stunning" or neutralizing ordinary habits of conceptionalization and reaction, brought him all the way into Buddhist territory; there remain deep ambivalencies, or contradictions, or paradoxes which do *not* lead to a consistent view of Buddhist flux in SK's thinking, at least in regard to the ultimate self.[68] SK's version of subjectivity and inwardness may be full of indeterminacy, but still lead back in some way to Christianity.[69] Despite the paradoxes, despite his case of "postmodern multiple personality disorder," it is more plausible to understand that SK's thought still manifests deep, *a priori*, subconscious Christian existential assumptions.[70] These are somehow foundational even if we are talking about going beyond language, or about the absurd, or about

of detail is just as much a part of the Buddhist understanding of the world as the "changeless" (*paramārtha-satya*). In other worlds, there is a real tension between universalizing conceptual flexibility or generosity (which can too easily be construed essentialistically) versus the empirical granularity of the concrete and immediate. Buddhist criticism of overextended comparativism has been around for at least half a century (even longer than the postcolonial discourse has existed), since Edward Conze, for instance, noted the existence of "spurious parallels" between European and Buddhist thought.[64]

Kyoto School thought may not have been rabidly nationalistic but it has still been thoroughly *modern Japanese*. That is, despite surface appearances of "internationalism," it can never be forgotten that the modern Japanese engagement with European philosophers has been done for *modern Japanese* purposes with *Japanese* preunderstandings and preconscious assumptions in the background. Such intellectual traditions (unlike, say, Toyota engineering) are primarily inward-turned, are little concerned with full-range, incisively detailed, historically-situated critical hermeneutics, and manage to create beautiful hybrid flowers of abstract thought that grow successfully only in Japan. The (Kierkegaardian) historical irony of course is that the Kyoto School sort of modern Japanese project is itself a project of the Eurocentric intrusions and pressures. "Japanized" creative philosophical thought tried to achieve "Japanese identity" by borrowing from the West many features of the (presumably authoritative) Western philosophical universalism and by blurring distinctions between Christianity and Buddhism—a struggle which extends to the tortured history of trying to compare Christian and Buddhist concepts of "faith" with Religionswissenschaft and perennial philosophy lurking in the background. Such hermeneutics created for Japanese purposes do not really succeed when bounced back to the West in some version of an

"blend" or a "hybrid" this type of thought should be understood as an "emulsion.") Postcolonialism should not be an obsession of its own, but Asian intellectual modernization and Westernization have been so pervaded with such issues that the subject requires at least some mention in any discussion.

Doing comparativism from a Buddhist perspective entails its own special ambiguities between (on the one hand) the abhorrence of essentialism or falsely universalist conceptualizations that is supposed to be normative in Buddhism, and (on the other) the contrasting urge to find positive human commonalities and similarities across cultures. Richard King put it bluntly:

> Given the virulently anti-essentialist stance of most Buddhist philosophical traditions, there could be no possibility of an appeal to a universal human nature or essence as a unifying principle.... The sheer radicalness of the Buddhist rejection of an abiding or essential self will allow for no postulation of [one kind of] a sovereign or autonomous subject at the centre of history.... Ethical praxis within the Buddhist tradition remains firmly grounded [only] in a recognition of the universality of suffering ... and the fluidity of boundaries dividing the different 'species' (since all beings experience innumerable embodiments in the 'flowing together' of *saṃsāra*—rebirth).... It is [only] our non-essentiality (*anātman*)—the relational nature of our existence (*pratītyasamutpāda*)—that we all share in common.[63]

Buddhistically, since in one sense all is flux and there are no static ontological boundaries, all phenomena are "the same." However, in another sense, the constant dynamism of causal relationships creates a play of apparent phenomena (*paratantra*, *saṃvṛti-satya*) which is everywhere different because always changing, and this transformation

manifest a number of (Kierkegaardian?) ironies and aporias which must be carefully interrogated. The problem in a nutshell is that such positive arguments in their strong form tend to assume, in a manner that many scholars would now consider out of date, that one single universal type of mystical experience lies on the other side of paradox and silence. Consciously minimizing SK's commitment to any kind of conventional North European, Anabaptist Christian ontological sensibility, they maximize the notion of SK's escape from the "deep structure" of his Christian heritage. (Here we find the dangers in "cherry-picking" comparative approaches that rely on structural, superficial similarities in religious language rather than on a broader, more persuasive treatment considering the full context.) It is the case, however, that from the perspective of contemporary religious studies, a whole battery of objections (in the spirit of SK, touched upon in no particular order below) can be raised towards the easy claims about an unproblematized universality of religious experience that have to be activated to create any close association between Shinran and SK.

Exaggerations of "comparative religion" and religious globalism, and the tendency to resolve all forms of mystical awareness into one common *philosophia perennis* in a manner characteristic of nineteenth century Religionswissenschaft, have in recent decades come to be well understood as a doubtful project of nineteenth and twentieth century Eurocentric, Christiancentric, and quasi-colonial thought.[61] Christian-Buddhist dialogue, and its relation the Kyoto School discourse, requires a tremendous willingness to overlook such objections to *a priori* universalism and to continue instead to blend and elide the concerns of foundational and nonfoundational positions on knowledge and spiritual psychology. Those who smile on positive SK-Shinran correlations belong to the same intellectual community who look favorably on Christian-Buddhist dialogue.[62] (Perhaps more than a

paradoxes of the Amida-person relationship) signifies an ultimate Mahayana non-duality that is absent in SK's Christianity, and Shinran is not interested in a "freely-choosing" self. As Smith succinctly notes: "This difference is difficult to adjudicate since it refers to the nature of ultimate reality."

Finally, addressing the question "can a Kierkegaardian really be a Buddhist too?", Mulder[59] concluded that while much can be learned from the discussion, in the end the answer to the question is "no." The inquiry always returns to the problem of how and whether SK was a theistic dualist, and despite their references to SK, Nishitani and Abe Masao among the leading modern Buddhist-oriented thinkers were always aware of that difficulty. In *Religion and Nothingness*, Nishitani (in passing) took the position that SK retained an idea of a personal God (that was less radical than Meister Eckart's, for example);[60] and Abe in his writing also maintained that SK kept elements of Christian dualism and theism. Thus Mulder must conclude that while SK's sense of God was quite non-conventional, it did not reach to Nishitani's "absolute nothingness" either.

The present article belongs to the school of skepticism about the convergence between SK and Buddhism. To speak for a moment about this reader's own personal experience with SK's texts, it feels that in them moments of apparent harmony or congruence—especially with the thought of Shinran—emerge only as episodic glints and slants, like the ambiguous silence in the "Lily of the Field" passage. Enormous swaths of SK's voluminous writings do not have any intellectual or emotional resonance with Buddhism whatsoever (there is conceptual and imaginative melodrama in Christianity which just does not exist in the same way in Buddhism); and the swirl of SK's language can make a Buddhistically-inclined reader even physically queasy. It seems then that efforts to closely assimilate SK and Shinran seem to

cussion of how the translation of *shinjin* into English as "faith" was debated circa 1980 for the purposes of the translation *Collected Works of Shinran*—adopted the position that there is no common human experience of something called faith; rather religious experience is always contextual and mediated (he calls this the cultural-linguistic model). For de Sousa, SK's faith and Shinran's *shinjin* are incompatible:

> While these two concepts perform a similar function in their respective religious contexts and share some common characteristics in terms of structure, they refer to two fundamentally distinct religious experiences. In Shinran's thought, *shinjin* is essentially an experience of awakening. Human beings contribute nothing to this experience of awakening. It occurs in them totally by the power of Amida. In contrast, faith in Kierkegaard is not an experience of awakening, something you acquire once and for all. It is never a completed act. The believer is always in the process of reaffirming and preserving his faith. Although faith is essentially a gift of God's grace, it requires a free human response. It is, in other words, a personal relationship between a trusting human being and the gracious God.[57]

Joel Smith also pushes back against the linkage of SK and Shinran,[58] finding the religious languages of the two thinkers to be fundamentally different. For both, a recognition of sin or insufficiency becomes a crucial experience which never dissipates although it achieves reconciliation. However, while the self in SK may be a relational structure (not a permanent, enduring, continuous substance as in most conventional Christianity), still its task is to become its proper self before God. SK's view preserves the radical difference between human nature and the divine nature of God, and in addition, SK retains a strong sense of the individual's freedom to reject or overturn faith. In contrast Shinran's notion of *jinen* 自然 (despite its own unity-in-difference

One enters the Pure Land when one gives oneself over to the 'other power' of Amida Buddha. What one is doing is simply not interfering with the operation of natural awareness.... In this sense, Kierkegaard's qualitative leap is none other than Shinran's 'other power'; for the qualitative leap is also an 'other power.' It is something which, having no causal or deterministic ties to previous events, happens of its own accord. Yet just as Amida Buddha is really my own mind, so is the qualitative leap really my own choice.[53]

Yamashita Hidetomo[54] claims a correspondence between Shinran's *nishujinshin* 二種深信 (the two minds of "faith") and SK's handling of the metaphor of the thorn in the flesh located in Paul's second letter to the Corinthians (12:7) (the painful thorn from Satan is a blessing of God to keep the sufferer humble). As in the *Tannishō* this is a paradoxical spiritual logic, in which the positive is found through the negative and in which suffering and separation produce faith *precisely via* the "dualism" of good and evil. Intermixing concepts of Buddhist compassion and Christian love, the author argues how in general a negativity towards the selfish self must be a major attribute of both love and compassion and must be replaced by love for others. Finally the Japanese SK scholar Ōtani Masaru located a string of similarities between the thought of SK and Shinran, including: religious universality as "transcendent, altruistic faith of redemption by absolute being," a purity of faith (both in terms of depth and how it occurs), identification with a higher level of being, passage beyond good and evil, singleness of the individual, salvation by an absolute other, and the paradox of how grace coexists with pathos, desperate faith, and consciousness of sin.[55]

However, such unskeptically promotional approaches to correspondences between SK and Shinran have been countered by arguments from other scholars. Domingos de Sousa[56]—beginning with a dis-

finds a string of other correspondences as well. Odin identifies SK's "relational" view of self with the Buddhist understanding of a dynamic flow of relationships.[47] He follows a suggestion made by Taitetsu Unno[48] that Shinran's evolution through the three vows (*sangan tennyū* 三願転入) corresponds to the "stages of life's way" in SK's writings, i.e., the aesthetic, ethical and religious stages of existence. Pursuing a hint from D. T. Suzuki, SK's "leap" is said to correspond to the so-called crosswise leap (*ōchō* 横超) in Shinran's treatment of Pure Land language.[49] From the Korean theologian Hee-sung Keel, Odin picks up a correspondence between SK's ideal of the "moment" and Shinran's *ichinen* 一念 (the thought-moment in which *shinjin* 信心 takes place). He makes an extended reference to the analysis of the religious leap by M. Jamie Ferreira (see below in this article), which treats it as a crossing of a critical threshold, a phase change like that between water and ice (Odin assimilates this notion to Shinran's famous ice and water metaphor[50]), and compares the self-power Buddhist (of Zen) with SK's "knight of resignation," versus the other-power Buddhist (of Shin) which is comparable to SK's "knight of faith." He offers the heavy claim that "this notion of a 'leap of faith' articulated by Shinran and Kierkegaard represents one of the most profound intercultural themes for East-West comparative philosophy and Buddhist-Christian interfaith dialogue."[51] Finally, Odin maintains that Shinran's mention of the twenty-second vow (which concerns the returning-to-the-world aspect of the activity of the bodhisattva in the Pure Land), or the concept of *jōgyō daihi* 常行大悲,[52] can correspond to a late stage of SK's thought when he began to emphasize socially active Christian love.

Contributors to the Giles volume also address the SK-Shinran connection. The editor himself, who sees extreme syncretism as a general characteristic of virtually all Japanese thought along with a pervasive subjectivity, tries to identify SK's leap with Shinran's leap:

effectively unnameable.... [Kiekegaard and Hakuin both] exemplify a rigorous anti-epistemological, pre-ontological thinking articulated in an aporetic language, a kind of deconstructive questioning, one which demonstrates the limitations of the intellectual process in the quest for ultimate meaning. The end result is ... a conviction grounded in experience of the enigma of the human condition.[41]

Beside these general comparisons between SK and Buddhist philosophy, a second category of positive arguments offers claims for a specific affinity between SK and Shinran. The early phases of Japanese SK reception or Tanabe's or Nishitani's writings lacked developed interest in any SK-Shinran connection,[42] but by mid-century the famous specialist Ōtani Masaru tended to render a Shin Buddhist encounter with SK,[43] and Mortensen interviewed several contemporary SK specialists who made their approach from a background in Shin or Pure Land Buddhism.[44] These included Ōya Toshikazu, a past professor at Ōtani University, who studied the religious experience of transition to "faith" with the emphasis on pure passivity which has tended to be more characteristic of Ōtani-ha interpretation, Fujimoto Kiyohiko of Bukkyō University, possessing a background in Kyoto School and German theological studies, who focused on positive correspondences between Hōnen and SK, and Tsukiyama Shudō, who, although as a student of Nishitani primarily combined studies of Rinzai Zen and SK, was a professor at Ōtani University.[45]

A detailed multi-point case for the SK-Shinran connection has been articulated by Steve Odin.[46] Accepting the type of Japanese modern thought demonstrated conspicuously in Tanabe Hajime, which freely links the sensibility of parts of Protestant thought (especially Lutheranism) to Shinran, Odin focuses on the similarities of *zange* 懺悔 (repentance), faith as a gift, and the sense of a religious "leap," but

philosophical views, he focuses on the individual's passion or faith, and the meanings which these hold for the individual, not on the thing in which the individual has faith.... The thing in which one has faith, say, God, becomes superfluous for the topic under discussion.... Kierkegaard's arguments or insights typically do not depend on the existence of a god.[38]

To make the connection between SK and Buddhism even more expansive, SK and Dōgen might be associated with a common thread of "integral thought"—in which the eternal was seen as the grounds for all other cognition—which spread across all of Eurasia in the thirteenth century CE and not only stimulated some primary works of world religious literature but widely distributed a religious rhetoric with mystical or Buddhist-flavored tones. SK learned this thread through Spinoza and strove towards it in his own works. Although SK could not fully escape the net of Christian foundational thinking, by seeking a solution in "faith" as a state of awareness contrasted with "thought," SK neutralized the Christianity dominant in his time.[39]

Hakuin can also be brought into this proposed web of connections. SK and Hakuin—both men who were unmitigated dissidents and radicals who attacked the dominant religious organizations and leadership around them as fake and corrupt—display many convergences in their use of aporetic or paradoxical discourse. For both, in the immediacy of paradox is the immediacy of existential faith:[40]

> When we speak of God in Kierkegaard's authentic Christian sense we are speaking not of a metaphysical agent or a theological figurehead but of an existential experience of the eternal truth ... we are engaged in developing not a metaphysical 'doctrine' about an ontological entity, but 'an existential communication expressing an existential contradiction.' ... The term 'God' is only a name that we give to it, a name for something

Japanese experience, which comprise "subjectivity, death, freedom, anxiety, self-deception, and despair."[34] Thus, addressing Nishida in that volume, one writer argues that SK's ideas of a relational self point to a sense of reality that had moved away from a foundation in the substantialist, essentialist God that was conventional in European Christianity. While SK is full of a passionate subjectivity, it is not nihilism (for him there is no conventional foundational God to be rejected) because SK at least partly overcame the subject-object tradition of thinking.[35] Other scholars underline congruencies between between SK and Zen: points of contact might be named as subjectivity, the search for authenticity, the self as a relational synthesis especially of contradictions, the great doubt produced by despair, the jump into truth, the paradoxes of subjectivity and independence, breaking beyond oneself, and the indirect transmission of truth.[36] Editor Giles turns the tables on the West and aims to use Dōgen to illuminate some difficult passages of SK that deal with the good as a state (rather than an object) of awareness, since for Dōgen zazen creates a condition where ordinary boundaries in consciousness drop away. Thus SK's notion of overcoming "double-mindedness" (SK's expression referring to fragmentation and inconsistency of thoughts and desires) can be identified with Dōgen's (monistic) notion of the consciousness obtained in Zen practice. This SK displays a no-self view which possibly converges with Dōgen's Mahayana one. Otherwise, admitting that there is no figure like Jesus in Buddhism, the method of this perspective is to dismiss the importance for SK of any objectively existing God in any conventional Christian sense, suggesting that SK is focally concerned only about the psychological and phenomenological state of "faith" but not with God.[37]

> Even though Kierkegaard himself believes in God (whatever [God's] ontological status), when he is putting forward his

of the Ōtani notice board. Such arguments can be divided roughly into two categories: proposals that SK's thought was, in general, philosophically more or less parallel to Buddhism; and proposals that Shinran in particular can be identified as having additional meaningful similarities to SK.

In the first category, historically one can identify various points of contact between SK and members of the so-called Kyoto School. Nishida did not mention SK in his *Zen no kenkyū*, but later appropriated some ideas (or language) from SK such as the notion that the self is a relation, or that the God and Abraham story (from SK's *Fear and Trembling*) could be used to discuss the "absolute-contradictory self-identity of self and absolute." His views of religion, existence, paradox, the self, and the self's relation to God could be affiliated with SK's. Tanabe and Nishitani also interacted with SK.[32] The prominent, if relatively internationally neglected, figure of Mutō Kazuo, the Lutheran member of the Kyoto School who spent his career seeking links between Christianity and Zen, maintained SK as one of his interests among the Christian mystics who might reveal such parallels.[33] Thus SK has often appeared, at least as a name invoked, or hovering somewhere in the background, in the twentieth-century tradition of Japanese Buddhist and Buddhist-influenced creative discourse which has embodied a de-sectarianized, existentialist-flavored, humanistic rendition of Buddhism.

More recently other scholars have issued sharper suggestions about the notion of SK as an implicit Buddhist philosopher, represented by the comparative philosophical treatments by both Japanese and Western writers in the English volume *Kierkegaard and Japanese Thought*. Its editor observes how the Western inattention to SK in Japan is a reflection of the persistent Eurocentrism in philosophy. He wants to overcome it by pointing out common links between SK and

Nishida and Mutō.[27] In the mid-twentieth century, SK studies in Japan were dominated by Ōtani Masaru, a professor at Osaka University of Foreign Studies who also had links with Ōtani University in Kyoto, and a Buddhist reception developed in which some thought it possible to use SK as a key to Japanese Buddhism.[28] Meanwhile the challenge of simply translating SK's demanding works has been formidable. At all times the students of SK have been heterogenous, including university professors, hobbyists, Christians, and secularists.[29]

Now, in spite of the lily and the bird broadcasting their message about silence on the Ōtani public notice board, this brings us to the observation how, regardless of SK's world significance as a religious thinker and Shinran's importance in Japan, the number of scholars in either Japan or the West who have pressed hard on correspondences between SK and Shinran is actually quite limited.[30] Mortensen overtly qualified the way that most Shin Buddhists (at least on the conservative side) have interacted with SK:

> It might seem surprising that Kierkegaard is seen alternately in a Christian and a Buddhist light; and it raises questions when he can be accepted as a spiritual leader by both the Amida and Zen Sect.... [But] the Amida Buddhists have not interested themselves all that much in Kierkegaard's edifying works, which are seen as being specifically Christian.... What appeals to the Amida Sects, which are all mass religions, is Kierkegaard's pietist-tinted conception of the figure of Christ, as well as his religious philosophy of the concrete life that every person can live. Anyone can be Buddha, anyone can be 'that Individual.'[31]

Nevertheless, a small body of positive arguments for a strong relationship between Shinran and SK certainly has emerged, and these have to be seriously considered in any rumination over the puzzle and paradox which feels to some positively Nagarjunian in its neutralization of the certainties of ordinary conceptualization.[20] And yet, even among the finest scholars, the ambiguity and the discussion persist regarding seemingly fundamental questions. Was SK finally a Christian? All of the older scholars thought so, even if SK's thought is only unified around his expression of an existentialist sense of Christianity. Was SK a philosophical realist or instead an antirealist along postmodern lines? The highly informed and *au courant* scholar C. Stephen Evans, for example, still concludes that SK was a realist who in the final analysis must be approached from the direction of Christianity.[21] Along with subjectivity and paradox, SK seems somehow to retain assumptions about essential existence, freedom of choice, a theistic transcendent, and the individual.[22]

In the twentieth century SK has been read everywhere, albeit often sporadically and hesitantly.[23] The modern Japanese intellectual world—in ways extending well beyond Buddhist circles—has a rich history of interaction with his works.[24] The reception in Japan has been described as having six distinct periods: dawning (late 1880s–1906); spreading (1906–1914); from Watsuji to Mitsuchi (1915–1923); assimilation and renaissance (1920–1945); popularity of existentialism (1945–1970); and declining interest (1970 to the present).[25] Non-Japanese seeking to approach that impact have the benefit of the excellent work of the Danish scholar F. H. Mortensen, who in the early 1990s undertook (along with detailed historical research) to contact and interview a significant number of Japanese intellectuals who had interests in SK.[26] The main starting point for the Japanese history with SK was the 1915 publication of a book by Watsuji Tetsurō (heavily associated, ironically enough, with theories of Japanese cultural nationalism); thereafter the primary linkages were through Christianity and existentialism, and SK served as one of the stimuli for the creative thought of Nishida, Tanabe,

be done in terms of spiritual teaching is to help others to "give birth" to understanding.[12]

The reception of SK among generations of audiences has displayed a chameleon-like quality.[13] In the face of SK's complexity, at least three interpretive phases have occurred in the West in the nineteenth and twentieth centuries: the romantic, the Christian, and the post-modernist, each tending to emphasize differing parts of the legacy. That last "deconstructive turn" in reading SK, which arrived in the 1970s, reacted against the earlier reception dominated by theologians or philosophers of religion who underplayed SK as a writer or rhetorician per se.[14] Today SK is brought into innovative conversations with Nietzsche, Heidegger, Derrida, Wittgenstein and Levinas.[15] Wittgenstein thought that SK was the nineteenth century's most profound thinker, and many would say SK belongs with Nietzsche in any contemporary philosophical conversation, especially regarding critical social theory.[16] Given this, someone approaching with a Buddhist eye will be drawn to how the multiple-personality, multiple-voice character of SK's writings often causes contemporary scholars to see him as having no one core voice at all. Exploring radical borderlands of conceptualization, emotion, and "self"-consciousness, the voice seems to break through conceptual tradition to something else: to "the leap, the paradox, for faith by the virtue of the absurd," finding "a crevice through which the infinite peeped out."[17] Numerous people have observed that the intensely questioning, Socratic, dialogical mind of SK did reject at least the *classical* European version of foundationalism because of the necessary uncertainty (unknowability) of the world and the necessary subjectivity (and emotionality) of the human.[18] The editors of a recent SK anthology thus de-emphasize SK's Christian orientation and instead play up his elements of irony, paradox and Socratic humor,[19] and in a few of SK's most difficult passages there is a discourse of dialectic

So, returning to the quotation on the Ōtani notice board: if those words of SK were idly encountered by someone not acquainted with SK's thought, the lily, the bird, and silence might suggest something Zen-like. But that is not quite right! While the "lily" piece may be a reflection of an awe-filled state of mind that may approach mysticism, it is wholly a product of nineteenth century north European Christianity, and in spite of the emphasis on silence in this one piece, the febrile, hyperverbal mental life demonstrated most of the time in the larger body of SK's works seems to be at the opposite end of the spectrum from the mental quietness idealized in zazen. It should seem then that this quote, when considered through the lens of the original Danish context and SK's own mind, might best be construed Buddhistically as piquantly ironical.

But nothing is straightforward about SK. At the most obvious level, SK produced two different piles of writings, both a body of not-overtly-Christian philosophical and literary writings, and a body of overt Christian devotionalism. Beyond that simple observation, the world of SK's writings is so voluminous, multi-vocal, and literarily tricky that any brief representation of their contents requires at least dozens of excerpts; and SK is easily subject to distortion through cherry-picking of passages. His twisty, complex layering of voices and styles in an intentionally literary manner of communication, his use of multiple pseudonyms with smoke and mirrors and kaleidoscopic effects, the dense, inwardly self-refracted, paradoxical, and ambivalent prose, have routinely caused him to be identified primarily as a creative writer or even a poet. SK's writing may be evaluated as so ironic and aporetic that it defies having any univocal meaning as a whole.[11] And commentators direct attention to SK's assumptions about the extreme difficulties of subjectivity, leading to his method of "indirect communication" and so-called maiutic ideal—meaning that all that can

as a dandy—drawing observers to remark on both his tremendous cleverness and apparent personal vanity—while inwardly ruminating on the religious and philosophical issues which consumed him. He was attracted to personal polemics and could be pugnaciously aggressive towards others with whom he disagreed. He could impress others as self-involved, sensitive to ridicule, prickly, neurotic, and contrarian. SK sacrificed a potential marital life to his career as an author; many have suspected that his sexuality was sublimated and perhaps distorted, but SK also authored one of the most famous accounts of an interrupted love affair in European literature. Obsessively self-reflective, he was "the self-enclosed man whom everyone knew." Commentators today suspect he may have been subject to depression or manic-depressive episodes, and his devotion to writing seems in certain phases of his life to have approached a kind of graphomania which has even caused some modern historians to suspect a form of epilepsy. SK was aware of the unconscious, so that his mind seems to have combined aspects of the Christian clinician, the secular Freud (with the proviso that the unconscious is dynamically created), and a particular relational view of the self involving relations to others but most especially the relationship to God. This complexity leads to SK's profound interest in self-deception, the divisions in the self, and conflicts of sin and conscience.[8] Meanwhile SK had a trickster aspect which has been described as Mephistophelian, and in yet into another modality SK's peculiar personality revealed his profound Christian idealism.[9] Yet along with his vanity and self-involvement, in the end too commentators have also constantly noted a rare quality of humor in SK which as been described as "lyrical," something broader than irony, and beyond ordinary egoism. SK has long been celebrated for his emphasis on indeterminacy, openness, inexplicability, freedom, the "possibility" of the world.[10]

with its specific social structures, economics, intellectual leaders, government, and state Christian church. It generated a gossip-filled upper-class intellectual milieu saturated with political concerns while enjoying a "Golden Age" in the ambit of Germany. Educationally, SK was the product of a one hundred percent Christian environment; he was raised in a distinctly theocratic and probably oppressive household and received a tremendous load of Christian dogmatics in school.[6] SK's father had close ties to a pietistic sect known as the Congregation of Moravian Brothers (Hernhuters) whose emphases were anticlericalism, inner spiritual rebirth, and critique of bourgeois society.[7] SK was also given the usual weighty dose of the Latin and Greek knowledge which was applied in nineteenth century European schools for elites, and was further immersed both in nineteenth century German philosophical thought (especially Hegel) with all its idealisms and abstractions, and in European literature, being obsessed for example in his early life with Don Giovanni and Faust. SK began his intellectual life with a study of Socrates, and a "Socratic" type of dialectical, dialogical irony became central to SK's whole later mode of philosophy. Notably, while Buddhism is understood to have touched a few other prominent nineteenth century European figures (Hegel, or especially Schopenhauer), in SK's education there are no signs of influence from Buddhist or indeed any other aspect of Asian thought.

SK's personal consciousness was also idiosyncratic. There were numerous early deaths among the members of his immediate family; his relationships with his father and elder brother were seriously troubled, if loyal and intimate. A physically delicate man, he was given to presenting his own life in the form of a drama. Not only was the performance of more than one façade of "self" intrinsic to SK's literary practice, but it was also part of his behavior in real life, evidenced by the frivolous sociability he practiced as a younger man, who dressed

> extravagantly spiritual that it cannot use the lily and the bird, but neither is it so early that it can look at the lily and bird only with sadness or with a smile.... Because the human being is able to speak, the ability to be silent is an art.... This he can learn from the silent teachers, the lily and the bird. "Seek first God's kingdom and his righteousness."... In this silence the many thoughts of wishes and desires God-fearingly fall silent; in this silence the verbosity of thanksgiving God-fearingly becomes silent.... In relation to God, wanting to speak can easily become the corruption of the human being.... The bird is *silent and waits*. It knows, or rather it fully and firmly believes, that everything takes place in its time; therefore the bird waits. But it knows that it is not entitled to know the time or day; therefore it is silent. "It will surely take place in due season," says the bird. Yet, no, the bird does not say this; it is silent, but its silence is expressive and its silence says that it believes it, and because it believes it the bird is silent and waits.... Seek first God's kingdom; that is, become like the lily and the bird; that is, become completely silent before God—then all the rest will be added unto you.[4]

Now, famed SK may be, and a figure of universally agreed-upon global significance, but this essay intends to address with a certain surprise and skepticism this question: why would SK be cited at all on a public notice board at a *Japanese Buddhist* university?

Naïvely approaching at first from a generic Western Buddhist angle, there might be no reason to think there can be any overlap between Buddhism and SK.[5] Sociologically, it is said that uniquely for a major world philosopher-writer SK was rooted in a localized, idiosyncratic context. He arose in the late European, early modern Danish society of nineteenth century Copenhagen. It was a quite distinct society,

Kierkegaard and Shinran and the Question of Comparativism

Galen Amstutz

IN FEBRUARY 2009, the following quotation appeared at Ōtani University in Kyoto, Japan on a large public notice board which faces the main streets running near the university campus.[1]

われわれは百合と鳥とを沈黙の師として観てゆこう。
われわれはかれらから沈黙することを学ぼう。[2]

The passage has been rendered into English as follows:
"From the lily and bird as teachers, let us learn
silence, or learn to be silent."

These words were taken from a composition by the famed nineteenth century philosopher and religious writer Søren Kierkegaard (1813–1855, hereafter SK).[3] In its original setting, the text in question concerns the convoluted existential tensions among the realities of the human condition, the rather naïve and shallow vision of freedom from anxiety which might characterize a romantic poet, and the much deeper call to a solemn awareness of the Christian Deity which is found in the Gospel, an awareness which (despite the distinctive human capacity for speech) is most likely to be manifested in a form of consciousness which goes beyond language, that is in silence:

The poet is the child of eternity but lacks the earnestness of eternity.... But the Gospel dares to command the poet, dares to order that he *shall* be like the bird.... The Gospel is not so

29 *Mathews' Chinese-English Dictionary: Revised American Edition*, (Cambridge, MA: Harvard University Press, 1966), 1027b.

30 Hisao Inagaki, in collaboration with P. G. O'Neill, *A Dictionary of Japanese Buddhist Terms: Based on References in Japanese Literature* (Kyoto: Nagata Bunshodo, 1984), 136. See also *Japanese-English Buddhist Dictionary* (Tokyo: Daitō Shuppansha, 1965), 138b. See also *Kenkyusha's New Japanese-English Dictionary*, ed. Koh Masuda (Tokyo: Kenkyusha, 4th ed., 1974), 602a.

31 Hirota et al., *The Collected Works of Shinran*, vol. 2, 205. An explanation is also provided by these scholars. "While self-power generally refers to acts other than the nembutsu, Shinran includes it among self-power acts if it is done with calculative intentions of attaining birth in the Pure Land. Without the complete entrusting to Other Power, the person of self-power or calculative mind invites only endless turmoil in trying to follow the Pure Land path." Ibid.

32 This, of course, would suggest that "Other Power" likewise becomes defined—and in this sense limited—by "self-power." A kind of dialogical process might arise in one's mind in recognizing this apparently "limiting" sense applicable to Amida Buddha, indirectly arising in the consciousness of a Jōdo Shinshū Buddhist. It is one's awareness of "self-power" that clarifies more profoundly one's discernment of "Other Power," which catalytic discernment leads to a sharpening of one's perception of one's "calculation" (*hakarai*).

33 Two groups of splendid translators, some working in both, have signaled a preference to set off "Other Power" from "self-power" either by writing it as "Other-Power" (Ryukoku Translation Series) or as "Other Power" (Shin Buddhism Translation Series) and "self-power." The use of capital letters indicates the dignity and significance of the idea communicated by the phrase or compound. "Other Power" is foundational; "self-power" is both recognized and evaluated as soteriologically inadequate.

34 Hirota et al., *The Collected Works of Shinran*, vol. 2, 174.

35 Dennis Hirota, "The Pure Land, the Finitude of Human Existence, and Dialogical Engagement," *The Shinshugaku: Journal of Studies in Shin Buddhism* (Research Association of Shin Buddhism, Ryukoku University), nos. 111/112 (2005): 35.

36 Inagaki, Yukawa, Okano, *The Kyō Gyō Shin Shō*, 180. The English translation of the relevant passage reads,

> The Crosswise Transcendence refers to the Crosswise Transcendence by the Other-Power in which one puts faith in the Original Vow and becomes free from self-power. This is the Exclusive Practice of all Exclusive Practices, the Abrupt Teaching of all Abrupt Teachings, and the truth of all One Vehicle teachings. This indeed is the True Teaching.

37 Hirota et al., *The Collected Works of Shinran*, vol. 2, 193. "Leaping Crosswise" is glossed as a synonym for Other Power, "used by Shinran to describe the instantaneous attainment of enlightenment by virtue of the Primal Vow, in contrast to the progressive stages of evolution over long periods of time required for attaining enlightenment in paths other than the nembutsu. Shinran writes, 'In the interval of one moment, quickly and immediately, one leaps and attains the supreme true enlightenment. Thus, it is called leaping crosswise.'"

17 Boyd, in his article, draws attention to Buddhaghosa's observation in the *Papañcasūdanī*, where this commentator says the "teaching of the Buddha, the Blessed One, is twofold, conventional teaching and a teaching in the highest sense" (*Buddhassa Bhagavato duvidhā desanā: samuttidesanā, paramatthadesanā cā ti*). The commentator continues to say that "conventional teaching is in the form of person, being, woman, man, *khattiya, brāhman*, deva, *Māra*. The teaching in the highest sense is in the form of *aniccaṃ dukkhaṃ, anattā, khandhā, dhātū, āyatanāni, satipaṭṭhānā ti.*" *Papañcasūdanī Majjhimanikāyaṭṭhakathā of Buddhaghosācariya*, ed. J. H. Woods and D. Kosambi (London: Routledge & Kegan Paul Ltd., 1977), 137.

18 Carter and Palihawadana, *The Dhammapada*, 157.

19 Ibid., 158.

20 Dhammaratana Sthavīra, *Dhammapada pūrāṇa sannaya*, 39.

21 Morogallē Siri Ñāṇobhāsatissa, *Dhammapada vivaraṇaya* (Colombo: M. D. Gunasena, 1962), 191.

22 Carter and Palihawadana, *The Dhammapada*, 7.5, 177.

23 Ibid., 180.

24 John Ross Carter, *On Understanding Buddhists: Essays on the Theravāda Tradition in Sri Lanka* (Albany: State University of New York Press, 1993), 225, note 46.

25 Carter and Palihawadana, *The Dhammapada*, 180.

26 Ibid., 210 (on 142/10.14), "Assured: *niyato*: Assured [of release from the whirl, which is gained] by [attainment of the] four Paths."

27 Stressing the self-agency of the arising of insight again tends to miss the profound significance of the occasion. Bhikkhu Khantipalo has written, "It [insight-knowledge] leads, not to further entanglements, but to relinquishment. And it is fresh, new and quite different to what one had known before." He continues, "The Buddha also called this insight 'direct knowledge', direct, that is, without the intervention of the conceptualizing mind and direct because it gets to the heart of impermanence, dukkha and not self." Bhikkhu Khantipalo, *Calm and Insight: A Buddhist Manual for Meditators* (London: Curzon Press, 1981), 69.
Buddhaghosa puts it this way:
> Although it [change-of-lineage-knowledge] is not itself [this] turning [to the path], having been established in the position of this turning and, as if having given a sign to the path "Now, arise!", it ceases. And having not abandoned that sign given by it [i.e., by change-of-lineage-knowledge], following upon that knowledge in uninterrupted continuity, the path (*magga*) arises, breaking through and exploding the mass of greed, the mass of hatred, the mass of delusion, not penetrated before, not exploded before. (*Visuddhimagga of Buddhaghosācariya*, vol. 41 of the Harvard Oriental Series [Cambridge, MA: Harvard University Press, 1951], chap. 22, para. 10–11, 579)

On this general topic, see also Mahinda Palihawadana, "Is There a Theravāda Buddhist Idea of Grace?" in *Christian Faith in a Religiously Plural World*, ed. Donald G. Dawe and John B. Carman (Maryknoll, NY: Orbis Books, 1978), 186ff.

28 William Edward Soothill and Lewis Hodous, *A Dictionary of Chinese Buddhist Terms with Sanskrit and English Equivalents and A Sanskrit-Pali Index* (Taipei: Ch'eng Wen Publishing Company, 1970; orig. pub. in London by Kegan Paul, Trench, Trübner & Co., Ltd.), 218a.

I have appeared, I subdue the evil deeds of maras." *The Collected Works of Shinran*, vol. 1, trans. Dennis Hirota (Head Translator), Hisao Inagaki, Michio Tokunaga, and Ryushin Uryuzu (Kyoto: Jōdo Shinshū Hongwanji-ha, 1997), 270. We read that the "Compassionate Vow is" "like the banner of a great general because it subjugates all the devils' armies." (Note 1, reads "Magun . . . 'Devils' army'; 'ma', 'māra' in Skt.") *The Kyō Gyō Shin Shō: The Teaching, Practice, Faith, and Enlightenment—A Collection of Passages Revealing the True Teaching, Practice, and Enlightenment of Pure Land Buddhism*, translated and annotated by Hisao Inagaki, Kosho Yukawa, Thomas R. Okano, part of the Ryukoku Translation Series (Kyoto: Ryukoku University, 1983), 75.

11 Carter and Palihawadana, *The Dhammapada*, 438. Ratgama Śrī Prajñāśekhara (*Dharmmārthadīpanī vū dharmapadārttha vyākhyāva*, revised by Dehigaspē Paññāsāra [Mudrapita, Sri Lanka: Lawco Press, 2497/1953], 43) first presents this observation and then notes specifically at this passage, the reference is to (1) the whirl of one's actions (*kamma*), (2) the whirl of defilements (*kilesa*), and (3) the whirl of the consequences (*vipāka*) of one's actions, so also Śrīnivāsa, *Dharmapada pradīpaya*, 42.

12 Carter and Palihawadana, *The Dhammapada*, 170.

13 Nothing new here; Boyd notes it well in his article, "Symbols of Evil," note 32, 70: "The Pali commentary tradition often refers to 5 Māras: *kilesāmāra, khandhāmāra, maccumāra, devaputtamāra* and *abhisamkhāramāra*." We would benefit by dwelling more on the notion of *abhisaṅkhāramāra*, which Boyd glosses as meaning "'performance of action' and has to do with the accumulation of karma (cf. PTSD [*Pali Text Society Dictionary*], 'Abhisankhāra,' p. 70), hence is simply a broader reference for that which is designated in the Buddhist Sanskrit tradition by *kleśamāra*, namely the internal aspect of *māretā* [which he takes elsewhere as 'that which kills']." See also G. P. Malalasekera, *Dictionary of Pāli Proper Names* (London: Published for the Pali Text Society by Luzac & Company, Ltd., 1960), vol. 2, 611–20.

14 *The Pali Text Society's Pali-English Dictionary*, ed. T. W. Rhys Davids and William Stede (London: Luzac & Company, Ltd., 1966; orig. pub. in fascicles, 1921–25), 664–65.

15 Mahinda Palihawadana, "The Three Characteristics (*Tilakkhaṇa*)," in *On Living Life Well: Echoes of the Words of the Buddha from the Theravāda Tradition*, ed. John Ross Carter (Onalaska, WA: Pariyatti Press, 2010), 44.

16 Venerable Pandita W. Sorata Nayaka Thera (*Śrī Sumaṅgalaśabdakoṣaya* [Colombo: Anula Press, 1963], part 1, 79b) for *abhisaṅkhāra* notes that it occurs with the meaning of "*utkarṣa kirīma; usasbhavaṭa pāmiṇavīma*," "excellent action leading to enhanced existence;" and also as "*kuśalākuśalakarma*," "wholesome and unwholesome action"; for *abhisaṅkhāramāra*, he enters "*bhavagāmikuśalākuśalakarma namāti mārayā*," "wholesome and unwholesome action leading to [further] becoming is called 'Māra.'" This is an example where this quality of Māra is present in both wholesome and unwholesome actions which, nevertheless, contribute to further becoming in saṃsāric existence. In a personal communication, Professor P. D. Premasiri has noted that wholesome actions can be understood as contributing both to a continuation of the whirl of existence (*vaṭṭagāmikusala*) and also to its dissolution (*vivaṭṭagāmikusala*), i.e., Nibbāna; this latter is not equivalent, of course, to *puñña*. In this Premasiri is entirely consistent with Ven. Sorata Thera.

lead to the transcending of life's ills. (Trevor O. Ling, *Buddhism and the Mythology of Evil: A Study in Theravada Buddhism* [London: Allen & Unwin, 1962], 67) Without entertaining the question whether Māra is to be understood cosmologically or doctrinally, or as representing mythology of the people or a didactic image utilized by monks, I wish to pick up with Boyd's presentation of what he calls the "four-Māras formula." He writes,

Of the four Māras, the *skandhamāra* epitomizes all conditions of samsara that are subject to death (*mīyati*). *Kleśamāra* epitomizes the internal causative aspect of "that which kills" (*māretā*), namely one's own karma-producing acts of defilements. The *devaputramāra* refers to an external aspect of "that which kills" (*māretā*) seemingly unrelated to the products of one's own volitional life, and as the title suggests, this particular Māra is most appropriately associated with the deva figure of this universe, *Māra Pāpimā*. (Boyd, "Symbols of Evil," 69–70)

3 *The Dhammapada: A New English Translation with the Pali Text and the First English Translation of the Commentary's Explanation of the Verses with Notes Translated from Sinhala Sources and Critical Textual Comments* by John Ross Carter and Mahinda Palihawadana (New York: Oxford University Press, 1998), 97. When references are to the commentary on the *Dhammapada*, the primary text consulted is *The Commentary on the Dhammapada* [*Dhammapadaṭṭhakathā*], vols. 1–4, ed. H. C. Norman (London: Published for the Pali Text Society by Luzac & Co., Ltd., 1970; orig. pub. 1906), but the precise reference is to *The Dhammapada* translated as noted by Carter and Palihawadana. Unless otherwise noted as, for example, 86/6.11, reference is to the English translation of the Pāli commentary provided at that page reference.

4 Carter and Palihawadana, *The Dhammapada*, 98.

5 Ibid., 99.

6 "As rain penetrates / The poorly thatched dwelling, / So passion penetrates / The untended mind" (1.13). Ibid.,102. The commentary notes "Just as rain [pours through] such [a roof of] a dwelling, so passion penetrates (*rāgo samattivijjhati*). And not only passion, but all defilements, such as ill-will, unawareness, and self-estimation [*māna*] do indeed penetrate that kind of mind excessively." Ibid., 103.

7 *Dhammapada pūrāṇa sannaya (granthipada vivaraṇa sahita)* "The Old Commentary of the Dhammapada (with a Glossary)," ed. Kamburupiṭiyē Dhammaratana Sthavīra (Colombo: Maha Bodhi Press, 1926), 7.

8 Morontuduvē Śrī Ñāneśvara Dharmānanda, *Saddharmakaumudī nam bhāvārtthavivaraṇasahita dhammapadapāḷiya ("The Dhammapada with a Sinhalese Translation, Commentary, and Annotation Entitled Saddharmakaumudī")* (Colombo: Śrī Bhārati Press, 3rd ed., 1946), 6; so also V. Dharmakīrti Śrī Śrīnivāsa, *Dharmapada pradīpaya* (Colombo: M. D. Gunasena, 1966), 12.

9 As noted by Ambalangoda Dhammakusala, *Saddhammasāgara nam vū dharmapadavaraṇanā*, 9 vols. (Colombo: Anula Mudranālaya, 1965–70), vol. 1, 86.

10 And the Buddhist tradition through the centuries and in a different cultural setting has not forgotten the penultimate quality of that which one or another of the Māras represents. For example, Shinran refers to "Chapter Ten, 'The Maras' Attainment of Reverent Trust,'" of the *Moon-Matrix Sutra*, quoting, "In the world of the five defilements

超),³⁷ to find an affirmation that parallels remarkably the Theravāda testimony of the "path moment," the moment of the arising of the path, of itself, naturally by itself without the immediate agency of the person involved. One might query whether self-agency is involved in the "Crosswise" activity, in other words "who does the leaping and how?" In the two sources noted, we find "The Crosswise Transcendence refers to the Crosswise Transcendence by the Other-Power" and "Leaping Crosswise: 横超 ōchō. A synonym for Other Power." We see clearly that at the salvific instant, both the Theravāda and Jōdo Shinshū traditions acknowledge the limits of the self.

Notes

[1] *The Compact Edition of the Oxford English Dictionary: Complete Text Reproduced Micrographically*, vol. 2, P–Z, Supplement and Bibliography (Oxford: Oxford University Press, 1971), 609–27. See, for additional entries drawn from American English usage, *Merriam Webster's Collegiate Dictionary* (Springfield, MA: Merriam-Webster Incorporated, 10th ed., 1998), 1059–62. In consulting these two sources, one notes historical etymological ambiguity, breadth in application, antiquity of occurrence and remarkable utility in forming a surprising number of compounds.

[2] The figure of Māra looms large in Theravāda texts, in prose and poetry, in mythology and subtly instructive symbolism. There is a plurality of Māras: (1) (2) (3) (4) and (5) *abhisaṅkhāra* Māra. Largely due to the work of James W. Boyd, of Colorado State University, such as his "Symbols of Evil in Buddhism," *Journal of Asian Studies* 31, no. 1 (1971): 63–75, we now acknowledge that there is a plurality of Māras. Boyd's thesis was developed to a considerable degree in response to a position taken by T. O. Ling, in another exhaustive study of Māra, that Māra fundamentally refers to one being who is also a profound religious symbol. Ling thinks it "was subsequent scholasticism which divided the Māra symbol into four aspects: the *khandhas*, the *kilesas*, the *devaputta*, and death." Space does not allow for an inquiry whether there are actually many Māras or only one Māra, whether originally there was only one Māra and a later development yielding a plurality of Māras. My intention is not to focus on doctrines but on what the figure, even figures, of Māra tell us about ourselves, the way we are, the lure and limits of the self.

Even though Ling has his eye on doctrinal relevance regarding Māra, he does make an important contribution when he writes,

> Māra is the mythological symbol to which may be conveniently related various factors of the human situation: the contingent ills of life and the source of those ills are, in the teaching concerning Māra, brought into correlation with one another in a single conception; in the light of this it is possible to discern what kind of action will

enthralling, enticing, and the like—in Māra, as death itself, the continuation of *saṃsāra*.

Concomitant is the incorrigible practice of *māna*, "self-estimation," which to a great extent is cause of most of the disillusionment experienced in human life, whether in society or in a monastery. Both Māra and *māna*, though addressing facets of confusion and disorientation experienced in getting on with life, are not the final statements about living life well. On the contrary, there is *magga*, a way, a path, that is not only there for one to follow, but, in a strikingly brilliant manner, is spoken of as *arising*. It is at the moment of the arising of *magga* that the self becomes fully aware of its limits, of its inability to calculate through reflection and anticipation the arising of the path, or of its inability to command its arising.

The Jōdo Shinshū tradition has turned a searchlight on the workings of the self; its lure and its limits. An underlying constancy of the lure of the self is seen in the tenaciousness of calculation (*hakarai*), which, when considered in its interlinking tentacular dimensions, puts the self in the center and works through thought, word, and deed to secure its self-interest, as in the cluster of associated personality factors held in the figure of Māra. It is not difficult to see the parallel and convergence in the religious sensitivities of men and women of the Māra-*māna* complex and the *jiriki-hakarai* complex. Part of the lure of the self is the activity of the self itself, to secure itself, to perpetuate itself, to enhance itself, to prove its worth to itself.

When we come to the understanding of the limits of the self, we come upon a profound mutual awareness that resounds throughout the universe and beyond: the affirmation of the arising of *magga* and the salvific efficacy of Other Power. It is possible that one might turn to a moment in religious receptivity variously translated into English as "Crosswise Transcendence,"[36] or "Leaping Crosswise" (*ōchō* 横

the past or ensuring the future through acts in the present, is what Shinran terms "self-power."[35]

Tariki
Other Power is the working of the salvific efficacy arising from the compassionate authenticity of the Primal Vow, the eighteenth vow of Amida as the Bodhisattva Dharmākara, breaking into human awareness generally and a person's mind/heart specifically. With this occurrence, one is transformed by Other Power in the activity of genuinely entrusting in Other Power. This quality of entrusting is not the result of one's calculation, not the consequence of one's intellectual activity. This entrusting occurs with the arising in one's heart/mind of *shinjin* 信心, true and real, authentic, sincere, and honest heart/mind, entirely free from calculation, through Other Power, in the mind of Amida Buddha, grasped by the compassionate Other Power, as it has been said, "just as you are, really, just as you are."

Buddhist Intimations and Affirmations
Although drawing upon differently articulated profound insights developed within traditions passed down in and through significantly different historical and cultural contexts, Theravāda and Jōdo Shinshū Buddhists have known the lure of the self, the attractiveness of acquisitions, the appeal of rationalizing for self-enhancement, the apparent satisfaction in social approbation, the sense of accomplishment through a satisfaction of the senses, and one could continue. This awareness is so complex, intense, and complicated that the Theravāda tradition has interpreted the interplay of the senses with the arousal and projection of latent tendencies and preconceptions and has enfolded them into a personality which allows for the most comprehensive conceptualization: alive, dynamic, mystifying, frightening, beguiling,

Hakarai

Hakarai is the noun form of a verb meaning to deliberate, analyze, and determine a course of action. It further means to arrange or manage, to work out a problem, to bring a plan to conclusion. In Shinran's more common usage, as a synonym for self-power, it refers to all acts of intellect and will aimed at achieving liberation. Specifically, it is the Shin practicer's efforts to make himself worthy of Amida's compassion in his own eyes and his clinging to his judgments and designs, predicated on his own goodness, for attaining religious awakening.[34]

It seems that it is in the area and arena of *hakarai* that one finds the dynamic dialogical activity of the mind/heart (*shin* 心) engaged in a dialectic of simultaneity of stark recognition of one's reliance on oneself and the dawning awareness of one's soteriological inadequacy in the abiding presence of limitless compassion at the core of fundamental reality. When *hakarai* in this sense is recognized, one has already moved into the religious life where self-understanding, in all its detrimental self-oriented concerns, occurs and yet one does not enter into despair because that self-understanding does not occur as the result of one's own reflection or intellectual activity in isolation devoid of relationality with compassion at the heart of reality. *Jiriki*, as we have seen, is not enough, does not carry one along the salvific way because one has come to recognize the workings of *hakarai*.

Jiriki and *hakarai* are dynamically interconnected.

Aspects of the notion of the distension of the mind through mental activity directed to the past as memory and the future as expectation appear to correspond to what Shinran terms *hakarai* or calculative thinking, particularly as operative in the context of the Pure Land path. To be absorbed in assessing what one has done in the past in terms of good and evil, in hoping for salvation in the future, and in overcoming

"'One's own power'" and contextualized by noting that it "refers to the practitioner's own power, as opposed to the power of a Buddha, esp. Amida, which is called *tariki* [他力]."[30] A very helpful, succinct definition of *jiriki*, "self-power," has been offered: "Trying to attain enlightenment by accumulating merits through one's own efforts, in contrast to Other Power [*tariki*], the power of Amida's Primal Vow."[31] These terms and the religious insight they communicate are major contributions of Jōdo Shinshū, the latter notion/term, that is, *tariki* and its usage stemming primarily from Tánluán 曇鸞 (Jp. Donran; 476–542).

"Self-power," *jiriki*, in itself as an idea, carries little meaning that one might consider to be specifically religious. The sense is straightforward: one does it oneself, regardless of what is under consideration. The idea takes on an engaging sense when set into the context of relationality, namely, one does it oneself alone without the participatory presence of another. The moment awareness of "the other" is present, with the additional recognition that "the other" is in some immediate way involved in or with the activity of the self, that is, in or with "self-power," "self-power" takes on definition, is, indeed, given definition (from the Latin *definire*, to limit, end).[32]

When "self-power" becomes understood in relation to "Other Power,"[33] one is in position to begin evaluating the self, oneself, in light of fundamental reality which is compassionate. One then begins to see how self-interest, the immediacy of wants and desires, the persistent occurrence of self-aggrandizement, whether gross or subtle in expression, continually shift and churn seeking one's own benefit only. One begins to know the self. And, it appears, almost immediately one discerns the working of calculation, *hakarai*, "a synonym for self-power."

In considering these three topics—Māra, *māna* and *magga*—one attains a glimpse of the detrimental whirlpool of existence in which life as it is known is lived, notes the homespun wisdom indicating the relief experienced upon taking oneself out of the equation, and, finally, realizes the absence of all wish, of any sense of self-agency at the salvific moment of the arising of the path and of the continuing salvific reliability of this moment and process. Māra's sphere of influence is *saṃsāra* and the arena in which Māra's activities are focused is in the life of the supposed self. The self, improperly understood, is capable of leading one into difficulty. The self can tempt itself to seek only self-aggrandizement, even allowing the self to become deceived, working subtly to turn away from the soteriological process through temptation or flattery. The attraction of the self to the self provides this destabilizing lure of the self. But when properly understood the self is found to have limits which, upon careful reflection, can be discerned in just about every activity of the self. The insight into the limits of the self when the self is enabled to become set aside, no longer evaluating the world from its own self-awareness, and to acknowledge that a salvific transformation has occurred constitutes an ancient and true reminder about the lure and limits of the self. The Theravāda tradition has left an account of this insight.

Is it not the case that one is also reminded of *jiriki*, *hakarai*, *tariki*, three overlapping notions working in the complex of soteriological awareness of men and women who are Jōdo Shinshū Buddhist?

Jiriki

Zi/ji 自 is the Chinese/Japanese character/term for the Sanskrit *sva*, *svayam*, "the self, one's own, personal,"[28] and through extension "to accomplish anything by one's own strength."[29] In the specifically Japanese context, the compound *jiriki* 自力 is succinctly defined as

But, given this, what is one to do? How is death and re-death to be overcome? How can one realize a state in which the self has been offset, put aside? Is there hope?

Yes! It is Dhamma in the highest sense which, when one becomes penetratively engaged with it, is given expression as *magga* or *mārga*.

Turning again to the *Dhammapada* (97/7.8) there is a delightful play on words that provides one of several descriptions of a "person supreme" (*uttamaporisa*), namely that such person has "ejected hope" (*vantāsa*). The commentary on the *Dhammapada* provides the gloss: "[One is said to have] 'ejected hope' because the duty that has to be done has been done by means of the four paths and [all] wish is thereby discarded."[23] As I have written elsewhere,

> When this formula is stated it suggests not solely a person's activity that was conducive to liberation, but also, and perhaps primarily, the soteriological instrumentality of the path-process ... 'because the duty that has to be done has been done by means of the four paths ... [*catūhi maggehi kattabbakiccassa katattā*].' The focus would now seem to shift—that which is to be done, or that which has to be done, cannot be done by oneself alone, but, as in this case, has been done *by means of the four paths*.[24]

This state of having ejected wishes, this eliminative apex of the religious life when all attachments revolving in and around oneself are discarded, will have arisen when, according to the commentary on this passage, one will have "penetratively understood dhamma that transcends the world."[25]

It is at the path moment, with the arising of the path of stream attainment, that one has one's first glimpse of Nibbāna and one is assured[26] that one will not fall away from the salvific process, which process is surely not of one's making nor of one's sustaining.[27]

Thus far we have drawn attention to two dimensions in Theravāda Buddhist thought not customarily considered together, as forming an integrated complex: the general notion of Māra and of *māna*, "self-estimation." Both draw attention to what one might call the "empirical ego"—not an underlying substantial self or soul. In the Māra complex, we have seen an integration of the aggregates constituting differentiated individuality (*khandha*s) and also the defilements (*kilesa*s). With "self-estimation" (*māna*) we have seen a common-sense, practical analysis of detrimental ways of making one's individuality the central focal point for evaluating human relationships. Of course these two dimensions are to a degree peripheral to the central and much better known Theravāda affirmations of impermanence (*anicca*), misery or awryness (*dukkha*), and absence of soul or substantiality (*anattā*). The point to see, however, is that there is no contradiction whatsoever between Māra and *māna*, on the one hand, and the salvific insight of *anicca*, *dukkha*, and *anattā*, on the other.

Magga

We turn now to our third point, namely *magga*, "path." We have seen how Māra, in its various modes, represents the grip of death and re-death resulting from (1) Māra as one's misapprehension of the aggregates comprising individuality, (2) Māra as the corrosive effects of the defilements, (3) Māra as the process of storing up distorting and confused volitive schematic responses to sense perceptions, (4) Māra as death itself in its stark unavoidability, and (5) Māra as a personified figure representing the pervasive, inexplicable disorientations from what one knows to be the way leading to final peace. We have seen how putting one's self in the center as the basis by which one evaluates one's life context simply compounds misperceptions of the way to freedom.

we turn to the magnetic literary strand of the Theravāda tradition, appearing in and continuing to stem from the *Dhammapada*. At 5.15/74 one reads:

> "Let both householders and those who have gone forth
> Think that it is my work alone;
> In whatever is to be done or not done,
> Let them be dependent on me alone!"
> Such is the thought of the childish one;
> Desire and pride [self-estimation] increase.[18]

On this stanza, the commentary provides the gloss "Such (is the thought) of the childish one" with,

> In the case of the childish one in whom such desire and such thought arise, insight, Path, and Fruit do not indeed develop. [On the other hand,] in his case, only the craving that rises at the six [sense-]doors and also the ninefold self-estimation increases, as do the ocean's waters at the rise of the moon [at high tide].[19]

The commentary tradition on the *Dhammapada*, elaborates the ninefold self-estimation as follows: "'The ninefold self-estimation (*māna*)' is the ninefold self-estimation that arises such as 'I am better than the superior, etc.'"[20] According to the *Dhammapada vivaraṇaya*, commenting on the *Dhammapada*, verse 94, the nine are:

> [1] I am better than my superior, [2] I am the same as my superior, [3] I am worse than my superior, [4] I am better than my equals, [5] I am the same as my equals, [6] I am worse than my equals, [7] I am better than my inferior, [8] I am the same as my inferior, [9] I am worse than my inferior.[21]

We are told that even the gods cherish a person who has discarded this self-estimation and is free from influxes (*anāsava*).[22]

experiences, in the most comprehensive sense, in and of the world. The problem is that we are not aware of the projections and reactions arising from these disorienting schemata, which color all of our perceptions and keep us from calmly perceiving things as they really are, as they have become.

The problem is that we are bound to the past, to the latent dispositions erupting into the present, and consequently we must put aside attempts to interpret the religious life as accumulative, as setting up something, but eliminative, to leave aside acquisitioned orientations in the hope of gaining one's liberation. Liberation is by becoming free of both *puñña* (often translated as "merit," but involving a sense of enhancement arising from one's participating in a righteous act) and *apuñña* ("demerit," immediately recognized as an act of thought, word, or deed that is downright bad, detrimental), both *kusala* (often translated as "skillfull," but more broadly understood as what is wholesome) and *akusala* (unwholesome) actions which contribute to a continuation of *saṃsāra*. All of this self-agency, even *kusala* action directed toward the "devolution" of *saṃsāra*, will not in itself enable one to transcend the realm of Māra. Ven. Sorata Thera notes that "Māra known as wholesome and unwholesome action leading to [continuing] becoming is what is meant by *Abhisaṅkhāramāra*."[16]

So, the first point is this: Māra, in all the manifestations—one, five, a billion—represents the realm of death leading to rebirth within the continuing re-experiences of *saṃsāra*.[17] Something other than our own wits is required to lead us beyond this realm.

Māna

Māna has been regularly translated as "pride," but this does not get at the more comprehensive, pervasive quality reflected in the term. More appropriately *māna* is understood as "self-estimation." And again

transcendent (*lokuttara*) realm over which Māra has no sway."[11] The Pāli commentary on the *Dhammapada* (86/6.11) puts it this way:

The realm of death: *maccudheyyaṃ*
The threefold whirl which has become the dwelling place of Death—that is, the Māra of defilements—
Hard to cross: *suduttaraṃ*
Those people who live in accordance with dhamma will cross, will go beyond the realm of Māra very hard to cross—and they will arrive at the other shore—namely, Nibbāna: that is the meaning.[12]

One of the most subtle dimensions of the notion of Māra is found in what has become classified as the fifth, that is, Māra as *Abhisaṅkhāramāra*.[13] Appearing within this compound grammatical form is one of the most difficult of Buddhist technical terms—*saṅkhārā*—often translated "formations," sometimes "activities," even "synergies," but these translations do not quite catch the sense. The *Pali Text Society's Pali-English Dictionary*, ninety or so years on the scene, comes close, with "the mental concomitants, or adjuncts which come, or tend to come, into consciousness at the uprising of a citta, or unit of cognition." Further, it reads, "the concrete mental syntheses called *saṅkhārā* tend to take on the implication of synergies, of purposive intellection, connoted by the term abhisaṅkhāra."[14] The *saṅkhāra* are powerful reactions to first impressions. Mahinda Palihawadana refers to *saṅkhāra* as "'gut reactions.' You see something," he says, "and you either want to smash it or you want to capture it. There are strong emotions. There is a will to do something about it; you either want to accept it or you want to reject it. Those dynamic volitive, emotive contents of the mind are called *saṅkhāra*."[15] In effect, *saṅkhāra* are pre-existing schemata constructed in and being carried from one's past into the present, becoming activated and applied in and to one's

rebirth-and-re-death. Grasping the five constituents that comprise an individual, one's individuality, overwhelmed by the defilements, being unaware of subtle emotively engendered projections onto perceptions, and death itself all converge and interpenetrate keeping one within the whirl of *saṃsāra*, that is to say, under the "sway of Māra." The fifth category, Māra as a corrupt, powerful deity of deception, indicates well the complexity of this array of detrimental dimensions of life that is so complicated and pervasively multifaceted that personification provides the most multivalent, dynamically comprehensive symbol.

Turning one's attention from persons who have held these ideas in order to attempt to probe, rather, for either the origin of these ideas or of the representations of this popular figure of considerable disorienting influence would be of some interest, of course, but would not tend to communicate perceptions shared by the persons involved and would tend to shift one's focus away from what is being communicated about the human situation in which life is being experienced.

The starting point—and the ending point—is grounded in the recognition that all these dimensions of human awareness communicated in the notion of "Māra" do not represent the final statement. Māra, in every sense, has been vanquished, overcome and can be overcome, thanks to the Buddha who, through his enlightenment, was able to understand fully the lure and limits of the self and also to see the lure and limits of death, to recognize Māra, to see through Māra, to understand Māra and to go beyond the realm of Māra.[10]

This realm of Māra is spoken of as the "threefold whirl" (*tebhūmaka vaṭṭa*) and is considered "coeval to the three realms of sentient existence within the saṃsāric process: (1) the realm of sensuality, (2) the fine material realm (or the realm of form), and (3) the nonmaterial realm (or the formless realm). Transcending all of this is a fourth, the

As a powerful gale [overpowers] a weak tree that has grown on a tumbled-down declivity. Just as such a wind brings down the fruits and leaves, and so forth, of such a tree and destroys [them], breaks up its branches big and small, and leaves it after felling it so that its roots will be up and its branches down, in the same way Māra in the form of defilements (*kilesamāra*) who is born [right] within him, prevails over such a person.[4]

Such a tree without branches, rooted up, turned upside down surely will decay and die. In striking contrast with this image, regarding a person who is resolute in enterprise, the commentary notes, "[Māra] is not able to agitate [him and] cause him to swerve [from his path]."[5]

We note Māra (at 13/1.13) in the form of the defilements which can penetrate the mind of a person, like rain a poorly thatched dwelling,[6] and in this particular reference penetrate the mind of a person in the monastic order. And we spot also the primary function of Māra, that is, to cause one to swerve from the path, from the discipline. The examples provided, of a branchless upturned tree, of a leaking, dissolving thatched roof, suggest the end result of Māra's activities. The Sinhala commentary tradition picks up on this mention of Māra in the *Dhammapada* and presents the cumulative, assimilated and comprehensive interpretation of Māra: "'Māra'—Māra himself in the form of weakened defilements that arise in his thought process."[7] "'Māra' means the defilements themselves, such as passion, hatred, etc., because they kill (*maraṇa*) virtuous qualities."[8] "Māra is met in the texts as five personages: (1) the aggregates that comprise an individual (*khandha*s); (2) defilements (*kilesa*s); (3) tendencies conducive to a saṃsāric continuum (*abhisaṅkhāra*); (4) death (*maccu*); and (5) a potentate of superhuman power (*devaputta-māra*)."[9]

The tradition has maintained this five-fold analysis of Māra because it represents comprehensively death, that is, death-and-also-continued-

Māra[2]

There has been a good deal of reliable scholarship on the figure of Māra conceptualized both in the singular as Māra and also in the plural as *māra*s. I will take an historical approach, one that does not work with a bias of only looking backwards into history to determine historical truth, but looks forward to discern the cumulative process of human involvement in life, which means, of course, involvement in history too. Rather than attempting to go backwards analytically in a theoretical search through the Pāli texts for origins, we look at Māra as Māra has been remembered in the Sinhala Theravāda Buddhist cumulative tradition as it has clustered through the centuries in the lives of men and women in the wake of one of the greatest of all Buddhist scriptures: the *Dhammapada*.

One sees clearly the unfolding of the Sinhala commentary tradition following in the wake of the *Dhammapada* on many topics including, of course, the figure of Māra. Within the first eight verses, the fourth set of pairs, in the first chapter of the *Dhammapada*, "The Pairs," we meet Māra.

Whoever dwells seeing the pleasurable, in senses unrestrained,
Immoderate in food, indolent, inferior of enterprise,
Over him, indeed, Māra prevails,
Like the wind over a weak tree. (7/1.7)
Whoever dwells seeing the nonpleasurable, in senses well restrained,
And moderate in food, faithful, resolute in enterprise,
Over him, indeed, Māra prevails not,
Like the wind over a rocky crag. (8/1.8)[3]

The commentary on this passage introduces Māra to the reciters, hearers or readers of the *Dhammapada* with the comment,

Like the wind over a weak tree: *vāto rukkhaṃ va dubbalaṃ*

straightforward sense because of the way "testimony" is used today: in courts where it is not considered as evidence, which it is the lawyer's task to determine; or in religious statements, where it presents a case to be verified by someone else. "Testimonies" here refer to immediate, direct, firsthand authentication of what is indeed a fact, an open acknowledgment advanced and remembered through centuries and not merely an individual's opinion. We are concerned with bearing witness, what men and women have witnessed and in response have given testimony. It then becomes our task primarily to seek diligently to understand persons rather than to adjudicate whether and to what extent statements are credible.

In this chapter we will turn to key terms, developed within two of our great religious traditions, representing profound religious insights, the Theravāda and the Jōdo Shinshū, terms which, upon first blush, appear to have very little in common in human experience that would seem to make our consideration worthwhile—Māra, *māna*, *magga* (Sanskrit: *mārga*) and *jiriki* 自力, *hakarai* はからひ, *tariki* 他力. What on earth (or in heaven, or beyond earth and heaven) do these notions have in common? Our aim is to explore wherein Theravāda and Jōdo Shinshū reflections on the lure and limits of the self converge in a fundamental awareness of the inadequacy of self-agency in the soteriological process and a dialogical affirmation of the presence of salvific truth.

Although Theravāda Buddhists do not work with the significant categories of "self-power" (*jiriki*), "calculation" (*hakarai*), and "other-power" (*tariki*), there are suggestions, intimations in Theravāda thought about the lure and limits of the self that indicate, clearly, wherein that tradition addresses a central problem of the human predicament while affirming a fundamental sense of optimism arising upon one's recognition where transcendence begins.

"self" as the basis for ordinary daily differentiation of one person from another, of one sequence of sense experiences from that of another, of an individual person capable of sustained reflection on oneself. Of course one could say much more.

In the study of the religious traditions of humankind, attention is frequently turned from understanding what men and women are enabled to accomplish in living life well to what people believe, what doctrinal structures are put in place, about which discussions can be launched and agreements or disagreements reached. Of course, doctrinal affirmations are very important in their role of channeling a tradition into a recognized heritage through decades, centuries, even millennia. One can learn a great deal by carefully studying doctrines. But stopping there tends, in the long run, merely to enable an inquirer to align lists or to attempt to deduce patterns or integrated clusters of formulaic statements. "Buddhism does not believe in God," we have read. "In Buddhism there is no soul," we also have seen. "What is Nirvana?" has been asked. "Is the 'Pure Land' in this life or realized only after death?" one recalls hearing.

In a study of religious traditions one does well to keep the focus on the day-to-day living of persons of the past and of today, what they have found and recorded about coming to know themselves more completely, and also to discover wherein they have found a salvific, liberating dimension to and in their lives. It is in turning to this dimension of human self-awareness that one is enabled to find intimations and affirmations about wherein liberation arises or, put another way, where transcendence begins. One in fact is dealing primarily with testimonies rather than philosophical or theological assertions, rather than matters of dogmatic assent, too. "Testimony," in the straightforward lexical sense, refers to "a firsthand authentication of a fact," or an "open acknowledgment." It is easy to miss this

Attitudes toward Self
in Theravāda and Jōdo Shinshū

John Ross Carter

UPON READING a chapter title like this one, a person might well ask "What is the self?" And one might assume that a chapter with this title would naturally begin with an in-depth discussion of what is meant by the English word, "self," and how it will be used. To attempt to do so would not be at all easy. For an example, serving only to be suggestive, *The Compact Edition of the Oxford English Dictionary* and the tenth edition of *Merriam-Webster's Collegiate Dictionary*[1] both make it abundantly clear that any attempt to provide a comprehensive straightforward definition of "self" without either a sustained philosophical argument or an interpretation limited to a particular disciplinary approach would be a singularly major undertaking in itself. To attempt to define "self" and its usage is not the intention of this chapter. We begin with a recognition that one has a reliably functional idea of

IT IS A DISTINCT PLEASURE to have the opportunity to participate in a *Festschrift* in honor of Professor Shin'ya Yasutomi in recognition of his significant contributions to Buddhist Studies and to Ōtani University, and as an expression of personal gratitude for his translation of my "*Shinjin*: More than Faith," which appeared as "信心： 'faith' 以上の もの を意味するか?" in *The Problematic and Methodologies of Buddhist Studies outside Japan*, ed. The Overseas Buddhist Studies Research Project (Kyoto: Ōtani University, Shin Buddhist Comprehensive Research Institute, 1990), 53–92. This English work, "*Shinjin*: More than 'Faith,'" first appeared in *Annual Memoirs of the Ōtani University Shin Buddhist Comprehensive Research Institute* 4 (1986): 1–40, and has now appeared, with appropriate revisions, as chapter 5 in my *In the Company of Friends: Exploring Faith and Understanding with Buddhists and Christians* (Albany: State University of New York Press, 2012).

University Press, 1997), 211. Along the same lines, in a journal entry Kierkegaard writes: "Luther is completely right in saying that if a man had to acquire his salvation by his own striving, it would end either in presumption or in despair, and therefore it is faith that saves. But yet not in such a way that striving vanishes completely. Faith should make striving possible, because the very fact that I am saved by faith and that nothing at all is demanded from me should in itself make it possible that I begin to strive, that I do not collapse under impossibility but am encouraged and refreshed, because it has been decided I am saved.... This is how faith must relate itself to striving, both in its beginning and during its progress, but it cannot mean that striving is to vanish entirely" (JP 2:1139).

28 CWS 1:676.
29 CWS 1:661.
30 CWS 1:547.
31 Martin Luther, "Preface to the Epistle of St. Paul to the Romans," in *Martin Luther's Basic Theological Writings*, ed. Timothy F. Lull and William R. Russell (Minneapolis: Fortress Press, 2012), 79.
32 Søren Kierkegaard, *For Self-Examination; Judge for Yourself!*, ed. and trans. Howard V. Hong and Edna H. Hong (Princeton: Princeton University Press, 1990), 16.
33 JP 1:983.
34 Kierkegaard, *For Self-Examination*, 192.
35 Ibid., 193.
36 JP 3:2485.
37 JP 3:2481.
38 Louis Dupré, *Kierkegaard as Theologian* (New York: Sheed and Ward, 1963), 166.
39 Kierkegaard, *For Self-Examination*, 17.
40 Gordon D. Kaufman, *The Theological Imagination: Constructing the Concept of God* (Philadelphia: Westminster Press, 1981), 199.
41 Ibid., 199–200.
42 Hans Küng, "What Is True Religion? Toward an Ecumenical Criteriology," in *Toward a Universal Theology of Religion*, ed. Leonard Swidler (New York: Orbis Books, 1987), 241–42.
43 Hans Küng, *Global Responsibility: In Search of a New World Ethic* (London: SCM Press, 1990), 90.
44 Küng, "What is True Religion?", 242–43.

13 Called by Shinran "the Vow that all the Buddhas extol the Name," it says: "If, when I attain Buddhahood, the countless Buddhas throughout the worlds in the ten quarters do not all praise and say my Name, may I not attain the supreme enlightenment" (CWS 1:13).

14 Yoshifumi Ueda and Dennis Hirota, *Shinran: An Introduction to His Thought* (Kyoto: Hongwanji International Center, 1989), 149–50.

15 Alfred Bloom, *Shinran's Gospel of Pure Grace* (Tucson: University of Arizona Press, 1965), 55.

16 Shinran writes that "although shinjin and nembutsu are two, since shinjin is to hear and not doubt that you are saved by only a single pronouncing, which is the fulfillment of practice, there is no shinjin separate from nembutsu; . . . Both should be understood to be Amida's Vow. Nembutsu and shinjin on our part are themselves the manifestation of the Vow" (CWS 1:538).

17 Ueda and Hirota, *Shinran*, 144.

18 Shinran writes: "I know nothing at all of good or evil. For if I could know thoroughly, as Amida Tathagata knows, that an act was good, then I would know good. If I could know thoroughly, as the Tathagata knows, *that an act was evil, then I would know evil. But with a foolish being full of blind passions*, in this fleeting world—this burning house—all matters without exception are empty and false, totally without truth and sincerity. The nembutsu alone is true and real" (CWS 1:679).

19 Gerhard Ebeling, *The Nature of Faith* (London: Collins, 1961), 115.

20 Søren Kierkegaard, *Philosophical Fragments*, ed. and trans. Howard V. Hong and Edna H. Hong (Princeton: Princeton University Press, 1985), 62, 65.

21 Ibid., 83.

22 *Søren Kierkegaard's Journals and Papers*, 7 vols., ed. and trans. Howard V. Hong and Edna H. Hong (Bloomington: Indiana University Press, 1967–1978), JP 4:4551. (Hereafter cited as JP, followed by volume and entry number).

23 JP 4:6969.

24 Ueda and Hirota, *Shinran*, 169–70.

25 CWS 1:80. Explaining the identity of the arising of *shinjin* with immediate attainment of birth, he writes: "When one realizes true and real shinjin, one is immediately grasped and held within the heart of the Buddha of unhindered light, never to be abandoned. . . . When we are grasped by Amida, immediately—without a moment or a day elapsing—we ascend to and become established in the stage of the truly settled; this is the meaning of *attain birth*" (CWS 1:475). Further, in another passage, he states: "*They then attain birth* means that when a person realizes shinjin, he or she is born immediately. 'To be born immediately' is to dwell in the stage of nonretrogression. To dwell in the stage of nonretrogression is to become established in the stage of the truly settled. This is also called the attainment of the equal of perfect enlightenment. Such is the meaning of *they then attain birth. Then* means immediately; 'immediately' means without any passage of time and without any passage of days" (CWS 1:455).

26 CWS 1:674–75.

27 Søren Kierkegaard, *Christian Discourses; The Crisis and a Crisis in the Life of an Actress*, ed. and trans. Howard V. Hong and Edna H. Hong (Princeton: Princeton

share a common responsibility for helping to build a genuinely humane civilization. The common goal of creating a more humane social order provides the basis for encounter of the world religious traditions and, through dialogue, for discerning what is truly humanly significant in the respective religions.

Notes

1 John B. Cobb, *Beyond Dialogue: Toward a Mutual Transformation of Christianity and Buddhism* (Philadelphia: Fortress Press, 1982), 39.

2 Wilfred Cantwell Smith, *Faith and Belief* (Princeton: Princeton University Press, 1979), 129. Even though he forcefully reiterates that faith is an essential human quality, what he means by faith is not quite clear even to Smith himself. For a critical study of the concept of faith in Smith's thought see, Kuk-Won Bae, *Homo Fidei: A Critical Understanding of Faith in the Writings of Wilfred Cantwell Smith and Its Implications for the Study of Religion* (New York: Peter Lang Publishing, 2003).

3 From the wealth of literature concerning these very similar concepts I only note the following. Paul Ingram, "Faith as Knowledge in the Teaching of Shinran Shonin and Martin Luther," *Buddhist-Christian Studies* 8 (1988): 23–35; Thomas Kasulis, review of *Letters of Shinran: A Translation of Mattosho*, ed. Yoshifumi Ueda, *Philosophy East and West* 31, no. 2 (1981): 246–48; Cobb, *Beyond Dialogue*.

4 Luis Gómez, "Shinran's Faith and the Sacred Name of Amida," *Monumenta Nipponica* 38, no. 1 (1983): 73–84.

5 Ibid., 82

6 Edward Conze, "Buddhist Saviors," in *The Savior God*, ed. S. G. F. Brandon (Manchester: Manchester University Press, 1963), 80.

7 *Collected Works of Shinran*, 2 vols., trans. Dennis Hirota, Hisao Inagaki, Michio Tokunaga, and Ryushin Uryuzu (Kyoto: Jodo Shinshu Hongwanji-ha, 1997), 1:80. Hereafter cited as CWS.

8 It was Shinran's logic of *shinjin* that compelled him to read into the text the idea that the mind of *shinjin* is directed by Amida. The original text of the eighteenth Vow says: "If, when I attain Buddhahood, the sentient beings of the ten quarters, with sincere mind entrusting themselves, aspiring to be born in my land and saying my Name perhaps even ten times, should not be born there, may I not attain the supreme enlightenment. Excluded are those who commit the five grave offenses and those who slander the right dharma" (CWS 1:80).

9 Dennis Hirota, "Images of Reality in Shin Buddhist Path," in *Toward a Contemporary Understanding of Pure Land Buddhism*, ed. Dennis Hirota (Albany, NY: State University of New York Press, 2000), 41–42.

10 CWS 1:107.
11 CWS 1:461.
12 CWS 1:13.

about human existence among religious traditions, he insists that each religion should give its interpretation of human existence not in terms of some supernatural and hidden reality affirmed on the basis of religious authority, but in terms of what is directly and publicly available by showing why its interpretation of the human is most adequate to the actual realities of this life.[41]

In the same vein, Hans Küng proposes the idea of our common humanity as the basic criterion to judge the truth claims of religions. He asks: "Should it not be possible to formulate fundamental ethical criteria with an appeal to the common humanity of all, which rests upon the *humanum*, the truly human—concretely, on human dignity and the fundamental values which are inherent in it?"[42] In his view true humanity is the presupposition of true religion and the minimal demand made on every religion. When this criterion is applied to a particular religion, it means that,

> A religion is true and good to the degree that it serves humanity, to the degree that in its doctrine of faith and morals, its rites and institutions, it advances men and women in their identity, sense of meaning and sense of dignity, and allows them to attain to a meaningful and fruitful existence.[43]

Formulating the same criterion negatively, this implies that a religion is false and bad to the degree that in its creedal and moral doctrines, its rites and institutions, it hinders men and women from attaining to a meaningful and fruitful existence. Thus, Küng insists that the common humanity of all men and women, as the central concern of all religions, could become the common basis for inter-religious dialogue and a world ethic.[44] By world ethic he means a basic consensus about fundamental ethical norms for the advancement of human wellbeing and dignity with the goal of building a new world of peace and harmony. While religions do not share a common essence they do

Shin Buddhist tradition and seeing everything from that standpoint. Similarly to have faith is a matter of learning the Christian language, the story of Jesus, and thus learning how to live and interpret one's world in these terms. It is the distinctive patterns of story, belief, and behavior that give *shinjin* and faith their specific and sometimes contradictory meanings.

Thus, the attempt to reconcile differences among religions by defining in advance a common essence, such as a universal concept of faith, rests on the dubious assumption that there is a universal innate experience or conception of the ultimate reality common to all religions. The specific features of concepts and religious doctrines are not just a means to an end but are themselves a constitutive element of the goal of religion. This means that to the extent that the specific features of each religion are de-emphasized in the name of a putative common essence of religions, the value of each distinct religious tradition is lessened rather than affirmed.

If we deny that there is an underlying common essence between Shin Buddhism and Christianity, how and on what basis can we judge between conflicting statements and ideas of these two religious traditions? Several authors suggest a pragmatic criterion to assess the conflicting claims of religions. According Gordon Kaufman, the plurality of religious beliefs should be dealt with by focusing on the human level and the need for a more humane order as a common feature shared by all religions. The criterion of humanization provides the basis for a comparison and evaluation of the diversity of religions. He argues that once we recognize that the truth claims of religious beliefs are held by human beings for a human purpose and can and should therefore be assessed in terms of their human significance, "we have a criterion that can give us guidance in the present religious pluralism."[40] While he admits that there is a wide range of views

of awakening. Human beings contribute nothing to this experience of awakening. It occurs in them totally by the power of Amida. In contrast to this, faith in Christianity is not an experience of awakening, something acquired once and for all. It is never a completed act. Although faith is essentially a gift of God's grace, it requires a free human response. It is, in other words, a personal relationship between a trusting human being and a gracious God. In *shinjin*, on the contrary, the accent falls on a state of being or consciousness rather than on an interpersonal relationship. Being the realization of Amida's mind, in *shinjin* the self merges with other-power. Faith, however, is expressed in terms of a personal relationship in which trust is an essential element. Although in faith God himself is the gift and is constitutive of the self, there is no final identity of the self and God.

This suggests that *shinjin* and faith are two fundamentally different concepts that point to very distinctive religious experiences, shaped and produced by widely diverse religious contexts. *Shinjin* and faith are not simply different terms which point to a single reality sought by Shin Buddhist and Christian adherents. The experiences of *shinjin* and faith are structured by essentially different worldviews, offering essentially different paths to what is perceived as ultimate reality. This means that the belief systems of Shin Buddhism and Christianity each delineate a distinct ultimate possible reality with features that are incompatible, if not contradictory, vis-à-vis the other belief system.

The search for a common basis for a mutual understanding between Shin Buddhism and Christianity in a universal conception of faith shows a lack of attentiveness to what is distinctive in each religion. *Shinjin* in Shin Buddhism and faith in Christianity each foster different kinds of experiences and dispositions in their respective adherents, in light of their distinctive teachings about the aim of life. In other words, to realize *shinjin* means getting in touch with the cultural world of

avoided, now what is necessary is to bring to the fore "the aspect of Christ as prototype."[37] For Kierkegaard faith as a gift must always find its counterpart in effort. The limitations in the effort to imitate Christ as the prototype drive one to grace, but grace, in turn, drives one to renewed and intensified effort. Thus the Christian ethical life, as a life of striving, is made possible and demanded by divine grace itself. "Grace frees man only from the worry of saving himself by his own effort: his salvation no longer depends on this effort, but on God's mercy alone. The strain of the effort is removed—but not the effort itself."[38] Kierkegaard himself writes: "Christianity's requirement is this: your life should express works as strenuously as possible; then one thing more is required—that you humble yourself and confess: But my being saved is nevertheless grace."[39] Kierkegaard's critique, by establishing faith and human striving in the proper dialectic tension, makes clear that even in Protestantism ethics does not only necessarily follow from faith, but actually goes on to complete it. Works flow out of faith, and faith in turn is strengthened by works.

Conclusion

In the above comparative examination of such disparate traditions of Buddhism and Christianity we can discern remarkable structural similarities in the religious concepts and parallelism of problems in the doctrinal development. We can find similar features such as the idea that *shinjin* arises in human beings through the power of Amida, just as faith arises through the grace of God; or also that the experience of *shinjin*, like faith, is intimately related to ethical practice. But while the concepts of *shinjin* and faith perform similar functions in their respective religious contexts and share some common characteristics in terms of structure, they refer to two fundamentally distinct religious experiences. In Shin Buddhism, *shinjin* is essentially an experience

misused by the secular mentality of nineteenth century Protestantism in Denmark as a pretext for unqualified worldliness. Faith, by being cut off from its proper relationship to Christian asceticism and good works, degenerated into a religion of hidden inwardness that conveniently evaded the demands of action. The error of the Middle Ages was an exaggerated emphasis on Christ as the model for the Christian to follow, and the idea that the Christian could possibly succeed in being like Christ. Moreover, certain forms of asceticism, such as fasting, entering the monastery, flagellations, care of the poor, were considered to be true imitation. To this was added the idea of meritoriousness, whereby people were led to think that "they had merit to such a degree through their good works that they thought they benefited not only the person himself but one could, like a capitalist and bondsman, let others benefit."[34] Confronted by the misuse of Christ as pattern and exaggerated emphasis on meritoriouness, Luther rightly stressed Christ and salvation as a gift received by faith. But it should be not forgotten, insists Kierkegaard, that for all this Luther did not do away with the following of Christ, nor with the voluntary imitation.

> He affirmed imitation in the direction of witnessing to the truth and voluntarily exposed himself there to dangers enough (yet without deluding himself that this was meritorious). Indeed, it was not the pope who attacked Luther, but it was Luther who attacked the pope; and although Luther was not put to death, his life was nevertheless, humanly speaking, a sacrificed life, a life sacrificed to witnessing to the truth.[35]

According to Kierkegaard, the tragedy of nineteenth century Protestantism was to remove "the dialectical element from Luther's doctrine of faith." By rendering any exertion on the part of the believer unnecessary, the gift of faith "became a cloak for sheer paganism and epicureanism."[36] While the errors of the Middle Ages should be

union with Christ through faith and Christ is the incarnation of God's self-giving love, the Christian necessarily gives expression to that love in the love of neighbor. In this sense ethics does not merely follow from faith, but actually goes on to complete it. Although divine love is the source of love of neighbor, divine love does not simply pass through the Christian as a passive instrument; genuine human agency in love for the neighbor is preserved. This makes clear that Luther's emphasis on justification by faith does not imply a neglect of the moral life as Luther's critics often seem to suggest.

However, in Lutheranism after Luther, faith was not always seen in its proper relationship to ethical practice. The stress that the Christian has no need of works to be justified led to a neglect of the ethical task. Kierkegaard, himself a Protestant thinker, was a fierce and unrelenting critic of the Denmark Lutheran Church of his day for breaking the dialectical tension between faith and good works.

> There is always a secular mentality that no doubt wants to have the name of being Christian but wants to become Christian as cheaply as possible. This secular mentality became aware of Luther. It listened; for safety's sake it listened once again lest it should have heard wrongly; thereupon it said, "Excellent! This is something for us. Luther says: It depends on faith alone. He himself does not say that his life expresses works, and since he is now dead it is no longer an actuality. So we take his words, his doctrine—and we are free from all works—long live Luther!"[32]

This was the meaning, according to Kierkegaard, Luther's life and teaching came to have. Kierkegaard had a profound appreciation for what he considered to be Luther's valid insights. He agrees with Luther that "it is not good works which make a good man but the good man who does good works" and that "one becomes a good man by faith."[33] But Luther's correct emphasis on the primacy of faith over good works was

destitute of daily food, and one of you says to them 'depart in peace, be warmed and filled,' but you do not give them the things which are needed for the body, what does it profit? Thus also faith by itself, if it does not have works, is dead" (James 2:14–17). Thus, love and action are not something externally added to faith, but implied in faith and inseparable from it.

The dialectic of faith and works, or faith in its relation to a way of life became a central question in the debate on justification between the Catholics and Protestants. Medieval Catholic theology maintained that we are justified by a faith formed by love. In other words, doing good works are an essential element of being made just. Luther reversed the Catholic position and insisted that we are justified by a faith that issues in love. In other words, justification by faith precedes the works of love. Although the believer has no need of works to be justified, against an antinomian misunderstanding of his position, Luther emphasized that were faith not to be active in love it would not be faith.

> Faith ... is a divine work in us which changes us and makes us to be born anew of God, John 1[:12–13]. It kills the old Adam and makes us altogether different men, in heart and spirit and mind and powers; and it brings with it the Holy Spirit. O it is a living, busy, active, mighty thing, this faith. It is impossible for it not to be doing good works incessantly. It does not ask whether good works are to be done, but before the question is asked, it has already done them, and is constantly doing them. Whoever does not do such works, however, is an unbeliever. . . . Thus it is impossible to separate works from faith, quite as impossible as to separate heat and light from fire.[31]

This passage reveals that for Luther there is an intrinsic connection between faith and ethics. Since in justification a person is brought into

problem is especially visible in the doctrine of justification. In the doctrine of justification Paul declares that salvation cannot be won by human effort, nor does any human accomplishment establish a claim to it; it is a sheer gift of God. "A person is justified by faith and not by doing what the Law tells him to do" (Romans 3:28). In other words, salvation is achieved not by the meritorious observation of a ritual and moral code, but by faith as a gift of God. If justification and salvation is by faith alone without works, what is the significance of human effort and ethical practice? Here it should be noted that for Paul justification by faith is not so much a subjective experience in the consciousness of believers, as an objective act on the part of God. In other words, justification by faith must be understood as an eschatological reality. Although by faith the believer is made righteous, as long he lives in this world he still remains subject to the power of sin. It is in this eschatological sense that we are to understand Luther's formula, *simul justus et peccator*. In this eschatological tension the believer must constantly strive to express in action the promised reality of salvation. The believer bases himself on something which is not at his disposal, of which he knows through the promise of salvation. While the believer knows himself to be living with the promise of future salvation, he is struggling with his present condition in the world. Therefore, while Paul emphasizes in uncompromising terms the view of salvation by faith, he does not wish to belittle the works of love that should follow faith. Only the works demanded by the Mosaic Law are rejected. "In Christ Jesus it is not being circumcised or being uncircumcised that can effect anything, only faith working through love" (Galatians 5:6). James, another New Testament writer, declares, even more strongly, that faith shall not be distorted into a substitute for works. "What does it profit, my brethren, if someone says he has faith but does not have works? Can faith save him? If a brother or sister is naked and

According to Shinran, the person who has realized *shinjin* cannot indulge in an immoral life; the spontaneous working of the Vow brings about a change of heart from which good moral life is bound to follow naturally.

> If shinjin has become settled, birth will be brought about by Amida's design, so there must be no calculating on our part. Even when we are evil, if we revere the power of the Vow all the more deeply, gentleheartedness and forbearance will surely arise in us through its spontaneous working (*jinen*). With everything we do, as far as birth is concerned, we should constantly and fervently call to mind Amida's immense benevolence without any thought of being wise. Then the nembutsu will indeed emerge; this is *jinen*. Our not calculating is called *jinen*. It is itself Other Power.[28]

Although certain aspects of Shinran's teaching such as "for those who entrust themselves to the Primal Vow, no good acts are required" and "no evil can obstruct the working of Amida's Primal Vow,"[29] have undeniable antinomian implications, it does not condone the deliberate committing of evil. In a letter to those who fall victim to the antinomian temptation, Shinran insists that the true realization of *shinjin* is incompatible with an immoral life.

> If a person, justifying himself by saying he is a foolish being, can do anything he wants, then is he also to steal or to murder? Even that person who has been inclined to steal will naturally undergo a change of heart if he comes to say the nembutsu aspiring for the land of bliss. Yet people who show no such sign are being told that it is permissible to do wrong; this should never occur under any circumstances.[30]

When we turn to Christianity we find a similar problem resulting from the emphasis on grace alone as being the path to salvation. This

not be hoping—nobody goes on hoping for something which is already visible. But having this hope for what we cannot yet see, we are able to wait for it with preserving confidence" (Romans 8:24). Since faith is constant striving towards a goal that lies in the future, it would be a misrepresentation of faith if the believer were to consider himself insured by it. For the Christian believer, faith must always contain an element of fear and uncertainty as the result of his own insignificance and his constant dependence upon God's grace. As Kierkegaard puts it,

> It is empty shadowboxing to give assurance that one believes that it is by grace—and then to be completely sure. The true, the essential expression of its being by grace is the very fear and trembling of unsureness. *There* lies faith—as far, just as far, from despair and from sureness.[27]

Hence, faith is not something accomplished or attained once and for all at one specific moment. As a personal relationship between God and human beings, faith must be maintained by constant striving. The human person is never free from the temptation of disobedience to God. Although essentially a gift of God, faith must be sustained by a continual effort of the will. The only certainty provided by faith is the necessity of the continued striving of the individual.

Shinjin, Faith and Ethical Practice

The relationship between *shinjin* and ethical practice is one of the most serious problems in Shin Buddhist thought. Since the observance of precepts and performance of good acts are divested of soteriological significance and no evil act constitutes an obstacle to birth in the Pure Land, it becomes difficult to delineate concretely the nature of ethical practice in the person who has realized *shinjin*. In other words, if birth in the Pure Land is not contingent upon ethical practice, what reason can we provide for avoiding evil and doing good?

a revolutionary change in traditional Pure Land Buddhism. What is crucial now is not the moment of death but the moment of the arising of *shinjin*. Once *shinjin* is realized, even though a person remains in this world, he lives and dwells in the transcendental realm of enlightenment.

While Shinran stresses birth in the Pure Land as a present reality, he does not identify it with the attainment of enlightenment itself. Being deeply aware of the defiled character of the physical body fraught with blind passions, only after death, when the karmic bonds to this world are broken, is one, for the first time, able to fully realize Buddhahood. In the *Tannishō* 歎異抄, the possibility of attaining enlightenment in this present body is clearly rejected:

> *On the assertion that one attains enlightenment even while maintaining this bodily existence full of blind passions.* This statement is completely absurd. . . . It is extremely difficult to free oneself from blind passions and the hindrances of karmic evil in this life. . . . According to the true essence of the Pure Land way, one entrusts oneself to the Primal Vow in this life and realizes enlightenment in the Pure Land.[26]

In contrast, in Christianity faith is not something accomplished or attained once and for all at one specific moment; it is a relationship which must be maintained by constant striving, since the human person is never free from the temptations of unbelief and disobedience. In other words, faith is a person's willing engagement in a way of life, constantly reaffirmed, in the face of alternative paths. Therefore, faith is never a fully realized state, but points toward the future in which hope becomes an indispensable constitutive element of faith. Although in faith the believer has already attained salvation, that salvation is not in a fully realized form but in hope. Thus St. Paul writes: "In hope, we already have salvation; in hope, not visibly present or we should

by the graciousness of God. We do not, therefore, invent faith for ourselves, or create it by an effort of the will within us.

The Non-retrogressive Nature of *Shinjin* and the Life Long Endeavor of Faith

Since *shinjin* is considered to be entirely the activity of Amida Buddha without involving any kind of decision or act of resolution on the part of human beings, Shinran insists that when it occurs one attains the stage of non-retrogression. In other words, the achievement of the ultimate goal of birth in the Pure Land, and the attainment of enlightenment, are assured in the moment of realizing *shinjin*. In the tradition of Pure Land Buddhism prior to Shinran, the term "stage of non-retrogression" referred to a stage attained by those born in the Pure Land after death. It was taught that, after birth in the Pure Land, one attains the stage of non-retrogression and thereafter continues to perform practices until one attains enlightenment.[24] Departing from this traditional understanding, Shinran stresses that this stage is attained at the moment of the arising of *shinjin*. He stresses, furthermore, that the realization of *shinjin* coincides with the moment of being truly settled and the attainment of birth. The passage upon which Shinran bases this particular understanding of birth in the immediate present is the one on the fulfillment of the eighteenth Vow in the *Larger Sutra*, quoted above. There, it is stated that in a single thought-moment (*ichinen* 一念) of *shinjin*, human beings "attain birth and dwell in the stage of nonretrogression."[25]

The fundamental reason for Shinran's emphasis on the attainment of birth in the Pure Land as a present reality is deeply grounded in his understanding of *shinjin* as an act of entrusting that, both in arising and settling, is entirely the work of Amida. By making the realization of *shinjin* coincide with birth in the Pure Land, Shinran brought about

must answer this with an unconditioned 'no,' and then we have fatalistic election by grace, or we must make a little concession. The point is this—subjectivity is always under suspicion, and when it is established that we are saved by faith, there is immediately the suspicion that too much has been conceded here. So an addition is made: But no one can give himself faith; it is a gift of God I must pray for. Fine, but then I myself can pray, or must we go farther and say: No, praying (consequently praying for faith) is a gift of God which no man can give to himself; it must be given to him. And what then? Then to pray aright must again be given to me so that I may rightly pray for faith, etc. There are many, many envelopes—but there must still be one point or another where there is a halt at subjectivity. Making the scale so large, so difficult, can be commendable as a majestic expression for God's infinity, but subjectivity cannot be excluded, unless we want to have fatalism.[22]

Faith is not an act of will, but a miracle of grace. However, it does not exclude the final decision of the will. Human freedom is still operative in the midst of grace. In fact, the dialectic between God's grace and human freedom must, at one point or another, be stopped by human subjectivity. In other words, humans have a role to play in the act of faith. For Kierkegaard, however, neither God's grace alone, nor an act of will can bring about faith, both are required. Faith is a gift of God. But a free act of will is required if the gift is to be received. In other words, faith involves an active human response to the divine initiative; an act of acceptance of the gift. The individual must choose whether or not to accept it. Rejection is possible. For faith as a gift of God is not forced on the existing individual against his will. As Kierkegaard puts it: "God can give help for what only freedom can do."[23] Although faith is a human act, it is not generated from within ourselves, but evoked

does not result in the abolition of the fact that man is the "I" of faith. Therefore, faith always involves man's choice and decision. To hold faith both as the work of God and as a personal decision on the part of the believer is not a contradiction, for "the gift of faith aims at giving man true freedom, and man's true freedom can only be a given freedom."[19] Since in Christianity the human person is conceived as having the real ground of his life outside of himself, as existing in response to a call from God, human freedom consists in receiving oneself from God. In other words, the human person is not his own creator and therefore does not owe to himself the fact that he exists.

Faith is neither a purely human act or attitude, nor some wholly unnatural creation by God. It is a personal relationship between a trusting human person and a gracious God, a relationship which is itself due to that graciousness. Yet the human element cannot be ignored. In essence it is trust. As such, it is the believer's own trust. The believer is involved in his faith and it represents a real decision on his part. Faith, as personal trust in God, is reached through decision. No one emphasized so sharply the element of decision in Christian life as did Søren Kierkegaard (1813–1855). Kierkegaard frequently stresses that faith is a gift of divine grace, a miracle, and cannot, therefore, be produced by an act of will.[20] Although as grace, faith is clearly a gift, he maintains that it is also something we do, in other words, it involves a free and personal decision. "Belief is not knowledge but an act of freedom, an expression of will."[21] In a crucial passage of his *Journals and Papers*, the dialectical tension between grace and human freedom is set forth like this:

> In order to constrain subjectivity, we are quite properly taught that no one is saved by works, but by grace—and corresponding to that—by faith. Fine. But am I therefore unable to do something myself with regard to becoming a believer? Either we

objective existences located in the universe. The name, spoken by the Buddhas, or heard by people in whom the faith is to be aroused, is the name heard upon the lips of ordinary people, or the content of teaching in which Amida Buddha's intention is praised.[15]

Thus, as "great practice," the nembutsu is not something human beings perform to attain birth. Although the practicing individuals recite the nembutsu, in reality it is the activity of Amida Buddha awakening *shinjin* in them. Both the practice of recitation and *shinjin* as the ensuing inner state of mind are given by Amida Buddha. Therefore, *shinjin* and nembutsu are inseparable realities.[16] Both nembutsu and *shinjin* emerge as manifestations of Amida's activity in the human person. It follows that there is nothing that one can do to acquire *shinjin*. For "both the entrusting of oneself to the Vow and the saying of the Name are given unfolded in beings through and as the activity of the Buddha."[17]

The reason there is no practice whatsoever human beings can perform to attain *shinjin* is due to their evil and passion-ridden nature. Whatever good deed a human being appears to be doing, it is always done with self-seeking calculation in mind, making it, therefore, impossible to attain the incomparable goodness and purity of Amida Buddha's nature. For Shinran, there is an infinite gulf between passion-ridden human nature and Amida Buddha's nature, such that no good deed on our part can bridge it. Only an unconditional and absolute act of compassion by Amida Buddha can bridge that infinite gap. It should be noted, however, that the awareness of the selfish desires that permeate human life are not the result of self-reflection, but of the action of Amida Buddha in human beings.[18]

Like *shinjin* in Pure Land Buddhism, faith in Christianity is a gift of grace; it is not man's work, but God's work upon man. This, however,

the Vow of great compassion, which is known as "the Vow that all the Buddhas extol the Name," "the Vow that all the Buddhas say the Name," and "the Vow that all the Buddhas praise the Name." It might also be called "the Vow of directing virtue for our going forth" and "the Vow in which the saying of the Name is selected."[12]

The view, suggested here, that the Buddhas throughout the universe say and praise Amida's Name, is based on the seventeenth Vow.[13] The source of great practice in human beings lies precisely in the Buddhas' praise of Amida's Name. By hearing the Name, human beings are awakened to the nature of Amida and his Vow of compassion. *Shinjin* arises in the encounter with the Name of Amida. Explaining the relationship between the practice of reciting the Name and *shinjin*, Ueda writes:

> Because the Name is given—is spread throughout the universe by all the Buddhas—sentient beings are able to hear it and come to know Amida's Primal Vow. Through hearing the Name, not just grasping it intellectually, but being penetrated by the dynamic reality of compassion that it embodies—shinjin is awakened in them. This shinjin is therefore also "given," and is itself the Buddha's wisdom-compassion turning itself over to beings. Further, this shinjin expresses itself in utterance of the Name, which is true practice, and which therefore results in attainment of birth.[14]

The Name, however, cannot be viewed as some objective and self-subsisting reality existing outside the mind of the practicing individual. It has reality only as the subjectivity of *shinjin* expressed in the practice of recitation. As Alfred Bloom rightly points out:

> For Shinran, the name of Amida Buddha is not some metaphysical entity of some objective existence somewhere in the world, nor truly are the Buddhas who speak this name some type of

It becomes clear from the above that, for Shinran, *shinjin* is not the result of a person's own resolution, but an absolute gift from Amida Buddha; not an operation of the human will but the very activity of Amida Buddha in the mind of the individual. Any agency in *shinjin* must be ascribed to Amida. An essential feature of the original Pure Land path was that one does not seek merely one's own realization of enlightenment, but through the transference of merit accumulated in one's practice (*ekō* 回向), one contributes in turn to the enlightenment of all beings. Thus, the directing of merit becomes an intrinsic part of the aspiration for birth in the Pure Land and for enlightenment. In Shinran's thought, however, the concepts of practice and merit are completely reformulated. Since, according to him, human beings are deeply evil and, therefore, incapable of genuine practice, they have no merit to transfer. Amida alone is the source of practice and merit which are transferred to human beings.

The view that *shinjin* is a gift from Amida Buddha naturally raises the question: how does *shinjin* arise in human beings? In order to answer this question, we must consider the Pure Land Buddhist practice of nembutsu. The nembutsu is the primary vehicle of merit transference, which offers the enabling conditions for birth in the Pure Land and the attainment of enlightenment. The practice of nembutsu consists of saying and considering over and over again the formula, *Namu-Amida-Butsu* 南無阿弥陀仏. Prior to Shinran, the nembutsu was a kind of spiritual practice performed by the individual as an effort to attain birth in the Pure Land and enlightenment. For Shinran, however, the practice of nembutsu is given by Amida. Hence, he calls it "great practice."

> Reverently contemplating Amida's directing of virtue for our going forth to the Pure Land, I find that there is great practice, there is great shinjin. The great practice is to say the Name of the Tathagata of unhindered light. . . . This practice arises from

the human person, it is attained in "one thought-moment." Reading the eighteenth Vow according to his insight that *shinjin* is not an act of the will, but solely the action of Amida in human beings, he writes:

> All sentient beings, as they hear the Name, realize even one thought-moment of shinjin and joy, which is directed to them from Amida's sincere mind, and aspiring to be born in that land, they then attain birth and dwell in the stage of nonretrogression. Excluded are those who commit the five grave offenses and those who slander the right dharma.[7]

Contrary to the original meaning of the text of the eighteenth Vow, Shinran considers the *sincere mind*, the *entrusting* and the *aspiration* as attributes of Amida and not as qualities of the human mind attained through any form of religious discipline.[8] In teaching that the realization of *shinjin* is Amida's giving his pure mind to beings, Shinran stands, as Dennis Hirota points out, "beyond the interpersonal duality of self/Buddha" and "avoids a voluntaristic or theistic view of reality."[9] Shinran's explanation of the threefold mind of *shinjin* may give the impression that there are three separate elements in *shinjin*. This is not the case. The three elements point to the single and perfect mind of *shinjin*, which is free from the hindrance of doubt. Shinran writes:

> Truly we know that although the terms "sincere mind," "entrusting," and "aspiration for birth" differ, their significance is the same. Why? Because these three minds are already completely untainted by the hindrance of doubt. They are therefore the true and real mind that is single. This is called the diamondlike true mind. The diamondlike true mind is true and real shinjin.[10]

True and real *shinjin* is completely free from the hindrance of doubt because this "shinjin is none other than Buddha-nature. This Buddha-nature is dharma-nature. Dharma-nature is dharma-body."[11]

also shapes and forms it, to the point of producing widely diverse ideal types of religious person. The Buddhist scholar Edward Conze remarked that once he had read "through a collection of Roman Catholic saints, and there was not one of whom a Buddhist could fully approve. This does not mean that they were unworthy people, but that they were bad Buddhists."[6] This suggests that concepts such as *shinjin* and faith cannot be thought of as converging concepts which designate a similar transcendental reality sought by Christians and Shin Buddhists under different descriptions. Therefore, it is extremely questionable to assume an underlying unity of the experience of faith common to widely diverse religions. When we compare the concept of *shinjin* in Shin Buddhism and the concept of faith in Christianity we may find elements of remarkable similarity. But when we consider the religious roots and aspirations behind these two concepts, no such similarity can be discerned. On the contrary, they appear to be mutually incommensurable.

The Realization of *Shinjin* and the Interpersonal Relationship of Faith
Shinjin in Pure Land Buddhism is not worship or adoration of Amida, in the way that a Christian believer is devoted to God. Worship and devotion implies separation between the self and the divine, whereas Amida Buddha's nature is not other than one's own. This leads toward an identity of Amida and the self. *Shinjin* is itself the mind of Amida realized by beings. Being the realization of Amida's mind, in *shinjin* the self merges with other-power. Therefore, in *shinjin* the accent falls on a state of being rather than on an interpersonal relationship. According to Shinran 親鸞 (1173–1262), *shinjin* arises in sentient beings as a three-fold mind: sincere mind (*shishin* 至心), entrusting with joy (*shingyō* 信楽), and aspiration for birth (*yokushō* 欲生). Since the realization of *shinjin* is not the result of any process initiated by

mutual understanding between religions becomes possible. Wilfred Cantwell Smith, for example, proposes the notion of "faith" as the common essence of all religions. According to him faith is an essential human quality of which belief systems are no more than expressions. "Faith ... is an essential human quality. One might argue that it is the essential human quality: that it is constitutive of man as human; that personality is constituted by our universal ability, or invitation, to live in terms of a transcendent dimension, and in response to it."[2]

As an essential human quality, faith for Smith precedes everything else in matters of religion such as tradition, dogma and ritual. In other words, different religions and belief systems are no more than diverse expressions and objectifications of a universal generic faith. Faith is conceived of as an invariant universal phenomenon, with essential features shared across time and space by all religions. Working under the assumption that faith is something universally present in all religions, many western scholars tend to understand the concept of *shinjin* 信心 in Pure Land Buddhism in terms of the parallel concept of faith in Christianity.[3] Luis Gómez, for example, maintains that "*shinjin* is an instance of the general concept of faith."[4] While recognizing the different conceptual and experiential context of *shinjin* and the Christian notion of faith, he insists that "it is difficult, if not impossible, to deny that the *shin* of *shinjin* means 'trust', 'belief', or 'faith.'"[5] The problem with this position is that except in the broadest terms it is equally difficult, if not impossible, to describe an experience of faith common to such disparate religious traditions as Shin Buddhism and Christianity. The inevitable result is that the specific elements which make any particular religion unique are ignored. Moreover it begs the question about the relationship between religious experience and the language of belief systems. The language of a belief system is not simply the expression of a particular religious experience; it

Shin Buddhism in Dialogue with Christianity: The Quest for Common Ground

Domingos Sousa

> Our reason for dialogue with others is not that we both participate in a common religiosity. Our common humanity, rather, is the necessary and sufficient basis for dialogue.[1]

SHIN BUDDHISM and Christianity enshrine distinctive views of human nature and destiny. But, notwithstanding the radical differences, there are important common features. Both traditions see the present world as being inherently unsatisfactory. They agree that the self is in bondage to selfish desire and sin and that the proper goal of human existence is to achieve freedom from that bondage through religious practice. They both see that freedom in a selfless and blissful state or condition. The attainment of liberation through religious practice is construed as being essentially the work of a transcendent power and not human effort. While it must be admitted that there is no agreement on the understanding of what constitutes liberation from selfish greed and sin and on the required religious practices, there is the important community of concern with the present human condition and the promised future liberation.

One of the central questions in the current debate on religious pluralism is whether there is an essential unity or common denominator for world religions. Religious thinkers of various traditions have attempted to answer this question, insisting that some sort of common denominator for world religions is necessary so that

33 Ibid., 63.
34 Ibid., 64.
35 This concept is found for example in *Jōdo wasan* 浄土和讚, verse 24 of the "Hymns on the Gāthā Praising Amida Buddha": "The aspirants for the Land of Peace and Bliss / Dwell in the Rightly Established State; / Men of Improperly Established and Indeterminate States / Are not in the Land . . ." *The Jōdo Wasan*, ed. G. Hoshino, vol. 4 of the Ryūkoku Translation Series (Kyoto: Ryūkoku Translation Center, 1965), 52.
36 Suzuki, "The Shin Sect," 64.
37 Ibid., 64.
38 Ibid., 63.
39 Ibid., 65.
40 See his article "The Concept of the Pure Land" in *Eastern Buddhist*, n.s., 28, no. 1 (1995): 127–38, but first published in Japanese in 1925.
41 *Eastern Buddhist*, n.s., 9, no. 1 (1976): 18–41, but first published in Japanese in 1962. Both this and Kaneko Daiei's article have been reprinted in *Interactions with Japanese Buddhism: Explorations and Viewpoints in Twentieth-Century Kyōto*, ed. M. Pye, vol. 3 of the series Eastern Buddhist Voices (Sheffield: Equinox Publishing, 2012).
42 Suzuki, "The Shin Sect," 66.
43 Ibid.
44 Ibid., 67.
45 Ibid., 68.
46 Ibid., 69.
47 Ibid.
48 Ibid.
49 Ibid.
50 *The Kyō Gyō Shin Shō*, ed. G. Hoshino, vol. 5 of the Ryūkoku Translation Series (Kyoto: Ryūkoku Translation Center, 1966), 76 (the section on "True Practice" 100). This and other metaphors are drawn from various scriptures, as was Shinran's usual approach.
51 Cf. *Shōzōmatsu Wasan*, ed. K. Futaba, vol. 7 of the Ryūkoku Translation Series (Kyoto: Ryūkoku University Press, 1980), 34. The translation has been adjusted slightly.

Notes

1 Also referred to as Pseudo-Dionysius the Areopagite to avoid confusion with the Dionysius mentioned in Acts of the Apostles 17:34.

2 Cambridge PhD thesis by Thomas Plant, 2013.

3 In fact Barth uses an edition of this text republished under this title in E. Andreasen's *Popular Buddhism in Japan* (Surrey: Japan Library, 1998), but it originally appeared as one section of a longer essay entitled "The Shin Sect of Buddhism," *Eastern Buddhist* 7, nos. 3/4 (1939): 227–84. This essay was republished in a collection entitled *A Miscellany on the Shin Teaching of Buddhism* (Kyoto: Shinshū Ōtaniha, 1949), which was in turn reproduced in *Collected Writings on Shin Buddhism* (Kyoto: Shinshū Ōtaniha, 1973), the companion volume to Suzuki's English translation of the *Kyōgyōshinshō*. Here we will give the page numbers of the 1973 edition which differ slightly from Barth's citations.

4 For such distinctions, and for my methodological approach in general see M. Pye, *Strategies in the Study of Religions* (Berlin: Walter de Gruyter, 2013).

5 Suzuki, "The Shin Sect," 57.

6 Ibid.

7 Ibid.

8 Ibid.

9 Ibid., 58.

10 Ibid.

11 Ibid.

12 Ibid., 59.

13 Ibid., 58–59.

14 Ibid., 59.

15 Ibid.

16 Ibid.

17 Ibid., 59–60.

18 Ibid., 59.

19 Ibid.

20 Ibid., 60.

21 Presumably the more general term "socially" is meant, as there is no other discussion of socialism here.

22 Suzuki, "The Shin Sect," 61.

23 Barth, *Authentisch glauben*, 303–4.

24 In full the injunction was: *pecca fortiter sed crede fortius*, i.e., "sin boldly but believe more boldly."

25 Suzuki, "The Shin Sect," 61.

26 Barth, *Authentisch glauben*, 305.

27 Suzuki, "The Shin Sect," 62.

28 Ibid.

29 Ibid.

30 Ibid., 62ff.

31 Ibid., 62.

32 Ibid.

Concluding Perspectives

While considering various topics above, we have found that the readiness to explore particular representations with a combination of sensitivity and firmness, as shown especially by Hans-Martin Barth, leads to greater understanding of both of the systems. It was necessary to correct some crass misrepresentations set out by Suzuki Daisetsu, as Barth gently and firmly did. At the same time, there is evidently a "more" in each of the "other" traditions, so that it would be valuable to continue the dialogue between their representatives. In this way they may come to be viewed as shared traditions in the wider heritage of human religious experience.

Finally attention may be drawn once more to the thought of Shinran, the key figure in the foundation of Shin Buddhism. His writings were hardly drawn upon in either of the texts by Suzuki and Barth commented on above. Particularly relevant to the consideration of those texts, however, is Shinran's emphasis on the *subjective depth* of our understanding of apparently objectively conceived narratives. Within a spectrum of religious discourse ranging between the concrete and the mystical he certainly tends to the latter. After all, if the "inconceivable" Great Vow of Amida "is like the swift wind because it disperses all hindrances"[50] how, for example, can the Pure Land be regarded as a literal geographical place? With Shinran, we are moving in a realm of metaphorical religious discourse which has a high poetic quality and releases us from the karma of prose. This leads into that deep subjectivity which enables us to respond once more to the world around us, in all its concrete reality.

 It is through the compassion of Śākyamuni and Amida
 That determination to achieve Buddha-mind is awakened in us.
 It is precisely by entering the wisdom of the mind of faith
 That we are able to respond to the Buddha's benevolence.
     (*Shōzōmatsu Wasan* 正像末和讃 34)[51]

of a doctrine of a prior decision by God to have his own son killed! Unfortunately, second-rate exegesis which promotes doctrine of this kind can be found, and Suzuki had obviously come across it. However not God, but a network of human beings was actually responsible for the crucifixion of Jesus. God's will was then retrospectively perceived to have found expression in the events leading to Jesus' death, linked however to the consequences which this had for his followers as they awoke to the new consciousness of resurrection.

The radical counterpoint between crucifixion and resurrection is as paradoxically powerful as that to be found in the reversal of consciousness which Suzuki sees as the result of the power of the Vow or of the use of *kōan* in Zen. So there may be said to be a similarity in the process of consciousness. In a sense, all such events, when they take place, occur within the world of karma, and they find their meaning through transcending that world. It is quite in order therefore that Suzuki should refer to the crucifixion as "a concrete event in the history of karma-bound beings." However this is not a matter of individualistically conceived salvation, with "God" manipulating the actors like marionettes, but a set of events to which all people somehow have or may have recourse, because we all share indirectly in a common, real history. It therefore seems different from the Original Vow of Amida, which seems to be understood rather as a mythical type, mobilized to produce results in the religious consciousness, case by case. The difference is not necessarily a matter of better or worse, for people will make their varied experiences, adopt their various conclusions, and take their decisions. But it is apparently a point of difference which may be fairly perceived and thus further considered in future dialogue.

value in the comparison, but also some misunderstanding. Suzuki refers to God's will as being "expressed in the crucifixion of his only son" which he interprets as "a concrete event in the history of karma-bound beings."[47] For Shin Buddhism on the other hand "Amida's will takes the form of intense determination and its solemn declaration."[48] These two divergent concepts are dramatically juxtaposed. The Shin Buddhist concept "may seem insipid, inane, and evaporating compared to the Christian realism" and yet the inspiring power of Jōdo and Shin in East Asia "has been exercised without ever shedding blood, without committing cruelties, without persecuting heresies."[49]

It is regrettable that Suzuki Daisetsu was never really called to full dialogue with representatives of the Christian faith who were sufficiently familiar with Buddhism to be able to get past elementary misunderstandings, and at the same time sufficiently clear about their own tradition to be able to correct half-truths, especially those concerning violence. Of course there has been much violence in the history of the Christian-influenced world, as elsewhere around the globe including Asia; and yet it is also quite obvious that Jesus himself set his face completely *against* the use of violence and that he suffered at the hands of others who were, of course, not Christians. It was, after all, not "God" who crucified Jesus but Roman soldiers following the orders of the Roman colonial power, apparently with the connivance of the local Jewish religious and political authorities. Moreover more care should be taken over formulations such as that God's will was "expressed in the crucifixion of his only son." When Jesus said "Nevertheless not my will, but yours, be done" (as attested in three documents, Mark 14:36, Matthew 26:39 and Luke 22:42) he meant, in a prayerful way, something like "your will be done, insofar as this seems to be the way things are going to work out." It is quite misleading to project upon this, retrospectively, some kind

are focused on the moment when the believer "utters for the first time from the depths of his soul the Name of Amida as the power lifting him from the burden of karma" so that both "may be said to be speaking about the same psychological truth."[42] The difference between the two is that the Jōdo school has a more educational approach: it encourages repeated recitation of the *nenbutsu* so that the practitioner "becomes unwittingly conscious of the presence of Amida in his own inner being" whereas Shin Buddhism "tends to emphasize the critical moment itself."[43]

Second, and characteristically, Suzuki then goes on to compare the vocal practice of *nenbutsu* recitation, known as *shōmyō* 称名, with the *kōan* 公案 of Zen Buddhism, because in both the purpose lies in preparing the ground for a "shifting of psychological attitudes."[44] As to the Original Vow of Amida, this is no less than "Amida himself expressed in human terms"[45] or in other words the communication of Amida with karma-bound human beings. Suzuki bundles together the compassionate will of Amida to help and the faith of human beings who respond to it. His will and our faith are "consubstantial"—a striking adoption of a Christian theological term. Or again, "The mysterious power abiding in the Original Vow is the mystery of Amida himself who, in the terminology of Shin, is Infinite Light and Eternal Life."[46] In fact these two designations are Buddha-names for Amida which underlie the whole of Pure Land Buddhism, not just the Shin version; this is an example, not unusual, where Suzuki's formulations seem to be just a little careless. This sometimes happens when he gets carried away by his theme.

The Crucifixion and the Vow
Suzuki concludes his text by returning after all to the comparison with Christianity. At this late stage in his argument, we find both some

of conceiving of the Pure Land and do not quickly put it down as literalistic superstition. There is no doubt that Shinran, the great definer of Shin Buddhism, had a profound understanding of the Pure Land which was not based on literalistic objectification, even though he did not shun the narrative language which was usual at the time.

So where does that leave us with the Pure Land in the global dialogue of religions? In this section, we have found that Suzuki certainly tended towards a non-literal understanding. It is difficult to imagine him thinking of these things otherwise. In this respect his approach is in the same general category as that of Kaneko Daiei 金子大栄 (1881–1976) whose thought lay definitely in the camp of demythologization and interiorization, though perhaps more decisively so because it was more of an issue in his day.[40] An extremely interesting variation on the non-literal, imaginative use of the Pure Land in aesthetics is found in "The Pure Land of Beauty" by Yanagi Sōetsu 柳宗悦 (1889–1961) where he uses the concept of equality, not subject to karma, to bring out the hidden beauty of apparently ordinary things.[41] In the global dialogue of religions, we should beware of literalistic simplifications and be ready to enter imaginatively into each other's worlds.

The Name and the Vow
We come finally to some lengthy paragraphs in Suzuki's "Shin Buddhism and Christianity" on the Name and the Vow of Amida Buddha. There is little comparison with Christianity here because, as Suzuki avers, there is not really anything which corresponds to these features. Nevertheless his account of these central, well-known features of Shin Buddhism is rather interesting for two reasons.

First, he gives his own presentation of them in connection with both Jōdoshū, the Pure Land Buddhism established by Hōnen 法然 (1133–1212), and with Shin, i.e., the Jōdo Shinshū of Shinran. Both traditions

he argues that it is not only the simple believers who take the teaching too literally. So also do the "scientifically inclined followers" of Shin Buddhism who, taking the orthodox teaching too literally thereupon reject it. In other words, the rejection of literalism is itself dependent upon the presupposition that literalism sets the agenda. While not wishing to disturb "the plain average man in the street" in his literal acceptance of Shin teaching, he argues that the true understanding lies between literalism and its rejection. The whole matter becomes too complicated, he argues, when the question of literalism or not is attended to "from the logical and metaphysical point of view." By contrast, "when the relative plane of consciousness is abruptly transcended, an unexpected view opens before the devotee and all that has been annoying him emotionally as well as intellectually vanishes away."[37]

Noting that "Christians do not seem to be so troubled about the whereabouts of Heaven,"[38] Suzuki generously presumes that Christians are similarly disposed and ultimately, like "those who have really got into the experience of Shin or in fact of any genuine religious faith," regard such discussions as "much ado about nothing."[39] He does not use the term demythologization, because he seeks to de-intellectualize the matter by pointing to the transcending of "the relative plane of consciousness" such that the problem vanishes in the process of an enlightenment-like experience.

Without forcing him, divisively, into a provocative anti-literalist camp, we do have to conclude that on balance Suzuki is fundamentally thinking of the Pure Land as a place of the imagination. The problem must be recognized that among all the numerous believers of Shin Buddhism there may be found a variety of views which *oscillate* between literalistic objectification and the deeper imagination based on subjective appropriation. However it is important in the dialogue of religions that non-Buddhist thinkers are aware of the range of ways

schools and styles of Christianity, just as there have been of Buddhism. A regular thread has been the idea that "souls" may be saved which would otherwise be damned. But that form of expression is based on an individualistic idea of "souls" and on the picture language of heaven and hell. In more dynamic and profound theology by contrast, salvation can be understood as a process which gathers up the whole church and indeed the whole world, one therefore which has a further objective, just as in Shin Buddhism. This objective could be defined as participation in the Kingdom of God understood socially, both now or beyond mortal life.

Where Is the Pure Land?
Where is the Pure Land? Suzuki says forthrightly that this is an easy question to answer—for those whose "faith is established"[35] though difficult for outsiders. "The orthodox Shin interpretation is spatial and Shin followers are persuaded to believe in the realistic existence of the Pure Land somewhere away in the West, at the distance of an infinite number of miles from this earthly habitation of ours."[36] He might have pointed out that in the Mahayana various Buddhas are presumed to establish their "Buddha-fields" in various quarters or universes. And he might also have pointed out that according to the "Platform Sūtra" of the sixth patriarch of Chan Buddhism, Huineng 慧能 (Jp. Enō, 638–713), the Pure Land is understood to be in the mind, and not in the distant west. After all, why should Chinese Buddhists have been expected to see a distant, ideal world located somewhere outside of China itself?

Suzuki does remind us that within the family of Shin Buddhism, in modern times, there is a tension between the symbolic and the literal. Those who try to give different interpretations "are denounced as heretical." It seems that he puts his finger on an important point when

Suzuki's assertion here that "To save one's soul from damnation is what constitutes Christian piety"[32] is surely oversimplified, and is typical of the shorthand statements which Suzuki often uses to describe the experience of others. His purpose is, over against that projection, to assure us of the common nature of Shin Buddhism and Buddhism in general. He admits that the teachings of Jōdoshū and Shin Buddhism are different to some extent. The former exhorts repeated saying of the *nenbutsu*, while the latter emphasizes singleness of mind to such an extent that one utterance alone would suffice. Nevertheless both have as their objective *nenbutsu ōjō*, which means rebirth in the Pure Land by means of the *nenbutsu*. So there is a commonality. Moreover, the point of being reborn in the Pure Land is not simply to escape from karma, but in doing so to be directed towards the real goal which is nothing less than enlightenment. Although it is for Buddhas alone to experience "Supreme Enlightenment" we "ordinary mortals" are able "to experience something of enlightenment and thereby to orient ourselves" in "the foretasting and assurance of rebirth," i.e., in the Pure Land.[33] In this sense Shin Buddhism, whatever "its Bhakti construction may suggest"[34] is a Buddhist school with the ultimate objective of enlightenment.

Probably most Shin Buddhists would not deny this, though it is doubtful whether it is at the front of their minds. The salvational aspect, that is, being saved from future karmic existence, is apparently more important. So the majority probably feel less close to enlightenment than Suzuki apparently did. Nevertheless the point is taken that the goal of all Buddhism, including Shin Buddhism, can be stated as being enlightenment. And this, according to Suzuki and in line with most Mahayana thought, involves a *non*-abiding in the Pure Land, for the benefit of others. Thus the Pure Land is not itself a goal. How does this compare with Christianity, we may ask? Well there have been many

strife or effort or resistance."[27] This may seem rather puzzling in view of Suzuki's previous insistence on the Buddhist idea of death as rest and peace. Yet, he goes on, "If they are to live at all, they must come back among us once more and work with us and for us. There must be a return route in the Pure Land to this world of karma and relativity."[28] By contrast "The Christians once in Heaven show no desire to come back to their former home, although they may not know what to do up there in company with Christ and the angels." A stray reference to Swedenborg in this connection may be ignored, for in effect this non-typical figure had founded a new religion based on his own concept of "Jerusalem." More generally Suzuki does seem to have noticed that "some Christians of modern days bring the kingdom of God down on earth."[29] Yet it must be said that his account shows an inadequate grasp of the tension in Christianity between the here-and-now and the world to come, between realized and inaugurated eschatology. Probably Suzuki was unaware of the formulation "The kingdom of God is coming *and now is*" which is found in the gospel narratives near the beginning of Jesus' active ministry. But, indirectly, does Suzuki not tell us something about Shin Buddhism here? It seems that he is drawing it back into the wider categories of Mahayana thought, in which not just Amida has been active as a bodhisattva, but all beings are to be drawn into this same path, such that they will wait, or return, for others.

Enlightenment versus Salvation

Suzuki continues with a discussion about the contrast between salvation and enlightenment.[30] He roundly declares that the objective of Shin Buddhists, as of all Buddhists, is enlightenment and not salvation, so that "it is not at all proper to designate Shin experience as salvation in the Christian fashion."[31] In spite of its "bhakti" formulas, Shin Buddhism is not different from Zen or Tendai (Tiantai) in this respect.

nenbutsu. This in turn allows believers to be born in Amida's Pure Land, so that even while their karma continues to be worked out they are, so to speak, already in another world. Though Suzuki seems to be fixated on the idea that Christian salvation is an individual matter dependent on "believing in supernatural events," it is interesting that he somewhat wistfully wonders whether the expression "to die in Adam and to live in Christ" implies a sharing in the spiritual experience of Christ himself, rather than "merely believing in Christ as divine mediator."[25] The answer to Suzuki's question here is that it certainly does imply such a sharing in the spiritual experience of Christ himself! This can be seen not least in the way in which Hans-Martin Barth talks about it. Barth believes that it is quite possible to find such witnesses to Christian faith, and goes on to name well-known figures like Mother Teresa, Dietrich Bonhoeffer, Albert Schweitzer and Martin Luther King. He also says however that in general Christians hesitate to talk of their inner experience, just as Buddhists hesitate to speak of *satori*. Above all, he writes, we are conscious that the experience of the living Christ is too great to be encompassed in ordinary categories and therefore escapes ordinary description. "Faith leads beyond experience to an experience which is beyond all experiences."[26]

This brings to an end the six themes which Hans-Martin Barth takes up in dialogue with Suzuki Daisetsu. However there are some further passages in Suzuki's text which also merit attention.

On Not Remaining in the Pure Land

Suzuki emphasizes that the Shin Buddhist believer does not expect to remain in the Pure Land, subsequent to salvation, but instead somehow returns to the ordinary world to help others. Remaining in the Pure Land, he avers, would be very boring after a few days! The reason is that those reborn there would be "thoroughly deprived of the feeling of

whether in the Biblical (Old Testamental) sense or in the sense of the law of karma in Buddhism. In the latter case, the implications of karma continue to be worked out, even if the believer can be extracted for rebirth in the Pure Land. For Protestant Christianity however, the confrontation with the "law" which one fails to fulfill is the occasion of an ever-deepening growth in the awareness of the need for grace. Thus the words "Lord have mercy" become ever more inward, and the sense of guilt itself even becomes an occasion for rejoicing in so far as through it the soul is opened to the working of grace. Such a feeling is sometimes referred to paradoxically as *felix culpa*—happy guilt. Such feeling is of course no end in itself, but it may lead to a deepening of faith, to a sense of gratitude, to love, readiness for self-giving and renewed joy in life (*Lebensfreude*).

Are the "yes and no" really quite so far apart as Barth is suggesting? Admittedly, in Buddhism we do not find the dialectic with "law" spelled out robustly as it is in the writings of Paul, and indeed "law" in the original Judaism of Paul is certainly quite different in meaning from the so-called "law" of karma. Jewish law is law to be obeyed, over against which human beings stand in success or failure, whereas karma is the ineluctable sequence of cause and effect in moral and spiritual life. Nevertheless the "masters of the *nenbutsu*" as we may call them, from Shinran to Kiyozawa, did experience a dialectic between their sense of being subject to the karma caused by the passions and a profound sense of release given by reliance on the Vow of Amida. This should be understood not just as a technical alternative, but as a profoundly experienced subjective shift in religious consciousness.

Anthropocentrism Is Not Enough

Suzuki also refers here to something rather similar, namely "the abandoning of self-power" which gives way to the utterance of the

communion of saints, which refer respectively to the church on earth and the church as inclusive of those who have died in faith.

Barth does not take up this challenge specifically, perhaps regarding it as simply too wide of the mark. But he does write more generally about "Karma and the old Adam" and briefly compares the ethical perspective of Kiyozawa Manshi 清沢満之 (1863–1903) and Martin Luther. Kiyozawa, he recalls, had a strong experience of despair because of his inability to live up to high ethical expectations. This could only be overcome by his being drawn into an area of faith which transported him beyond the dualism of good and evil and the workings of karma, continue though these might. Is this similar to the experience of Martin Luther, he asks, and answers "yes and no!"

This "yes and no" is elucidated in a passage which follows entitled "Living and growing in faith."[23] First then, Barth argues that the Christian living in faith no longer asks about good and evil as such but is aware that ethical criteria can shift in accordance with circumstances. If sin is committed at all, then it should be committed consciously in a "strong" manner, but even more strongly should faith in Christ be commended, who is victorious over sin, death and the world. This picks up the often quoted and sometimes misrepresented *pecca fortiter* . . . ("sin boldly . . .") injunction of Martin Luther. The latter put it like this, not to encourage sin in an antinomian manner, but to emphasize the need for a clear dialectic between sin and justification by faith.[24] Thus, says Barth, the Christian does not give up responsibility but consciously assumes it, even if he or she might be making mistakes in specific actions. Ultimately, given the presence of Christ, he cannot be damned. In this respect the structure of the relation between sin and faith does seem to be similar as between Kiyozawa Manshi and Martin Luther.

On the other hand, argues Barth, and this is the "no" in the comparison, there is the question of the confrontation with "law"

more plausible with regard to Catholic theology than for the Protestant tradition, but in any case such a transfer cannot be a matter for any kind of calculation. The "merit" of Christ cannot be separated, as some kind of transactional item, from the overall loving action of God. Second, Barth cannot accept the traditional karmic idea that "everybody pays for himself." It sounds reasonable, yet it was precisely the experience and recognition of the early Christians, in their encounter with the figure of Jesus Christ, that they could not "pay" for themselves. On the contrary, they learned that their debt would be borne by none other than God in Christ, emptying himself of his divinity for this very purpose. From that experience they learned, further, that every person is somehow being paid for by others, or is living at a cost to others. Moreover the imitation of the self-emptying Christ, enjoined in the Philippians passage mentioned above, provides a basis for Christian life and attitudes.

Ethics, Failure and Spiritual Growth

For this reason, it may be said that the starting point in Suzuki's next section is rather wide of the mark when he describes the Christian relation of man to God as "individualistic." Radical individualism may be characteristic of some streams of late North American Protestantism with which Suzuki came into contact, but it is certainly typical neither of the Christian tradition as a whole nor of its more serious theological exponents basing their work on the New Testament. It may be true that "Buddhists work for [the] salvation of their fellow beings including themselves" but it is a caricature to write that "Christians are busy with their self-salvation" so that "the former are socialistically [*sic*][21] motivated and the latter individualistically."[22] On the contrary there are several strong traditional themes which express the corporate nature of Christian faith, notably those of the body of Christ and of the

superstition the idea that one can be reborn in the Pure Land *merely* by saying the *nenbutsu* formula. By contrast, when we look into the key texts, and in particular into the thought of Shinran, we find that the *nenbutsu* opens the gate to a profound religious experience.

At this point in their texts, Suzuki and Barth have not quite finished with the questions relating to sacrifice and karma; rather they lead into the next topic.

Vicarious Atonement and Merit Transference

The notion of "vicarious atonement" is a vexed subject, and one which as a doctrine is more important for some Christians than for others. Suzuki Daisetsu was evidently quite intrigued by an apparent similarity between this and the Mahayana Buddhist idea of merit transference. Rather quickly however, he points out that "somebody in one case is to be sacrificed for the fault of others" while in Buddhism the idea of merit-transference from a bodhisattva to other beings is such that "value produced in one quarter of the universe is made to spread all over it, so that the whole creation may advance towards Enlightenment."[20] He then explains that Amida, in Shin Buddhism, has no intention of interfering in the workings of karma. These workings must run their course, and normally all individuals have to pay the karmic debts which they have incurred. And yet there is "the mysterious power of Amida's Name and Vow" which can lift any sinful person away from the world of karma into the Pure Land. Moreover the Shin Buddhist believer has a strong feeling of assurance that this is so. Such assurance is found similarly among Christians, he argues (regardless of the specific theology of atonement) so that the experience is psychologically the same for both.

Hans-Martin Barth is not altogether happy with this line of thought, for two reasons. First, parallels concerning merit transference might be

nirvana can be attained. The nature of the Pure Land will be taken up again shortly below.

Suzuki's very direct speech in the current context also refers to the close connection which is often made in Christianity between blood and sin. He writes "The idea of washing sin with the blood of Christ crucified reminds us of the primitive barbarism of victim-offering to the gods" and "The association of sin and blood is not at all Buddhistic."[19] It is true that for Buddhists living in a land which has not known sacrificial bloodshed for centuries (though much other blood has been cruelly spilled), it is hard to see how such concepts could be understood. There is a cultural gulf. So what does this mean for the dialogue of Christianity and Buddhism?

The writer would like to comment as follows. It is true that the imagery of animal sacrifice is a regular part of the Hebrew/Semitic background in which Christianity arose. However we must also see that such practices were in fact rejected in New Testament Christianity, and they simply have not featured in the later history of the religion. In all the relevant Gospel narratives, and as is also reflected in the Christian liturgy, the spilling of Christ's blood is what happened when he was executed by crucifixion. It could hardly have been otherwise. It was not a question of somebody deciding to offer up a blood sacrifice *per se*, using an animal or even a human as a sacrificial victim, in order to "pay" for sin. Rather, as the passion narratives all make clear, these were grinding events of history in which the outcome was a violent execution. Later Christian hymns have used expressions such as "washed in the blood of the lamb" (i.e., "the lamb of God") and linked this to the idea of a kind of sacrificial atonement. However, such expressions, entrenched though they are, have led to oversimplifications which have been detrimental to a more profound grasp. It is rather as when western non-Buddhists regard as a crass

sight of the cross or depictions of the crucifixion. But it appears that Suzuki has scarcely understood this. Barth goes on to explain how the cross reminds us that karmic suffering (he uses the term karma several times) has been challenged and overcome. Even though it rages on somehow, we are called to share positively in a new situation in which the power of karma can be overcome in oneself and in one's surroundings. Of course Christians, like Buddhists, would prefer to think of death as in Suzuki's words "rest and peace, not agony."[18] Indeed, "May he/she rest in peace" is a common formulation. Yet it makes no sense, writes Barth, to concentrate only on "rest and peace" and to close our eyes to the world of karma. Rather, we see that in the middle of the hell of karmic existence, God reaches out to human beings through his Holy Spirit in the figure of Jesus Christ, awakening in them the confidence that agony is not the final word, but that they will share in the overcoming of all crucifying and being crucified. Barth also suggests that just as Buddhists have a tradition of meditating on the body, on death and on the human corpse, so too it would be appropriate to meditate on the corpse of one who entered the realm of corpses, yet transformed it radically in terms of eternal salvation and life.

It may be added by way of commentary that in the Buddhist tradition too there is no shortage of depictions of suffering, including extremely cruel forms of torture, notably in the various hells which are presumed to await us unless we are reborn in the Pure Land. Such images are quite well known. They are seen traditionally in painted scrolls used for religious teaching and have also found their way into *manga*-style children's books of modern times. This of course is all at the level of karmic existence, and refers to the various worlds in which rebirth is theoretically possible up until such time as ultimate release is achieved. The Pure Land of Amida Buddha, by contrast, is a place of initial release from such dangers, and at the same time a place from which

the challenge, for his next section addresses directly the historical crucifixion. Before we turn to that, however, it may be added that the attraction of kenotic Christology lies not only in the soteriological dynamics, but also in the very idea of emptying. For if Christ is emptied of "equality with God ... taking the form of a servant ... and being found in human form ..." (Philippians 2:7–8), then he is emptied of metaphysically conceived ontological self-assertion. A closer point of contact with Mahayana Buddhist thought could hardly be imagined. This provides Christian thought with a starting point for a totally different kind of theology, free of the need somehow to defend metaphysical theism *per se*, regardless of Christology. Admittedly it is a rare passage, found in the Pauline corpus; at the same time it is not just a disputed fragment.

Crucifixion and the Shock of Blood

Barth pays Suzuki the dialogical compliment of using a Buddhist term by heading his next section "The cross as an expression of the karmic world." On the other hand, this section of Suzuki's text is somewhat less polite and probably the most directly critical of Christianity. Perhaps it is to be welcomed that Suzuki just expresses his feelings unreservedly, as when he writes "to see the figure of crucifixion on the altar or by the country roadside is not a very pleasant sight, at least to the Buddhists" for it is "almost the symbol of cruelty or inhumanity."[15] Barth also reminds his readers of Suzuki's sentence: "Buddhists do not wish to have the idea of self-sacrifice brought before their eyes in such a bloody imagery."[16] They, by contrast, wrote Suzuki, have more peaceful things in mind as when "The Buddha at his Nirvāṇa lies quietly on his bed surrounded by all beings including the birds of the air and the beasts of the field."[17]

Barth's immediate reaction to this is to point out that he himself and probably the vast majority of Christians also take no pleasure in the

in this respect. Whether the two modes of subjective experience can nevertheless somehow be valuably correlated is a further question; this does not necessarily demand a negative answer.

Another way of looking at history is in terms of karma. Suzuki explains that while history is karmic, Amida is "above karma" or "akarmic" and indeed that he is the source of karmic events. Barth rightly points out the almost Christian vocabulary of Suzuki's statement that "all historical facts, all karmic events have their origin in Amida and return to him, he is the alpha and omega of all things"[14] referring to similarities with 1 Corinthians 8:6 and Revelation 1:8. And indeed here we see a parallelism between Amida and God, which leaves Jesus on the plane of karma. But how and why is Jesus on the plane of karma? Christians have long puzzled over how the eternal logos can tread in the earthly, sinful world, says Barth. One attempt was made by the assertion of the sinlessness of Jesus, a retrospective doctrinal construct. A related attempt lies in the formulation that Jesus is truly man and truly God. These are parallel and apparently contradictory creedal assertions whose relationship has remained without further resolution. In this connection Barth adduces the famous kenotic passage of Philippians 2:6–12, often adduced in Buddhist-Christian discussions. Recasting it in Buddhist terminology, Barth says that Jesus Christ did not hold fast to the "akarmic" status which was his by right, but emptied himself of it as a man who was obedient to the point of death. And does not Amida follow a similar route in that he renounces his nirvana in order to assist others? The difference would lie, according to Barth, in that the divine *kenosis* expresses itself more precisely and more deeply in the very crucifixion of the historical human being of Jesus of Nazareth. The vows of Amida remain the symbolic vows of a symbolic figure.

Suzuki may never have heard this point of view expressed so clearly in terms of kenotic Christology, but it seems he somehow anticipated

rather a matter of a new perception of the world of events which arises out of faith in the self-presentation of God in Jesus Christ.

By way of comment, it should not be overlooked that while there is much uncertainty about the historicity of various details found in the four gospel narratives, there is on the other hand a very substantial historical weight of evidence for the main outlines of the story of Jesus and the response to him by the early Christians. This is not merely a question of miraculous events, which by their very nature elude historical facticity and must be understood as a discourse in their own right. Indeed, even narratives which include miraculous discourse are evidence for the experience of a significant number and variety of people in a relatively brief time-span.

However Barth himself makes use of the interestingly convenient German distinction between *Historizität* (historicity) and *Geschichte* (history). Although the term *Geschichte* can and often must also be translated into English as "history," it definitely suggests a sequence of *significant* events, as in "the history of the Roman Empire" and so on, rather than the historicity or historical factuality of particular details. From *Geschichte* is derived the word *Geschichtlichkeit* which cannot be neatly translated with a single English term. This refers to a sequence of events which in some sense did happen, but are above all worthy of being remembered because of the significance ascribed to them. In the case of Jesus as a religious focus therefore, there is on the one hand considerable mere historicity, without which the *Geschichtlichkeit* would falter, but it is the sequence of *significant* events, including his own actions and the responses of others, which makes the difference. Barth is quite right to point out that there is no such complex of historical events in the case of the narratives concerning Amida. This means that the location and orientation of religious experience in Shin Buddhism and in Christianity remain different from each other, at least

a victim; rather it was the encounter of the first Christians with Jesus Christ which helped them to overcome their alienation from the very ground and goal of being.

In fact Suzuki concedes the need for some kind of mediation, Barth points out, and this is seen in the supreme Vow of Amida which is praised in Shinran's verses in the *Shōshinge*. We may add that since the *Shōshinge* is regularly recited at Shin Buddhist ceremonies, reference to it here is quite appropriate. Suzuki emphasizes the difference between the concreteness of the Christian presentations (his negative appraisal of this concreteness will be taken up again below) and the abstractness of the *nenbutsu* formula *Namu-amida-butsu*. Barth argues that it is difficult to see how a transcendental love which all humans are invited to rely on can be mediated by an abstract phrase associated with a figure with "scarcely graspable historical form." He regards it as significant that the *Shōshinge* provides no arguments to support any such conception but simply refers to earlier Buddhist authorities, suggesting that this was probably for reassurance. Would it then not have been better to adduce and reflect upon Shinran's *Kyōgyoshinshō* which, though it also adduces authorities in the Buddhist tradition, is indeed a systematically argued work? As a matter of fact the *Shōshinge*, though not a work of argumentation, does present the contents of Pure Land faith quite succinctly, step by step, up to the teaching of Shinran's own teacher Hōnen. It seems therefore that its value may have been underestimated here.

In this section, Barth seeks to meet objections against an understanding of the *historical* nature of Jesus as the mediator and revealer of divine love. For Suzuki "there is no more reality in what is known as historical fact than in what is considered psychological or metaphysical" and he argues that in any case some assertions about the historical Jesus are fictive.[13] Barth argues that it is not a question of historicity as such but

In the last analysis the question about whether Amida is more like "God" or more like "Christ" is not definitively answered by either writer. Perhaps it is better to leave this unresolved, at least in popular discourse, because misunderstandings are then not caused. Suzuki himself sums it up with the words "In Shin, Amida performs in a sense the office of God and also that of Christ."[11] To the present writer it seems that Amida is on the one hand a bit like "God" in that the average Shin Buddhist believer regards him cognitively as the supreme being in the metaphysics of the universe with which he is concerned. On the other hand Amida is also somewhat like "Christ" (i.e., Jesus as Christ) in that, in a world marked by recalcitrant evil and human insufficiency, he *does* something which works towards healing and reintegration. In other words there is a work of salvation which is believed to be set in motion by Amida's bodhisattva vows, prior to his becoming a Buddha as such. It is in recognition of this, and of its deeply subjective appropriation by Shinran, that Shin Buddhists themselves show religious loyalty in their normal practice, for example in the recitation of the *Shōshinge* 正信偈.

Divine Mediation and History

Barth entitles the second step in the conversation "how God makes himself present" and sets down here an immediate corrective to Suzuki's "In Christianity God requires a mediator, to communicate with his creatures ... an innocent victim in order to save souls."[12] While admitting that some simple expressions of Christianity might speak of God somehow requiring a victim, Barth points out that any such views are in any case post-rationalizations, relatively sophisticated in the case of the mediaeval theologian Anselm of Canterbury and less so in the case of modern fundamentalisms. For Barth himself there is definitely no question of any requirement or need on the part of God for

Amida as "a kind of melting pot of good and evil, in which faith alone retains its absolute value."[9] To this Barth responds that God might also be regarded as the ultimate causer of both good and evil, in which love alone provides the final definition of all. Barth seems to be arguing that the distinction between good and evil, though dual, should be regarded as secondary to an ultimate level of being itself, but that, given the "three-in-one" character of God, the character of that being is a love which moves through the dualism of good and evil to a salvific resolution. In this sense Barth welcomes Suzuki's statement that "Amida is the pure embodiment of love"[10] while arguing that "love" is a complex subject which Christians are concerned to work out in more detail. In the last analysis nothing can separate us from the love of God which is known in Christ (cf. Paul's Epistle to the Romans 8:39). In the main, Barth resists Suzuki's apologetics against "theism" by not accepting that theism alone amounts to authentic Christian faith (cf. Barth's own title *Authentisch glauben*—"Believing authentically"). We recall his comment that he would not normally start from there, i.e., from the apparently problem-laden simplicity of mere theism.

It may be concurred that *theism*, as a free-floating world-view, is a form of speculative thought in which Buddhists themselves are, typically, not interested. But if so, it is therefore rather unfair of Suzuki to mount a critique of Christianity as if it were in fact just theism. Admittedly, many western "Christians" with little knowledge of Christology, and with little patience with what they regard as theological complications, have only themselves to blame for this reduction of their own religion. They themselves seem to prefer the simplicity of theism. It is not surprising that Suzuki perceived Christianity like this as a result of his exposure to North America, where Theism, Biblicism and indeed Unitarianism seem to have become more or less alternative religions to historic Christianity.

Is Amida Like God?

The first question addressed in the sequence of topics is whether the figure of Amida Buddha is something like the Christian God.[6] Suzuki thinks yes, at least to begin with, while Barth thinks that an analogy to Christ would be more appropriate in that both are seen as a manifestation of transcendental soteriological power in an active form. In fact, Barth says that the starting point for Christian faith working itself out in theology would normally not be God but Jesus Christ himself. Nevertheless he accepted the order of topics adopted by Suzuki for practical purposes.

While preferring the comparison between Amida and "God" Suzuki affirms, as many have done, that there is a major difference between the two religions in that Buddhism does not advance the concept of a creator. Barth objects to this that the creator should not be understood in terms of an anthropomorphically personal theism, but rather, with Tillich (and many ancient theologians), as being itself, the transpersonal ground of all being. Not "theism" therefore, but a concept of God as three-in-one ("der dreieine Gott"—a favored expression of Barth) leading dynamically from creation through to salvation, is the right understanding for Christianity.

Still assuming the basis of creational theism rather than Christology, Suzuki draws attention to the problem of theodicy, namely that a theistic creator-God would somehow also be responsible for evil as well as for good. For him by contrast, the basis of evil is the karma caused by human beings themselves. Against this Barth argues that such a principle separated from the ground of being itself would in effect set up a new dualism. Indeed Suzuki wrote himself that "the polarization of Amida and individual beings is one of the specific features of Shin thought"[7] and that "In this respect its followers may be said to be transcendentalists or dualists."[8] But this slightly confusing statement may be uncharacteristic, for at the same time Suzuki characterizes

Land Buddhism. He does so by taking up Suzuki Daisetsu's short but trenchant essay entitled "Shin Buddhism and Christianity Compared."[3] In his comments, Barth follows a sequence of six topics addressed by Suzuki. In fact "Shin Buddhism and Christianity Compared" has ten sub-sections, but the later ones are less comparative, being a straightforward presentation of the main themes of Shin Buddhism. An exception is his concluding paragraph, on which see further below. Without offering a direct translation of Barth's text or a reprint of the piece by Suzuki, the main points presented by Barth will be taken up with some additional clarifications and commentary. By commenting, the present writer will also be moving outside the borders of the comparative study of religions in the more precise sense.[4] The theological or "buddhological" remarks made below are broadly in tune with those of Barth, if not in every respect.

Suzuki's purpose in writing comparatively was apparently to "help us to understand the characteristic teaching of Shin as a development of the Pure Land doctrine and also as a school of Mahayana Buddhism, however strangely formed at first sight it may appear."[5] However, he was definitely engaging in apologetics, almost polemics, and not in the systematic comparative study of religions in any precise, more modern sense. In principle the same applies to the systematic theologian Hans-Martin Barth, though his approach is less polemical and more properly dialogical. It is unfortunate that Suzuki Daisetsu is not now available to give his response to the points made by Hans-Martin Barth, for what he had to say was apparently not cross-read at the time by any well-educated Christian theologian. Admittedly, his rather peremptory statements characterizing, or in some cases caricaturing Christianity may reflect the views of Christians known to him. Some of the comments below provide slight correctives to both writers.

protagonists enter into such explorations with a view to adopting particular assessments or positions, they enter into a form of conspectual interpretation which goes beyond the stricter forms of denominational teaching. Suzuki Daisetsu and Hans-Martin Barth are both doing precisely this.

Hans-Martin Barth is a German Lutheran-Protestant theologian who in recent years has taken some trouble to interact with the Shin Buddhist tradition. Here we draw upon his book *Authentisch glauben: Impulse zu einem neuen Selbstverständnis des Christentums*, i.e., "Believing authentically: Impulses towards a new self-understanding of Christianity" (Gütersloh: Gütersloher Verlaghaus, 2010). In this substantial contribution to contemporary systematic theology, Barth makes a particular point of working out his theology with reference to the variety of religions, including both Buddhism and Islam. Since *Authentisch glauben* is not yet available in English, his positions relating to the Buddhism focused on Amida Buddha in Japan will be briefly presented here.

Hans-Martin Barth's approach is much better informed than that of his earlier namesake Karl Barth, who had touched briefly on Pure Land Buddhism in his *Church Dogmatics* (*Kirchliche Dogmatik*, from 1932 onwards). Having been alerted to the comparable faith structure of Pure Land Buddhism and Protestant Christianity, Karl Barth brushed the former aside as having a merely deceptive similarity to Christian faith. In spite of the apparent comparability, he manages to conclude that faith in Amida Buddha, since it does not reflect the transcendent Word of God, is no more than an expression of general human religiosity. Thus, for Karl Barth there is nothing more to discuss. Hans-Martin Barth by contrast, also writing as a systematic Christian theologian, seeks to enter more precisely, if robustly, into what are for him the tantalizingly similar traditions of Pure Land and True Pure

There is in fact a wide question as to what style of interaction really furthers the cause of positive dialogical relations. Who gets to decide which religions, and in what form, are worthy of being considered as potential reference points in the global dialogue? Key historical figures within the various traditions may be part of it, but which ones? A recent study, conceived as an exercise in dialogue, compared the mystical thought of the Christian Platonist Dionysius the Aeropagite (fifth to sixth centuries CE)[1] with that of Shinran 親鸞 (1173–1262).[2] Yet the latter has also been compared with Martin Luther (1483–1546). So how should the towering figures of the past be related to each other and to the voices of the present? Whom do the various well-known people really represent? And what about the institutional structures, and at the same time those countless little-known persons who follow and are influenced by the more visible figures? These are general questions which hover in the background of any particular excursion into dialogue.

While Hans-Martin Barth is a Christian theologian, Suzuki Daisetsu was of course above all a Zen Buddhist. From the mid-1990s Barth was drawn into dialogical meetings with academic staff members of Ōtani University in Kyoto, while it is well known that Suzuki spent much of his working life at Ōtani and provided translations and interpretations of Shin Buddhist thought, even including Shinran's central work the *Kyōgyōshinshō*. It is therefore a special feature of what follows that both have some kind of a relationship to Shin Buddhism, but in their diverse ways an indirect one. As a result, they both refer in a rather general way to the "Pure Land" Buddhist tradition. This illustrates the point that when scholarly exponents explore religious thought from various points of view, they may sit rather loosely to denominational authorities and indeed to the religion of the regular believers.

We also note that an important aspect of the world dialogue of religions consists of comparative *thematic* explorations. As the

Hans-Martin Barth and Suzuki Daisetsu on Amida and the Pure Land

Michael Pye

THE IDEA of a global dialogue of religions has developed from being the interest of a small minority to a stage in which it is widely assumed to be very desirable. Even those who do not seek it discover that it is in certain ways unavoidable. Encounters may lead to a reinforcement of cautious, conservative positions, but they may also lead to new awareness and new openings. In recent decades a process has been set in motion of which the future development cannot be easily foreseen.

This paper explores the way in which certain positions of Suzuki Daisetsu 鈴木大拙 (1870–1966) concerning the Pure Land tradition have been taken up by the German theologian Hans-Martin Barth. Because of the age difference, they never met in personal dialogue, and yet somehow an interaction has been set in motion which crosses the generations. Both are well-known, authoritative voices in their respective worlds, and beyond, and positions taken by both of them convey an impression of decisiveness. Here we will attempt to assess what is going on, and in some way to add to it. This will involve sharing in the process of dialogue, if tentatively, advancing some "positions" with respect to both Buddhism and Christianity. Hitherto the writer's involvement in interreligious dialogue situations has usually been that of a facilitator rather than a protagonist, and thus indirect. The present discussion however will require going beyond the safe position of a mediating specialist in the study of religions.

Part 2
Shin Buddhism and Dialogue

reisei does not appear in the fifth edition, *Kōjien*, ed. Shinmura Izuru, 5th ed. (Tokyo: Iwanami Shoten, 1998).

37 Letter 1010 (May 3, 1947), *SDZ* 37:172–73.

38 *Nihon teki reisei*, *SDZ* 8:21–22. This translation is taken from *Japanese Spirituality*, trans. Norman Waddell, 15.

39 *Nihon teki reisei*, *SDZ* 8:56; and *Japanese Spirituality*, 50–51.

40 For a brief exposition of Kiyozawa's idea of spirituality (*seishin shugi* 精神主義), see his essays in *Kiyozawa Manshi shū* 清沢満之集, ed. Yasutomi Shin'ya 安富信哉 and complied by Yamamoto Nobuhiro 山本伸裕, no. 127-2 in the series Iwanami Bunko 岩波文庫 (Tokyo: Iwanami Shoten, 2012), "Seishin shugi" 精神主義, 74–78; "Kagaku to shūkyō" 科学と宗教, 90–95; and "Seishin shugi to busshitsu teki bunmei" 精神主義と物質的文明, 96–100. Concerning the *seishin shugi* intellectual movement in Japan, see *Cultivating Spirituality: A Modern Shin Buddhist Anthology*, ed. Mark L. Blum and Robert F. Rhodes (Albany: SUNY Press, 2011).

41 *Nihon teki reisei*, *SDZ* 8:17–23; and *Japanese Spirituality*, 11–16.

42 *Nihon teki reisei*, *SDZ* 8:9–10.

43 An example of such writings is Suzuki's *Reisei teki Nihon no kensetsu* 霊性的日本の建設, *SDZ* 9:1–258, published in 1946.

44 *Nihon teki reisei*, *SDZ* 8:24–25, 100–101; and *Japanese Spirituality*, 17, 95.

45 *Nihon teki reisei*, *SDZ* 8:24–28; and *Japanese Spirituality*, 18–21.

46 *Nihon teki reisei*, *SDZ* 8:41–51, 70–79; and *Japanese Spirituality*, 36–46, 66–75.

47 *Nihon teki reisei*, *SDZ* 8:28–31; and *Japanese Spirituality*, 21–23.

48 *Nihon teki reisei*, *SDZ* 8:182–223; and *Japanese Spirituality*, 177–213.

49 Daisetz T. Suzuki, *Zen and Japanese Culture* (1959; repr. New York: Princeton University Press, 2010).

27 D. T. Suzuki, *Zen Buddhism: Selected Writings of D. T. Suzuki*, ed. William Barrett (Garden City, NY: Doubleday Anchor Books, 1956), ch. 4: "*Satori*, or Enlightenment," 103–8, lists among other characteristics irrationality, intuitive insight, and momentariness. These roughly parallel the first three characteristics of mysticism identified by James, *The Varieties of Religious Experience*, ch. 16 and 17, 379–82, ineffability, noetic quality, and transciency.

28 Kirita, *Suzuki Daisetsu kenkyū kiso shiryō*, 88 and 90, indicates that Suzuki used this book as a text in his classes in 1934 and 1935.

29 Daisetz Teitaro Suzuki, *Mysticism: Christian and Buddhist* (London: George Allen & Unwin Ltd., 1957).

30 See Suzuki's book review of Heinrich Dumoulin, *A History of Zen Buddhism*, in *Eastern Buddhist*, n.s., 1, no. 1 (1965): 124, in which Suzuki expressed regret that he had used the term mysticism to describe Zen.

31 These categories are mentioned in Suzuki, *Introduction to Zen Buddhism*, 35. Concerning the uniqueness of Zen among the various types of mysticism, see Suzuki, *Introduction to Zen Buddhism*, 34 and 44–45.

32 To be precise, the four specific characteristics that James ascribed to mysticism were: (1) ineffability, (2) noetic quality, (3) transciency, and (4) passivity. See James, *The Varieties of Religious Experience*, chapters 16 and 17, 379–82. Though Suzuki did not mention passivity in his *Introduction to Zen Buddhism*, he did publish a very long essay in Daisetz Teitaro Suzuki, *Essays in Zen Buddhism*, Second Series (London: Luzac and Company, 1933), 233–302, entitled "Passivity in the Buddhist Life," in which he attempted to document the prominent role that passivity has played in diverse forms of Buddhism.

33 Suzuki's earliest references to *sokuhi no ronri* ("the logic of simultaneous identification and differentiation") are found in his *Jōdokei shisōron* 浄土系思想論, *SDZ* 6:125, 131; and *Nihon teki reisei* 日本的霊性, *SDZ* 8:56. Concerning Suzuki's development of this idea, see W. S. Yokoyama, "Nishida Kitaro and D. T. Suzuki's Logic of Soku-hi, With a Translation of Suzuki's 'Gokuraku to Shaba' (1942)," *Hanazono Daigaku Bungakubu kenkyū kiyō* 花園大学文学部研究紀要 33 (2001): 18–49. Suzuki derived the term *sokuhi* from a passage in the *Diamond Sutra* (*Kongōkyō* 金剛経).

34 For the original version, see *Nihon teki reisei* 日本的霊性 (1944; repr. Tokyo: Daitō Shuppansha, 2008). For the revised edition of 1946 and 1949 (in which the last chapter of the original is omitted), see *Nihon teki reisei* 日本的霊性, *SDZ* 8:1–223. For an English translation of the revised edition, see Daisetz Suzuki, *Japanese Spirituality*, trans. Norman Waddell (Tokyo: Japan Society for the Promotion of Science, 1972).

35 *Nihon kokugo daijiten*, ed. Nihon Kokugo Daijiten Henshū Iinkai, 2nd ed., 14 vols., s.v. *reisei* 霊性. See also the first edition of this dictionary, *Nihon kokugo daijiten* 日本国語大辞典, ed. Nihon Daijiten Kankōkai 日本大辞典刊行会, 20 vols. (Tokyo: Shōgakkan, 1972–76), s.v. *reisei* 霊性, which also cites one example in which the Japanese Zen master Dōgen 道元 (1200–1253) used the term *reisei* in his *Bendōwa* 弁道話.

36 *Kōjien* 広辞苑, ed. Shinmura Izuru 新村出, 6th ed. (Tokyo: Iwanami Shoten, 2008), s.v. *reisei* 霊性. The definition given here in Japanese is: 宗教的意識・精神性。物質を超える精神的・霊的次元に関わろうとする性向。スピリチュアリティー. The term

published, as indicated in Letter 111 (May 3, 1900), *SDZ* 36:185. Later in 1907 Suzuki wrote to James in behalf of his friend, the philosopher Nishida Kitarō, as indicated in Letter 211 (May 21, 1907), *SDZ* 36:306.

12 Proudfoot, *Religious Experience*, ix–xix; and Sharf, "Experience," in *Critical Terms for Religious Studies*, 98–103.

13 The earliest citation of the word *keiken* 経験 listed in *Nihon kokugo daijiten* 日本国語大辞典, ed. Nihon Kokugo Daijiten Henshū Iinkai 日本国語大辞典編集委員会, 2nd ed., 14 vols. (Tokyo: Shōgakkan, 2000–2002), s.v. *keiken* 経験, dates from the late Tokugawa period, sometime during the years 1826–32. The other citations listed are all from the Meiji period. Another Japanese term used to translate "experience" was *taiken* 体験. Suzuki, however, used the word *keiken* much more frequently.

14 It is clear that Suzuki was familiar with the term *keiken* long before he traveled to America, for it appears in his early correspondence, Letter 7 (Oct. 6, 1888), *SDZ* 36:10.

15 Letter 141 (Sept. 23, 1902), *SDZ* 36:222.

16 Letter 141 (Sept. 23, 1902), *SDZ* 36:222.

17 William James, *The Varieties of Religious Experience* (1902; repr. London: Longmans, Green, and Co., 1911), 31, famously defined religion in the following way, giving primacy to feelings and experiences over doctrine, philosophy, and institutional religious practices: "Religion, therefore, as I now ask you arbitrarily to take it, shall mean for us *the feelings, acts, and experiences of individual men in their solitude, so far as they apprehend themselves to stand in relation to whatever they may consider the divine.* Since the relation may be either moral, physical, or ritual, it is evident that out of religion in the sense in which we take it, theologies, philosophies, and ecclesiastical organizations may secondarily grow."

18 *Shūkyo keiken no jijitsu (Shōma tei o daizai toshite)* 宗教経験の事実 (庄松底を題材として), *SDZ* 10:1–129, published in 1943, provides a good example of this type of scholarship: a comprehensive study by Suzuki of a minor Japanese Buddhist figure presented using the concept of religious experience as an interpretive framework.

19 Kirita, *Suzuki Daisetsu kenkyū kiso shiryō*, 75, 79, 84, 125, and 130, indicates that Suzuki used this book as a text in his classes in 1931, 1932, 1933, 1943, and 1944.

20 Daisetz Teitaro Suzuki, *Essays in Zen Buddhism*, First Series (London: Luzac and Company, 1927), 7.

21 *Shin shūkyō ron* 新宗教論, *SDZ* 23:112–16.

22 Mysticism is one of several forms of religious experience, alongside conversion and saintliness, that William James addressed in *The Varieties of Religious Experience*, 379–429 (ch. 16 and 17).

23 Letter 81 (Feb. 20, 1898), *SDZ* 36:129, uses the word *misuchikku* ミスチック (mystic); and Letter 165 (Mar. 19, 1904), *SDZ* 36:248, uses the English word "mysticism" to refer to "dhyana practice."

24 Letter 365 (Mar. 4, 1922), *SDZ* 36:428, contains both the English word "mysticism" and the Japanese transliteration *misutishizumu* ミスティシズム.

25 Daisetz Teitaro Suzuki, *Introduction to Zen Buddhism* (New York: Grove Press, 1964), 36.

26 Suzuki, *Introduction to Zen Buddhism*, 40.

2 James Edward Ketelaar, *Of Heretics and Martyrs in Meiji Japan: Buddhism and Its Persecution* (Princeton: Princeton University Press, 1990), presents a historical overview of the crisis and transformation of Buddhism in this period.

3 Two noteworthy analyses that deconstruct the concept of religious experience are Robert H. Sharf, "Experience," in *Critical Terms for Religious Studies*, ed. Mark C. Taylor (Chicago: University of Chicago Press, 1998), 94–116; and Wayne Proudfoot, *Religious Experience* (Berkeley: University of California Press, 1985).

4 The text was Emanuel Swedenborg's *Heaven and its Wonders and Hell*, published as *Tengai to jigoku* 天界と地獄, in Suzuki Daisetsu 鈴木大拙, *Suzuki Daisetsu zenshū* 鈴木大拙全集, 40 vols. (Tokyo: Iwanami Shoten, 1999–2003), 23:149–556. Hereafter, *Suzuki Daisetsu zenshū* is cited as *SDZ*.

5 *Ōtani Daigaku kindai hyakunen no ayumi* 大谷大学近代100年のあゆみ, ed. Ōtani Daigaku Shinshū Sōgō Kenkyūsho 大谷大学真宗総合研究所 (Kyoto: Ōtani Daigaku, 1997), 55.

6 This summary of Suzuki's life is distilled from a variety of sources. First and foremost among them is *Suzuki Daisetsu kenkyū kiso shiryō* 鈴木大拙研究基礎資料, complied by Kirita Kiyohide 桐田清秀 (Kamakura: Matsugaoka Bunko, 2005). Others include *Suzuki Daisetsu: Hito to shisō* 鈴木大拙：人と思想, ed. Hisamatsu Shin'ichi 久松真一, Yamaguchi Susumu 山口益, and Furuta Shōkin 古田紹欽 (Tokyo: Iwanami Shoten, 1971); Bandō Shōjun 坂東性純, "Suzuki Daisetsu: Reisei to Jōdokyō" 鈴木大拙：霊性と浄土教, in vol. 15 of *Jōdo Bukkyō no shisō* 浄土仏教の思想 (Tokyo: Kōdansha, 1995), 15:1–35; and Akizuki Ryōmin 秋月龍珉, *Suzuki Daisetsu* 鈴木大拙 (1967; repr. Tokyo: Kōdansha, 2004), 13–53. For studies in English, see A. Irwin Switzer III, *D. T. Suzuki: A Biography* (London: The Buddhist Society, 1985); and *A Zen Life: D. T. Suzuki Remembered*, ed. Masao Abe (New York and Tokyo: Weatherhill, 1986).

7 The various approaches described here, especially the rational and romantic ones, are adapted from the historical trends identified in "Study of Religion: History of Study," by Seymour Cain, in *Encyclopedia of Religion*, 16 vols., ed. Mircea Eliade (New York: Macmillan, 1987), 14:64–66. I have arbitrarily subsumed under rationalism his descriptions of Natural Religion and the Enlightenment. For a detailed account of the historical origin and development of these trends, see Eric J. Sharpe, *Comparative Religion: A History* (New York: Charles Scribner's Sons, 1975), 13–26.

8 An example of such a portrayal of Buddhism can be found in the scholarship of Thomas W. Rhys Davids and Carolyn A. F. Rhys Davids. See Judith Snodgrass, "Defining Modern Buddhism: Mr. and Mrs. Rhys Davids and the Pāli Text Society," *Comparative Studies of South Asia, Africa, and the Middle East* 27, no. 1 (2007): 186–202.

9 Paul Carus, *Religion of Science* (Chicago: Open Court Publishing, 1896). See also Donald H. Meyer, "Paul Carus and the Religion of Science," *American Quarterly* 14, no. 4 (Winter 1962): 597–607; and Harold Henderson, *Catalyst for Controversy: Paul Carus of Open Court* (Carbondale, IL: Southern Illinois University Press, 1993), 45–63.

10 Letter 141 (Sept. 23, 1902), *SDZ* 36:222. This letter indicates that Carus had a different approach to religion from that of William James to whom Suzuki was attracted.

11 Letter 141 (Sept. 23, 1902), *SDZ* 36:222, mentions William James by name. Suzuki was aware of James's scholarship even before *The Varieties of Religious Experience* was

were incompatible with modernity, and by linking Buddhism to the Western concepts of religious experience and mysticism. Over time Suzuki broadened these ideas to encompass spirituality, *reisei*, so as to include a more sustained religious consciousness beyond the sudden and immediate awakening that he identified in Zen. Generally, all three of these concepts treat religion as an individual experience. This focus on the individual was one characteristic of modernism in both the rationalist and romantic approaches to religion. But the valorization of individual experience in the definition of religion provoked, for better or worse, a decline in the value placed on community experience. This shift has become a distinguishing feature of religion in the modern period, both East and West.

Suzuki was one voice in this modern rearticulation of religion. The interpretations that he and his generation of Buddhist reformers adopted succeeded beyond their greatest expectations. Buddhism did indeed survive and flourish in Japan, and came to be identified as part of Japan's great cultural heritage. One unexpected byproduct of Suzuki's work is that it captured the imagination of Westerners yearning for alternatives to their own religious traditions. His modernized version of Buddhism framed in an idiom of religious experience and mysticism provoked a virtual Zen boom in the West. By the end of his life Suzuki was a prominent Buddhist thinker and public intellectual in Japan, but he was arguably the most important interpreter of Buddhism in the West.

Notes

[1] Two cogent critiques of Suzuki are Bernard Faure, *Chan Insights and Oversights: An Epistempological Critique of the Chan Tradition* (Princeton: Princeton University Press, 1993), 52–74; and Robert H. Sharf, "The Zen of Japanese Nationalism," in *Curators of the Buddha*, ed. Donald S. Lopez, Jr. (Chicago: University of Chicago Press, 1995), 116–31.

to sudden, transformative moments of religious realization, which the concepts of religious experience and mysticism suggest. Such transformative moments might work well when applied to the idea of *satori* in Zen, but they are not as easy to map onto the everyday beliefs and practices of Pure Land Buddhists. By broadening his definition of Buddhist awareness with the concept of *reisei*, Suzuki was able to apply it not simply to pivotal moments of awakening but also to general outlooks and attitudes found in the routine religious lives of ordinary people. It was in this context that Suzuki extolled the lowly and obscure Pure Land Buddhist Asahara Saichi 浅原才市 (1850–1932), a so-called *myōkōnin* 妙好人 saint, for his lifelong practice of intoning the Buddha's name.[48]

When Suzuki propounded the concept of Japanese *reisei* in the 1940s, he may have regarded it as his signature contribution to Japanese philosophical thought, the one he would be remembered for. But it has not turned out that way. Japanese spirituality as articulated in his *Nihon teki reisei* was too closely tied to the aggrandizement of Japan for it to have staying power in a world where Buddhism has become global and internationalized. He is now better remembered for his less theoretical expositions of Zen Buddhism and even for his idea of *sokuhi no ronri*, the logic of simultaneous identification and differentiation, than for his concept of *reisei*. Nonetheless, Suzuki's sense of the uniqueness of Japanese spirituality has survived as an underlying assumption in his perennially popular work *Zen and Japanese Culture*.[49]

Concluding Thoughts

When Suzuki embarked on his long scholarly career his hope was, like that of other Meiji reformers, to help protect Buddhism from decline. He sought to recast it by highlighting the most compelling aspects from his own Zen practice, by downplaying Buddhist elements that

people saw his concept as a refutation of the Japanese wartime *seishin*, and certainly at that point Suzuki did not, or perhaps dared not, speak up against it as he did after the war.

In Suzuki's elucidation of *reisei* there was a persistent ambiguity as to whether this spirituality was universal to all humans or distinctive to Japan. On the one hand Suzuki acknowledged that spirituality could be found in all countries and cultures—Chinese, European, Japanese—but on the other he emphasized that there was something distinctively Japanese in the spirituality he sought to describe.[44] He considered Zen and Pure Land Buddhism to be the fullest and deepest expressions of this *reisei*. Though they originated in India and developed in China, he believed that they attained their highest form in Japan. Buddhism, he argued, served as the catalyst to awaken Japanese spirituality, but once Buddhism had taken root in Japan's spirituality, it ceased to be a foreign religion and became natively Japanese.[45] According to Suzuki, it took a long time for this process to occur. Buddhism was originally received into Japan before this spirituality manifested itself. It was practiced mechanically and studied intellectually, and it was even integrated into the feelings and aesthetics of Kyoto aristocrats. But this Buddhism, Suzuki maintained, was effeminate and not yet filled with Japanese spirituality. Only when Buddhism was separated from intellection and refinement and came into contact with people of the "earth" (*daichi* 大地), specifically samurai and peasants who were unadorned and direct, could it merge with Japanese spirituality.[46] Suzuki portrayed Zen and Pure Land, particularly Shin Buddhism, as perfect examples of this. The straightforwardness of Shin Buddhism's founder Shinran 親鸞 (1173–1262) and the directness of Zen masters were the best examples of this Japanese spirituality, which Suzuki considered synonymous with true religious awareness.[47]

One interesting aspect of Suzuki's concept of spirituality is that it broadened his idea of religious consciousness so that it was not limited

an established word in Japanese for spirit or spirituality: *seishin* 精神. This was the term used by, among others, the founding president of Ōtani University Kiyozawa Manshi 清沢満之 (1863–1903) and his followers. They used the word to refer to an inward spiritual dimension of humans that takes precedence over the outward world. To the extent that Kiyozawa ascribed this inner spirit to religion, he located religion in the subjectivity of humans, apart from the objectivity of the material world. In this respect Kiyozawa's interpretation resembles Suzuki's and other modernists', all of whom sought to secure a place for religion internally while ceding the external world to science and material culture.[40] Thus, it would seem that Kiyozawa's concept of *seishin* would be a perfect match for Suzuki's idea of Japanese spirituality. But in the opening pages of his *Nihon teki reisei*, Suzuki went to great lengths to differentiate *reisei* from *seishin*. He argued that *seishin* stood in opposition to the material world, whereas *reisei* encompassed both inner spirit and outer matter.[41]

An underlying reason for Suzuki not to adopt the term *seishin* may have been that, by the time he wrote his *Nihon teki reisei*, the word had been appropriated and deployed in the nationalistic ideology of Japan's militarism of the 1930s and 1940s. *Seishin* carried heavy connotations of an inner, superior strength that Japan could draw on to prevail over its adversaries. Suzuki in a new preface to his book when it was republished in 1949 declared that he had presented *reisei* as a corrective to this militaristic thinking in order to reveal what Japan's true spirit was.[42] Certainly in the postwar years he lectured and wrote extensively on *reisei*, chastising wartime leaders and nationalistic Shinto for their misguided understanding of the Japanese spirit,[43] so much so that Suzuki's ideas coalesced well with the thought reform efforts of the American Occupation. But when Suzuki originally published *Nihon teki reisei* in 1944, it is hard to believe that many

intellectual that the term *reisei*, while not listed in the fifth edition of the widely recognized Japanese dictionary *Kōjien* 広辞苑, is defined in the sixth edition largely according to the connotations Suzuki attributed to it: "Religious consciousness, spiritual nature. The tendency to be connected with a spiritual or religious dimension that transcends materiality. Spirituality."[36] For all intents and purposes, Suzuki infused the word with this meaning. The English term "spirituality" is commonly used to translate *reisei*, though Suzuki, without giving his reasons, apparently objected to this translation.[37] But since no single word in English carries all the nuances that Suzuki ascribed to *reisei*, "spirituality" has become the standard translation.

The most distinctive characteristic ascribed to *reisei* is explained in the following way in Suzuki's book *Nihon teki reisei*:

As long as two things oppose each other, contradiction, rivalry, mutual suppression, and annihilation will be unavoidable. Where this occurs man's existence cannot continue. What is needed is something that somehow sees that the two are really not two, but one, and that the one is, as it is, two. It is *reisei* that does this. For the heretofore dualistic world to cease its rivalries and become conciliatory and fraternal, and for mutual interpenetration and self-identity to prevail, one must await the awakening of man's *reisei*.[38]

This idea of nondualistic identity was consistent with Suzuki's earlier interpretations of religious experience and mysticism. He considered it the defining feature of *reisei*, one that would set it apart from forms of spirituality where duality persists. Suzuki further elucidated this aspect of *reisei* using the idea of *sokuhi no ronri*, the logic of simultaneous identification and differentiation,[39] a theme that became increasingly prominent in Suzuki's scholarship from this period forward.

On the surface, it is a bit puzzling why Suzuki went to the trouble of adopting and redefining the obscure term *reisei* when there was already

Japanese Spirituality

Whereas the Western concepts of religious experience and mysticism were clearly the inspiration for Suzuki's application of these two ideas to Buddhism, his use of spirituality—in particular, Japanese spirituality—was not a pure and simple appropriation from the West. Certainly there were concepts of spirit and spirituality in Western studies of religion, and Suzuki was no doubt aware of them. But he sought to locate his own interpretation of spirituality in traditional Chinese and Japanese terminology. Specifically, he adopted the rare and somewhat archaic term *reisei* 霊性 to convey his ideas, and he invested it with a variety of nuances and meanings that were not necessarily part of the historical understanding of the word. Suzuki propounded this concept late in life, after he was seventy years old and some four decades after he first adopted the language of religious experience and mysticism. He presented this concept principally in his book *Nihon teki reisei* 日本的霊性 ("Japanese Spirituality"),[34] published in 1944 at the height of World War II. This work was an interpretive exposition of Japan's spiritual history. In it he identified aspects and dimensions of *reisei* that he considered defining characteristics, and he privileged Japan as the site where this *reisei* had achieved its highest and fullest expression.

Previous to the publication of this work, the term *reisei* was not widely used in Japanese or Chinese. It did appear in the writings of the ninth-century Chinese poet and philosopher Han Yu 韓愈 (768–824), meaning natural understanding or intelligence in life. It was also used during the Meiji and Taishō 大正 (1912–1926) periods by Japanese Christians to indicate the spirit in contrast to the flesh, and by other intellectuals to mean an exceptional and superior nature in a person.[35] But it did not have a close association with nondualistic spirituality per se. That dimension arose as a result of Suzuki's adoption and reinterpretation of the word. It is a tribute to Suzuki's influence as an

Otto's book *Mysticism East and West* (1932), and used it as a textbook in his classes at Ōtani.[28] Suzuki's attraction to mysticism culminated in his own comparative study, *Mysticism: Christian and Buddhist*, published in 1957.[29] By the end of his life, however, he began to express misgivings about certain types or understandings of mysticism and about his own use of the term,[30] though too late to reverse his decades-long endorsement of the concept.

Like many twentieth-century scholars, Suzuki occasionally speculated about different forms or categories of mysticism (e.g., rational vs. irrational, speculative vs. occult, sensible vs. fantastic), but he always sought to place Zen mysticism and Buddhism in a class of their own.[31] In his writings Suzuki typically equated mysticism (and also religious experience) to *satori* or *kenshō* 見性 in Zen. Hence, the aspects of mysticism that fit best with his image of Buddhist enlightenment were the sudden and unexpected character of the experience and the profound sense of knowing arising from it—namely, the irrational, noetic, and momentary qualities that William James had identified.[32] In his analysis, Suzuki developed the standard explanation that in the mystical state one loses all sense of separation from the thing encountered, though without obliterating one's individual identity. Such a sense of merging with the other or of nondualism became a common component in Suzuki's explanation of religious experience. This idea of oneness amid difference was developed further in Suzuki's later concept of *sokuhi no ronri* 即非の論理, "the logic of simultaneous identification and differentiation."[33] Suzuki sought to apply this logic to all forms of Buddhist awareness. Certainly he saw his own experience of identification with the trees as a young man at the Engakuji monastery in these terms. And he believed that *satori* or *kenshō* in *kōan* practice could be understood in this way too. Suzuki ultimately ascribed the *sokuhi* mindset to all authentic religious experiences.

Mysticism

If religious experience is one concept that Suzuki shared with Western theorists of religion, then mysticism is another. Mysticism became a focal point in the Western study of religion in the late nineteenth and early twentieth centuries. From the beginning it was linked closely to religious experience. In William James's *The Varieties of Religious Experience*, for instance, mysticism is treated as a subcategory of religious experience.[22] If a particular experience was especially profound or overwhelming or transformative, it could be classified as mystical. The study of mysticism was aimed partly at identifying structural characteristics that distinguish it from ordinary religious experience. But among many scholars there was also a subtle, speculative impulse to treat mysticism as identical in all religions, no matter where it might occur. Suzuki absorbed these ideas and tendencies into his own treatment of religion.

It seems that Suzuki became aware of mysticism as a category around the time of his first sojourn in America. References to it appeared in early letters dated 1898 and 1904.[23] And by the time he became a professor at Ōtani he had developed an interest in collecting books on mysticism, both Eastern and Western.[24] Suzuki saw Zen as a wellspring of so-called Oriental mysticism: "I speak of the mysticism of Oriental culture. And I can affirm that the cultivation of this kind of mysticism is principally due to the influence of Zen."[25] He was also apparently influenced by the idea that all mysticism is basically the same, transposing it into his conviction that any authentic religious experience is essentially the Zen experience. As he put it, "Zen is the spirit of a man."[26] In analyzing *satori*, Suzuki borrowed some of the characteristics of religious experience and mysticism proposed by William James—principally, irrationality, noetic quality, and momentariness.[27] He also expressed great admiration for Rudolph

and comportment, mastery of ideas, participation in a community, and a set code of behavior. Certainly, psychological states were also a part of this lifestyle, ones that could easily be interpreted in the framework of religious experience too. This view of Buddhism as lifestyle could even be applied to Zen monastic life, including the regimen of meditation and *kōan* practice, which Suzuki emphasized so heavily. But to single out religious experience as the crux of religion, as Suzuki and William James did, went against the grain of this view. Admittedly, idealization of religious experience was done in the name of identifying the "essence" of religion, supposedly buried under intellectual, behavioral, and institutional accretions. But this privileging of religious experience among all the different dimensions of religious life may reflect more the exigencies and needs of religion in the modern period than the prevailing understanding of Buddhism through most of Japanese history.

One other complication in Suzuki's interpretation is that moral or ethical actions were separated from religious experience. Suzuki adopted this position early in his intellectual development—going all the way back to his first book *Shin shūkyō ron* 新宗教論 ("A New Interpretation of Religion") of 1896—and he never abandoned it. His position was in contrast to other modern proponents who attempted to defend religion as the wellspring and guarantor of morality. Suzuki identified ethics as the relationship of humans with each other in society, and religion as the relationship of humans with the universe. They operate on two different planes and represent two different dimensions of life. Suzuki did acknowledge that religion could influence people to act ethically (though ethics, he argued, could not cause people to be religious).[21] But by not ascribing a strong causal link between religion and ethics, Suzuki shifted the focal point of religion to individual experience and away from the communal good.

basis for legitimating religion in the modern world outside the scrutiny and methodology of science. That is, religion was relegated to an inner psychological sphere that has a reality of its own apart from the objective world. This of course was a widespread strategy in the West too to defend religion against the threat of science. Religion might be criticized as irrational, but it could bear this criticism because it claimed to operate in a domain outside of reason. By ascribing these characteristics to Buddhism, Suzuki helped ensure its existence in an age when Japan was rushing headlong toward modernization, using science and reason as its guiding star. If he could present Buddhism as another important dimension of humans in the modern world, he could preserve it from irrelevance and oblivion.

Suzuki's strategy of interpreting Buddhism as religious experience was in step with other Buddhist reformers of the period. But his idea also contained certain complications and unforeseen consequences. For one thing, it had the potential to call into question the authenticity of many Buddhists who previously had no reason to question their identity as Buddhists. That is, many people went about their lives participating in a Buddhist community, following Buddhist practices, and comporting themselves in an upright and moral way. But they could not pinpoint a particular experience that transformed their awareness of the world or marked a profound change in their religious or psychological state. By showcasing religious experience as the essence of Buddhism, Suzuki and like-minded interpreters unwittingly destabilized this understanding of religion.

Specifically, what Suzuki's interpretation challenged was a long-standing and deeply rooted view of Buddhism as a type of lifestyle rather than as a particular experience. According to this view, what is crucial in a person's life is to perfect an array of actions and activities that make one a Buddhist. These might include ritual actions, etiquette

想迷信), but rather as a "psychological reality" (*shinrijō no jijitsu* 心理上の事実). Suzuki further described religion as having a life of its own separate from philosophy and science, a life that is real.[16] These various characteristics loosely parallel religious experience as defined in James's book.[17] It is this conceptual framework that Suzuki used to explain this momentous event in his early monastic training and subsequently to interpret Buddhist experience as a whole.[18] The importance of William James in Suzuki's thinking is corroborated by the fact that *The Varieties of Religious Experience* became a standard textbook in Suzuki's courses at Ōtani University.[19]

Suzuki's adoption of the idea of experience led him to focus on aspects of the Buddhist tradition that were most compatible to these characteristics. In doing so, he emphasized that the significance of religion is not found in doctrine, texts, or ecclesiastical institutions, but in personal experience alone. We can see this in the famous verse from Zen Buddhism which, according to Suzuki, expresses the essence of Zen:

A special transmission outside the Scriptures;
No dependence upon words or letters;
Direct pointing to the soul of man;
Seeing into one's nature and the attainment of Buddhahood.[20]

"Pointing" and "seeing," Suzuki suggested, lie at the heart of Buddhism. Scriptures and teachings have no separate significance, nor do ritual or good works. For Suzuki, the crux of religion can be found in this event of seeing one's own nature. Traditional interpreters of Buddhism would no doubt recognize "pointing" and "seeing" as a standard element in Buddhism, but whether they would single it out as the defining characteristic of the religion, to the extent that Suzuki did, is uncertain.

The significance of adopting religious experience as a model for explaining Buddhism was profound. Most importantly, it provided a

of religion. This is reflected in a private letter that Suzuki sent from America to his lifelong friend, the philosopher Nishida Kitarō 西田幾多郎 (1870–1945), dated September 23, 1902, in which he described a particular experience he had had as a lay practitioner of Zen at the Engakuji in 1896:

> Previously when I was in Kamakura, one night the regular period of meditation had ended, and I left the meditation hall. I was passing amid the trees carried along by the moonlight, returning to my lodging in the Kigen'in 帰源院. When I came down near the main gate, all of a sudden it was as if I had forgotten myself, and yet it wasn't that I was completely forgotten. Even so, in the light of the moon the shadows of the trees produced an image of uneven lengths on the ground. It was like a picture of things in themselves (*enzenga* 宛然画), and I myself was a person in that picture. There was no differentiation between the trees and me. The trees were I, and I was the trees. I had the distinct thought that this is my "original face" (*honrai no menmoku* 本来の面目). After I finally got back to my lodging too, all confusion had melted away and my mind was without the least bit of doubt, and I was filled with a feeling of joy somehow. Even now it is difficult to express in words my state of mind then.[15]

In his letter Suzuki recounted this episode as a specific example of "religious experience" (*shūkyō teki keiken* 宗教的経験) as described in William James's *The Varieties of Religious Experience*, which had been published earlier that year and which Suzuki enthusiastically recommended to Nishida. The specific characteristics of religious experience mentioned in the letter were, first of all, that it is grounded in feelings (*firingu* フィリング) rather than in intellect (*interetto* インテレット). That is, it is non-rational. But these feelings cannot be treated as "delusionary thoughts or superstitions" (*mōsō meishin* 妄

internal space of human subjectivity. Defining religion in this way thus insulated it from rationalist criteria that were standard in science. Suzuki, during his long study in America, gravitated toward this point of view. He was influenced heavily by the psychologist of religion William James (1842–1910) and his concept of religious experience,[11] which was likewise defined as internal and non-rational. Religious experience thus became the centerpiece of Suzuki's explanation of Buddhism and was subsequently linked to his ideas of Buddhist mysticism and Japanese spirituality. In short, Suzuki became a strong proponent and practitioner of this approach.

Religious Experience

Some scholars argue that the concept of religious experience is largely a modern construction dating from the European Enlightenment, which spread to Asian intellectuals as well through colonial expansion.[12] Certainly, the most commonly used word in Japanese for experience, *keiken* 経験, gained currency in the Meiji period as a translation for the Western term "experience" (though a few instances of this word can be found slightly earlier, in the Tokugawa 徳川 [1603–1867] period, but not in a religious or Buddhist context).[13] Whatever its genealogy, the idea of religious experience had recognition and intellectual appeal by the time Suzuki came of age as a thinker in the late nineteenth century.[14]

Part of the inspiration for Suzuki's concept of religious experience was his practice at the Engakuji monastery in Kamakura in the 1890s where he was exposed to the Hakuin 白隠 (1686–1768) method of Zen training, in which enlightenment or *satori* 悟り was situated in the regimen of meditation and the routine of *kōan* 公案 study and meetings with the master. But another indisputable influence was the ideas of William James, the famous psychologist and philosopher

Buddhism. Unlike fundamentalists, he did not emphasize the literal meaning of Buddhist texts and he felt comfortable applying modern, Western concepts and themes to them. He feared that Buddhism, like other religions, was at risk in the modern world and sought ways to reconcile it to these new realities. Even though he offered new interpretations, he presented them as the inner truth of Buddhism going back to its beginning.

Suzuki was certainly influenced by the rationalist approach to religion, especially during his early study of Buddhism. One reason is that many Westerners adopted this approach in their treatment of Buddhism, especially those who were disillusioned with Christianity. This disillusionment arose from the perception that Christianity is dependent on blind faith, and thus irreconcilable to science and the modern world. Buddhism, by contrast, they depicted as a rational and humanistic religion without magical elements.[8] An important proponent of the rationalist approach was Paul Carus, Suzuki's mentor in America for eleven years. He attempted to articulate a new understanding of religion stripped of all irrational and superstitious elements, which he called the "religion of science."[9] Suzuki ultimately rejected this approach,[10] but he nonetheless recognized the necessity of reconciling religion to the rational structures of the modern world. Thus, he did not emphasize supernatural beliefs and practices that had been part of Buddhism throughout its history. To that extent, Suzuki was also a modern rationalist.

Suzuki ultimately adopted the romantic approach in interpreting Buddhism. This actually emerged as the dominant approach in Asia and the West, as it attempted to preserve a place for religion in the modern world. It idealized religion as an essential non-rational (or pre-rational) dimension of humans. Science was ceded dominion over the objective world of material things, but religion was allotted the

is considered perfectly compatible with modernity and at the very heart of scientific thinking. In a state of reason people can transcend their own subjectivity and see things with complete and universal objectivity. The relationship of reason to religion has, of course, been a thorny issue over the centuries. But rationalists who are sympathetic to religion have sought to portray religion as an extension and expression of reason. They thus postulate a compatibility between religion and science, though science itself has not always accepted this view.

Romanticism represents the third approach in which religion is validated not by linking it to science, but by relegating it to a sphere totally outside of science. This approach was inspired in part by the nineteenth-century Romantic and Transcendentalist movements, which idealized human intuition and emotion over reason. In it religion is treated as a non-rational human activity, which does not compete with science but operates alongside it. Science may be able to analyze and explain the material world, but it cannot harmonize people with the world or with themselves in the same way that religion can. Hence, romanticism allows science to function in an external, objective sphere, but it reserves for religion the internal, subjective sphere of humans. Among the various attempts to legitimate religion in the modern period, this one has generally been the most successful and widespread, both in the West and in Asia. It is the one in which the idea of religious experience finds its strongest basis.[7]

In trying to place Suzuki within this rubric, it is clear, first of all, that he should not be classified as a fundamentalist. There were indeed Buddhist fundamentalists in his day, primarily conservative members of the traditional Buddhist denominations. But he considered them rigid and out of step with the rapid changes occurring around them. Suzuki, by contrast, was a reformer and a member of the Meiji generation of Japanese who sought to build a modern Japan, including a place for

career. It continued throughout the remainder of his life and created an aura around him after his death in 1966.[6]

Religious Responses to Modernity

In exploring Suzuki's interpretation of Buddhism, I would first like to situate his ideas amid the various approaches and attitudes toward religion that we find in the nineteenth and twentieth centuries. This was a time when the social and cultural prominence of religion, both East and West, was in decline amid the rising influence of science and secularization. In the West, it was marked by various critiques of religion by science and secular philosophy. In Asia, it corresponded to the spread of colonialism and Western-style modernization in various countries. Sympathizers of religion were under pressure to defend it in this volatile and rapidly changing environment. Generally, we can identify three separate approaches or strategies that they adopted: fundamentalism, rationalism, and romanticism. These categories are admittedly heuristic, rather than absolute, for people could display characteristics of different ones at the same time. But they provide a convenient rubric in which to analyze Suzuki's views and to compare them to other thinkers' in the modern period.

Fundamentalism refers to the belief that religion can continue to function just as it did in premodern times without any concern for the modern world. In a nutshell, it rejects the significance of modernity and asserts the primacy of religion over alternative views of the world. It treats its religious texts as literal truth and its traditions as the true path to human fulfillment. Science is regarded as an irrelevant and inferior way of thinking, and secularization as folly. Religion is thus seen as the highest and most compelling reality.

Rationalism refers to the idea that the world functions according to rational principles that can be understood by humans. Reason

thus to help it meet the Ministry of Education standards for official recognition as a university. Ōtani proved to be an excellent setting for Suzuki to propound his ideas about Buddhism. It established the English journal *The Eastern Buddhist*, edited by Suzuki and his wife, in which he published some of his earliest and most important essays. He also received generous, decades-long support from a patron, Ataka Yakichi 安宅弥吉 (1873–1949), a wealthy Osaka businessman and a friend from Suzuki's student days. He funded the overseas publication of Suzuki's early books in English—*Essays in Zen Buddhism* in three volumes and his works on the *Laṅkāvatāra Sutra*, which fostered his reputation abroad as an important scholar of Buddhism. Suzuki's Ōtani years, even after he reduced his teaching responsibilities to reside full time in Kamakura in the 1940s, were a time of prolific scholarship. During that period Suzuki gained recognition throughout Japan as a scholar of Buddhism.

After World War II ended, when Suzuki was seventy-five years old, he emerged with an even higher profile in Japan than before, in part because of his familiarity with the West and his criticism during the American Occupation of the Japanese war effort. Suzuki traveled again to America in 1949 and resided there most of the time until 1958, teaching at various universities, principally Columbia in New York. During these years Suzuki was catapulted to fame in the West as a preeminent authority on Buddhism. This occurred as a result of several events and trends—most importantly, the republication of his earlier books in English at a time of burgeoning interest in Buddhism in America and Europe. With fame in the West came fame in Japan also. Whenever he returned home for brief visits, he was welcomed with great fanfare, and when he moved back permanently in 1958, he was treated as one of Japan's greatest scholars of Buddhism. This adulation far surpassed anything he had experienced earlier in his

Through Sōen's introduction, Suzuki traveled to America in 1897 to work under Paul Carus (1852–1919) as a translator and editorial assistant at Open Court Publishing in LaSalle, Illinois. Sōen had met Carus at the World's Parliament of Religions in 1893 and developed a lively correspondence with him. Suzuki ended up staying in America for eleven years, all the while reading widely and deeply in religious theory and Western scholarship on Buddhism, and also learning from Carus, who was an important scholar of religion with an Orientalist approach to Buddhism. In 1908 Suzuki left America and, after spending one year in Europe, mostly in London translating a text for the Swedenborg Society,[4] he returned to Japan in 1909.

Upon his return Suzuki managed to get a position as an English professor in the preparatory division of Gakushūin 学習院, the Peers School, in Tokyo. Soon afterwards he married Beatrice Erskine Lane (1878–1939), a highly educated American with a Theosophist's attraction to Buddhism, whom he met in America in 1906 and who joined him in Japan in 1911. Suzuki held his position at Gakushūin until 1921, but he spent much time during this period in Kamakura working closely with Sōen on Zen publications and projects on modern Buddhism. To a certain extent, these three figures—Shaku Sōen, Paul Carus, and Beatrice Lane Suzuki—were the strongest influences on Suzuki's intellectual development over this three-decade period. They prepared him for the task of interpreting Buddhism for the modern world, both East and West, which would become Suzuki's life's work.

In 1921 Suzuki was appointed as a professor at Ōtani University in Kyoto. In his appointment letter his academic field was listed as English first and "Indian philosophy" (that is, Buddhist studies) second.[5] This was actually the first position Suzuki ever held in Buddhist studies, even though he was already fifty years old. Ōtani appointed him, and also his wife Beatrice, to enhance its international profile and

Suzuki's Life and Times

Suzuki is seen as a renowned international spokesman for Buddhism, but it is somewhat surprising that he attained such prominence considering his background. He was not reared in a Buddhist temple, nor did he receive formal training in traditional Buddhist texts and doctrine. Rather, he was born into the family of a former samurai in Kanazawa who was drawn to the Confucian and Chinese classics more than to Buddhism. When Suzuki was only six years old his father died, and from that time he and his mother struggled financially throughout his youth and early adulthood. But he was bright and industrious in his early education, and excelled at English at a time when few other Japanese were proficient in the language. In fact, Suzuki received recognition during the first half of his long life more for his English expertise than for his knowledge of Buddhism. With meager support from a brother after his mother died, Suzuki enrolled at Waseda University in Tokyo in 1891 and then transferred as a special student to Tokyo Imperial University. But during this period he became more engaged in Zen meditation than in his studies.

In his first year of university Suzuki began to spend more and more time at the Engakuji 円覚寺 Zen monastery in Kamakura as a lay practitioner, and in 1892 he became the disciple of the Zen master Shaku Sōen 釈宗演 (1859–1919), an internationally minded Buddhist cleric. This was three years after Sōen had returned from living in Sri Lanka and a year before he would attend the World's Parliament of Religions in Chicago. Suzuki became Sōen's close and devoted protégé, both in Zen training and in the development of a new, Pan-Asian version of Buddhism that would have credibility not only in modern Japan but also in the West. Suzuki was well suited to contribute to this effort because his English was excellent, better than Sōen's, and because he was already reading broadly in Western philosophy, transcendentalist literature, psychology, and religious theory.

themselves against science and secularism. Suzuki, like other reform-minded Japanese Buddhists, offered his interpretations and proposals as a way of addressing this crisis. Their great accomplishment was not just to rehabilitate Buddhism but also to rearticulate it as a plausible and compelling discourse in modern times.[2]

The key element in Suzuki's modern portrayal of Buddhism is, I believe, the concept of religious experience. Viewing religion as an expression or outgrowth of religious experience has become so widespread and ingrained in our modern thinking that it is hard to imagine religion in any other way. But the concept of experience was not strongly embedded in the premodern Japanese vocabulary (nor in the pre-Enlightenment European vocabulary).[3] Rather, it gained widespread recognition in the eighteenth, nineteenth, and twentieth centuries as a way of explaining certain types of human behavior. Scientific thought tended to analyze events, including human action, in terms of identifiable causes and outcomes. The concept of experience provided one way of insulating humans from such a deterministic analysis, ascribing to them freedom, autonomy, and agency. Suzuki and countless other religious thinkers, both in Japan and the West, adopted the language of experience to claim that religion is a real and legitimate concern of humans that lies outside the reach of scientific scrutiny and reductionism. In effect, Suzuki essentialized religion as an internal dimension that defines humans, and he considered religious experience the event whereby it is expressed in the objective world. Suzuki adopted the concept of religious experience very early in the development of his religious thought. He subsequently elaborated on it and tied it to two other concepts, mysticism and spirituality. These three represent the core components at the heart of Suzuki's reconstruction of Buddhism.

D. T. Suzuki and the Construction of Modern Buddhism

James C. Dobbins

SUZUKI DAISETSU TEITARŌ 鈴木大拙貞太郎 (1870–1966), commonly known in the West as D. T. Suzuki, was a major interpreter of Buddhism in the modern period both in and outside of Japan. His ideas became so pervasive in the West that they were often taken as the gospel truth about Buddhism. They did not, however, present a balanced historical picture of Buddhism, but rather a selective and interpretive one. For this and other reasons, Suzuki has been criticized by a few scholars in the late twentieth century.[1] Here I would like to consider him from a different perspective. Specifically, I wish to examine Suzuki as a historical figure reacting to the needs and exigencies of his times. In doing so, I think we can treat his ideas as a reconstruction of Buddhist thought for the modern age.

Buddhism in Japan at the beginning of the Meiji 明治 period (1868–1912) was undergoing a crisis. It was widely considered a backward and superstitious worldview that was incompatible with modern thinking. Moreover, as a social organization it was perceived as decadent, controlled by corrupt priests who were lax in their religious practices and parasitic on their parishioners. For these reasons, Buddhism underwent the harshest persecution of its history in Japan during the early years of the Meiji period. This situation in a sense paralleled the loss of credibility suffered by Western religions in the eighteenth, nineteenth, and twentieth centuries as they struggled to legitimate

which only tables of contents are included in JSZ 9:383–490; in addition to his *Jūzen hōgo*, more popular statements of his understanding of the True Dharma can be found in JSZ 14, which contains a large number of his shorter Dharma talks.

5 For a fuller discussion of the historical and intellectual contexts of Jiun's life and his response to Confucian criticisms, see Paul B. Watt, "Jiun Sonja (1718–1804): A Response to Confucianism within the Context of Buddhist Reform," in *Confucianism and Tokugawa Culture*, ed. Peter Nosco (Honolulu: University of Hawai'i Press, 1997), 188–214.

6 JSZ 11:451.

7 JSZ 11:56.

8 Paul B. Watt, trans., "The Non-Abiding Mind" in *Japanese Philosophy: A Sourcebook*, ed. James W. Heisig, Thomas P. Kasulis, and John C. Maraldo (Honolulu: University of Hawai'i Press, 2011), 106.

9 Ibid., 109. Original text of the complete *hōgo* in JSZ 14:351–61.

10 JSZ 14:28–41.

11 JSZ 14:39.

12 "Jashii kaiji" 邪思惟開示, JSZ 14:335–38.

13 JSZ 14:337.

14 See, for example, *Kokoro no sho: Jiun Sonja* 心の書：慈雲尊者, ed. Ōsaka Shiritsu Bijutsukan 大阪市立美術館 (Ōsaka: Yomiuri Shinbun Ōsaka Honsha, 2004), 70 with commentary on 160.

15 On all three of these figures, as well as Yasuda, see *Cultivating Spirituality: A Modern Shin Buddhist Anthology*, ed. Mark L. Blum and Robert F. Rhodes (Albany: State University of New York Press, 2011).

16 This line is a rendering of the Japanese translation of a term borrowed from Heidegger, *sekainai sonzai* 世界内存在; see the entry for this term in *Iwanami tetsugaku shisō jiten* 岩波哲学思想事典, ed. Hiromatsu Wataru et al. (Tokyo: Iwanami Shoten, 1998).

17 *Yasuda Rijin senshū* 安田理深選集 (Kyoto: Bun'eidō, 1994), 1:347. Hereafter cited as YRS.

18 YRS 1:346–47.

19 The phrase "I and Thou" is a reference to the existentialist Jewish theologian, Martin Buber, *Ich und Du* (Leipzig: Insel-Verlag, 1923), translated into English by Ronald Gregor Smith as *I and Thou* (New York: Scribner, 1958). In Buber's thought, the "I and Thou" relationship with the sacred represents a mutual and totally encompassing encounter, which he contrasts with a superficial "I and It" relationship.

20 YRS 1:342–43.

21 YRS 1:348.

images and the like. But Jiun also spoke to the larger intellectual and religious world of his day, responding to Confucian criticisms of Buddhism and, conscious of the growing interest in Shinto in the eighteenth century, articulating his own interpretation of the religion, which became known as Unden Shinto 雲伝神道 or the "Shinto transmitted by Jiun." Similarly, Yasuda sought not only to address the misunderstandings of the Shin tradition that he encountered, but also to present Shin Buddhism to a wider, educated audience through his invocation of the language of nineteenth and twentieth century Western philosophers. Perhaps the chief difference between the two figures lay in their judgment about the aspects of the Buddhist religion most relevant to their times. By his late twenties, Yasuda had decided that it was Shin Buddhism's concern with the ordinary individual struggling with the exigencies of everyday life that was the form of the religion that could best speak to their needs. Jiun also understood the power of Buddhism to address the spiritual needs of the laity, but he continued to see meaning and value in the high ideal of the Buddha-like life, in which wisdom and ethical action were united.

Notes

1 *Jiun Sonja zenshū* 慈雲尊者全集, ed. Hase Hōshū 長谷寶秀, 2nd ed. (Kyoto: Shibunkaku, 1974), 11:1–453. Hereafter cited as JSZ.

2 This work has been translated by Dennis Hirota, Hisao Inagaki, Michio Tokunaga, and Ryushin Uryuzu, *The True Teachings, Practice and Realization of the Pure Land Way*, contained in *The Collected Works of Shinran*, 2 vols. (Kyoto: Jōdo Shinshū Hongwanji-ha, 1997), and by Daisetz Teitarō Suzuki, *Shinran's Kyōgyōshinshō: The Collection of Passages Expounding the True Teachings, Living, Faith and Realizing of the Pure Land*, ed. The Center for Shin Buddhist Studies under the Supervision of Sengaku Mayeda, Shinshū Ōtani-ha, Higashi Honganji (New York: Oxford University Press, 2012).

3 "Shōken" 正見, JSZ 14:331.

4 On his studies of monastic apparel, see his *Hōbuku zugi* 方服図儀, JSZ 1:1–384 in abridged and unabridged versions, among other works; his Sanskrit studies were compiled into a one thousand fascicle work titled the *Bongaku shinryō* 梵学津梁, of

The Name, therefore, is not a call directed outwardly; rather, as Yasuda so often writes, it is the practice of Shin Buddhism, i.e., it is the expression of a transformed consciousness, the consciousness of a bodhisattva who works for the well-being of all.

IV.

In Yasuda's work, the focus of Shin Buddhism was shifted away from the hope of entry into the Pure Land after death to the experience of the Pure Land in the present. It was also shifted away from an attitude of resignation among followers about the possibility of bodhisattva-like action—which grew out of Shin traditional ideas about the individual's inability to attain enlightenment and the need to rely on Amida's grace—to an attitude of world engagement. To be sure, Yasuda never advocated any specific formula for action in society, such as Jiun did in his advocacy of the precepts, and it would not be accurate to describe Yasuda as a social activist. However, to speak and write explicitly as Yasuda did about the ideals of the bodhisattva or about realizing one's true identity as the manifest form of Tathāgata naturally brought him closer to the traditional Buddhist view. Clearly both Yasuda and Jiun were in agreement that the key to Buddhist liberation was the transformation of mind and the understanding of the empty and mentally constructed nature of the world of human experience, and both agreed that the qualities of the Buddhas that we might exhibit come from within. Further, both also sought to communicate this fundamental vision of liberation in ways meaningful to their contemporary audiences. Jiun spoke to the Tokugawa Buddhist community—which had become more concerned about transmitting sectarian traditions, maintaining population registries as required by the Tokugawa government, and gaining income through conducting funerals, selling amulets, conducting special exhibitions of Buddhist

of I and Thou,[19] not the existence of something. However, that relationship is not the relationship of one thing to another; it is the relationship between that which has form and that which does not. It indicates the relationship of time and eternity. The relationship is always mutual. It is not one-sided. To be called is to have heard, is to have responded. It is not that there is the call and then, later, one responds.[20]

The recitation of the Name, therefore, is not a call to an externally existing Buddha, but an expression of an awareness of one's original nature as grounded in thusness but embodied in the world of form. One lives therefore as an embodiment of the Tathāgata, and Amida's vow to lead all to the Pure Land becomes the guiding principle of one's life. In this conception of existence we can see Yasuda's understanding of the basis in Shin for constructive engagement with the ordinary world. In "Humans as Bodhisattvas," he writes:

Self-awareness does not merely have the passive meaning of the cutting off of transmigration; it also signifies transforming transmigration in a positive sense. One takes on reality. There is the Tathāgata who takes on the reality of sentient beings. In that one does not avoid but takes on reality, there is the transcendence of transmigration while transmigrating. At the same time that one transcends transmigration, one transcends *into* transmigration. In that lies the positive significance of transmigration. Here, we can think of sentient beings as the Tathāgata who has taken on reality.

Therefore, a bodhisattva is not someone who has merely cut off transmigration but rather he or she is a sentient being who has the self-consciousness of the Tathāgata who has taken on reality. In that, there is what we call the compassionate vow in Mahayana scholarship.[21]

are contradictory to themselves.... That sentient beings are ordinary means that, while they have lost their original nature, they are still related to it; hence, in that relationship, the fundamental contradiction of the structure of human existence is indicated. Human beings are related in a contradictory fashion to their own selves. Having an awareness of that structure is what we refer to as unease.... Human beings become a problem for themselves because the basis for unease resides in the structure of human existence.[18]

Yasuda maintains that Shin offers the ordinary human being a way out of this state of unease *and* a way of simultaneously transcending and embracing the world of provisional names. That way involves becoming aware of the contradictory nature of their existence and by recovering their true identity as nothing other than embodiments of the Tathāgata Amida Buddha himself. Yasuda explains, it is the Name that, in a world of provisional names (*kemyō* 仮名), takes us back to our true identity as the Tathāgata. Yasuda's "A Name but Not a Name Alone" perhaps expresses this cluster of ideas the best. The following long passage comes near the end of that work.

Amida is something without form; when something without form becomes a name, that which is without form calls to that which has form. No matter how much it may call, that does not mean that there is something that is calling. Rather we receive the call at that place where there is no thing that calls. It is the voiceless voice. It is not that, having been called, I exist. Rather I myself take form as the call. I am transformed as the call. It is not that the call exists outside of us and that we listen to it and are moved. I take form as the call.

The name of the Primal Vow does not indicate a thing. It is a name that indicates a relationship. It indicates the relationship

Consciousness thought, he describes the condition of ordinary humans in the following way:

> Human beings do not exist in reality itself; rather they function within the context of their interpretation of reality. Humans are able to function in and be concerned about the human world alone; they cannot function in a world that transcends humans. We are like silkworms who make cocoons and who live within the cocoons we ourselves make. We do not live in a world of direct experience. Discriminating among names and objects is the basis of human existence. If that were not so, there would be no way for the passions and the like to arise in a world of direct experience. Human beings function within the world they construct. In that sense, human beings are existences in the world.[16] It is not that humans would exist whether or not there were names. In a sense, humans are beings who, through names, are deluded by names.[17]

Yasuda makes clear in this lecture, and in many others, that as is commonly accepted in the Mahayana tradition, the true nature of reality is emptiness, or thusness, as Yasuda often refers to it. Although the ground of human existence is thusness, humans become deluded about that fundamental fact through the world building activities of the mind. As a result, in ignorance they cling to that which is ultimately empty and live in a state of "unease." In a 1962 work titled "Humans as Bodhisattvas" (*Bosatsuteki ningen* 菩薩的人間), Yasuda develops this theme:

> The everyday existence of sentient beings is that of ordinary beings. They are beings who, while originally existing in thusness, have in reality lost that thusness. But even though they have lost that thusness, because of that they are not separated from their connection to thusness. In other words, that relationship exists in a contradictory way. Sentient beings

Following the lead of his teachers, Yasuda articulated an understanding of Shin Buddhism that interiorized Amida and his Pure Land and that was grounded in the bedrock of Mahayana philosophy, the Emptiness School begun by Nagārjuna (second to third century CE) and the Mere Consciousness School established by Vasubandhu (fifth century CE) and Asaṅga (fifth century CE). Further, in a way unlike his teachers, he often expressed his interpretation of Shin in language borrowed from contemporary Western philosophy and theology. He seldom takes up individual philosophers for direct examination, but one sees in his writing language borrowed from them, including Heidegger in particular, but also Nietzsche, Hegel, and the Jewish theologian Martin Buber. In part, this reflects Yasuda's knowledge of the writings of the Kyoto School, whose foundations where laid by Nishida Kitarō 西田幾多郎 (1870–1945) and that also drew on Western philosophy. However, it also is an indication of Yasuda's concern to present Shin as a type of Buddhism that could speak to the modern, educated person. In this effort, Yasuda takes up three major themes through which he sought to lead his audience to a fresh understanding of Shin thought. First, Yasuda sought to raise an awareness within his readers and listeners of the true nature of reality and of the workings of the mind that lay behind the unsatisfactory state of ordinary existence. Second, he sought to explain the way in which *shinjin* or the entrusting mind and its expression in the Name, *Namu Amida Butsu*, functioned to lead individuals out of that world. And third, he offered them a vision of a way of life that arose from that transformed state of mind.

In 1960, Yasuda presented one of the most comprehensive statements of his thought in a lecture titled "A Name but Not a Name Alone" (*Na wa tan ni na ni arazu* 名は単に名にあらず). This lecture was given at the Kyoto temple Sennyūji 泉涌寺 shortly after his meeting with Tillich. Early in this lecture, drawing on a classic image from Mere

ing in this same vein, interpreted Amida as existing within human beings in his bodhisattva form as the deepest layer of consciousness or, in Buddhist terms, the storehouse consciousness. All of the men met intense resistance within the sect. In 1897, Kiyozawa lost his status as a Shin priest. In 1928, Kaneko was dismissed from Ōtani University and in 1929 he was removed from the registry of Shin priests. Before such actions could be taken against Soga, he resigned from Ōtani, in 1930. Yet, in 1899, Kiyozawa was asked to head the sect's new university in Tokyo, Shinshū Daigaku 真宗大学, and in the post-War period, all of these men came to be recognized as the founders of modern Shin Buddhist thought. Kaneko returned to lecture at Ōtani in 1952 and Soga ultimately became president of the University in 1961.

Yasuda grew to intellectual maturity during the tension-filled years of the 1920s and 30s. After Kaneko and Soga left the university, Yasuda joined a group of young scholars supported by these men know as the Kōbō Gakuen 興法学園 or "Academy for Advancing the Dharma" and his earliest publications appeared in the group's journal, *Kōbō* 興法. In the 1930s he made his living largely as an independent scholar, lecturing in temples in Niigata and Toyama, long-time centers of Shin adherents, and in Kyoto to Ōtani students. Reflecting Soga's deep interest in Mahayana's Mere Conscious philosophy, Yasuda often lectured on these texts and on the writings of Shinran. In 1935, Yasuda established another private academy, the Sōō Gakusha 相応学舎, or the "School of Practice that Accords with Reality." The name of the academy was suggested by Soga, who took the words from a central text in the Shin tradition, Vasubandhu's *Jōdoron* 浄土論, or *Pure Land Treatise*. Yasuda married in 1938, and only in 1943 did he become a Shin priest. An important intellectual event of his later years was his encounter in 1960 with the Protestant theologian Paul Tillich (1886–1965), a leading force in liberal theological thinking in America and Europe.

木月樵 (1875–1926), a professor at Ōtani. Yasuda decided to write instead to Kaneko, and through his aid, Yasuda managed to become a student at Ōtani, first as an auditor, in 1924, and then as a student in a secondary course of study at Ōtani known as the *Senka* 選科, a program he completed in 1930.

Yasuda continued to have an interest in Zen Buddhism throughout his life, but it was during these years at Ōtani that he consolidated his understanding and commitment to Shin Buddhism, a sect that focused on living out the truths of Buddhism in ordinary lay life. He did this while listening to the lectures and reading the writings of Kaneko and the person who would be his closest teacher, Soga Ryōjin 曽我量深 (1875–1971). These men were leaders in the revitalization of Shin Buddhism, and both had close ties to Kiyozawa Manshi 清沢満之 (1863–1903), the pioneer in this effort.[15] All three sought to move the tradition away from the then dominant view of Shin teachings, which offered followers birth in the Pure Land after death through Amida's unbounded grace, to an internalized view of Amida and his Pure Land as a state of mind and a way of life attained in the present. Kiyozawa was born into a low-ranking samurai family at the end of the Tokugawa period, but through his mother's ties to Shin Buddhism and his academic achievements, he was able to receive an education in Shin schools and was ultimately sent to Japan's premier university, Tokyo Imperial University, to study Western philosophy. Within the Shin sect, he worked to liberalize the Shin educational system and to democratize decision-making, and in his publications he sought to advance an interpretation of Shin that was philosophically sophisticated and in line with the mainstream of Mahayana Buddhist thought. Kaneko furthered the de-mythologizing of Shin belief in publications in the 1920s, arguing in effect that Amida and his Pure Land were states of mind rather than external realities. Kaneko's contemporary, Soga, continu-

phrase that constitutes the primary expression of the entrusting mind in Shin Buddhism.[14]

III.

Yasuda Rijin reached his intellectual prime more than two hundred years after Jiun Sonja's death and his life unfolded in a very different Japan. Yasuda was born in 1900 near the Sea of Japan in Hyōgo Prefecture in the town of Umigami. His parents divorced when Yasuda was seven years old, and thereafter he and his younger brother were raised by their mother. When he was six years old, he was placed in a Christian kindergarten. One suspects that, since Yasuda had an interest in the religion throughout his adult life, this early experience may have marked its beginning. After completing primary school, Yasuda attended a private night school in his mid-teens. It was during these years that he developed a serious interest in Buddhism, especially Zen Buddhism, and he received Buddhist precepts from the Sōtō Zen master Hioki Mokusen 日置黙仙 (1847–1920). Yasuda began to work at a bank in his late teens, but he continued to read books on Buddhism and Christianity. He was particularly impressed by *Bukkyō gairon* 仏教概論 (Survey of Buddhism), a work by Kaneko Daiei 金子大栄 (1881–1976) that was published in 1919. Kaneko was a professor at Ōtani University in Kyoto and was to become a leading voice in the modern interpretation of Shin Buddhist teachings.

When Yasuda's mother died when he was twenty, he moved to Kyoto. He worked for a short while at the Kyoto water purification plant on the east side of the city, but his real intent in moving to Kyoto seems to have been to further his Buddhist studies. He heard lectures on Zen at the famous temples of Shōkokuji 相国寺 and Nanzenji 南禅寺, but when he asked a Nanzenji monk for advice about pursuing his study of Buddhism, he was advised to contact Sasaki Gesshō 佐々

early Táng dynasty in China—nevertheless each sect, he maintains, contains that which "accords with the True Dharma" (*zuibun no Shōbō* 随分の正法). In the case of Mikkyō 密教 or Esoteric Buddhism, for example, it is the wondrous practice of the three mysteries that constitutes that which accords with the True Dharma; in Zen it is the pursuit of the illumination of the ground of the mind; and in Tendai, it is the practice of concentration and insight. In the case of Shin Buddhism, he states that, if one has a wife, one should remain in that state, and if one does not, one should not seek one; further, one should not seek the objects of the five senses, but "one should single mindedly be grateful for Amida's Primal Vow."[11] Elsewhere Jiun voices criticisms of Shin Buddhism.[12] He finds fault, for example, with Shin's advocacy of reliance on Amida alone and in spreading the idea that merely by believing in Amida one could be born in an otherworldly Pure Land. Jiun sees in the latter teaching parallels to Hindu belief in the powers of the deity Brahma to lead followers into his heavenly realm. More fundamentally, however, Jiun argues that the sole focus on Amida's vows misrepresents the nature of the vows of all the Buddhas. "There is no Buddha," he writes, "that does not have great mercy and great compassion."[13] Still, his inclusion of Shin Buddhism in his discussion of what each sect has in common with the True Dharma tells us a great deal about his understanding of the Buddhist way of life. The paths that lead to the transformation of mind are numerous and each has its value. Moreover, although he holds high the ideal of the Buddha-like life and the lifestyle of the monk and nun which is modeled on the Buddha's own life, people with husbands, wives and children also have a path to the Dharma open to them, and Shin Buddhism was one of those paths. It is worth noting that, among the many pieces of calligraphy that Jiun left behind—which drew on Zen, Shingon, Confucian and Taoist traditions—were the characters *Namu Amida Butsu* 南無阿弥陀仏, the

known Prajñā or Wisdom text *The Diamond Sutra*. Jiun's focus in this talk is the famous line from the sutra, "Produce a mind that abides in no place." About it Jiun states, "The profound meaning of all the Prajñā texts is contained in this one line. Indeed, the meaning of all the sutras is contained within it."[8] He concludes this *hōgo* 法語 or Dharma talk with the following words:

> The dharma realm of the ten directions is of just one form, and there is neither self nor other. The dharma realm of the ten directions is of just one sound and there is neither arising nor extinction. The dharma realm of the ten directions is of just one dharma and there is neither shallowness nor depth. The buddhas of the three periods of time are another name for your self. Forms, scents, tastes, textures, and dharmas are other names for your own mind. The Buddha Vairocana achieves unsurpassed enlightenment in your own mind. The Buddha Amitābha establishes his heavenly world within your own mind. Avalokiteśvara and Mahāsthāmaprāpta save sentient beings within your own mind.[9]

As noted earlier, in advancing his True Dharma movement and stressing the importance of the precepts, Jiun was not asking his contemporaries to abandon their sectarian allegiances; rather he saw each sect as embodying the True Dharma in its own way. One particularly instructive *hōgo* that reflects this point of view is his "Understanding the Various Sects" (*Shoshū no kokoroe* 諸宗の心得).[10] There Jiun considers various sects from the perspective of his understanding of the True Dharma. The Vinaya Sect (Risshū 律宗), Zen, Shingon, Tendai, Nichiren 日蓮, Pure Land 浄土, and the Ikkoshū 一向宗 or Shin Buddhism are among the types of Japanese Buddhism that he takes up. While in some cases he notes deviations from the standards of the past—which he seems to suggest were in tact until the

as morally lax and, more fundamentally, as representing a religion that undercut the foundational values of Confucian society—filial piety and loyalty—through Buddhism's encouragement of the monastic life.[5] While Jiun himself could agree that the Tokugawa clergy was in need of greater discipline, he rejected the Confucian criticism that Buddhism was, in effect, anti-social. On the contrary, in his view, Buddhism offers guidance to all members of society, from ordinary persons up to members of the ruling class. Moreover, the ten good precepts—which prohibit killing, stealing, adultery, lying, frivolous language, slander, equivocation, greed, anger and wrong views—not only benefit persons living in secular society; ultimately they form the basis of the enlightened life. In his *Jūzen hōgo* he writes: "If you perfect the ten good precepts, you will be more than able to cultivate yourself, set your house in order and rule your country in peace. Every one of you will be able to attain the status of even an advanced practitioner and, by gradually fulfilling the precepts, the time will come when you become one with the Buddha body."[6] Elsewhere in these sermons he writes: "Only the ten good precepts encompass all countries, the past as well as the present, the wise as well as the foolish, the clever as well as the slow, the noble as well as the humble, and men as well as women—only they are the way that can be regarded as the true Way."[7]

While Jiun believed that persons who followed the ten good precepts benefitted both themselves and the world around them, he did not believe that mere ethical conduct alone could lead to the realization of Buddhahood. Above all, that depended on the transformation of mind and the attainment of insight into the emptiness of all things (*kū* 空) and the dependent nature of all existence (*engi* 縁起). The person who has attained this state of mind, like all bodhisattvas, is able both to live compassionately in the ordinary world, yet remain unattached to it. Jiun expounded on this state of mind in a short sermon on the well-

seems not to have been totally satisfied with this training, and when he was twenty-three, he left Hōrakuji to study with the Sōtō Zen 曹洞禅 master Hōsen Daibai 法撰大梅 (1682–1757) in Shinshū. In fact it was while Jiun was under Daibai's guidance that he first seems to have made a critical breakthrough. He writes in simple language that it was while he was with the Zen master that he "first felt right" (*hajimete ontō ni natta* 初めて穏当になった). By his late twenties, it is clear that Jiun had begun his search for the fundamentals of Buddhist thought and practice that reached beyond any particular sectarian version of them. He first began these efforts with a few disciples in 1745 at the then dilapidated Osaka temple Chōeiji 長栄寺. Much later in his life the temple Kōkiji 高貴寺, located in the Katsuragi 葛城 Mountains to the east of the city, became the center of his movement.

Jiun's aim was to revive what he called the Shōbō 正法, the True Dharma. He also referred to his movement as the Shōbōritsu 正法律, the Vinaya of the True Dharma. As the name suggests, following the precepts was an essential element in his movement, but so too were the other elements of traditional Buddhist practice, meditation and wisdom. On one occasion, Jiun spoke of the ideal of Buddhist practice as "simply acting as the Buddha acted and thinking as the Buddha thought."[3] This vision informed a broad range of Jiun's activities, including studies of the proper design of Buddhist robes, the collecting of Sanskrit texts and fragments in Japan and the compilation of what might be called an encyclopedia of Sanskrit and Indian Buddhist culture, and the presentation of his understanding of the True Dharma in language comprehendible by the laity as well as the clergy.[4]

Jiun's particular stress on the precepts can be understood as a call to the Tokugawa clergy to return to the high level of ethical conduct that was the classical norm in Buddhism as well as a response to Confucian critics of Buddhism. Many Confucians criticized the Tokugawa clergy

Buddhism, he presented Shin in terms of classical Mahayana thought, on the one hand, and of modern Western, especially continental, philosophy on the other.

II.

Jiun's intellectual journey toward the establishment of a supra-sectarian Buddhist movement that called all Buddhists back to the fundamentals of Buddhist thought and practice began when his father died when Jiun was thirteen. His father had been a *rōnin* 浪人 working in the service of the Takamatsu domain, guarding their granaries in Osaka. His father's dying instruction was that Jiun should be turned over to the Shingon Vinaya master Ninkō Teiki 忍綱貞紀 (1671–1750) of Hōrakuji 法楽寺, situated east of the city. Jiun's mother was a devout Buddhist, and Teiki had visited their home in Osaka from time to time. As the youngest boy of a large family, Jiun had overheard lectures on Neo-Confucianism that were given to the older boys, and he had adopted as his own the Neo-Confucian view of the world, including its sometimes harsh criticisms of Buddhism. The encounter with Teiki, however, and the training that he received under him changed his life. In particular, Jiun recalled the impact that the exposure to the Shingon style of meditation had on him, as well as his study of the basics of Sanskrit with Teiki as he learned Shingon's *dhāraṇī* and mantras. These experiences led him into a new intellectual world that he had not imagined existed, one far more expansive than the Neo-Confucian world he had earlier encountered. Wanting Jiun to be well versed in the Confucian teachings that had spread so widely in the Tokugawa period, Teiki sent him to Kyoto to study with the Confucian teacher of Ancient Studies, Itō Tōgai 伊藤東涯 (1670–1736), for nearly three years. Thereafter, Jiun returned to the Osaka-Nara area for further training in Shingon and Vinaya practices, becoming a Shingon master or *ajari* 阿闍梨 in 1739. However, Jiun

indeed, his best known work in the nineteenth and twentieth centuries is his *Jūzen hōgo* 十善法語 or *Dharma Talks on the Ten Good Precepts*.[1]

In contrast, Yasuda Rijin was a modern interpreter of Shin Buddhism, the sect that had its roots in the teachings of Shinran 親鸞 (1173–1262). Shinran was originally trained at the Tendai 天台 Sect center on Mt. Hiei, which required adherence to a version of the traditional monastic life, but he followed his teacher Hōnen 法然 (1133–1212) off the mountain. While Hōnen continued to live the monastic life, he taught that in an age in which the realization of Buddhahood according to traditional means was beyond the reach of most people—an age known as the latter age of the Dharma (*mappō* 末法)—there was an easy path to "birth in the Pure Land" of Amida Buddha. This easy path involved the expression of a single-minded trust in Amida's vows to lead all who embraced that state of mind to his Pure Land. Nothing else was required. Shinran further developed his teacher's message by adopting a lay lifestyle and by articulating the intellectual basis for viewing *shinjin* 信心, the entrusting mind, as the sole requirement for entry into the Pure Land in his major work, the *Kyōgyōshinshō* 教行信証.[2] Although Shinran made it clear that birth in the Pure Land was a state that could be attained in the present, over the centuries more popular interpretations of Shin teachings spread. For most followers, entry into the Pure Land was something that occurred at death, and some practitioners of the *nenbutsu* 念仏, the phrase understood as the chief expression of trust in Amida, viewed it as having even magical powers. In the twentieth century, Yasuda Rijin articulated an interpretation of Shin teachings that took his readers and listeners to his lectures beyond such interpretations and back to Shinran and to the basis of Shinran's thought in Mahayana Buddhism's Emptiness and Mere Consciousness philosophies. Although Yasuda had a particular interest in Zen Buddhism, rather than relate his thought to the wider world of Japanese

Approaching the Pure Land: Jiun Sonja (1718–1804) and Yasuda Rijin (1900–1982) on Amida and His Pure Land

Paul B. Watt

I.

ON THE SURFACE, it would appear that the Edo Period Shingon Vinaya (Shingon Ritsu 真言律) master Jiun Sonja 慈雲尊者 and the twentieth century Shin Buddhist (Shin Bukkyō 真仏教) thinker Yasuda Rijin 安田理深 would have little in common. In the highly sectarian Buddhist world of the eighteenth century, Jiun urged the Buddhist community, both the clergy and the laity, to move beyond mere sectarian allegiances to what he imagined to be the fundamental elements of Buddhist thought and practice. Without denying the value of the interpretations of the Buddhist tradition that the various sects represented, he summoned the community back to what he called "Buddhism as it was when the Buddha was alive" (*Butsu zaise no bukkyō* 仏在世の仏教). His understanding of the Buddhist worldview was Mahayanist; nonetheless, he saw Mahayana thought linked in an essential way to the lifestyle of the early Buddhist community. This meant that in his day he worked to reestablish a clergy whose life was based on the so-called "complete precepts" (*gusokukai* 具足戒)—the 250 precepts for monks and the more than 300 for nuns—as well as a laity that also understood the centrality of the precepts. A hallmark of Jiun's mature Buddhist teachings was a stress on the ten good precepts (*jūzenkai* 十善戒) as the basis for the life of both the clergy and the laity;

The arising of things has no-essence, for all things arise in dependence upon others. This is so because they depend upon the causal power of others and do not arise from themselves" (Keenan, *Scripture on Underlying Meaning*, 36).

56 Ibid., 12.
57 Ibid., 13f.
58 Ibid., 13.
59 Powers, *Wisdom of the Buddha*, 19.
60 Ibid., 13.
61 Ibid., 43.
62 Berger, *Sacred Canopy*, 32.
63 Powers, *Wisdom of the Buddha*, 111.

54   Part 1: Buddhism and Modernity

47 Cognitive scientists, Lakoff and Johnson, point out: "the categories we form are part of our experience! They are the structures that differentiate aspects of our experience into discernible kinds. Categorization is thus not a purely intellectual matter, occurring after the fact of experience. Rather, the formation and use of categories is the stuff of experience." G. Lakoff and M. Johnson, *Philosophy in the Flesh: The Embodied Mind and Its Challenge to Western Thought* (New York: Basic Books, 1999), 18f.

48 Waldron, "Ecology of Mind," 42.

49 The neuroscientist, Antonio Damasio, takes a similar approach: "I began seeing consciousness in terms of two players, the *organism* and the *object*, and in terms of the *relationship* those players hold. . . . The biology of consciousness became a matter of discovering how the brain can construct neural patterns that map each of the two players and the relationships they hold." Damasio, *Feeling What Happens*, 133.

50 Again, modern cognitive scientists have come to similar conclusion: "First, our brains generate a world-simulation, so perfect that we do not recognize it as an image in our minds. Then, they generate an inner image of ourselves as a whole. . . . [But] we are unable to experience and introspectively recognize our self-models *as* models. . . . A conscious world-model active in the brain is transparent if the brain has no chance of discovering that it is a model—we look right through it, directly onto the world, as it were." T. Metzinger, *The Ego Tunnel: Science of the Mind and the Myth of the Self* (New York: Basic Books, 2009), 7.

51 "The character of clinging to what is Entirely Imagined refers to the establishing of names and symbols for all things and the distinguishing of their essences, whereby they come to be expressed in language. The character of Other-Dependency refers to the pattern whereby all things arise co-dependently: for if this exists, then that exists, and if this arises, then that arises. . . . The character of Full Perfection refers to the universally equal Suchness of all things. Bodhisattvas penetrate to this Suchness because of their resolute zeal, intelligent focusing, and true reflection. By gradually cultivating this penetration, they reach unsurpassed true awakening and actually realize perfection" (Keenan, *Scripture on Underlying Meaning*, 31–32, slightly modified).

52 Keenan, *Scripture on Underlying Meaning*, 32; technical terms modified, emphasis added.

53 "Sentient beings, because they imagine there are essences and characteristics to be clung to in the Other-Dependent and Fully Perfected natures, produce language about this and that. To the degree that they produce language, they cling to images of essences in the Other-Dependent and Fully Perfected nature because their minds are permeated with language, their understanding follows upon language, their inclinations are toward language" (Keenan, *Scripture on Underlying Meaning*, 38).

54 "What is the imputational character of phenomena? It is that which is imputed as a name or symbol in terms of the own-being or attributes of phenomena in order to subsequently designate any conventional designation whatsoever" (Powers, *Wisdom of the Buddha*, 81).

55 "Descriptive marks have no-essence, for all things are characterized by imaginative clinging. This is so because it is names and symbols that establish those marks, and there is no inherent characteristic in things. This then is what I call the no-essence of marks.

vagaries of consumer preference. And last, science takes the production and control of knowledge away from clerics, pundits, and monks and disperses it, unevenly, to a community of investigators who are constantly challenging such knowledge. "Truth" is no longer something an elite can make unchallenged claims about, nor unilaterally impose upon others. It is constantly being tested and contested, affirmed or rejected, and is always, irrevocably, changing and evolving.

33 P. Berger, B. Berger, and H. Kellner, *The Homeless Mind: Modernization and Consciousness* (New York: Vintage, 1973), 78. Emphasis added.

34 See A. Giddens, *Modernity and Self-Identity: Self and Society in the Late Modern Age* (Stanford: Stanford University Press, 1991).

35 *Beyond Belief* (Berkeley: U Cal Press, 1970), 32. On the Axial Age, see for example, R. Bellah, *Religion in Human Evolution: From the Paleolithic to the Axial Age* (Cambridge, MA: Belknap Press of Harvard University Press, 2011).

36 Powers, *Wisdom of the Buddha*, 13.

37 Keenan, *Scripture on Underlying Meaning*, 11.

38 Ibid., 23.

39 Powers, *Wisdom of the Buddha*, 119.

40 Keenan, *Scripture on Underlying Meaning*, 43.

41 Ibid., 23.

42 Post-modern Deconstruction similarly points out that we cannot make sense of anything that is wholly decontextualized, since everything requires a context to be meaningful. Hence, it too implies that we must re-contextualize concepts for them to be meaningful. But since deconstruction usually does not directly state this, it too remains implicit. So its deeper *intent*—that meaning is a function of contexts—must be made explicit.

43 Keenan, *Dharmapāla's Critique of Bhavāviveka*, 24.

44 And, similar to Berger's sense, this is what Indian Buddhists typically mean by the term "world," *loka*. See W. Waldron, "Buddhist Steps to an Ecology of Mind: Thinking about 'Thoughts without a Thinker,'" *Eastern Buddhist* 34, no. 1 (2002): 16–28. This sense of *loka* has a long pedigree in Indian religion. See, for example, Gonda, *Loka: World and Heaven in the Veda* (Amsterdam: N.V. Noord-Hollandsche Uitgevers Maatschappij, 1966).

45 A. Damasio, *Feeling of What Happens: Body and Emotion in the Making of Consciousness* (New York: Harcourt, Brace and Co., 2000). See chapter 5, "Organism and the Object." A. Damasio, *Self Comes to Mind: Constructing the Conscious Brain* (New York: Pantheon Books, 2010).

46 *Saṃdhinirmocana Sūtra*. V.2 "The mind with all the seeds (*sarvabījakam*) matures, congeals, grows, develops, and increases based upon the two-fold substratum (or 'appropriation,' *upādāna*), that is, (1) the substratum of the material sense-faculties along with their supports (*sādhiṣṭhāna-rūpīndriya-upādāna*), (2) and the substratum which consists of the predispositions toward conceptual proliferation in terms of conventional usage of images, names, and conceptualizations (*nimitta-nāma-vikalpa-vyavahāra-prapañca-vāsanā-upādāna*)." Translated from Tibetan; Sanskrit terms reconstructed. Waldron, "Ecology of Mind," 39.

10 *The Middle Length Discourses of the Buddha*, trans. Ñāṇamoli (Boston: Wisdom Books, 1995), 224–33. *The Majjhima-Nikāya*, ed. V. Trenckner (London: Henry Frowde for the Pali Text Society, 1888–1925), 1:130–42.

11 Hanh, *Diamond That Cuts*, 6.

12 T 16:67. *The Scripture on the Explication of the Underlying Meaning*, trans. J. Keenan (Berkeley: Bukkyō Dendō Kyōkai and Numata Center for Buddhist Translation and Research, 2000). *Wisdom of the Buddha: The Saṃdhinirmocana Sūtra*, trans. J. Powers (Berkeley: Dharma Publishing, 1995).

13 I borrow this phrase from J. Keenan, *Dharmapāla's Yogācāra Critique of Bhavāviveka's Mādhyamika Explanation of Emptiness* (Lewiston: Edwin Mellon Press, 1997), 2.

14 P. Berger, *The Sacred Canopy* (New York: Anchor Books, 1967).

15 Ibid., 3.

16 Ibid., 4.

17 Ibid., 5.

18 Ibid., 4–5.

19 Ibid., 13.

20 Ibid., 16.

21 Ibid., 6.

22 This is nearly Freud's definition of an illusion. "We call a belief an illusion when a wish-fulfillment is a prominent factor in its motivation, and in doing so we disregard its relation to reality." S. Freud, *The Future of an Illusion*, part of the Standard Edition of Complete Psychological Works of Sigmund Freud (New York: W. W. Norton & Company, 1989), 43.

23 Berger, *Sacred Canopy*, 89.

24 Ibid., 33.

25 A national virtue often claimed, by the way, by America's erstwhile mother country.

26 Berger, *Sacred Canopy*, 32f.

27 Ibid., 36.

28 Ibid., 21. Emphasis added.

29 Ibid., 13. Emphasis added.

30 Ibid., 37.

31 As Berger puts it: "the collapse of the alienated structures of the Christian worldview released movements of critical thought that radically de-alienated and 'humanized' social reality . . . , an achievement that often enough was bought at the price of severe anomy and existential anxiety." Ibid., 125.

32 In the modern world—which can provisionally be defined as societies exhibiting differing degrees of democracy, individualism, industrialization, scientific reason, secularization, and the institution of the nation-state—authority and power are now radically desacralized, decentered, and diffused by powerful centripetal forces that cannot be put back in the box. First, democracy takes authority away from aristocratic or authoritarian elites and desacralizes and disperses it, however imperfectly, into the hands of voters. Second, capitalist market economies take the power to make economic decisions—especially to allocate capital resources—away from governments, guilds and monopolies and disperses it, albeit indirectly, into the hands of consumers via the

not only points out *why* we imagine our own constructs are given rather than made, but also suggests *how* we might see through such illusions and—as with Bultmann, Kiyozawa and Prof. Yasutomi—*why* we desperately need to. We can be free, they affirm, from our collective delusions by seeing the products of human society and culture for what they are, human products, and then skillfully utilizing them accordingly.

It suggests, in short, how we might channel the challenging conditions of the modern world into the larger enterprise of awakening to the actual conditions of our lives and then help ameliorate the immense suffering of others all around us—particularly those whose cherished identities have been swept away by the chaotic clouds of modern life. Clearly seeing the silver lining of those dark clouds is what my Nepali students taught me that Yogācāra taught them.

Notes

[1] Bultmann (1884–1976) describes both the hermeneutics of suspicion toward traditional Biblical narratives as well as the rationale for recovering their meaning in the modern era: "the mythological sayings as a whole contain a still deeper meaning which is concealed under the cover of mythology. If that is so, let us abandon the mythological conceptions precisely because we want to retain their deeper meaning." R. Bultmann, *Jesus Christ and Mythology* (New York: Scribner's & Sons, 1958), 18.

[2] I wish to express my gratitude to the US Fulbright Commission, under whose auspices I had the pleasure and the privilege to teach in Nepal in 2007–2008.

[3] Arguably this happened even earlier. The Upaniṣadic authors were demythologizing the Vedas when they internalized the "mythological" beings of the Vedas, and their role in Vedic sacrifice, in terms of the cognitive processes cultivated in the practice of yoga. What the Buddha did was not too dissimilar.

[4] T. N. Hanh, *Diamond That Cuts through Illusions* (Berkeley: Parallax Press, 1992), 24, 13, 21, 16, 11, respectively.

[5] Ibid., 11.

[6] Ibid., 20.

[7] Ibid., 7.

[8] Ibid., 6.

[9] *Lotus Sūtra*, trans. B. Watson (New York: Columbia University Press, 1993), "Life Span of the Thus Come One," 226.

that political systems are only devised and sustained by our ongoing collective effort. Most of us no longer need the "gods and buddhas" to legitimate these all too human arrangements. And insofar as we can see these constructed worlds as the complex constructs they are, so far will we be liberated by our blindness and bondage to them.

But it is not enough to merely tear down our falsely fashioned idols. We also need to understand their crucial positive role in providing meaning and purpose in our various collectivities, for human societies cannot live and thrive without some sense of identity and belonging. This, though, requires that we move beyond deconstruction—it requires that we understand how and why we continuously reify such identities, and how we might work more intentionally, more mindfully, with our own inescapably constructive activities. We would then be free to exploit the effective power of "gods and buddhas" without being bound by our conceptions of them. According to the *Sūtra*, those bodhisattvas who have gained such liberating insight,

> Because they are not bound to conventional designations and because their understanding is free from predispositions toward conventions, in this lifetime they produce the ability to understand the Other-Dependent character.[63]

In sum, Buddhists have considerable cultural resources for understanding the maelstrom of modernity. If one of our aims is to make sense of the rapidly changing conditions of the modern world, of the radical pluralism of languages, peoples and cultures, and recognize the constructed nature of our cultural lives, then the traditional Buddhist teaching that existence is characterized by three marks—by impermanence, lack of unchanging identities and, in the face of these, the frustrating futility of grasping—is indeed useful. These insights are deepened by the sophisticated analyses of appropriation of identity articulated in the depth psychology of Yogācāra, which, as with Berger,

or true or useful? Does deconstructive analysis necessarily lead to nihilism?

This is why the *Sūtra* proposes *three* Turnings of the Wheel, arguing that engaging a negative analytic alone misses the liberative intent of Buddhist deconstruction: for those who focus on negation alone "would only be clinging to the words that express the meaning ... of no-essence" but would be "unable to truly understand [their] underlying intent." They would therefore "take up the view of nihilism and nonexistence ... and negate not only the marks of those things clung to in [False] Imagination, but also the marks of Other-Dependency and Full Perfection."[61]

That is, if we negate not just what we Falsely Imagine, but also how these false appearances actually occur in Dependence on Others, as well as the possibility of Fully and Perfectly seeing through these appearances, then we negate, respectively, the possibility of making sense of the cognitive processes by which we construct our experience of the world, by which such illusions arise, as well as the ability of working with these illusions in order to see *through* them, to transcend our individual and collective ignorance. If we negate all this, then we lose sight of the larger purpose of deconstructive analysis and remain in thrall to the thrill of destruction. Post-modern deconstruction, in this sense, has barely moved beyond itself and, having effectively thrown the baby out with the bathwater, remains unconvincing to many. This is why there are three Natures as well as three Turnings.

More specifically, societies and cultures around the world have long claimed divine sanction for their political, social and economic arrangements. "Religion," Berger notes, "has been the historically most widespread and effective instrumentality of legitimation."[62] For many, if not most, people in the modern age such sanctification is no longer plausible. We know all too well that politicians are fallible and

acumen" to realize this, Āryas apparently do not. They see the same mirages the rest of us do, the same magical illusions of "gods and buddhas," indeed of culture in general. But they see them correctly as complex constructs, as "conventional expression[s] arisen from mental construction."[60] That is, they see them as dependently arisen, in their empty, Fully Perfected Nature. Those who inhabit multiple cultures, no doubt, have some glimpse of this, helping them comprehend the proliferating pluralism of our times.

Overcoming Post-modern Negation, Affirming the Conventional
The deconstructive project—the process of recognizing that things have no essence, and especially that all human cultures, even religious traditions, are constructed—is not, we venture, the last word. Deconstruction is a means, not an end. It is but one stage in demythologization, the larger process of liberating the human mind from uncritical enchantment with its own creations, from, in other words, idolizing ourselves. Like other Mahāyāna texts, the *Saṃdhinirmocana Sūtra* addresses this, suggesting the shift from deconstructive negation to relative affirmation.

Enthralled as we currently are by the hermeneutics of suspicion, the deconstruction of all transcendental narratives, it is tempting to rest in the negation of emptiness and neglect the next stage: yes, we see that everything is empty, constructed, contrived. And while we know words serve pragmatic purposes, they claim no privileged position in human affairs. They are neither communiqués from God nor revelations from the Buddha. The validity of the Buddhist scriptures then, particularly the Mahāyāna *sūtra*s with their expansive vistas and fantastic events, has also been cast deeply into doubt. For some modern Buddhists they have become literally *incredible*. We can't avoid wondering that if all our beliefs, values and norms are merely constructed, are they real

beings from their endless delusions—and this requires being able to communicate in words and symbols that others understand. Accordingly, the *Sūtra* states that even though advanced Buddhist saints, in their penetrating wisdom, understand that conventional language *appears* to denote substantial entities, nevertheless, "because they desire to lead others to realize perfect awakening they provisionally establish" conventional expressions and verbal descriptions.[56] That is, "they follow the accepted language"[57] and speak to people on their own terms; they can talk of "gods and buddhas" when its effective to do so, without imputing their substantial existence.

The Buddhist saints, the Āryas, are thus compared to magicians, who are able to conjure up herds of elephants and horses and stocks of gems and grains out of nothing but sticks and stones on the side of the road—and then use such appearances for pedagogic purposes.

> Some people, dull and slow-witted, of perverse understanding and lacking acumen, see and hear those magical things and think that they really are elephants, horses, etc. ... Other people, not dull nor slow-witted, of good understanding and having acumen, see and hear those magical things and understand that what they see are not really elephants, horses, etc., but rather magical tricks that confuse the eye and cause it to engender the concept of a herd of elephants. ... They do not tenaciously cling to verbal expressions that are engendered from what they have seen and heard. ... But, in order to express objects [seen and heard], they also follow the accepted language.[58]

This is of course an analogy for ordinary experience: the "signs that arise from mental constructions exist like a magician's illusions."[59] *All* our experiences are like magical illusions, conjured up by the constructive activity of our complex cognitive processes operating behind our gaze. And while most of us lack the "understanding and

confused vision of the one with the cataracts, for they appear to be distinct images, such as hairs, flies, small particles, or patches of different colors. The Fully Perfected nature is *like the unconfused objects* seen by the pure vision of one with sound eyes and no cataracts.[52]

The reason we falsely impute unchanging essences where there are none—the reason we have such confused vision—is due to our deep-seated unconscious dispositions, which have developed over time through previous experience, particularly cultural and linguistic experience (*abhilāpa-vāsanā*).[53] As a consequence, we highlight "things" and occlude contexts; we impute *independent* objects and selves where there are only *interdependent* processes. False Imagination or Imputation is thus, at bottom, the imputation of essence or fixed nature.[54] Our names for things help establish the "marks" or characteristics of what *appear* to be separate entities, as if they had their own inherent characteristics. But, the Buddhists argue, things have no *independent*, unchanging essence because they necessarily depend on a multitude of other conditions to come about and to persist—they are *empty* of such essence.[55] We are fooled by our cognitive schemas, our cultural categories, our social conventions and constructed worlds, indeed, by our deepest identities. We are, in short, "alienated."

Working with Illusions, Affirming the Conventional

It would seem then that since the "signs, names, concepts, conventional speech and discourse," which inform all our mental constructions and effectively constitute the Falsely Imagined, all but blind us to the interdependent world all around us, we should simply abandon the attempt to convey truth through language. Many mystics and philosophers have thought so. In the bodhisattva practice so central to Mahāyāna Buddhism, however, one vows to liberate innumerable

The Three Natures: From Innate Ignorance to Effective Wisdom

So it follows that if the human problem is couched in epistemological rather than ontological terms, then the solution should be epistemological. This is the gist of the third key Yogācāra doctrine, the Three Nature theory. It explains how phenomena can be experienced either as an imagined essence or as an interdependent phenomena. Specifically, although our experience of the "world" arises in dependence on the interaction between stimuli and our cognitive faculties, which Yogācārins call the Other-Dependent Nature (*paratantra-svabhāva*), we typically imagine, due to the influences of linguistic categories, that the "objects" we experience possess their own real essences independent of our engagement with them; this is the Falsely Imagined or Imputational Nature (*parikalpita-svabhāva*). We have the ability, however, through successful Buddhist practice, to see past these false appearances and fully realize that our experienced objects do indeed arise in interdependence with our own cognitive processes. We would still see the mirages everyone else sees, for example, but by fully understanding their causal mechanisms would see them clearly *as* mirages. We would see them as dependently arisen, that is, as empty of essence. This is their Fully Perfected or Thoroughly Established Nature (*parinispanna-svabhāva*).[51] While this model of transformation—from the Imputational Nature to the Fully Perfected Nature—arguably adumbrates the processes of alienation and de-alienation Berger describes, it draws upon its own "demythologization" in the Axial Age teachings of the Buddha and the Upaniṣads.

To illustrate these abstruse points, the *Sūtra* evokes the traditional Indian example of vision impaired by cataracts.

> The nature of clinging to what is Falsely Imagined is *like the defective vision* of one who has cataracts in his eyes. The Other-Dependent nature is *like those deceptive images* in the

But since these processes occur for the most part unconsciously, the constructed nature of their products remains obscure inasmuch as they *appear to exist on their own*, external to us. We all feel this: when I look around I see tables and chairs and people, when I look inwardly I not only "see" passing thoughts and images, I also deeply intuit that I am an entity that stands apart from, observes and experiences all those objects "out there." In this sense, we are all naïve realists, accepting at face value the appearance of being independent subjects experiencing external objects.[49] We are "alienated" as Berger might say: we do not see the role our own cognitive processes play in constructing selves and objects. We do not see that they are mere representations of a world, not the world itself; they are "just cognitive constructs, just appearances" (*vijñapti-mātra*)—the second key concept of Yogācāra thought.[50]

With its theory of cognitive constructivism, the Yogācāra tradition thus answers these crucial questions—why do we imagine there are fixed and unchanging entities in the world? Why don't we see that the apparently separate selves and objects are actually complex, interdependent constructs? We experience the world in terms of fixed entities and essences, they argue, because *that is how our minds structure experience*, depending on our unconscious schemas (*saṃskāra*) and underlying dispositions (*vāsanā*), especially toward experiencing ourselves as separate from the world around us. The Yogācārins have thus taken the logical idea of emptiness from the *Prajñā-pāramitā Sūtras*—that all phenomena lack unchanging essences—and reinterpreted it cognitively as the "emptiness of subject and object"—that subject and object are ultimately not separate, but co-arise from moment-to-moment in all ordinary experience.

awareness, automatically and unconsciously. What we experience—the "objective" world as well our "subjective" identities—are the *results* of processes we cannot directly discern.[45] Our objective and subjective "worlds," moreover, are not constructed by individuals alone; they are constructed through the intermediating influences of society, culture and, above all, language, that distinctive form of human social communication (that which "makes common"). They are in effect our unconscious, collective constructions of reality, not reality in and of itself. This is couching in cognitive terms much that Berger was saying in sociological terms.

These points are summarized in a short passage from the *Sūtra* delineating the influences of language and culture on our unconscious, constructive processes. Introducing a key Yogācāra concept, our unconscious structuring of experience (*ālaya-vijñāna*) is said to be informed not only by our ongoing individual bodily processes, but also by the common influences of "signs, names, concepts, conventional speech and discourse."[46] These unconscious processes subsequently subserve, or support, all conscious experience.

In other terms, we experience our human, species-specific world the way we do because many of our underlying cognitive processes—the active schemas that subserve all cognition—are formed through cultural and linguistic categories.[47] As one of the commentaries to the *Mahāyāna-saṃgraha*, a key Yogācāra text, states: forms of "cognitive awareness arise in regard to expressions of selves (*ātman*) and phenomena (*dharma*), and so on, due to the special power (*śakti-viśeṣa*) of the predispositions of speech (*abhilāpa-vāsanā*)."[48] The kinds of experiences we have—the very categories of the "things" we see and touch and think and feel, our objective and subjective "worlds"—are indelibly influenced by the expressions and figures of speech to which we are habituated.

of Buddhism's deconstructive analytic.[42] As John Keenan unpacks the title of the *Sūtra*: it "sets out to render explicit (*nirmocana*) ... the implicit (*saṃdhi*) foundation of those [previous] teachings by grounding them within a critical context of meaning."[43] The implicit intent of emptiness, in short, is to remedy our tendencies toward cognitive and linguistic reification so as to more constructively engage the contingent, relative world we actually live in; its deconstructive analyses are but a step in that direction. To explicate this, the *Sūtra* grounds the teaching of emptiness in the context of its own critical doctrines: (1) a constructivist cognitive model that explains why we imagine that mere appearances, mere cognitive constructs (*vijñapti-mātra*), are unchanging essences; (2) a psychological model that accounts for both ignorance and its transformation into wisdom (Three Natures); and (3) an affirmation of the ability of language, despite its constructed nature, to skillfully lead others toward that transformation. But to remedy our delusions we must first understand their origins. And for this, we need to analyze our minds and mental processes.

Constructing Worlds in the *Saṃdhinirmocana Sūtra*

The "world" *as we experience it*[44] is a complex construct arising out of the interaction between our sensory and cognitive faculties and whatever impinges upon them. Strictly speaking, we cannot sense or know what is beyond our capacity to sense or know. Hence, *à la* Berger as well as the Western phenomenological tradition, the "world" is always and inescapably a world *for* us. And as most cognitive scientists also conclude, our experiences are thoroughly constructed: everything we experience—all objects, thoughts, feelings, activities—depend upon countless complex cognitive processes in order for them to occur at all. But this poses a fundamental epistemological problem, since most of these constructive processes occur outside of our immediate

Thus arose the Second Turning of the Wheel of Dharma, the Mahāyāna teachings epitomized in the *Prajñā-pāramitā Sūtra*s, that critique the earlier view of realism from the point of view of emptiness—the idea that "all things are without essence." But, as we have seen, emptiness was misinterpreted by those who thought that the negation of an unchanging essence entails the negation of existence altogether. The *Sūtra* refers to those who "strongly adhere just to the literal meaning of the doctrine [of emptiness].... Based on this, they adopt the view that all phenomena do not exist ... and deprecate everything,"[39] including the possibility of liberation through insight, thereby veering into "the view of nihilism and nonexistence."[40] Moreover, there were questions about whether the concept of emptiness should be understood ontologically, as a view about how things *exist* in and of themselves, or epistemologically, as a remedy for the reifying tendencies of sentient beings, and thus just a raft to the other shore, eventually to be abandoned. Hence, these teachings too "gave rise to criticism, had to be interpreted and became an object of controversy."[41]

In many ways these controversies resemble our post-modern predicament. Many have recognized the conceptual dead-end of essentialist philosophies: essences are incompatible with causality and hence with biology, evolution, psychology, history—indeed with all the modern sciences. But we can also get stuck in single-minded negation: if all traditional culture, all "gods and buddhas," etc., are mere human constructs lacking any essence, do they therefore have no reality whatsoever? And if not, what could be the basis for our social and political orders, our codes of moral behavior, our very identities? This is my Nepali students' very immediate quandary, *avant la lettre*.

The *Saṃdhinirmocana Sūtra* responds to these issues with the Third Turning of the Wheel, which it claims neither gives rise to criticism nor needs further interpretation since it *explicitly* articulates the purpose

alone—when the Abhidharmic tradition, discussed above, attempted to define the "essence" of the multiple factors (*dharma*) involved in each experiential event. The idea of an unchanging or enduring essence is at odds with the causal view of dependent arising and the *Prajñā-pāramitā Sūtra*s rightly pointed this out.

But in their enthusiasm for deconstructive rhetoric, for negating *all* the terms of the Buddhist tradition, the *Prajñā-pāramitā Sūtra* writers left too little in the way of reliable guidelines for spiritual practice—or so the authors of the *Saṃdhinirmocana Sūtra* report. In words that adumbrate modern deconstruction, the *Sūtra* asks: if all apparent entities are just "conventional expression[s] arisen from mental construction,"[36] and do not ultimately "validate a real thing,"[37] then aren't they simply nonexistent? And if so, why should we bother with them?

Beyond Deconstruction: The Three Turnings of the Wheel of Dharma

The *Sūtra* responds with the trope of the "Three Turnings of the Wheel," which categorizes the Buddha's diverse teachings into three quasi-historical and philosophical phases, which could be roughly characterized as: an almost naïve realism, followed by the deconstruction of essentialism, resulting in the relative affirmation of conventional reality. Modernity and post-modernism have not yet fully moved into this last phase, which is one reason why Buddhist philosophy merits our serious attention today, as the experience of my Nepali students affirms.

The First Wheel of Dharma, corresponding to the early *Nikāya*s and Abhidharma, is considered a form of realism, the idea that ultimately things in the world—the faculties, cognitive objects, *dharma*s—exist in a substantial and essential fashion. But, according to the *Sūtra*, this contravenes the idea of selflessness and therefore "gave rise to criticism, had to be interpreted and became an object of controversy."[38]

cultural resources for understanding these conditions. If they were to call upon these resources they could respond more positively to the modern predicament, perhaps even see it as an opportunity to deepen their specific Buddhist insight and understanding. But this requires a more thoroughgoing critical theory of society than has typically been articulated in Buddhist Asia. To approach this, we will briefly retrace our steps to the early teachings of the Buddha.

Classical Indian Buddhist thought argued that our identities are in fact constructs (*saṃskāra*) which we (mis)take as something *given* rather than made, and which we grasp onto or appropriate (*upādāna*) in a futile effort to secure our identities in a world of impermanence and flux—which of course leads to further anxiety and dissatisfaction, and so on (the first two Noble Truths). These processes, though, can be reversed by recognizing the constructed nature of our identities, indeed of all phenomena, and acting accordingly (the second two Noble Truths). On the whole, these ideas, though arising in a far different milieu and metaphysics, are in substantial agreement with the social scientific view expressed in Berger's *Sacred Canopy*.

And that is not all. The early Buddhists also see the world, like many in the modern era experience it, as radically decentered. There is no overarching power or authority, such as a king or creator God, who put it all together or who governs it from above or outside. Rather, the world and its beings have come about through their own developmental dynamics, through recurrent patterns of interaction, in which various life structures (*saṃskāra*) are built up and accumulate over time, one laying the foundation for the next. This, in my view, is the core of the idea of dependent arising (*pratītya-samutpāda*), the central and most distinctive teaching of the Buddha.

Thus it was a departure from this emphasis on dependent arising— on the coming-to-be of all phenomena through interactive processes

aims as life, health, wealth and well-being, along with the religious justifications for them, were superseded if not supplanted by new teachings claiming a more universal and transcendental point of view. These new perspectives relativized, trivialized, and sometimes even demonized the older traditions. They "represent," as Robert Bellah puts it, "a great 'demythologization' relative to archaic religion."[35]

Another such period is the modern era (roughly, the last two centuries), in which all the ancient verities have been called into question in the face of radical political, social and cultural change, stupendous scientific and technological development, the globalization of mass media, and the spread of worldwide capital markets. One response to these changes was, we have seen, the de-alienating movement of Bultmann's "demythologization."

Sources of Buddhist Deconstruction

This bewildering new world began in Europe in roughly the seventeenth century CE and has expanded aggressively out from Europe and its cultural colonies in the Americas. Naturally enough, understanding this maelstrom—its origins, its energy, its implications—has been one of the major tasks of Western intellectuals for the last few centuries. Since many Asian Buddhist countries are now in the throes of modernization, albeit at various stages, they are currently dealing with problems similar to those the West has long experienced. Analyses of the Western experience are therefore potentially relevant to contemporary Buddhist societies.

But Buddhist Asia is not Christian Europe. The characteristics of the modern world are more consistent with the way Buddhists have long seen things—as impermanent, lacking unchanging essence, radically constructed and, insofar as we resist, deny or ignore such conditions, fraught with anxiety. Buddhist societies therefore already possess *deep* underlying anxiety about who we ultimately are. When questioned, all my Nepali students acknowledged they were deeply perplexed about their own ethnic and religious identities, but none imagined their grandparents had been. In their "permanent identity crisis" they are as modern as a California kid.

To summarize Berger's constructivist analysis of society: we collectively construct our social worlds in order to secure a semblance of stability in the face of constant flux, we deny or ignore our own constructive role in doing this, and we grasp onto our social and personal identities as a secure anchor in a sea of change. Yet, in spite of our varied attempts to re-ground identity in some version of a sacred cosmos, for many the experience of modernity remains a permanent identity crisis.[34] We can, however, gain some understanding of these processes through sociological analyses, in which, in Marx's words, we "face with sober senses, our real conditions of life, and our relations with our kind." Such *demystification* in the service of deeper insight is at the heart of the social sciences—accounting in no small part for its marginalization in many circles.

But demystification and demythologization also have deep roots in both the Biblical and Indian traditions. Although most religious traditions have functioned most of the time to justify the social and political *status quo*, to legitimize the reigning *nomos*, there are also times and places, when, drawing on certain aspects of their complex teachings, traditions develop a self-critical perspective whereby they actually encourage people to see their inherited cultural products as just that: *as* cultural products. In other words, they *encourage de-alienation* from aspects of their own worldview. This occurs quite powerfully during times of major transformation, such as the Axial Age *circa* sixth to fourth centuries BCE, when the great Israeli prophets, the Greek philosophers, the early Chinese sages, the Upaniṣadic seers, as well as the Buddha lived and taught—times in which the "worldly"

Unfortunately most of us no longer have that choice.[31] It is imposed on us all by the changes accompanying, indeed constituting, modernity. The modern world, more massively and pervasively than any previous era, has desacralized, demythologized, and deconstructed its own sacred narratives, its own sources of seemingly secure, centralized authority, and replaced them with explicitly diffuse, decentered and multiple, overlapping, self-regulating systems.[32] This has led to the prolonged crisis of modernity that, though Western in origin, is currently engulfing the non-Western world as well, a crisis my Nepali students are personally, viscerally experiencing: What form of government is best? Whose laws, whose conception of law, shall we follow? What is the relation between the individual and society at large? What are our deepest values? How shall we enact them on a day-to-day basis? Above all, who answers these questions: religious authorities, political and military leaders, scientists and academics, corporations and the market, artists and intellectuals, the unwashed masses or toiling minions?

And if the crisis of central institutions weren't confusing enough, the correlative crisis of identity afflicts us at the individual level as well. As Berger et al., note:

> On the one hand, modern identity is open-ended, transitory, liable to ongoing change. On the other hand, a subjective realm of identity is the individual's main foothold in reality. [But] something that is constantly changing is supposed to be the *ens realissimum* [most real being]. Consequently it should not be a surprise that modern man is afflicted with a *permanent identity crisis*, a condition conducive to considerable nervousness.[33]

A large part of modern sociology, a modernist discipline *par excellence*, is devoted to detailing these crises, analyzing their causes, and applying their insights to ameliorate our "nervousness," our

Our collective world-construction, safely ensconced under a "sacred canopy," does not only produce external, objective "worlds." It also forges our individual identities, which gradually develop through our ongoing relations with others starting from the moment we are born. "The objective *nomos* is internalized in the course of socialization," Berger observes, and "is thus *appropriated* by the individual to become his own subjective ordering of experience."[28] In other words, "the individual's own life *appears* as objectively real, to himself as well as to others, only as it is located *within* a social world that itself has the character of objective reality."[29] Like our sense of "objective" reality, our sense of subjective reality, of personal coherence and self-identity, becomes objectively "real" in dependence on the larger worldview a *nomos* provides.

And this too is best accomplished by denying our own role in collectively constructing such identities and by imagining instead that our identities are sanctioned by some transcendental power above and beyond human activities. Each individual simply "*is* whatever society has identified him as by virtue of a cosmic truth, as it were, and his social being becomes rooted in the sacred reality of the universe."[30] We are as "alienated" from ourselves as we are from our own societies. In sociological terms, both our reified sense of the objective world and its correlative—our reified sense of subjective identity—are products of profound yet collective denial.

Were we, however, to acknowledge our own participation in collectively constructing our worlds and our identities, and come instead to see these social and cultural products *as* products of our making—were we to become "de-alienated" in sociological terms—then we would undercut these cosmic claims and, by extension, our own sense of security and reality as well. No wonder so few choose such chaos.

coherent and convincing insofar as we *imagine* they are something they are not. In sociological terms, we are "alienated" from our own productive activities, from recognizing our own role in co-creating our social and cultural realities. We persist, in effect, in a state of collective denial, which ironically underpins our common sensibilities.

This function of a *nomos*, an order that promises our group ultimate meaning and purpose, works best when we "hide as much as possible" the fact that it is humanly constructed. In other words, we most fully inhabit our worldview when we *do not see it as a worldview* at all. This occurs especially when there is no apparent challenge or threat to our world, to our *nomos*, so it needn't even be articulated as a worldview but simply reflects "common sense."[25]

This happy state of affairs, however, is the exception rather than the rule, at least for large-scale literate societies whose reach extends beyond the ties of immediate kinship and the familiarity of close-knit communities. Thus, at varying times and to differing degrees, most such societies need to defend their norms with more explicit justifications. And historically the most pervasive and powerful means of justifying or legitimizing any particular social and political order has been *religious* legitimation. Religion does this especially effectively, Berger explains, because

> It relates the precarious reality constructions of empirical societies with ultimate reality ... beyond the contingencies of human meanings and human activity.... Religion legitimates social institutions by bestowing upon them an ultimately valid ontological status, that is, by *locating* them within a sacred and cosmic frame of reference.[26]

It is through such religious legitimations that, "the inherently precarious and transitory constructions of human activity are thus given the semblance of ultimate security and permanence."[27]

The problem is that the particular "world" we are socialized into as children, which precedes and supersedes our own limited existence, *appears* to us as a purely objective reality. This is of course mistaken: "Institutions, roles, and identities exist as objectively real phenomena in the social world, though they and this world are at the same time nothing but human productions."[19] The only societies or cultures that exist are ones that are made by human beings. They are human constructs through and through, with all the fragility, inconsistency and impermanence of all collective human efforts. And this creates a problem.

For we not only need a world, we also need security, certainty and stability. Above all, we need—as an "anthropological necessity"— that larger view of reality that only a collective worldview provides by which we can make sense of our world, our lives, our selves. At a psychological level, such coherence is not optional; incoherence is akin to insanity. And insofar as we depend on society to provide that coherence and order, insofar as "man's world-building activity is always a collective enterprise,"[20] we are as vulnerable as society is volatile. And it is this juxtaposition between our need for stability, on the one hand, and the fragility of our creations, on the other, that creates the crisis of modernity. As Berger warns,

> These humanly produced structures . . . are inherently precarious and predestined to change. The cultural imperative of stability and the inherent character of culture as *unstable* together posit the fundamental problem of man's world-building activity.[21]

We need, in other words, for our man-made worlds to be something they are not.[22] We need them to be real and true as well as enduring. We therefore strive, Berger continues, to understand "the humanly made world . . . in terms that deny its human production,"[23] so as "to hide, as much as possible, its *constructed* character."[24] Our social norms are

cultural traditions, including the Buddhist traditions themselves. As I eventually realized, this is a traditional response to my Nepali students' modern questions—without needing to be "substantially existent" the "gods and buddhas" still serve as an effective raft to awakening. But before we examine this Yogācāra response, let us examine how modern sociologists think we got into this predicament.

Our Collapsed Sacred Canopy: Our Modern Quandary
The analysis of the role of religion and its fate in the modern world in sociologist Peter Berger's classic, *The Sacred Canopy*,[14] bears remarkable resemblance to this Buddhist analysis. It is an ambitious attempt to synthesize the views of the founding fathers of sociology—Marx, Durkheim and Weber—on the construction and modern deconstruction of our cultural and religious "worlds." Their central insight, for our purposes, is that the social and religious orders we have heretofore taken as *given*, as divinely ordained by powers transcending human life, are in fact constructed by human efforts: "society ... is a human product and nothing but a human product."[15]

We humans have no choice but to construct a social world for ourselves, a *nomos* (Greek for "lawful order"), because, Berger avers, we are effectively "unfinished" at birth.[16] In order for our big brainy skulls to squeeze through our mother's tiny birth canal, we are born in effect prematurely. Much of what occurs in the late stages of fetal development in other mammals only occurs in the early stages of infancy in humans, to be completed by socialization in the waiting arms of our social and cultural groups. This socialization, this finishing off, is not some "alien mutation" that is "superimposed" on the *tabula rasa* of innocent babes,[17] *à la* Rousseau or Locke, but is required by the fact of our unfinished nature: it is "an anthropological necessity ... man must *make* a world for himself."[18]

abandon them all—the "teachings as well as non-teachings"—and join the rest of the materialist world? A first pass through deconstruction suggests just this conclusion—if it ain't literally true, then it's simply false. A second pass, however—like Bultmann's demythologization—suggests a way to salvage the *intent* of the teachings in the face of such criticism, by jettisoning extraneous baggage in order to keep the raft afloat, to keep it relevant to today's world. This is not merely an academic question, it is at the core of the crisis of modernity: if our traditional worldviews are not literally true, are they therefore baseless and irrelevant? And if so, on what basis could we possibly construct something else? And this is a *crisis* because human beings cannot live without a coherent worldview and remain sane, functioning people. The defensive retreat into fundamentalist literalism is but one of the milder responses to this predicament.

The *Sūtra* we will examine below discusses how to interpret the Buddha's teachings in the light of emptiness, that is, how the Buddha's teachings can be relevant to sentient beings in spite of—or rather because of—their contingent, constructed nature. To this end, the *Sūtra* articulates a critical theory of consciousness,[13] that is, a cognitive model whereby human beings collectively construct "worlds of meaning" based on the largely unconscious interplay of culture, concepts and consciousness. The fundamental human problem in this view is that we misconstrue our "worlds" and take them as given by nature rather than constructed by man. The challenge then is to wake up from our enchantment with our own cognitive and cultural products (our cultural idolatry), to acknowledge our creative role in constructing these "worlds," and then to deliberately construct the worlds we need, while clearly recognizing them *as* constructs. This Buddhist perspective—a critical cognitive constructivism—then becomes the lens, the interpretative tool, for understanding and reinterpreting our

the deconstructive impetus in the idea of emptiness. For, despite the *Diamond Sūtra's* repeated warnings to "not get caught up in *dharma*s or in the idea that *dharma*s do not exist,"[11] it seemed that some misinterpreted emptiness as the simple denial of existence and of the capacity of language to mean anything. Hence, there were questions about the purpose or *intent* of the concept of emptiness. Was it to analyze how things exist in the world, in an ontological sense? If so, why would Buddhists be concerned with that? They weren't (and aren't) modern scientists simply seeking to understand how the world works. Instead, they were (and are) on a spiritual quest to free themselves from the afflictions of passion, greed and ignorance. Surely, the ontological question was, at least implicitly, in the service of this larger spiritual quest.

Although the *Prajñā-pāramitā Sūtra*s had a ready response to these questions—words are conventional designations (*prajñapti*)—these questions were addressed more explicitly in the *Saṃdhinirmocana Sūtra*.[12] The *Saṃdhinirmocana Sūtra* (hereafter, "the *Sūtra*") is a Mahāyāna text purporting to be the words of the Buddha, though it is dated by modern scholars to the second or third centuries CE, a few centuries after the appearance of the *Prajñā-pāramitā Sūtra*s. The *Sūtra* records grave doubts about the purpose or intent (*saṃdhi*) of the concept of emptiness and proposes a way to quell the fears of those who felt that its deconstructive logic was undermining the Buddhist tradition—especially its ability to provide a reliable path from suffering and ignorance to the freedom of awakening through insight—by more explicitly contextualizing the concept of emptiness within the path to awakening.

My Nepali students were troubled by similar questions, albeit in more modern terms: if the contents of the Buddhist worldview are not "real" in the way we have naïvely taken them to be—if for example they do not withstand scientific analysis—then are they of any use at all? Why not

Tathāgata has something to teach, that person slanders the Buddha."[6] We need to realize, the *Diamond Sūtra* insists, that "there is [no] independently existing teaching that the Tathāgata gives."[7]

How then should we characterize the Buddha's teachings? The *Diamond Sūtra* refers to the traditional trope: "all the teachings I give to you are a raft. All teachings must be abandoned, not to mention non-teachings."[8] But wouldn't "abandoning" the raft upon one's own awakening leave everyone else behind, adrift, rudderless and forlorn? Hasn't the deconstructive logic of the *Prajñā-pāramitā Sūtra*s, in the very process of propelling bodhisattvas toward the liberating insight of emptiness, inadvertently jettisoned the most effective means of transmitting the Buddha's wisdom to the multitudes? For how could the Tathāgata possibly teach "ordinary people" if he didn't use conventional language? Moreover, why did the Buddha for all intents and purposes *appear* to teach a full forty-five years between his awakening and his *Parinirvāṇa*?

The Mahāyāna answer, of course, is skillful means. The Buddha, out of his infinite compassion for all beings, descended from his Reality Body (*dharma-kāya*), which transcends all form, to take on the Appearance Body (*nirmāṇa-kāya*) of Siddhartha Gautama in fifth century BCE India, in a human form which can be apprehended by human beings.[9] Thus, not only his teachings, but his very existence was an exercise in skillful means, in taking on appropriate appearances to best communicate his liberating message.

Philosophically, however, questions remain: what is a Buddha if he does not "exist"? And how does language work, specifically how do the Buddha's teachings work, if names and terms do not refer to things that "substantially exist"? How, and what, could they effectively communicate? Though the simile of the raft stemmed from the early teachings,[10] these questions acquired renewed urgency with

lack any unchanging, ultimately real *essence*. Thus, insofar as they departed from this core insight, the Abhidharmists invited criticism couched in traditionalist terms: in the form of discourses purporting to be the newly discovered teachings of the Buddha, i.e., the brilliant *Prajñā-pāramitā Sūtra*s, the *Perfection of Wisdom* teachings.

The *Prajñā-pāramitā Sūtra*s are thought to express the Buddha's transcendental wisdom (*prajñā*), the insight engendered by a deconstructive analysis that all phenomena are compounded and thus lack any essential core, that is, they are *empty* of essence. Moreover, the authors of the *Prajñā-pāramitā Sūtra*s reflexively turned this rigorous analysis upon their own discourses. They deconstructed not just the idea of essences but also the very tools by which those essences were analyzed: their own discursive practices, including the concept of emptiness itself. This resulted in a dizzying series of negations, an apophatic rhetoric reminiscent of mystics around the world. The *Diamond Sūtra* declares:

> What is called a compound is just a conventional way of speaking. It has no real basis. Only ordinary people are caught up in conventional terms.
> The Tathāgata has said that all notions are not notions and that all living beings are not living beings.
> In truth there is not one single being for the Tathāgata to bring to the other shore.
> In fact, there does not exist the so-called highest, most fulfilled, awakened mind that the Tathāgata attains.
> What the Tathāgata has called the highest, transcendent understanding is not, in fact, the highest, transcendent understanding.[4]

These negations encompass even the Buddha's teachings: "the Tathāgata has nothing to teach,"[5] indeed "if anyone says that the

questions, an attempt to articulate in academic terms what they taught me that Yogācāra taught them.

For I take their quandary seriously: "if the hungry ghosts our grandmothers feed do not exist in the way they think they do, and if the message of the Buddhas is not the timeless, transcendental wisdom we have long imagined, if the 'gods have clay feet' as the Marxists claim, then do our ancient traditions have anything to teach us at all? Why not just take refuge in consumerism, commerce and concupiscence instead, like the most of the rest of the modern world?"

We can hear echoes here of Kiyozawa Manshi's plaintive plea from the early modern Pure Land movement: do we believe in "gods and buddhas" because they exist, or do they exist because we believe in them? And how can this disconcerting inversion of perspective, which seems to undermine all traditional views, actually help awaken us?

Buddhist Deconstruction: A First Pass

Indian Buddhist traditions have considered such questions before, most pointedly at the beginning of the Common Era in the transition from Abhidharma to Mahāyāna Buddhism.[3] In the first few centuries following the Buddha, the Abhidharmists constructed a systematic psychology, cataloguing all the various factors constituting each momentary experience; they considered these factors, called *dharma*s, fundamental and irreducible. The Abhidharmists were akin to *realists*: what are "real" are not the entities we imagine exist in the world, such as chariots or selves, but only the underlying factors (*dharma*s), the components, that comprise these compounded things. However, insofar as these factors, these *dharma*s, were considered enduring, irreducible and ultimately real, they contravened the Buddha's core insight that experience only comes about through complex interactive processes dependent on specific conditions; all phenomena therefore

stained classroom in the beautiful neo-traditional campus of Tribhuvan University, the national university on the outskirts of Kathmandu. Almost all my students are adults in their thirties, who, ironically, have come to this modern university to better understand their own cultural heritage. Most of them are Newars, the oldest ethnicity of the valley, whose land, language and culture have been all but overrun by a succession of outsiders. This process began gradually more than fifteen hundred years ago but was exacerbated by the imposition of Hindu rule under the Shah Kings beginning in 1768, by Nepal's opening to foreign tourists in the 1960s, and more recently by hundreds of thousands of internal refugees fleeing the violence of Nepal's ten-year civil war (1996–2006)—swelling the city by ten times, pushing public services past their breaking point, and bringing cheek to jowl a bewildering array of ideologies, ethnicities, and unimagined opportunities, challenging the validity of any and every traditional view.

No wonder my earnest students eventually asked: "What does Indian Buddhist philosophy from the fourth and fifth centuries have to say to us? We might not be sure who we are anymore, but we do live in the twenty-first century. Yes, our grandmothers make offerings to the hungry ghosts every day, but how can *we* take that seriously? Most days we'd rather go shop for iPods and forget about the chaos at our gates. But we also live in the shadows of Buddhas and bodhisattvas gracing our every corner and can't just turn our backs on them, pretending they haven't formed our daily rituals and deepest sentiments."

In one of those ironic inversions common in the modern world, I felt called upon to help them appreciate their own heritage—the only unbroken Sanskrit-based Buddhist tradition—as best I could. Luckily, via Prof. Yasutomi, I had at my disposal the concepts of religious studies, such as demythologization, in addition to Yogācāra Buddhist thought. This essay is thus a circuitous response to my students' urgent

Whither the Gods and Buddhas? Demythologization and the *Saṃdhinirmocana Sūtra*: Toward a Critical Buddhist Modernity

William S. Waldron

> It is not because of their existence that we believe in gods and buddhas, but rather, they exist because we believe in them.
>   Kiyozawa Manshi 清沢満之 (1863–1903)

IN ONE of those increasingly common cross-currents in the modern world, I first learned about German theologian Rudolph Bultmann's idea of "demythologization"[1] from the eminent Pure Land scholar, Prof. Yasutomi Shin'ya, when he was a visiting scholar at the Buddhist Studies Program at the University of Wisconsin, where I was a graduate student. It bespeaks of the depth and breadth of his learning, and that of the modern Pure Land tradition of the Ōtani-ha as well, that I was first seriously introduced to the theories and methods of religious studies at the feet of Prof. Yasutomi. The following is an admittedly idiosyncratic attempt to apply these perspectives to the quandary of Buddhism in the modern world by bringing them into conversation with traditional Buddhist sources, especially classical Indian Yogācāra thought (fourth to fifth centuries CE).

It is a humid August day in Kīrtipur, Nepal, 2007. I am just three days off the plane and meeting my new students, to whom I will be teaching Yogācāra texts for the next year as a Visiting Fulbright Scholar.[2] We are sitting in the relatively new, but already hopelessly

experience is true. Rather, beyond the ordinarily understood subject-object dichotomy, true subjectivity means the discovery of the Infinite as my True Self, thereby linking myself to all other beings. Behind his expression is the Mahayana Kegon 華厳 philosophy, which teaches that we are all one as the manifestation of the Buddha-mind. Attaining the experience or awareness of this truth becomes the basis for religious faith and commitment.

This perspective also provided the basis for understanding true individuality. He was inspired and influenced in establishing the religious foundation for concrete individuality by the Greek Stoic philosopher Epictetus (c. 55–135), along with the Theravada *Āgama*s, and the *Tannishō* 歎異抄 (Kiyozawa is given credit for the revival of interest in this long-obscured text). His interpretation of the significance of individual awareness of the Infinite implied that clergy and lay are equal and the religious life is a matter of choice. He believed that the focus of religious faith was on the development of the human spirit as a present subjective reality and not merely a postmortem matter. Along this line, he rejected the dichotomy between eternal truth and worldly truth as traditionally taught in Shin Buddhism. Religious morality exhibits the gap between ourselves and the ideal and reveals our need for Other Power, rather than serving the secular needs of the modern state.

Though Kiyozawa was a man of his time, his thought points forward and remains a guidepost for the contemporary revival of Buddhism.

the subject-object dichotomy. This process provides a rational basis for the principle of Other Power. Thus, a person cannot find satisfaction only in pursuing things in the objective world such as money, possessions, etc., but discovers the inner world which is cultivated through various practices. However, the assurance of salvation and satisfaction is not reached simply through restraining the self. Finally, after exhausting one's efforts to attain the goal, one becomes aware of the Infinite as the source of satisfaction and spiritual peace. This process mirrors Kiyozawa's own experience.

Another significant point about this process is that the individual is not locked into his own subjectivity, but finds his relation to the whole. This is important in our modern mass society where people are likely to feel isolated. It fits well with the contemporary ecological perspective that we are all connected and must respect and support each other and the environment.

Kiyozawa was, in large measure, reacting to the growing dominance of the principle of scientific objectivity in the modern world, which claimed that only objective knowledge is true. However, he also rejected any thought which stressed subjectivity while dismissing the objective world as simply delusion. Kiyozawa believed that Buddhism could be integrated with scientific thought. Where science and religion conflicted, religious thought would have to be revised to harmonize with science. Further, he held that religious reality could not be verified by an appeal to objective facts, since religious faith is a subjective reality. His effort anticipates much of modern thought in trying to harmonize faith and reason, religion and science. His solution provides a basis for a vital religious faith, while maintaining a critical scientific perspective.

With respect to religious subjectivity or religious consciousness, Kiyozawa does not mean mere subjectivism in which only what I

the publication of his reformist organization, and *Seishinkai* 精神界 (Spiritual World). In his residence which he named Kōkōdō 浩々洞, he gathered his disciples and instructed them.

For the occasion of the World's Parliament of Religions in 1893, he wrote *Shūkyō tetsugaku gaikotsu* 宗教哲学骸骨 (Skeleton of a Philosophy of Religion), which was translated into English and disseminated at the conference. Though the impact of the text is not known, it is significant as it showed Kiyozawa's concern for the integration of Buddhism into the modern intellectual and spiritual environment by placing it in a universal context and interpreting it without using the traditional terminology unfamiliar to non-Buddhists.

In this text, Kiyozawa distinguishes sharply between the Infinite (*mugen* 無限) and the finite (*yūgen* 有限). The Infinite, which is an abstract term, reflects Amida 阿弥陀, which also means the "Infinite" in the original Sanskrit. The Infinite or Absolute is not something separate from everything else, but as the Infinite, it must include and be the essence of all things. Thus he took issue with the western concept of God and theories of monism, as were taught by Spinoza, considering them inadequate for spirituality. The relation between the individual and the Infinite was based on correlation, not on identity as in monism. Further, the subject-object distinction cannot be avoided in thought but must be accounted for in relation to reality. While everything is known through a mind, knowledge is subjective or known by the mind. However, both the subjective and objective realms exist in an organic unity within the context of the universal subjectivity of the Infinite Absolute.

In the process of religious awakening, one moves from attachment to ordinary views of objectivity to awareness of the subjective, inner realm and finally transcends the subjective (small self), arriving at an awareness of the Absolute (large Self) which embraces and transcends

reform by his example. He stimulated modern interpretations of Shin Buddhism, exemplified by the work of Sasaki Gesshō 佐々木月樵 (1875–1926), Soga Ryōjin 曽我量深 (1875–1971), Kaneko Daiei 金子大栄 (1881–1976) and Akegarasu Haya 暁烏敏 (1877–1954). The impact of his seminal insights extends to our own time.

Kiyozawa's understanding of religious faith is relevant not only for Shinshū followers, but for all Buddhists who struggle to make faith meaningful in modern society. This is also true for people in the west who have recently encountered the diverse styles of Buddhism that have taken root there.

Kiyozawa Manshi stressed the fundamental importance of personal religious experience for the survival of a tradition. He faithfully served the Ōtani denomination in many ways from a sense of obligation, after being supported by it for his education. However, realizing that he had not attained a living faith within himself, he set out on a grand experiment to challenge his own spiritual capacity by living an extremely ascetic life. He transformed himself from a modern, intellectual gentleman to a monk-like individual with stubble hair, coarse robes and *geta*, who ate only meager food. Following a self-power (*jiriki* 自力) path of "the minimum possible" life, he tried to experience the spirit of Buddhism. However, he learned the meaning of Other Power (*tariki* 他力) when he reached the end of his physical and spiritual resources through the deterioration of his health, the tragic deaths of his wife and two sons, and the failure of his reform movement. In his extremity he had to rely on the Buddha, which he termed the Infinite, for the outcome of his life and on the support and care of his friends. He gave expression to his understanding of Other Power in his "Waga shinnen" 我信念 (My Faith) written a few days before his death.

While his efforts for reform did not succeed, he published periodicals, such as *Kyōkai jigen* 教界時言 (Timely Words for the Religious World),

Kiyozawa graduated in philosophy from Tokyo Imperial University, where he had been a student of Ernest Fenollosa (1853–1908) and had learned the dialectical philosophy of G. W. Hegel (1770–1831). Kiyozawa was greatly influenced by numerous western philosophers such as Spinoza, Hegel, Fichte, Schelling, Leibniz, Spencer and Lotze. After becoming a Shinshū priest, he loyally served the Ōtani branch of Honganji in various educational roles. In 1890, he was principal of the Middle School and lectured at the Shinshū College in Kyoto on the history of western philosophy and religious philosophy. His *Skeleton of a Philosophy of Religion* was developed at this time. Later he became the tutor for the young abbot-to-be. He combined the roles of scholar, priest, educator and reformer.

During his career, he attempted to reform Honganji through advocating the awakening of religious consciousness or subjectivity, and commitment to the teaching of Shinran 親鸞 (1173–1262) beyond institutional forms and rituals. As a leading intellectual of the time, he also believed that it was necessary for Buddhism to respond to contemporary western philosophical currents.

Though Kiyozawa lived a very short life, pursuing his ideal of reform for some eight years, his seriousness, determination and insight have influenced generations of followers far beyond his limited lifespan. While he was living, he advocated high Buddhist ideals, which he attempted to fulfill in his own life. Rather than becoming a cloistered monk, he combined a practical approach to Buddhism with an active life in society. Awakened to religious faith, he explored the depth of his own psyche and the field of religious experience. Not being a person given to halfway measures, he experimented with extremes of self-denial and austerity.

Following his death in 1903, his legacy endured, challenging future Shinshū leaders, as well as other Buddhists, to take up the cause of

Kiyozawa Manshi and the Revitalization of Buddhism

Alfred Bloom

THE MEIJI 明治 period (1868–1912) was a time of great change as Japanese society encountered Western culture. The relentless pressure of modernization called for resourceful leaders to respond to its repercussions throughout the society and culture. Such a man in Buddhism was Kiyozawa Manshi 清沢満之 (1863–1903).

Japanese Buddhism was strikingly affected by these changes. It not only had to respond to the challenge from Christianity with its missions and educational institutions, but also to counter negative social criticism and political reactions which led to the physical destruction of temples and images.

Reacting to these challenges, some scholars promoted nationalistic interpretations of Buddhism, maintaining strongly that Buddhism had benefited Japanese society and culture through the centuries. Others attacked Christianity as unsuitable for Japan, employing resources drawn from modern, western critics. Yet others, influenced by western critical methods in the study of religion, engaged in scientific research on language, texts, translation, and the history of ideas. Another approach can be seen in Kiyozawa Manshi, who sought to revitalize Buddhism as a living, personal faith.

THIS ARTICLE WAS first presented at the eleventh Biennial Conference of the International Association of Shin Buddhist Studies held in Berkeley, California, on September 13, 2003 and originally appeared in the *Eastern Buddhist*, n.s., 35, nos. 1/2 (2003): 1–5.

Part 1
Buddhism and Modernity

Prolegomena to Shinran's "Fundamental Theory
of Systematic Shin Buddhist Theology"
.... Takeda Ryūsei 239

Part 4
Shinran's Thought in Early Modern Japan

The *Shinjin* of Kobayashi Issa: The Path of
"Turning It over to You" ················ Ōkuwa Hitoshi 269

Kyōnyo in the History of Faith:
Passing on the Lamp of Taking *Shinjin* as Fundamental
.... Yasutomi Shin'ya 290

Afterword 307
About Yasutomi Shin'ya 310
Contributors 312

Part 2
The Background of Shinran's Thought

The Emergence of Pure Land Buddhist Thought
in the Form of Scripture in Ancient India
.... Shimoda Masahiro   103

The Larger and Smaller *Sukhāvatīvyūha Sūtra*s:
Notes on Editing the Texts .... Fujita Kōtatsu   119

The Thought of the Decline of the Dharma and the Sense
of the Degradation of the World ...... Taira Masayuki   141

Hōnen and Shinran: Personal Considerations
from Three Perspectives .... Fujimoto Kiyohiko   160

Part 3
Contemporary Perspectives on Shinran's Thought

A Consideration of "True Realization": The Dual Structure
of "Realization" in the *Larger Sutra
on Immeasurable Life* .... Ogawa Ichijō   187

The Name
as the Living Buddha-body .... Honda Hiroyuki   201

Shin Buddhism as Shinran's View of Buddhist History:
What is the Significance of the Fact That
"Śākyamuni Preached Amida's Original Vow"?
.... Hase Shōtō   215

《Japanese Language Section》

Preface: Professor Yasutomi Shin'ya's Dialogic Shin
    Buddhist Studies ·················· Terakawa Shunshō   1

Methodology in Modern Shin Buddhist Studies:
    The Historical Background and Essence
    of Its Development ················ Yasutomi Shin'ya   15

Part 1
Shinran's Thought in Dialogue

What is the Work of "Being Oneself" (*mizukara*)?
    Considered in Its Relation to "Becoming of Itself"
    (*onozukara*) ·························· Takeuchi Seiichi   39

Ethics and Religion: In Light of Kiyozawa Manshi's
    Thought ···························· Fujita Masakatsu   54

The Conception of "Shinran Renaissance":
    Sciences based on the Logic of *Upāya*
    ··· Yasutomi Ayumu   70

The Understanding of Good and Evil in Islam
    ··· Tōnaga Yasushi   85

Afterword *277*
About Yasutomi Shin'ya *281*
Contributors *283*

Part 2
Shin Buddhism and Dialogue

Hans-Martin Barth and Suzuki Daisetsu on Amida and
the Pure Land ································· Michael Pye   *101*

Shin Buddhism in Dialogue with Christianity:
The Quest for Common Ground ···· Domingos Sousa   *130*

Attitudes toward Self in Theravāda and Jōdo Shinshū
··· John Ross Carter   *154*

Kierkegaard and Shinran and the Question of
Comparativism ··························· Galen Amstutz   *175*

Part 3
Revisiting Shinran's Thought

Why Shinran is Philosophically Interesting
··· Thomas P. Kasulis   *211*

The Dimension of Realization in Shinran's *Shinjin*:
"Realization" over "True Entrusting" as English
Translation ······························ Kenneth K. Tanaka   *234*

What Do We Study When We Do "Shin Buddhist
Studies"? ·· Dennis Hirota   *247*

Contents

《English Language Section》

Preface: Borderless Visions ·················· Mark L. Blum 3

Part 1
Buddhism and Modernity

Kiyozawa Manshi and the Revitalization of Buddhism
.... Alfred Bloom 19

Whither the Gods and Buddhas? Demythologization
and the Saṃdhinirmocana Sūtra: Toward a Critical
Buddhist Modernity ················ William S. Waldron 25

Approaching the Pure Land: Jiun Sonja (1718–1804)
and Yasuda Rijin (1900–1982) on Amida and His
Pure Land ···························· Paul B. Watt 56

D. T. Suzuki and the Construction of Modern Buddhism
.... James C. Dobbins 73

of the managing role has been a most welcome development for that institution. And here we come back to Suzuki Daisetsu, who founded that august journal nearly a century ago. Recently I had the opportunity to repay some of my own debt to Suzuki by penning the introduction to the second edition of his translation of the *Kyōgyōshinshō*. In that essay I praised it as the meeting of two remarkable minds: Shinran and Suzuki. In the spring of 2011 Professor Yasutomi began a monthly seminar at the Eastern Buddhist Society reading this same Suzuki text in which he discussed how Suzuki read Shinran, Suzuki's choice of English words and their implications, and what this told us about both Suzuki and Shinran. I was fortunate enough to attend two of those meetings. Unlike the original seminar, where there were as many Ōtani faculty as students and we all huddled next to the kerosene heater to keep warm, now the eminent Professor Yasutomi stood alone to lead the discussion in a comfortable but crowded classroom where every chair was taken. In that room were a wide variety of people interested in what had now become a meeting of three remarkable minds: Shinran, Suzuki, and Yasutomi.

Notes

[1] Kyoto: Higashi Honganji, 2007.

Finally, I would be remiss if I did not also affirm the breadth of Professor Yasutomi's knowledge far beyond the confines of *shūgaku* and its various contexts. When he and I sat down to consider what kind of essays on Rennyo 蓮如 (1415–1499) we wanted to included in the volume that would become *Rennyo and the Roots of Modern Japanese Buddhism*, it was a testament to both his vision and the broad appeal of the Rennyo story that that collection included such a wide range of perspectives that broadened our appreciation of the Rennyo legacy far beyond the narrow confines of *shūgaku*, where Rennyo is most often encountered today. If only on this point, I think that book has made a real contribution to the understanding of this major figure outside Japan. I am referring to chapters on such things as Rennyo's explicit efforts to promote understanding of the salvation of women, Jesuit documents on Shin culture, how the leaders on Mount Hiei sought government approval of something akin to "just war theory" for their destruction of Honganji in the Kanshō Persecution of 1468, how the radical self-denying *myōkōnin* Akao no Dōshū 赤尾道宗 (n.d.–1516) was inspired by Rennyo, and even how Rennyo's *ofumi* reminded one American writer of Dostoyevsky's fictional description of the danger of the freedom that true religion offers. Published with the support of the Comprehensive Institute for Shin and Buddhist Studies at Ōtani University, that book hopefully represents something close to an ideal combination in which scholars in different fields, both Japanese and non-Japanese, can unite in a common cause to critically examine a person or concept of deep historical significance.

In recent years, my time spent in conversation with Professor Yasutomi has been somewhat diminished by the brevity of my visits to Kyoto and his slow pull away from the university to attend matters at his temple in Niigata. The exceptions to this have been memorable. One is our editorial meetings at the *Eastern Buddhist*, where his assumption

this all comes down to that poignant phrase pulled by Shinran from the *Nirvana Sutra* narrative about Ajāraśatru where the prince describes his attainment of faith, despite all that has happened to him, as an utterly implausible "faith without [causal] roots."

A third area of Professor Yasutomi's research and publication that has been of inestimable value to Shin studies as a whole has been his work on Kiyozawa Manshi. In fact, in hindsight it appears for my part, I caught my Kiyozawa fever from Yasutomi. For all his limitations, Kiyozawa remains one of the most enigmatic yet inspirational figures of modern Japanese religion. I would even venture to say that anyone who lives in the world of the *shūgaku* of Shin Buddhism today requires some degree of reconciliation with the path blazed by Kiyozawa. It is curious that however much we can rationalize the powerful assertion of subjectivity in *seishinshugi* 精神主義 by framing it within the increasingly oppressive political context of the late Meiji period, to read Kiyozawa inevitably calls forth in any student of Shinran and *shūgaku* a need to define their own stance. In other words, there is a universal yet intensely personal call in Kiyozawa and Soga Ryōjin that demand their readers respond to a set of ideas that are often both plausible and resonant, yet always seem to remain somewhat out of reach. Yasutomi's work in *Kiyozawa Manshi to ko no shisō* 清沢満之と個の思想 (Kiyozawa Manshi and the Philosophy of the Individual) captures this feeling quite well, precisely because he approaches his subject matter from a consideration of the problem of individuality, both in the context of the modernization of Japan during the Meiji period (1868–1912) and in the context of what *shūgaku* has taught us about the Shin religious perspective. I was of course honored by his invitation to me to contribute to the 2002 collection of essays he edited on Kiyozawa entitled *Kiyozawa Manshi: Sono hito to shisō* 清沢満之：その人と思想 (Kiyozawa Manshi: The Man and His Thought).

of Shinran, but this book surprised me in a different way. Based on the rather simplistic normative rhetoric in the West describing Shinran's religious perspective, from its title I had assumed this book was mostly about the effect of *mappō* 末法 or the historical consciousness of the Dharma's inevitable decline, but in fact that is a relatively minor part of the discussion. After all, all our textbooks describe *mappō* as signifying a crisis in that the Buddha's dharma cannot be accessed as it had been previously. But the "crisis" in Professor Yasutomi's book is that of subjectivity itself, the shock that comes with the honest confrontation of one's limits and the depth of the tension that results from realizing how problematic one's own situation truly is. From the introductory chapter about the sense of internal crisis that led Miki Kiyoshi 三木清 (1897–1945) to Shinran, to the psychological process involved in his so-called "religious transformation across the three vows" (*sangan tennyū* 三願転入) that explains Shinran's personal crisis and its resolution, to the role that Hōnen played in resolving Shinran's crisis, to the detailed look at Hōnen's own crisis of subjectivity and how he found resolution, this monograph reveals Yasutomi's own subjective grappling with this issue as a universal human problem that finds a compelling expression in Shinran. But he goes beyond Shinran's story itself to ferret out a nearly identical yet less explicit crisis within Hōnen, and the way in which Hōnen in turn found the answer through Shandao 善導 (613–681). Reading *Shinran to kiki ishiki* only confirmed my suspicions that the turn of Hōnen and Shinran to the Pure Land path did not mark their religion as one of desperation and dependence under the crushing, inescapable tsunami of *mappō*, but as one of hope and confidence. Born out of personal crisis more existential than historical, this form of Buddhism was no less demanding than any other for the effort needed to open up to the sacred within oneself. As he points out here, as well as in the *ango* monograph discussed above, in some sense

first, how and why faith was important to Hōnen, and second, how this was discussed among Hōnen's disciples as a whole, especially Seikaku 聖覚 (1167–1235) and Ryūkan 隆寛 (1148–1227). And that second discussion therefore inevitably goes into the importance of the *Guanjing* 観経 (Contemplation Sutra), and how Shinran and his fellow exegetes managed to rationalize the doctrines of three mindsets (*sanjin/sanshin* 三心) that appear in both sutras but with somewhat different content. This helps us understand what Shinran was talking about by clarifying whom Shinran was talking with, who his audience was for his writings, and what their understanding was like. And even when Yasutomi moves into the discussion of the *Kyōgyōshinshō* itself, the theme of the three mindsets continues throughout the remainder of the monograph. During one of my periods of study in Kyoto, I recall attending a meeting of the Seizan-ha 西山派 research group at Seiganji 誓願寺 temple when, to my surprise, Yasutomi-sensei showed up. In that the Seizan-ha is a minor branch of the Jōdoshū, I had never met anyone associated with Shinshū at any of their events or meetings, but here was Yasutomi also eager to learn their perspective and engage in discussions about how this and that doctrine of Hōnen's was understood by that sub-lineage founded by Shōkū 証空 (1177–1247). This extra effort to understand the *context* of Shinran's life and thought also meant extending effort to understand the life and thought of the other disciples of Hōnen as well. That commitment marks Yasutomi as a *shūgaku* scholar wearing shoes bigger than those who merely read the *Kyōgyōshinshō* and the other writings of Shinran, and the product of that commitment is evident in wonderful books like this *ango* monograph.

Now turning to a much earlier work, his 1991 book entitled *Shinran to kiki ishiki* 親鸞と危機意識 (Shinran and the Consciousness of Crisis) is also a *tour de force* that has significantly impacted my understanding

within and without *Shinshūgaku*, Yasutomi-sensei has been absolutely pivotal to that process. And beyond his kindness and generosity, so many others and I have learned an inestimable amount from his critical scholarship. I first came to know him at a time when my ability to read Japanese was limited, in the seminar on the *Kyōgyōshinshō* given at the *Eastern Buddhist* office in the mid-1970s, which was based on the recently published translation of the first four fascicles of that text by Suzuki Daisetsu—I was in this seminar precisely because it was taught in English. Yet as my language skills developed and I became able to read Yasutomi's writings, I discovered in them a probing and critical questioning of the received tradition which displayed the same critical apparatus and the same intellectual honesty as I had encountered in my graduate work in the United States and at Kyoto University.

What strikes me now in looking back upon Professor Yasutomi's publications is the degree to which he considers the importance of context, of what linguists call a speech community. This is amply evident whether he is writing about Shinran, Kiyozawa Manshi, Pascal, or Ānanda: each has a context that we are obligated to make every effort to reconstruct, using every tool we have to consider all aspects of a situation, regardless of how limited our tools may be. Take, for example, Yasutomi's 2007 publication, *Shinjitsu shin no kaiken: Kyōgyōshinshō shin no maki kōkyū* 真実信の開顕：『教行信証』「信巻」講究 (Unfolding of True Faith: Explicating the Faith Chapter of the Kyōgyōshinshō),[1] on the faith chapter of the *Kyōgyōshinshō* arising out of his *ango* 安居 lectures held that same year. Here he carves out a compelling discussion of how Shinran himself understood the notion of faith based in the teachings of the *Larger Sukhāvatīvyūha-sūtra* as taught by Hōnen and as understood by Hōnen's disciples as a whole. But before even considering what Shinran himself says in the faith chapter, Yasutomi spends nearly one-third of the book discussing

Buddhism inevitably passes through, if not ends up getting trained in, *shūgaku*. This is because the preponderance of specialists in this field is such that they are either teachers in *shūgaku* programs or graduates from them. But precisely because the *shūgaku* approach studies a sectarian tradition from within, those of us primarily trained on the outside inevitably find much that is opaque if not off-putting, forcing us to resort to ethnography, whether trained in that discipline or not, to get at the thinking behind the cultural expression we observe.

But every anthropologist needs an informer, someone who is willing and able to explain what the internal and external pressures have been that have shaped the discourse over the known history of the culture at hand. What one usually encounters in the *shūgaku* of the Shin school is a somewhat mythical apologetic set in the thirteenth century in which Shinran's genius is explained almost entirely by means of an inferred internal spiritual awakening, nurtured and confirmed by his master Hōnen, another figure whose mythic persona competes with his historical one. As inspiring as this view might be to the faithful, it may seem frustrating for the student positioned outside of *shūgaku*, especially when outside means not only living outside the religious tradition, but outside Japan.

But the irony of this situation is that the best *shūgaku* scholarship is among the most exhilarating in all of Buddhist studies, because the best *shūgaku* scholars follow the same trajectory as all good scholars do in any field: namely, they gravitate toward questions, not answers. And while it is not saying much to declare that *Shinshūgaku* 真宗学 is no different from any other *shūgaku* in this respect, the very same features that make Shin culture exceptional make it arguably the most interesting of all forms of *shūgaku* in Japan. Looking back on the trajectory of my own appreciation of Shinran, Shin thought, Shin culture and the complex process of understanding that history both

Preface:
Borderless Visions

Mark L. Blum

IT IS DIFFICULT to feel confident that an essay can be crafted that successfully assesses the impact of the career of Yasutomi Shin'ya, and I shall proceed with the proviso that what follows will be restrained by my own limited perspective. I am very fortunate to have known and learned from Professor Yasutomi for a period spanning more than thirty years, through a series of residency periods in Kyoto. Whether I was based at Ōtani or another university mattered little to Yasutomi-sensei, who was always welcoming and unhesitant in sharing his knowledge and understanding; if he was free, his door was always open.

And return I did, on occasions too numerous to mention, to numberless meetings in his office where discussions could jump from Nō Theater to Tillich to Bill Evans (how many university faculty have a piano keyboard in their office?). As someone specializing in Japanese Buddhism with limited experience living in Japan, I have always been handicapped by standing somewhat outside the intellectual discourse of Buddhist studies and religious studies that has followed its own history there for more than a century. The awareness of this limitation is particularly felt in the study of *shūgaku* 宗学 or "sectarian studies," which in approach is analogous to theology for a biblical scholar in that it is critical scholarship from the inside of a religious tradition, except that in the case of Buddhism its nontheistic nature makes that word inaccurate. The non-Japanese student of Japanese Pure Land

Buddhist Tradition and Human Life: Perspectives toward Research on Shinran's Thought

Hōzōkan
Kyoto
2014

	二〇一四年六月七日　初版第一刷発行
	仏教的伝統と人間の生 ──親鸞思想研究への視座──
編　者	安富信哉博士古稀記念論集刊行会
発行者	西村明高
発行所	株式会社　法藏館
	京都市下京区正面通烏丸東入
	郵便番号　六〇〇-八一五三
	電話　〇七五-三四三-〇〇三〇（編集）
	〇七五-三四三-五六五六（営業）
印刷・製本	中村印刷株式会社

©Committee for the Publication of a Festschrift in Honor of Yasutomi Shinya 2014 Printed in Japan
ISBN 978-4-8318-7702-4 C3015
乱丁・落丁の場合はお取り替え致します